존 웨슬리 표준설교집 I

잠자는 자여, 일어나라

개정판

kmc

John Wesley's Forty-Four Sermons

… 개정판을 내며 …

한 사람을 알고자 할 때, 그 사람의 말을 직접 듣는 것만큼 확실한 것이 없습니다. 그에 대해서 누군가가 해주는 이야기를 듣는 것도 도움은 되겠지만, 그 사람이 직접 한 말을 듣는 것만큼 선명하지는 못할 것입니다.

웨슬리의 후예라고 하는 웨슬리안이라면 무엇보다 웨슬리를 알아야 합니다. 웨슬리를 알려면 그가 한 말을 들어야 할 것입니다. 그중에서도 웨슬리가 의지를 가지고 설교한 것을 들어야 그를 알 것입니다. 우리가 웨슬리의 설교를 반드시 읽어야 하는 이유입니다.

웨슬리안이라고 자처하면서 웨슬리 설교를 읽지 않았다면, 그것은 설교집을 만나지 못했거나 읽으려고 집어 든 설교집이 읽기 어려워서였을 것입니다. 그 이유 하나로 개정판을 냅니다. 더 많은 이들이 웨슬리의 설교를 쉽게 읽을 수 있기를 바라며, 읽기 쉬운 개정판을 내어놓습니다.

존 웨슬리는 설교하며 전도하던 목회자였고, 일기와 금전출납부를 꼼꼼하게 쓰며 신앙생활의 본을 보여주었습니다. 그의 꼼꼼하고 치밀한 신학과 신앙은, 설교문과 일기와 저널과 논문 등에 세밀하게 담겨 있습니다. 엄청난 양의 그의 저서에는 산업혁명으로 기계에 밀려 무너지던 노동자를 세워준 신앙과 복음이 들어 있었고, 유혈 폭동 없이 영국을 살렸습니다.

이 땅의 웨슬리안 250만 명이 웨슬리 설교만이라도 제대로 읽는다면, 산업혁명으로 어려웠던 영국을 살렸던 것처럼 대한민국을 살리는 웨슬리안으로 살아가리라 기대합니다. 하나님의 시간은 우리가 생각하는 것만큼 더디지도 않고 급하지도 않게 지나고 있고, 우리에게 충분한 기회를 주고 있음을 믿습니다. 그리고 소망합니다, 우리의 작은 수고가 하나님의 손에 쓰임 받기를, 하나님의 사랑의 나라가 이뤄짐을.

2024년 2월
도서출판kmc

... 웨슬리 표준설교집을 내며 ...

웨슬리의 후예들을 위하여

　웨슬리의 회심 사건을 기점으로 무려 261년이나 지난 오늘, '그 긴 시간과 상황의 차이에도 불구하고 우리는 웨슬리의 눈을 통해 오늘의 교회를 변혁할 수 있는가?'라는 말은 웨슬리의 후예들인 우리가 물어야 할 물음이다. 그것은 곧 감리교회를 비롯하여 웨슬리 전통 안에 있는 모든 교회가 자기 정체성을 확인하고 변혁의 공동체로 거듭나는 데 필요한 지침이요, 자극이기도 하다. 그러므로 오늘의 교회가 웨슬리에 관한 탐구에 힘을 쏟는 것은 희미해진 과거를 되찾고 미래를 향해 나가는 제안을 발견하자는 것에 다름 아니다.

　홍보출판국은 이러한 생각에서 과거에 발간된 웨슬리 관련 서적과 논문의 목록을 인터넷을 통하여 찾아내 안내집을 만드는 것을 출발점으로 최근 국내외에서 이루어진 연구서들을 번역, 소개하고 있다.

이와 함께 웨슬리 자신이 전한 설교를 소개하는 일이 관심사였는데 그것은 단순히 역사적 유산을 소개하는 차원을 넘어 오늘의 교회가 경험하고 있는 '강단의 공허함'을 메워줄 무엇인가를 웨슬리에게서 찾아보려는 의도이기도 하다. 강단의 공허는 교회가 마땅히 지녀야 할 하나님 나라 백성으로서의 윤리적 차별성이나 예언자적 사명을 확실히 갖지 못하여 밖으로부터 신뢰받지 못하는 지경에 이르게 된 근본 원인이기도 하다.

이러한 점에서 당시 영국 교회와 사회에 놀라운 반향을 불러일으켜 수많은 사람이 악습과 부도덕한 생활에서 벗어나고 부패와 타락으로 멸망의 길을 가던 영국을 구원하는 동기가 되었던 웨슬리의 설교를 살피는 일은 역사의식을 지닌 목회자들에게 필수 과제다.

평생동안 40,000여 회에 걸쳐 외친 설교 중 웨슬리 자신이 가장 대표적이라고 선택한 44편의 설교를 일컬어 '표준설교'라 하였던 바 그 속에는 우리의 신앙 도리가 모두 들어 있다.

이미 오래전 국내 웨슬리 전문가들에 의해 번역 소개된 이래 웨슬리신학연구원(원장: 이계준 목사)의 주선으로 전망사에서 발간해오던 것을 금번 홍보출판국이 그 판권을 넘겨받아 재발행하기에 이른 것이다. 감리교회의 창시자인 웨슬리에 관한 많은 자료를 발간하여온 위 연구원의 노고에 감사하는 마음과 다른 한편으로는 감리회본부가 이제야 그 일에 관심을 기울이게 된 부끄러움을 동시에 느끼면서 웨슬리 회심 261주년을 기해 표준설교집 1, 2편을 내놓는다.

1999년 5월
홍보출판국

··· 서문 ···

감리교회 신앙 도리의 표준

　존 웨슬리는 체계를 갖춘 신학 저서를 별로 쓰지 않았습니다. 그런 의미에서 그는 신학자가 아니라고 볼 수 있습니다. 그렇다고 그에게 신학이 없는 것은 아닙니다. 그의 신학은 대체로 44편 내지 53편의 『설교집』과 『신약성서 주해』, 그의 『일기』, 『서신』 등에 표현되었습니다. 그중에서도 가장 대표적인 것은 그의 『설교집』과 『신약성서 주해』입니다.

　존 웨슬리는 평생에 4만여 회의 설교를 했습니다. 이 중에서 가장 대표적인 설교 44편과 그 밖의 9편을 선택하여 1771년에 네 권으로 출판하였으며, 이 『53편 설교집』(표준설교집)과 『신약성서 주해』에 나타난 기독교 도리를 감리교회의 표준 도리로 인정하였습니다. 1793년에는 이른바 고시문(Model Deed)이란 것을 발표하였는데 여기에서 그는 "연회에서 임명받은 교역자들은 본인이 발행한 4권의

『설교집』과 『신약성서 주해』에 포함된 도리 이외에 다른 것은 설교하지 않는다는 조건 아래에서만 메도디스트회의 예배소를 사용할 수 있다"고 규정하였습니다.

웨슬리는 그가 출판한 『53편 설교집』 서문에서 아래와 같이 말하였습니다. "나는 이 설교집에 수록된 설교문에서 기독교의 모든 제목에 관하여 공석상에서 자주 말하였습니다. 나는 이 가운데서 기독교의 어느 한 도리라도 다루지 않은 것이 없습니다. 그러므로 이 설교문을 읽는 사람이면 누구나 내가 여기에 포함시키고 가르치는 종교의 본질적 도리들이 무엇인지 확실히 알 것입니다(Sugden, 『표준설교집 I』, 29쪽)" 하였습니다. 그러므로 웨슬리의 설교는 그것이 비록 체계를 갖춘 신학서는 아니더라도 감리교인이 믿는 신앙 도리가 여기에 다 포함되었다고 볼 수 있으며, 그런 면에서 그의 설교는 큰 비중을 가졌다고 할 것입니다.

그러면 그의 설교 목적은 무엇이며 그 성격은 어떤 것입니까? 그는 설교집 서문에서 "나는 평범한 진리를 평범한 사람들에게 전하기를 뜻하였습니다… 나는 오직 한 가지만을 알기를 원합니다. 그것은 곧 하늘 가는 길입니다… 나는 이 설교집에서 성서에서 내가 찾은 하늘 가는 길에 대하여 서술하였습니다(Sugden, 『표준설교집 Ⅰ』, 서문, 30~32쪽)"라고 하였습니다.

그러므로 웨슬리의 설교는 본질적으로 실용적이었습니다. 그의 설교는 "복음의 적나라한 진리"를 개진하여 하늘 가는 길을 보여주는 것, 바꾸어 말하면 사람들로 구원을 얻게 하는 데 있었습니다. 그렇기 때문에 그는 "정교한 철학적 사고와 착잡한 이론 전개의 방법"을 쓰지 않았습니다.

그러나 그의 설교는 다만 여기에 그친 것이 아니요, 성서에 나타난 기독교의 구원의 도리를 올바로 나타냄과 함께 이에 대한 오해와 고의적인 반대 이론을 타파하려는 데도 그 목적이 있었습니다. 그러므로 그의 설교에는 기독교 도리에 대한 변증도 없지 않았습니다. 예컨대 루터 이래 유신앙론(唯信仰論)의 주장으로 이른바 도덕 무용론, 즉 우리는 믿음으로만 의롭다 함을 받기 때문에 선행이 필요 없다는 극단론이 있어서 선행을 경시 내지는 무시하는 경향이 신자간에 많았던 것입니다. 그리하여 웨슬리는 이에 대하여 적극적인 반대론을 폈습니다. 그는 구원의 유일한 조건은 믿음임에 틀림없으나 "하나님은 의심 없이 우리에게 회개와 회개에 합당한 열매를 맺으라고 명령하십니다. 그러므로 우리가 짐짓 이를 무시한다면 우리는 의롭다 함을 받을 수 없을 것입니다.

따라서 회개와 및 회개에 합당한 열매는 어느 의미에서는 의인(義認)에 필요 불가결한 조건입니다. 다만 이것은 믿음과 같은 의미, 같은 정도에서 필요한 것은 아닐 따름입니다"라고 하여 회개와 회개에 합당한 열매 즉 선행을 중시하여 이를 권장하였습니다.

웨슬리는 또한 그 당시 유행한 신비주의의 가치를 충분히 인정하면서도 이것은 동시에 구원의 유일한 조건인 믿음을 무시할 뿐 아니라 신앙생활의 향상을 위한 은혜의 방법들, 즉 기도, 성서 읽기, 성찬식 참여 등을 무시하고 있다고 보았습니다. 그러한 신비주의 사상은 예수님의 "너희는 세상의 소금이요 빛이라" 하신 교훈을 경시하여, 우리가 이 세상에 살면서 부패한 세상을 청신케 하고 그리스도의 빛으로 어두운 세상을 밝혀줄 책임을 망각하여, "우리의 사고의 전부를 다만 높은 천상의 경지에 몰입시켜 외부의 사물들과의 접촉을 단절하고 우리의 영 속에서 하나님과의 대화로만 시종할 것입니다(Sugden, 『표준설교집 Ⅰ』, 380쪽)"라고 말함으로써 기독교의 사회성을 부인하였던 것입니다. 그리하여 웨슬리는 설교문을 통하여 기독교 내의 불건전한 사상과 경향 등을 통박하여 그의 신도들에게 그릇된 교훈과 경향에 현혹되지 않도록 경계하였습니다. 요컨대 그의 설교는 기독교 도리의 변증적 역할도 크게 하였던 것입니다.

웨슬리의 설교는 영국 교회와 사회에 놀라운 반향을 불러일으켰습니다. 그의 전도를 들은 대중들은 지난날의 모든 죄를 눈물로 통회하고, 모든 악습과 부도덕한 생활에서 벗어나 선량하고 성실한 사람들이 되었습니다. 그의 설교는 그들을 새 사람이 되게 하였고, 부패하고 타락하여 멸망의 언덕으로 굴러가던 영국 사회를 무서운 도덕적 파산 상태에서 건져냈습니다. 이것은 독단론이 아니요, 모든 역사가들이 입을 모아 증거하는 바입니다. 이와 동시에, 그의 힘있는 설교를 통한 부흥운동은 당시의 무기력한 교직자들을 깊은 잠에서 깨우쳐 침체하던 교계에 새로운 활력을 불어 넣어 주었습니다.

그러면 20세기 후반에 처한 우리는 그의 설교를 어떻게 이해하며 어떻게 받아들일 것입니까? 200여 년 전에 저 어두운 영국 사회에서 외친 그의 설교가 오늘 우리에게 적절한 것이며, 받아들임직한 것이겠습니까? 이 문제를 생각함에 있어서 우리는 먼저 그의 설교의 영감의 근원을 살펴볼 필요가 있습니다. 단도직입적으로 말해서, 그의 설교는 하나님의 성령의 감화에 의하였다는 것을 인정하지 않을 수 없습니다. 1738년 5월 24일 그의 마음이 뜨거워지고, 다시 그 이듬해 1월 1일 페터레인 집회소에서 하나님의 능력의 입히심을 받은 이후 그의 설교에는 위대한 능력이 따랐습니다. 곧 죄인으로 하여금 "마음에 찔려" 죄를 인식하게 하고 마음을 아프게 하여 회개의 눈물을 흘리게 하고, 결연히 죄에서 나와 새 사람이 되게 하고 새 생활을 하게 하였던 것입니다. 그의 설교는 그보다 1,700년 전 오순절 때의 베드로의 설교 그것이었습니다. 우리가 설교에서 이 밖에 또 다른 것을 요구할 수 있겠습니까?

만일 웨슬리의 설교가 다만 웨슬리라는 자연인의 머릿속에서 산출된 것이었다면, 어떻게 그러한 감화력과 새 사람 되게 하는 영력이 따랐겠습니까? 그는 『표준설교집』 서문에서 "나는 이 설교집에서 성서에서 내가 찾은 '하늘 가는 길'에 대하여 기술하면서 이 길을 다만 인간이 안출한 길과 구별하려고 생각했습니다. 나는 여기에서 참되고 성서적이며 경험적인 종교를 나타내기에 힘썼으며, 이러한 종교의 본질에 관하여서는 추호도 빼놓지 않는 한편, 여기에 관계없는 것은 하나라도 첨가하지 않기를 힘썼습니다(Sugden, 『표준설교집 Ⅰ』, 서문 32쪽)"라고 하였습니다.

여기에 문제되는 것은, 그러면 그는 설교문에서 과연 성서에 나타난 "하늘 가는 길"을 올바로 찾았는가 하는 점입니다. 그가 만일 성서에 나타난 하늘 가는 길을 찾았다면 그의 설교는 영원성을 가졌다고 인정할 것이요, 그렇지 못하다면 그것은 다만 시대적이요 일시적인 것에 지나지 않을 것입니다.

그러나 감리교회는 오늘까지 웨슬리의 『표준설교집』과 『신약성서 주해』를 감리교회의 신앙 도리의 표준으로 삼고 있습니다. 그의 설교는 대체로 성서적이며 또 경험에 토대한 것입니다. 그러므로 20세기 후반에 처한 우리는 그의 설교를 이런 견해 아래에서 평가하며, 우리의 신앙과 도리의 길잡이로 삼아 나감에 있어서 큰 잘못이 없음을 인정하기를 주저하지 않습니다.

우리는 한국에 감리교회가 전래된 지 100년이나 아직까지 감리교회 교조의 설교가 우리말로 옮겨져 수십만 감리교도들에게 읽혀지지 못하고 있음을 깊이 유감으로 생각하던 차에 금번 웨슬리의 다른 저서와 함께 그의 설교도 번역 출판하게 된 것에 커다란 만족과 긍지를 느낍니다. 이것은 확실히 감리교회 전래 100년 사상 획기적인 사업임에 틀림없다고 자부하여 큰 잘못이 없다고 믿고 싶습니다.

그러나 우리는 그의 설교문 번역이 그리 쉽지 않은 작업임을 절실히 느꼈습니다. 원래 남의 말을 우리말로 옮긴다는 것은 어려운 작업임에 틀림없으나, 더욱이 웨슬리의 설교는 더 한층 쉬운 것이 아님을 우리 역자들은 느꼈습니다. 그는 그의 설교집 서문에 자기는 "평범한 사람들에게"라는 생각 아래 그 설교문을 썼다고 했으나, 그의 설교문은 그리 평범한 것이 아니었고, 몹시 난삽하였으며 까다로운 만큼 번역에 고

심하지 않을 수 없었습니다. 그리고 번역에 수고하신 분들이 오늘 한국 내에서 유수한 학자들이었으나, 그런 만큼 모두 바쁜 탓에 충분한 시간적 여유를 가지지 못하였기 때문에 또한 큰 어려움이 있었습니다. 그러나 모두들 성심껏 분망한 시간을 쪼개 어려운 작업을 완수하여 주신 데 대하여 깊이 감사의 뜻을 표합니다.

이 책을 번역하는 데는 엡워드 사가 펴낸 *John Wesley's Forty-Four Sermons*를 사용했습니다. 웨슬리의 설교는 원래 연설체이기 때문에 같은 뜻의 표현을 반복한 것은 더러 생략하기도 하였습니다. 그리고 인용 성구는 원칙적으로 "공동 번역"을 표준으로 하였으나 때로는 "새번역"과 "개역"을 따르기도 하였으며, 고유 명사는 재래식을 따랐습니다.

우리는 우리의 노고가 헛되지 않기를 간절히 바라며, 이를 통하여 웨슬리의 신앙과 신학을 깊이 이해하여 그의 설교가 이룩한 도덕적 갱신과 교회 부흥과 사회 혁신이 이 땅에서도 이루어지기를 절원하는 바입니다.

옮긴이

··· 차례 ···

개정판을 내며 2
웨슬리 표준설교집을 내며 4
서문 6

1. 믿음으로 말미암는 구원
   Salvation by Faith 엡 2:8 ······ 17

2. 명목상의 그리스도인
   The Almost Christian 행 26:28 ······ 37

3. 잠자는 자여, 일어나라
   Awake, Thou That Sleepest 엡 5:14 ······ 55

4. 성서적 기독교
   Scriptural Christianity 행 4:31 ······ 79

5. 믿음에 의한 칭의
   Justification by Faith 롬 4:5 ······ 109

6. 믿음으로 얻은 의
   The Righteousness of Faith 롬 10:5~8 ······ 133

7. 하나님의 나라로 가는 길
   The Way to the Kingdom 막 1:15 ······ 157

8. 성령의 첫 열매
The First Fruits of the Spirit 롬 8:1 ······ 177

9. 종의 영과 양자의 영
The Spirit of Bondage and of Adoption 롬 8:15 ······ 199

10. 성령의 증거
The Witness of the Spirit 롬 8:16 ······ 227

11. 우리 자신의 영의 증거
The Witness of our own Spirit 고후 1:12 ······ 249

12. 은혜의 수단
The Means of Grace 말 3:7 ······ 269

13. 마음의 할례
The Circumcision of the Heart 롬 2:29 ······ 301

14. 신생의 표적
The Marks of the New Birth 요 3:8 ······ 323

15. 하나님께로부터 난 자의 위대한 특권
The Great Privilege of Those that are Born of God 요일 3:9 ······ 345

16. 산상설교 I
    Upon our Lord's Sermon on the Mount I 마 5:1~4 ······ 365

17. 산상설교 II
    Upon our Lord's Sermon on the Mount II 마 5:5~7 ······ 391

18. 산상설교 III
    Upon our Lord's Sermon on the Mount III 마 5:8~12 ······ 417

19. 산상설교 IV
    Upon our Lord's Sermon on the Mount IV 마 5:13~16 ······ 445

20. 산상설교 V
    Upon our Lord's Sermon on the Mount V 마 5:17~20 ······ 471

21. 산상설교 VI
    Upon our Lord's Sermon on the Mount VI 마 6:1~15 ······ 499

22. 산상설교 VII
    Upon our Lord's Sermon on the Mount VII 마 6:16~18 ······ 523

1
믿음으로 말미암는 구원
Salvation by Faith

노년의 존 웨슬리
⟨John Wesley, as an Old Man⟩, Frank O. Salisbury, 1932

너희는 그 은혜에 의하여 믿음으로 말미암아 구원을 받았으니 (엡 2:8)

1. 하나님께서 사람에게 베푸시는 모든 복은 하나님의 순전한 은혜와 부요하심과 사랑에서 나온 것입니다. 하나님의 이 사랑은 우리가 받을 수 있는 자격이 없음에도 값없이 주시는 사랑입니다. 하나님의 은혜는, 비록 사람은 모두가 그 은혜를 받을 자격이 없음에도 불구하고 거저 주시는 하나님의 사랑으로 받는 것입니다. 사람은 하나님이 주시는 자비에 대하여, 비록 가장 작은 것을 받았다 할지라도 불평할 권리가 없습니다. 하나님께서 흙으로 사람을 지으시고 생기를 불어 넣으사 생령(生靈)이 되게 하셨으며, 그 영혼을 하나님의 형상을 닮게 하시고, 만물을 그 발아래 복종케 하신 것도 하나님께서 값없이 주시는 은혜입니다. 그리고 오늘날 바로 우리의 생명과 호흡 및 만물을 주시는 것도 역시 값없이 주시는 은혜에 의한 것입니다. 왜냐하면 하나님께서 하시는 일에 대하여는 지극히 작은 것이라도 우리는 그것을 가지거나 행하기에 아무 가치 없는 존재들이기 때문입니다. 우리가 하는 모든 일은 하나님 자신이 우리 안에서 하신 것입니다. 그러므로 이런 것들은 모두 값없이 주시는 자비의 사례들입니다. 사람 안에서 발견되는 의가 있다면 어떤 것이든지 하나님의 선물입니다.

2. 그러면 죄인인 사람이 무엇을 가지고 자기가 지은 죄의 지극히 작은 것이라도 속죄할 수 있겠습니까? 그 자신의 공로를 가지고 하겠습니까? 아닙니다. 인간에게 공로가 많고 또는 거룩함이 있다면, 그것은 인간에게 속한 것이 아니고 하나님께 속한 것입니다. 진실로 인간 자신은 모두 불결하며 죄 많은 존재입니다. 그러므로 인간은 한 사람 한 사람 모두 죄에 대하여 속죄가 필요합니다. 부패한 나무에서는 부패한 열매가 자랄 뿐입니다. 그와 같이 사람의 마음은 완전히 부패했고 가증하여 하나님의 영광에 이르지 못하고 있습니다. 즉 위대한 창조주께서 태초에 자기의 형상을 따라 사람의 영혼에 새겨주셨던 영광스러운 의가 결여되어 있습니다. 그러므로 사람에게는 하나님 앞에 내놓고 애원할 아무 공로도 없고 의도 없으니 하나님 앞에서 입을 굳게 닫을 수밖에 없습니다.

3. 만일 이 죄 많은 인간이 하나님의 자비를 발견한다면, 이것은 "은혜 위에 은혜인 것입니다!" 하나님께서 우리에게 새로운 축복으로 가장 큰 은혜, 곧 구원을 부어 주신다면, 우리는 하나님께 말로 다 할 수 없는 이 선물에 대하여 감사 외에 무슨 다른 말을 할 수 있겠습니까. 이것은 실로 "우리가 아직 죄인 되었을 때 우리를 구원하시려고 그리스도께서 죽으심으로써 우리를 향한 하나님의 사랑을 확증하심"으로 된 것입니다. "너희는 그 은혜에 의하여 믿음으로 말미암아 구원"을 받았습니다. 은혜는 구원의 원천이요, 믿음은 구원의 조건입니다.

그러면 이제 하나님의 은혜를 받기 위하여 다음의 것들을 주의 깊게 질문하여 보겠습니다.

Ⅰ. 우리가 구원을 받은 것은 어떤 믿음으로 말미암은 것입니까?
Ⅱ. 믿음으로 말미암아 받은 구원은 어떤 것입니까?
Ⅲ. 이에 대한 몇몇 반대에 대하여 어떻게 답변할 것입니까?

Ⅰ

우리가 구원을 받은 것은 어떤 믿음에 의해서입니까?

1. 첫째, 이 믿음은 이교도의 믿음과는 다릅니다. 지금은 하나님께서 이방인에게 명하사 그들에게 "하나님이 계시다는 것과 또한 자기를 진심으로 찾는 자에게 상 주시는 분이심을 믿으라"고 하십니다. 또한 하나님은 우리가 그를 하나님으로 확신하여 영광을 돌리며 모든 일에 감사하며, 공의와 자비와 진실과 도덕적 미덕을 모든 사람에게 행함으로 말미암아 찾을 수 있는 분이라는 것을 믿으라 하십니다. 그러므로 헬라 사람이나 로마 사람이나 스구디아 사람(서북 아시아)이나 인도 사람들이 하나님이 계시다는 것과 하나님의 속성 또는 장차 받을 상벌이나 도덕적인 덕목의 의무적 본성마저 믿지 않았다면 저들까지라도 변명의 여지가 없었을 것입니다. 이것은 바로 최소한의 이교 신앙이기 때문입니다.

2. 둘째, 우리에게 구원을 얻게 하는 믿음은 마귀의 믿음과도 다릅니다. 마귀의 믿음은 이교도의 믿음보다 훨씬 앞섰습니다. 왜냐하면 마귀는 하나님께서 지혜롭고 능력 많은 분이셔서 은혜로 보상하시며 의로우사 죄를 벌하시는 분이심을 믿을 뿐 아니라, 예수께서는 하나님의

아들로서 그리스도이며 세상의 구주이신 것을 믿기 때문입니다. 그러므로 마귀는 예수님을 만났을 때 "나는 당신이 누구인 줄 아노니 하나님의 거룩한 자니이다(눅 4:34)"라고 분명한 말로 선언한 것입니다. 불행한 영들이라 하지만 그들이 거룩한 분의 입에서 나오는 모든 말씀과 옛사람들에 의하여 기록된 모든 말씀을 믿지 않는다고 의심할 수 없습니다. 그렇습니다. 또 마귀일지라도 두 사람의 거룩한 사도에 대하여 "이 사람들은 지극히 높은 하나님의 종으로서 구원의 길을 너희에게 전하는 자들이다(행 16:17)"라고 영광스러운 증거를 하지 않을 수 없었던 것입니다. 그러니 그때에 하나님과 인간의 큰 원수도 하나님이 육신으로 나타나셨고 그가 "그의 모든 원수를 자기 발 앞에 두시리라"는 것과 "모든 성경은 하나님의 영감"으로 주어졌다는 것을 믿으며, 또한 그렇게 믿는 가운데 떨고 있는 것입니다. 마귀의 신앙은 여기까지 미치는 것입니다.

3. 셋째, 우리가 그로 말미암아 구원을 얻는 믿음, 곧 지금 설명하고자 하는 믿음은 예수님이 이 세상에 계실 때 제자들이 가졌던 믿음과도 다른 것입니다. 제자들은 주를 믿어 모든 것을 버리고 그를 따랐으며, 기적을 행하는 능력을 가져 병자와 각종 질병을 고치며 악마를 제어할 능력과 권위를 가졌고, 더 나아가 하나님의 나라를 전파하기 위하여 주님으로부터 파송을 받았습니다. 그러나 그런 믿음도 엄격한 의미에서 우리가 설명하고자 하는 구원을 받게 하는 믿음은 아닙니다.

4. 그러면 우리를 구원에 이르게 하는 믿음은 어떤 것입니까? 먼저 일반적으로 말해, 이는 그리스도를 믿는 믿음이라 말할 수 있습니다. 그리스도와 그리스도를 통해 나타나신 하나님이 바로 이 믿음의 참

된 대상입니다. 그러므로 여기에서 이 믿음은 고금의 이교도들의 믿음과는 전적이며 절대적으로 구별됩니다. 이 믿음은 사변적이거나 합리적인 것으로 냉랭하고 생명 없는 동의(assent), 즉 어떤 머리에서 나온 관념의 연속에 그치는 것이 아니라 심장(heart)으로 믿는 믿음입니다. 그러므로 성서는 다음과 같이 말합니다. "사람이 마음으로 믿어 의에 이르고", "네가 만일 네 입으로 예수를 주로 시인하며 또 하나님께서 그를 죽은 자 가운데서 살리신 것을 마음에 믿으면 구원을 얻으리라(롬 10:9, 10)."

5. 이런 점에서 이 믿음은 예수님이 세상에 계실 때 제자들이 가졌던 믿음과도 구별됩니다. 즉 이 믿음은 예수님의 죽음의 필요성과 공로, 그리고 예수님의 부활의 능력을 인정하는 것입니다. 즉 이 믿음은 예수님이 우리의 범죄함 때문에 내어줌이 되고 또한 "우리를 의롭다고 인정하기 위하여 다시 살아나셨다(롬 4:25)"고 한 바와 같이 예수님의 죽음을 인간을 영원한 죽음에서 구속하시는 유일하고 충분한 방법으로 보며, 예수님의 부활을 우리의 생명과 불멸의 회복으로 인정하는 것입니다. 이와 같이 그리스도인의 믿음이란, 그리스도의 복음 전체에 대한 동의일 뿐 아니라 그리스도의 보혈에 전적으로 의뢰하는 것, 즉 예수님의 생명과 죽음과 부활의 공로를 신뢰하고 우리를 위하여 "자기를 버리고 또한 우리 안에 살아 역사하시는 우리의 대속이시요 생명이신" 그리스도께 전적으로 의존하는 것입니다(이것은 그리스도의 공로를 통하여 죄가 용서받고 하나님의 사랑으로 화해되었다는 확실한 자신입니다). 결과적으로 우리는 우리의 "지혜와 의와 성화와 구속"이신 그분께, 한마디로 말해 우리의 구원이신 그분께 가까이 다가가 접붙여지는 것을 말합니다.

II

이 믿음으로 말미암아 받는 구원은 어떤 것입니까? 이것이 두 번째로 생각하고자 하는 사안입니다.

1. 무엇보다도 이 구원은 현재의 구원입니다. 이 구원은 우리가 얻을 수 있는 것, 참으로 이 땅 위에서 이 신앙에 함께하는 자가 실제로 얻은 것입니다. 그러므로 사도 바울은 에베소에 있는 신자들에게, 아니 모든 시대에 있는 신자들에게 "너희는 구원을 받을 것이다"(이것도 진리이기는 하지만)라고 말한 것이 아니라 "너희가 믿음으로 말미암아 구원을 얻었다(엡 2:9)"고 말한 것입니다.

2. 여러분은 (한마디로 모든 것을 포함하여) "죄에서 구원을 받았습니다." 이것이 믿음으로 말미암은 구원입니다. 이것이 하나님께서 아들을 세상에 보내시기 전에 미리 천사를 통하여 "그 이름을 예수라 하라. 이는 그가 자기 백성을 그들의 죄에서 구원할 자이심이라(마 1:21)."고 예언한 그 위대한 구원입니다. 성서의 어디를 보더라도 어떤 제한이나 제약이 없습니다. 하나님은 모든 사람, 성서에 표시된 대로 그를 믿는 모든 사람을 그들의 "모든 죄"에서 구원하실 것입니다. 하나님은 원죄나 실제의 죄(actual sin), 과거의 죄나 현재의 죄를 막론하고 육과 영의 모든 죄에서 구원하실 것입니다. 그들은 예수 안에 있는 믿음으로 말미암아 자기들의 죄책과 죄의 권세에서 구원받은 것입니다.

3. 첫째, 이는 과거의 모든 죄의 죄책(guilt)에서의 구원입니다. 세

상은 하나님 앞에서 다 범죄하여 곁길로 나갔으니, 만일 하나님께서 이 것을 지적하시고 용서하지 않으신다면 그 앞에 설 자가 누구이겠습니까? 그리고 율법은 죄를 깨닫게 하여 주는 것뿐이지 구원에 이르게는 못하니, 율법의 행위로 하나님 앞에서 의롭다 함을 받을 육체는 하나도 없습니다. 그러므로 하나님의 의는 예수 그리스도를 믿는 믿음으로 말미암아 모든 자에게 미치는 것입니다(롬 3:22). 그리하여 저들은 그리스도 예수 안에 나타난 구속을 통하여 하나님의 은혜로 값없이 의롭게(롬 3:24) 되었습니다. "하나님이 이 예수를 그 피를 믿는 믿음으로 말미암는 화목 제물로 세우셨으니, 이는 하나님께서 길이 참으시는 중에 과거에 지은 죄를 면제하심으로 자기의 의로우심을 나타내려 하심이니라." 지금은 그리스도께서 우리를 위하여 저주를 받은 바 되사 율법의 저주에서 우리를 속량하셨으니(갈 3:13), 주께서 우리를 거스르고 불리하게 하는 법조문으로 쓴 증서를 지우시고 제하여 버리사 십자가에 못 박으셨습니다(골 2:14). 그러므로 이제 그리스도 예수를 믿는 자에게는 정죄함이 없습니다.

4. 죄책에서 구원받은 자는 또한 두려움에서도 구원받은 것입니다. 그렇다고 하여 이는 불순종한 아들이 부모에게 갖는 두려움에서의 구원이 아니라, 노예로서 갖는 두려움에서 구원을 받은 것입니다. 우리를 괴롭히는 두려움, 하나님의 형벌과 진노에 대한 두려움에서의 구원입니다. 그리스도인은 하나님을 대할 때 지금은 그를 무서운 주(主)로서가 아니라 너그러운 아버지로 여기게 된 것입니다. "너희는 다시 무서워하는 종의 영을 받지 아니하고 양자의 영을 받았으므로 우리가 아빠 아버지라고 부르짖으며 성령이 친히 우리의 영과 더불어 우리가 하나님의 자

녀인 것을 증언"하십니다. 그들은 또한 하나님의 은혜에서 떨어져 나간 다는 가능성이 없는 것은 아니지만 그 두려움, 크고도 귀중한 하나님의 약속에 미치지 못하리라는 두려움에서 구원받은 것입니다(그들은 우리의 기업에 보장이 되는 약속의 성령으로 인치심을 받았습니다. - 엡 1:13). 그러므로 그들은 우리 주 예수 그리스도로 말미암아 하나님으로 더불어 화평을 누리며 하나님의 영광을 바라고 즐거워하고 있습니다. 또한 "우리에게 주신 성령으로 말미암아 하나님의 사랑이 우리 마음에 부은 바 된 것" 입니다(롬 5:5). 그리하여 그들은(아마도 늘 그런 충만한 확신 가운데 있는 것은 아닐지라도) "사망이나 생명이나 현재 일이나 장래 일이나 높음이나 깊음이나 다른 아무 피조물이라도 우리를 우리 주 그리스도 예수 안에 있는 하나님의 사랑에서 끊을 수 없다"고 확신하게 된 것입니다.

5. 또한 이 신앙으로 말미암아 그들은 죄책으로부터 구원을 받은 동시에 죄의 권세로부터도 구원받은 것입니다. 그러므로 사도 요한은 "그가 우리 죄를 없애려고 나타나신 것을 너희가 아나니 그에게는 죄가 없느니라 그 안에 거하는 자마다 범죄하지 아니하나니…(요일 3:5~6)"라고 외쳤습니다. 또 말하기를 "자녀들아 아무도 너희를 미혹하지 못하게 하라 의를 행하는 자는 그의 의로우심과 같이 의롭고 죄를 짓는 자는 마귀에게 속하나니…(요일 3:7~8) 하나님께로부터 난 자마다 죄를 짓지 아니하나니 이는 하나님의 씨가 그의 속에 거함이요 그도 범죄하지 못하는 것은 하나님께로부터 났음이라(요일 3:9)" 하였고, 또 5장 18절에서는 "하나님께로부터 난 자는 다 범죄하지 아니하는 줄을 우리가 아노라 하나님께로부터 나신 자가 그를 지키시매 악한 자가 그를 만지지도 못하느니라"라고 거듭 말씀하고 있습니다.

6. 믿음으로 말미암아 하나님께로부터 난 자는 (1) 어떤 습관적인 죄를 짓지 않습니다. 습관적인 죄는 모든 사람을 지배합니다. 그러나 그 죄가 믿는 자의 마음을 지배할 수 없습니다. (2) 어떤 고의적인 죄를 짓지 않습니다. 믿음 안에 거하는 자의 의지는 모든 죄에 전적으로 반항하며 또한 이를 무서운 독과 같이 미워하기 때문입니다. (3) 죄된 욕망에 의하여 죄를 짓지 않습니다. 그는 부단히 하나님의 거룩하시고 온전하신 뜻을 찾으며, 자기 마음속에 조금이라도 불결한 욕망이 생기자마자 하나님의 은혜를 힘입어 그 싹을 질식시키기 때문입니다. (4) 또한 그는 행동이나 말이나 생각에서 인간의 허약함으로 인하여 죄를 짓지 않습니다. 이 허약함과 죄를 짓고자 하는 의지는 별개의 것이며, 의지의 작용이 일어나지 않으면 죄를 짓지 않기 때문입니다. 이와 같이 "하나님께로부터 난 자마다 죄를 짓지 않습니다." 그는 지금까지 죄지은 일이 없다고 말할 수는 없으나 지금은 죄짓지 않는다고 말할 수 있습니다.

7. 그러므로 이것이야말로 믿음으로 말미암는 구원입니다! 이는 현세에서도 받을 수 있는 구원입니다. 죄로부터의 구원과 그 죄의 결과로부터의 구원을 일컬어 종종 칭의(稱義, justification)라는 말로 표현합니다. 이 말은 광의로 취할 때 그리스도의 대속으로 말미암아 지금 그를 믿는 죄인에게 이루어지는 죄책과 형벌로부터의 해방을 뜻하며, 또한 그 신자의 마음속에 형성된, 그리스도로 말미암은 죄(전체)로부터의 해방을 의미합니다. 그러므로 이와 같이 의롭다 칭함을 받은 자, 곧 믿음으로 말미암아 구원을 받은 자는 진실로 거듭난 자입니다. 그는 영으로, 그리스도와 함께 하나님 안에 감추어진(골 3:4) 새 생명으로 거듭납니다. 그는 새로운 피조물이니 이전 것은 지나갔고 그 안에 있는 모든 것은 새

것이 되었습니다. 그래서 새로 난 아기처럼 기쁨으로 신실한 말씀의 젖을 받아 이것을 먹고 성장합니다. 주 하나님의 능력에 의하여 믿음에서 믿음으로, 은혜에서 은혜로 나아가 마침내는 완전한 사람이 되기까지, 즉 그리스도의 장성한 분량이 충만한 데에 이르기까지 성장합니다.

III

이상의 설명한 것에 대해 흔히 나오는 반대는 다음과 같은 것들입니다.

1. 첫째, "오직 믿음으로만 의롭다 함을 얻고 구원을 얻는다고 설교하는 것은 성결(holiness)과 선행(good works)을 반대하는 것이다"라고 하는 것입니다. 여기에 대하여는 극히 간단한 대답으로 충분하리라 생각합니다. 물론 우리가 어떤 사람과 같이 이 신앙을 성결과 선행에서 분리된 것으로 말한다면 그 말은 당연할 것입니다. 그러나 우리는 그와는 반대로, 신앙은 모든 선행과 모든 성결을 생산하는 것으로 말합니다.

2. 그러나 이 문제에 대하여 더 충분히 생각하는 것이 무익하다고는 할 수 없습니다. 왜냐하면 이런 반대는 새로운 것이 아니라 사도 바울 때부터 있어 왔던 반대이기 때문입니다. "믿음으로 말미암아 율법이 폐기되는가?"라는 반문은 그때부터 있었습니다. 우리는 이에 대하여 먼저 이렇게 답변합니다. 믿음을 외치지 않는 자가 곧 율법을 폐기하는 자입니다. 즉 저들은 직접 성서 본문의 정신을 그대로 해석하지 않고 제한함으로써, 또는 간접적으로 율법을 이루게 하는 유일한 방법인 믿음을

지적하지 않음으로써 오히려 율법을 폐기하는 것입니다.

그러므로 둘째, 우리는 율법의 전 범위와 성서 본문의 영적 의미를 제시함으로써 또한 율법의 의를 성취할 수 있는 살아 있는 길로 만인을 부름으로써, 이로 인해 "우리는 그 안에서 율법을 도리어 굳게 세우는 것입니다." 그래서 그들은 그리스도의 보혈만을 신뢰하면서 하나님께서 지정하신 모든 규례를 사용하여 하나님께서 저들이 그 안에서 걷도록 미리 준비해 놓으신 모든 선행을 행하고, 더 나아가 모든 거룩한 천상의 성정, 곧 그리스도 예수 안에 있었던 그 동일한 마음까지 즐기고 또한 나타내는 것입니다.

3. 그러나 이런 신앙을 설교하는 것은 사람들을 자만하게 하는 길로 인도하지 않느냐고 반대하는 사람이 있습니다. 우리는 답변합니다. 자칫하면 그렇게 될 수 있습니다. 그러므로 모든 신자는 각별히 주의해야 합니다. 위대한 사도의 말 가운데 다음과 같은 경고가 있습니다. "그들은 믿지 아니하므로 꺾이고 너는 믿으므로 섰느니라. 높은 마음을 품지 말고 도리어 두려워하라. 하나님이 원 가지들도 아끼지 아니하셨은즉 너도 아끼지 아니하시리라. 그러므로 하나님의 인자하심과 준엄하심을 보라. 넘어지는 자들에게는 준엄하심이 있으니, 너희가 만일 하나님의 인자하심에 머물러 있으면 그 인자가 너희에게 있으리라. 그렇지 않으면 너도 찍히는 바 되리라(롬 11:20~22)." 그러므로 그 안에 머물러 있는 동안, 사도 바울이 이미 예견하고 답변한 다음과 같은 반문을 기억하게 될 것입니다. "그런즉 자랑할 데가 어디냐 있을 수 없느니라 무슨 법으로냐 행위로냐 아니라 오직 믿음의 법으로니라(롬 3:27)." 만일 사람이 자기의 행위로 말미암아 의롭다 함을 얻는다면 그로부터 영광을 받

게 될 것입니다. 그렇다면 "일을 아니할지라도 경건하지 아니한 자를 의롭다 하시는 이를 믿는 자에게는(롬 4:5)" 영광이 없게 되고 맙니다. 같은 의미의 말씀이 에베소서 2장 4절을 전후하여 또 있습니다. "긍휼이 풍성하신 하나님이⋯ 허물로 죽은 우리를 그리스도와 함께 살리셨고 (너희가 은혜로 구원을 얻은 것이라)⋯ 이는 그리스도 예수 안에서 우리에게 자비하심으로써 그 은혜의 지극히 풍성함을⋯ 나타내려 하심이니라. 그러므로 너희가 그 은혜로 인하여 믿음으로 말미암아 구원을 얻었나니 이것이 너희에게서 난 것이 아니요 하나님의 선물이라." 이는 곧 값없이 받는 분수에 넘치는 선물입니다. 여러분이 구원받은 것은 바로 이 믿음으로 말미암는 것입니다. 따라서 이 구원은 하나님이 기뻐하시는 뜻, 곧 오직 그의 은혜로부터 주어지는 것입니다. 여러분이 믿는다는 것도 하나님의 은혜의 한 예요, 여러분이 믿음으로 말미암아 구원을 얻었다는 것도 역시 하나님의 은혜인 것입니다. "행위에서 난 것이 아니니 이는 누구든지 자랑하지 못하게 함이라(엡 2:9)." 우리가 믿기 이전의 모든 행위, 모든 의는 하나님 앞에서 상 받을 것이 못됩니다. 도리어 정죄함이 있습니다. 믿음에 합당한 선행이나 의는 인간의 행위에서 오는 것이 아닙니다. 우리가 믿을 때 얻어지는 구원도 우리가 행하는 일은 아닙니다. 그때에 우리 안에 이 일을 이루시는 분은 하나님이십니다. 그러므로 하나님께서 우리에게 주시는 보상도 결국은 하나님께서 스스로 행하신 일에 대한 보상입니다. 따라서 찬양할 것은 하나님의 풍부하신 자비뿐이요, 우리가 영광을 받을 것은 하나도 없습니다.

4. 그러나 이와 같이 하나님의 자비에 대하여 말하는 것, 오직 믿음으로 구원을 얻는다(의롭다 함을 얻는다)는 것이 사람들에게 죄를 짓도

록 장려하는 것이 되지 않느냐고 반대하는 자가 있습니다. 진실로 그렇게 될 수도 있습니다. 또 많은 사람들이 은혜를 풍성하게 하기 위하여 죄를 계속 지으려고 합니다. 그러나 만약 그렇게 하면 그들의 피가 그들 머리 위에 머무를 것입니다. 하나님의 선하심은 그들을 인도하여 회개하게 합니다. 마음이 신실한 사람은 그렇게 회개합니다. 그들이 아직도 하나님께로부터 용서함을 받아야 할 줄 알 때, 하나님께서 그 죄를 완전히 없애 주시기를 바라 예수 안에 있는 믿음으로 말미암아 크게 부르짖게 될 것입니다. 그리하여 저들이 간절히 부르짖고 낙심치 아니하여, 저들이 하나님께서 지정하신 모든 방법으로 그것을 얻을 때까지 결코 만족하지 않고 하나님께 간구하면, 하나님께서는 찾아오실 것이며 결코 지체하지 않으실 것입니다. 하나님은 단시간에 많은 일을 하실 수 있습니다. 사도행전에 보면 하나님께서 이 믿음을 마치 하늘에서 번갯불이 번쩍이는 것같이 많은 사람들의 마음에 부어 주신 예를 볼 수 있습니다. 그와 같이 사도 바울과 실라가 설교하기 시작하는 그 시간에 간수가 회개하여 믿고 세례를 받았습니다. 오순절 때에도 베드로의 첫 번 설교에 삼천 명이나 되는 사람이 모두 회개하고 믿었습니다. 하나님께 축복을 돌립니다. 아직도 하나님이 "구원하시는 그 능력"에 대한 생생한 증거가 많이 있습니다.

5. 바로 이 진리에 대하여 다른 관점에서 반대하는 자가 있습니다. 그들은 만일 사람이 자기가 할 수 있는 모든 것을 다 했음에도 불구하고 구원을 받을 수 없다면, 이것은 사람을 절망에 빠지게 하는 것이 아니냐고 반문합니다. 사람 자신의 행위나 자신의 공로나 의로 구원을 받는다면 그 또한 절망인 것도 사실입니다. 진실로 사람은 자기 자신의

것을 완전히 부정하지 않고서 그리스도의 공로를 신뢰할 수 없습니다. 자기의 의를 세우려고 애쓰는 자는 결코 하나님의 의를 받을 수 없습니다. 믿음에서 오는 의는 율법에서 오는 의를 신뢰하는 동안에는 주어질 수 없습니다.

6. 어떤 이는, 이것이 불편한 교리라고 말합니다. 마귀가 이런 것을 가지고 사람에게 말할 때 자기 생긴 모양대로 말하는 것을 알아야 합니다. 즉 진리도 수치도 개의치 않고 말합니다. 마귀가 속삭이는 말은 스스로 멸망의 길을 걷고 저주받은 자에게는 듣기 좋은 말로, 즉 위로 가득한 말로 들리는 것입니다. "누구든지 그를 믿는 자는 부끄러움을 당하지 아니하리라 한 분이신 주께서 모든 사람의 주가 되사 그를 부르는 모든 사람에게 부요하시도다(롬 10:11~12)." 위안은 바로 여기에 있습니다. 하늘보다 높고 사망보다 강한 위안입니다. 아니, 이는 모든 사람에게 임하는 자비입니까? 공공연한 약탈자 삭개오를 위한, 부정한 여인이었던 막달라 마리아를 위한 자비입니까? 어떤 이가 "아, 그러면 나, 아니 나 같은 사람도 하나님의 자비를 바랄 수 있겠구나!" 하는 말이 들리는 듯합니다. 그렇습니다. 당신도 그와 같이 기대할 수 있습니다. 고통을 당하고 있는 당신, 아무도 위로할 수 없는 당신도 그 자비를 기대할 수 있습니다. 하나님께서는 결코 당신의 기도를 물리치시지 않습니다. 도리어 하나님께서는 그 다음 순간에 말씀하실 것입니다. "기뻐하라. 너희 죄가 용서받았다." 그렇게 죄를 용서받았기에 그 죄는 벌써 당신을 지배하지 못합니다. 그후부터는 성령께서 당신의 영과 더불어 당신이 하나님의 자녀인 것을 증거하실 것입니다(롬 8:16). 오호라! 이것이야말로 좋은 소식, 대단히 기쁜 소식, 만민에게 주어진 복음이 아니겠습니까? 오호라! 목

마른 자들아, 물로 나아오라. 돈 없는 자도 오라. 너희는 와서 사 먹되 돈 없이, 값없이 와서… 사라(사 55:1). 그리고 너희 죄가 진홍 같이 붉을지라도(사 1:18), 또는 머리털보다 많을지라도 "여호와께로 돌아오라. 그리하면 그가 긍휼히 여기시리라. 우리 하나님께로 돌아오라. 그가 너그럽게 용서하시리라(사 55:7)" 했습니다.

7. 아무 반대도 일어나지 않으면 우리는 손쉽게 이 믿음으로 말미암아 얻는 구원의 도리를 가장 중요한 교리로 설교해야 하는 일을 잊어버리고, 더 나아가서는 전혀 설교할 필요가 없다고 생각하기 쉽습니다. 그러나 성령께서는 무엇이라고 말씀하십니까? "이 닦아 둔 것 외에 능히 다른 터를 닦아 둘 자가 없으니 이 터는 예수 그리스도라(고전 3:11)." 그러므로 "누구든지 저를 믿는 자는 구원을 얻으리라"는 것이 우리의 설교의 기본이요, 또 기초가 되어야만 하는 것입니다. 다시 말해 이것을 첫째로 설교해야만 합니다. 그렇지만 이 교리를 각계각층에 있는 모든 사람에게 설교할 필요가 없다고 반대하는 사람이 있습니다. 여러분, 그러면 누구에게 이것을 설교하지 말아야 합니까? 누가 제외될 수 있을까요? 가난한 사람일까요? 아닙니다. 가난한 사람은 복음을 들을 권리가 있습니다. 무식한 사람일까요? 아닙니다. 하나님께서는 이 모든 일을 배우지 못하고 무식한 사람에게 처음 나타내셨습니다. 어린이들일까요? 절대로 그럴 수 없습니다. "어린아이들이 나에게 오는 것을 용납하고 금하지 말라" 하셨습니다. 죄인들일까요? 천만의 말씀입니다. 예수님은 "의인을 부르러 온 것이 아니요 죄인을 불러 회개시키러 오셨다"고 하셨습니다(마 9:13). 그러면 제외될 사람이 누구입니까? 부요하고 유식하고 평판이 높은 도덕가를 제외해야 합니까? 그들은 종종 자신들이 제외된

것으로 생각합니다. 그러나 우리는 우리 주님의 말씀을 외쳐야 합니다. 주님께서 대 분부를 내리시면서 말씀하시기를 "너희는 가서 만민에게 복음을 전파하라"고 하셨습니다. 만일 어떤 사람이 그 말씀을 왜곡하여 멸망을 가져오게 한다면, 그 책임은 스스로 짊어져야 할 것입니다. 그러나 아직도 주님께서 살아 계시므로, 우리는 주님께서 우리에게 분부하시는 것은 무엇이든지 외치고자 합니다.

8. 여기에서 우리는, 이 교리가 곧 은혜로 인하여 믿음으로 말미암아 얻는 구원이라고 똑똑히 밝혀 말합니다(엡 2:8). 왜냐하면 교회는 이 교리를 오늘날처럼 똑똑히 주장하지 못해 왔기 때문입니다. 로마 가톨릭교회에 미혹 당하는 것을 방지할 수 있는 것은 바로 이 교리였습니다. 가톨릭교회의 그릇된 점을 하나하나 지적하려면 한이 없습니다. 그러나 "믿음으로 말미암아 구원을 얻는다"는 이 교리는 그 근본을 공격한 것으로, 이 교리가 성립될 때 가톨릭교회의 모든 교리는 허물어지고 마는 것입니다. 그러므로 이 교리야말로 우리가 주장하는 바 그대로 기독교 종교의 강한 반석이요 기초입니다. 이 교리가 교황을 왕국에서 처음으로 내쫓았습니다. 이 교리만이 그렇게 할 수 있습니다. 이 교리 외에 이 땅 위에 홍수처럼 퍼지고 있는 부도덕을 시정할 교리는 없습니다. 아주 깊은 대양(大洋)을 한 방울 한 방울로써 비울 수 있습니까? 그렇다면 여러분은 간사한 말로써 우리를 어떤 악한 습관에서 개혁시킬 수 있을지도 모르겠습니다. 그러나 "믿음으로 말미암아 하나님께로 오는 의"를 얻도록 하십시오. 그렇게 될 때 자만의 파도는 멈출 것입니다. 이 교리 외에 부끄러움을 자기 영광으로 삼고, 값을 치르고 자기를 사신 주님을 부인하는 우리의 입을 막을 수 있는 것은 없습니다. 그들은 율법에 대하여, 그 율법을 자

기의 마음에 기록하여 가지고 있는 자와 마찬가지로 아주 고상하게 말할 수가 있습니다. 그들이 이 제목에 대하여 말하는 것을 들으면 그들은 하나님 나라에서 멀지 않다는 느낌을 받게 됩니다. 그러나 저들을 율법에서 복음으로 인도하십시오! 믿음으로 말미암는 의로 시작하십시오. 믿는 자들을 위해서 율법의 마지막이 되신 그리스도로부터 시작하십시오. 과연 그들이 명목상의 그리스도인(almost Christian)이고 완전한 그리스도인(altogether Christian)이 아니면 그들은 결국 멸망의 자식이 될 것이며, 마치 지옥 밑바닥이 천당 꼭대기에서 아주 먼 거리에 있는 것같이 그들은 영생과 구원의 자리에서 아주 먼 거리에 있는 것입니다(하나님, 그들에게 자비를 베풀어 주옵소서!).

9. 이런 이유 때문에 "믿음으로 말미암는 구원"이 세상에 선포될 때마다 그 반대자들은 크게 분을 내는 것입니다. 이런 이유로 이 교리를 처음으로 설교하는 자들을 파멸시키려고, 그들은 땅과 지옥을 동원하여 흔드는 것입니다. 또한 이 같은 이유 때문에 그들은 이 신앙이 홀로 자기들 왕국의 기초를 전복시킬 수 있는 것임을 알고, 이 교리가 일어날 때부터 자기들의 전 세력을 동원하여 온갖 거짓말과 비방을 다 하면서, 만군의 하나님의 일꾼인 마르틴 루터를 위협했던 것입니다. 이 위협이 얼마나 컸는지 상상하기는 곤란합니다. 하나님께서 돌보아 주시는 사람으로서 그는 거만하고 강하게 무장한 그 장사를 분노케 하였으며, 그 장사는 결국 손에 갈대 하나를 쥐고 나오는 어린아이에게 제지되고 무시당하고 말았던 것입니다. 특히 그 어린아이가 분명히 자기를 능가하리라는 것을 알자 그를 짓밟았던 것입니다. 예수님의 경우도 마찬가지입니다. 이와 같이 가장 약할 때 그 힘이 가장 강해지는 것입니다. 그러므로 주

를 믿는 어린아이와 같은 당신은 전진하십시오. 주의 오른팔이 놀라운 일을 가르쳐 주실 것입니다. 당신은 지금 어린아이와 같이 약하고 무능할지라도 어떤 강한 자가 당신을 이겨내지 못할 것입니다. 당신은 분명코 그를 이기고 정복하며 능가하여 마침내 그를 짓밟을 것입니다. 당신은 전진하고 전진하여, 구원의 대장 밑에서 승리하고 또 승리하여 마침내는 당신의 모든 원수를 다 넘어뜨리고 사망이 승리(생명) 안에 삼켜질 때까지 앞으로 나가야 합니다.

지금은 우리 주 예수 그리스도를 통하여 우리에게 승리를 주시는 하나님께 감사합시다. 성부와 성자와 성령께 은혜와 영광과 지혜, 존귀와 능력과 전능이 영원무궁하기를 기원합니다. 아멘.

2
명목상의 그리스도인
The Almost Christian

감리교신학대학교 웨슬리채플

네가 적은 말로 나를 권하여 그리스도인이 되게 하려 하는도다 (행 26:28)

이 정도 수준까지 가는 사람은 많습니다. 세상에 기독교가 전파된 이래, 어느 시대 어느 국민 가운데서도 크리스천이 되도록 90퍼센트쯤 설득된 사람은 많이 있었습니다. 그러나 "그 정도까지밖에" 갈 수 없다면 이것은 하나님 앞에서 무용지물이 됩니다. 그래서 다음의 사실을 깊이 고려해 보는 것이 매우 중요합니다.

I. 명목상의 그리스도인(almost a Christian)이 된다는 것은 무엇을 의미하는가?
II. 완전한 그리스도인(altogether a Christian)이라는 것은 무엇을 의미하는가?

I

(i) 1. 첫째, "명목상의 그리스도인"이 되는 일, 거기에는 먼저 이교도의 정직함이 포함되어 있습니다. 이 점에 대해서 나는 아무도 의심하지 않으리라고 생각합니다. 여기 이교도의 정직함이란 그들 철학자들의 책에서만 추천된 덕목이 아닙니다. 일반 이교도들이 서로서로 기대하고 그들 대다수가 실제로 행한 것들을 의미합니다. 그들은 그 정직의

법에 의해서 부정해서는 안 된다는 것, 강탈이든지 절도라든지 이웃의 소유물을 빼앗아서는 안 된다는 것, 가난한 이들을 학대하거나 누구에게든지 협박해서는 안 된다는 것, 가난한 사람들이나 부한 사람들과 어떤 거래를 하든지 어느 쪽도 속이거나 골려서는 안 된다는 것, 누구의 인권도 사취해서는 안 된다는 것, 가능하면 아무에게도 어떤 신세를 지지 말아야 할 것 등의 가르침을 받은 사람들입니다.

2. 또 일반 이교도들은 정의뿐 아니라 진리에 대해서도 존중해야 한다고 생각했습니다. 따라서 거짓 맹세하는 자, 거짓에 대해서 하나님을 증인으로 내세우는 자만이 아니라, 이웃에 대한 중상자로 알려진 자, 누군가를 부당하게 비난하는 자들도 이교도들은 미워했습니다. 실상 그들은 어떤 종류든 간에 고의로 거짓말하는 인간을 똑같이 경멸했습니다. 그런 자들을 인류의 치욕이요, 사회의 흑사병으로 여기기 때문입니다.

3. 그 밖에도 이교도들에게는 서로서로 기대한 어떤 종류의 사랑과 협력이 있습니다. 그들은 누구나 자신의 권리가 침해되지 않고 남에게 줄 수 있는 모든 도움을 행했습니다. 그들은 그것을 비용이나 노력을 조금도 들이지 않고 베풀었습니다. 조그만 자선 봉사만이 아니라 음식에 여유가 있을 때에는 주린 자들을 먹이고, 여분의 옷으로 벗은 사람들을 입히며, 일반적으로 말해서 자기들에게 필요하지 않은 물건은 그것이 필요한 사람들에게 나누어주는 일까지 확대하였습니다. 이러한 선행을 가장 낮게 평가해도 이교도들의 정직은 이 정도까지 행해진 것입니다. 이것이 "명목상의 그리스도인"이란 말의 첫째 의미입니다.

(ii) 4. "명목상의 그리스도인"이라는 말의 두 번째 의미는 어떤 형식의 경건을 일러 말하는 것입니다. 그리스도의 복음이 규정하는 그 경건, 즉 실제 그리스도인의 외모를 가지고 있음을 말하는 것입니다. 따라서 "명목상의 그리스도인"은 복음이 금하는 일은 아무것도 하지 않습니다. 그는 하나님의 이름을 헛되게 부르지 않습니다. 축복은 하지만 저주는 하지 않습니다. 그는 전혀 맹세하지 않습니다. 그는 "예"는 "예"라 하고 "아니오"는 "아니오"라 합니다. 그는 거룩한 주일을 속되게 하지 않으며, 자기 집에 있는 손님이라도 주일을 속되게 하는 것을 허용하지 않습니다. 그는 실제적인 강간, 간음, 불결을 모두 피할 뿐 아니라, 직접 간접으로 나오는 모든 말과 눈빛을 전부 피합니다. 그뿐만이 아닙니다. 모든 욕설, 무고, 참소, 중상 또는 "어리석은 말이나 희롱의 말(엡 5:4)"-희롱의 말: 유트라펠리아, eutrapelia, 이교도의 윤리학자의 평가로는 어떤 종류의 미덕입니다-을 피하고, 간단히 말해서 "덕을 세우는 데 소용(엡 4:29)"되지 않는, 따라서 "우리가 구속의 날까지 인치심을 받은 하나님의 성령을 근심하게 하는(엡 4:30)" 것 같은 모든 말을 금하고 무익한 말을 모두 피하는 것입니다.

5. 그는 "술 취하는(엡 5:18)" 것, 즉 주연을 베푼다거나 포식을 하는 일까지도 피합니다. 그리고 부정을 당해도 복수하지 않으며, 악을 악으로 갚지 않습니다. 그는 이웃의 허물이나 약점을 조롱하거나 떠들거나 비웃거나 하는 인간이 아닙니다. 그는 아무에게도 고의로 잘못하지 않고 헐뜯거나 슬프게 하지 않습니다. 모든 일에서 명백한 규칙을 따라 행하고 말합니다. "남에게 대접을 받고자 하는 대로 남을 대접합니다(눅 6:31)."

6. 그리고 그는 선을 행함에 있어서 값싸고 쉬운 호의를 베푸는 데 그치지 않고 많은 사람의 이익을 위해 수고하고 고민합니다. 어떤 방법으로나 몇 사람이라도 돕고 싶기 때문입니다. 수고와 고통에도 불구하고 그것이 친구를 위한 일이든 적을 위한 일이든, 또는 악인을 위함이든 선인을 위함이든, "무릇 그의 손이 일을 당하는 대로 힘을 다하여 하는(전 9:10)" 것입니다. 그는 이 일이나 그 밖의 어떤 "일"에도 게으르지 않고(롬 12:11), "기회가 있는 대로 모든 사람에게 선한 일(갈 6:10)", 모든 종류의 선을 행합니다. 그들은 육체만이 아니라 혼에 대해서도 선을 행합니다. 그는 악한 자를 책망하고 무지한 자를 가르치며, 흔들리는 자를 굳게 하고 선한 이들에게 활기를 주며, 고민하는 자들을 위로합니다. 그는 잠자고 있는 자들을 깨우기 위해 수고하며 이미 하나님께서 깨워 주신 사람들을 "죄와 더러움을 씻는 샘(슥 13:1)"으로 인도하여 그들이 거기서 씻고 깨끗하게 되도록 노력합니다. 그는 믿음으로 구원받은 사람들을 분발하게 하여 모든 일에서 그리스도의 복음이 빛나도록 힘쓰는 것입니다.

7. 이러한 경건의 형식을 가진 사람은 또한 은혜의 수단(means of grace)을 사용합니다. 그뿐 아니라 모든 기회에 모든 은혜의 수단을 사용합니다. 그는 하나님의 집에 지속적으로 출입합니다. 그의 태도는 지극히 높으신 이의 앞에서 금이나 비싼 의상으로 치장하거나 으리으리한 허영에 찬 복장으로 나오지 않고, 피차간에 그 자리에 맞지 않는 예의를 차리지 않습니다. 그는 너무 무례하게 쾌활한 행위를 하거나 경건의 능력을 가진 것 같은 겉모습은 물론이요, 그 형식을 지키기 위한 겉모습이나 모든 종류의 외식을 거부합니다. 이런 비난받을 일들에 해당하는

사람이 우리 가운데 한 사람도 없으면 좋겠지만, 아마도 이런 사람들은 두리번거리며 혹은 모두 매우 냉담한 무관심의 표시를 보이며 하나님의 집에 들어옵니다. 때로 그들이 이제부터 착수하려는 일을 위해 축복을 구하는 기도를 하나님께 하는 것처럼 보이는 일도 물론 있으나, 그들은 장엄한 예배 시간에 잠을 자거나 가장 편안한 자세로 기대고 있습니다. 혹은 마치 하나님께서 주무시거나 하는 것처럼 서로 지껄이거나 전혀 할 일이 없는 사람처럼 주변을 두리번거리기도 합니다. 이런 사람들은 경건의 형식밖에 가지고 있지 않기 때문에 이런 일들이 일어난다고 비난받아서는 안 됩니다. 그렇지 않습니다. 경건의 형식만이라도 가지고 있는 자는 저 장중한 예배의 어느 부분에서도 진지함과 주의를 가지고 행동합니다. 그가 주님의 성찬에 나아갈 때에 특히 그렇습니다. 경솔하거나 조심성 없는 자세가 아니고, "오, 하나님이여 불쌍히 여기소서. 나는 죄인이로소이다(눅 18:13)." 하는 말밖에는 아무 말도 하지 않는 것 같은 분위기와 몸짓과 행동으로 나아갑니다.

8. 거기에다 가장으로서 끊임없이 가정 기도회를 실행하고 일상적 행동의 진지성과 함께 하나님께 대한 개인적인 대화를 위해 시간을 따로 마련해 두는 일 등을 첨가한다면, 이런 외적인 종교를 언제나 실행하는 자는 경건의 형식을 가지고 있는 것입니다. 그가 "명목상의 그리스도인"이기 위해서는 여기에 또 한 가지를 필요로 하는데, 그것은 성실(sincerity)입니다.

(iii) 9. 나는 '성실'이란 말이 이러한 외적인 모든 행동이 흘러나오는 진정한 내적인 종교의 원리를 의미한다고 봅니다. 그리고 우리가 그

것을 실제로 못 가졌다면 이교도의 정직을 못 가지는 것입니다. 어쨌든 이교도의 에피쿠로스주의(향락주의) 시인의 요구에 응답할 만큼의 수준도 못 되는 것입니다. 그 가련하고 가엾은 시인도 진지했을 때에는 다음과 같이 시를 지을 수 있었습니다.[이교도의 향락주의 시인이란 호라티우스를 가리킨 것이며 다음의 라틴 시는 Ep. I. xvi.에 있다.]

선인은 덕을 사랑함으로써 범죄를 피하고
악인은 형벌을 두려워함으로써 범죄를 피한다.
(Oderunt peccare boni, virtutis amore;
Oderunt peccare mali, formidine poenae.)

그러므로 사람이 만일 형벌을 피하려는 생각만으로 악행을 하지 않는다면, "당신은 까마귀에게 모이를 주려고 십자가에 달리지는 않으리라"고 한 이교도의 말과 같습니다. 거기서 "그들은 이미 자기 상을 다 받았습니다(마 6:2)."

이 시인까지도 그런 무해한 인간을 "선한 이교도" 정도로 평가하지 않을 것입니다. 마찬가지로, 즉 형벌과 친구들이나 이익이나 세상의 평가를 잃지 않기 위해서 악을 행하지 않을 뿐 아니라 매우 많은 선을 행하며 더구나 은총의 수단을 다 사용할 수 있는 사람에게, 그 사람이 "명목상의 그리스도인"이라고 말한다면 실제로 적당한 평가라고 인정하지 않을 것입니다. 그렇지만 그가 그 다음에 더 중요한 원리를 마음에 가지고 있지 못하다면 그는 오직 위선자일 뿐입니다.

10. 그러므로 성실은 "명목상의 그리스도인"이 되는 일 가운데

필연적으로 포함되어 있는 것으로, 하나님께 봉사하려는 진정한 의향, 하나님의 뜻을 이루려는 마음에서 우러나온 열망입니다. 그 속에는 인간이 모든 일에서, 즉 모든 대화, 모든 행동, 그가 했거나 하지 않고 남겨 둔 모든 일에서 하나님을 기쁘시게 하려는 성실한 고려가 필연적으로 포함되어 있습니다. 만일 "명목상의 그리스도인"이라면 그 의도가 생활의 전 여정 속에 일관되게 나타나는 것입니다. 그 사람이 선을 행하는 일에도 악을 행하지 않는 일에도, 하나님의 계명과 성례전을 사용함에서도 그것이 추동 원리입니다.

11. 그러나 여기서 아마 다음의 물음을 받아야 할 것입니다. "생활하는 인간이 이런 정도까지 행했음에도 불구하고 단지 명목상의 그리스도인에 불과하다는 것이 가능한가?", "완전한 그리스도인이라는 것은 그 이상의 무엇을 의미하는가?" 하는 물음입니다. 먼저 내가 대답하고 싶은 것은 그 정도까지 행하고서도 "명목상의 그리스도인"에 불과하다는 것을 나는 단순히 하나님의 말씀으로만이 아니라 체험의 확실한 증거로도 배우고 있다는 사실입니다.

12. 형제들이여, "나는 여러분을 담대하게 신뢰합니다(고후 7:4)"라고 한 담대함은 대단한 것입니다. 만일 내가 여러분과 복음을 위하여 자신의 어리석음을 공공연하게 공언하였다면 "나의 이 공평하지 못한 것을 용서하십시오(고후 12:13)." 또한 다른 사람에 대해서나 나 자신에 대해서 자유롭게 말하는 것을 용서하십시오. 여러분이 높임을 받으면 나는 낮아지고 내 주의 영광을 위해서 더욱 비천해져도 만족합니다(고후 11:7).

13. 나는 이러한 정도로 여러 해를 살아 왔습니다. 여기 있는 많은 사람들이 증언할 수 있는 바와 같습니다. 나는 모든 악을 피하고 죄 없는 양심을 가지려고 노력했습니다. 나는 시간을 헛되이 하지 않으려 했고 모든 사람에게 여러 가지 선행의 기회를 전부 획득했습니다. 나는 끊임없이 또는 조심스럽게 공적인 또는 사적인 은혜의 수단을 다 사용했습니다. 언제 어디서나 철저하고 진지한 행동을 하려고 힘썼습니다. 내 앞에 서 계시는 하나님이 내 증인이십니다. 나는 이 모든 것을 성실하게 하고 하나님께 봉사하려는 진정한 의도를 가지고 있었습니다. 모든 일에서 하나님의 뜻을 행하려고 마음으로부터 바라고 "믿음의 선한 싸움을 싸우라 영생을 취하라(딤전 6:12)"고 나를 불러 주신 하나님을 기쁘시게 하려고 했습니다. 그러나 나 자신의 양심은 성령 안에서 이 기간 중에 내가 단지 "명목상의 그리스도인"에 불과했다고 나를 향해 증언하십니다.

II

만일 "완전한 그리스도인이 된다는 사실 가운데에는 명목상 그리스도인 그 이상의 무엇이 더 함축되는가?"라고 묻는다면 나는 다음과 같이 대답합니다.

(i) 1. 먼저 하나님을 사랑하는 것입니다. 왜냐하면 하나님의 말씀은 다음과 같이 말하고 있기 때문입니다. "네 마음을 다하며 목숨을 다하며 힘을 다하며 뜻을 다하여 주 너의 하나님을 사랑하라(눅 10:27)."

이것은 온 마음을 몰두하고, 온 감정을 쏟아부으며, 영혼의 모든 능력을 다하여 그 모든 기능을 최대한으로 작용시키는 하나님에 대한 사랑입니다. 이처럼 하나님이신 주님을 사랑하는 사람의 영혼은 끊임없이 "내 구주를 기뻐합니다(눅 1:47)." 그의 기쁨은 그의 주님이요, 모든 것이 되시는 주 하나님에게 있습니다. 하나님을 향하여 "그는 모든 것에 대하여 감사하고 그의 소망은 다 하나님께 향해지며 하나님의 이름을 기념하는 일"입니다(시 75:1, 78:7). 그의 마음은 언제나 부르짖습니다. "하늘에서는 주 외에 누가 내게 있으리요, 땅에서는 주밖에 내가 사모할 자 없나이다(시 73:25)." 실로 하나님 외에 무엇을 바랄 수 있습니까? 세계나 세계 안에 있는 사물이 아닙니다. 왜냐하면 그는 "십자가에 달려 이 세상은 그에 대하여 죽고, 그도 이 세상에 대하여 죽었기 때문입니다." 그는 십자가에 달려 "육신의 정욕과 안목의 정욕과 이생의 자랑"에 죽으셨습니다. 그뿐 아니라 그는 모든 종류의 자랑에서 죽은 것입니다. 그것은 "사랑은 교만하지 않는" 것이요, "사랑 안에 있는 사람은 하나님 안에 있고 하나님도 그의 안에 계신" 사람은 자신을 볼 때 아주 무가치하게 여기기 때문입니다.

(ii) 2. "완전한 그리스도인"의 두 번째 내용은 우리 이웃에 대한 사랑입니다. 왜냐하면 우리 주님께서 다음과 같이 말씀하셨기 때문입니다. "네 이웃을 네 몸과 같이 사랑하라." "누가 나의 이웃입니까?" 하고 묻는 자가 있다면 우리는 대답합니다. 그것은 세상에 사는 모든 사람이요, 모든 육체를 가진 자의 영혼의 아버지이신 하나님의 모든 자녀입니다. 우리에게는 우리의 적 혹은 하나님의 적이나 그 사람들의 영혼을 제외할 이유가 없습니다. 오히려 그리스도인은 이런 모든 사람도 사랑하

는 것입니다. 그뿐 아니라 "그리스도께서 우리를 사랑하신 것처럼" 사랑하는 것입니다. 그것이 어떤 종류의 사랑인지 좀 더 충분하게 이해하고 싶다고 생각하는 사람은 성 바울이 말한 바를 숙고하면 됩니다. 사랑은 "오래 참고 친절하며 시기하지 않으며", 판단에 있어서 경솔하거나 성급하지 않습니다. 사랑은 "교만하지 않으며", 모든 사람 가운데 자신을 가장 작은 자로, 모든 사람의 종으로 여깁니다. 사랑은 "무례히 행하지 않으며", 오히려 "모든 사람에 대하여 모든 사람과 같이 되는" 것입니다. 그것은 "자기의 이익을 구하지 않고" 다른 사람의 선만을 구하는데, 그들이 구원을 받게 하기 위해서입니다. 사랑은 "성내지 않습니다." 사랑은 분노를 내쫓습니다. 분을 낸다는 것은 사랑에서 완전하게 되지 않은 일이기 때문입니다. "사랑은 악을 생각하지 않습니다. 불의를 기뻐하지 않고 진리를 기뻐합니다. 모든 것을 참고 모든 것을 믿고 모든 것을 바라며 모든 것을 견딥니다."

(iii) 3. "완전한 그리스도인" 속에 포함된 또 한 가지 의미는 따로 생각해 보고 싶습니다. 물론 앞의 것에서 분리할 수는 없는 것입니다. 그것은 모든 것의 근거인 신앙입니다. 하나님의 말씀 전체를 통하여 매우 뛰어난 것들이 신앙에 대해서 말하고 있습니다. 사랑하는 제자는 이렇게 말씀합니다. "모든 믿는 자는 하나님께로부터 난 자입니다." "그리스도를 영접하는 자, 곧 그 이름을 믿는 사람에게는 하나님의 자녀가 되는 권세를 주셨습니다(요일 5:1, 요 1:12)." 또 "우리의 믿음이야말로 세상을 이기게 하는 승리입니다(요일 5:4)." 더구나 우리 주님 자신도 다음과 같이 말씀하셨습니다. "아들을 믿는 자는 영원한 생명을 얻었고 또 심판

에 이르지 아니하나니 사망에서 생명으로 옮겼느니라(요 5:24)."

4. 그러나 여기서 아무도 자신의 영혼을 속여서는 안 됩니다. "다음의 사실을 늘 조심해야 합니다. 회개와 사랑 그리고 모든 선행을 낳지 않는 신앙은 여기서 말하는 저 바르고 살아 있는 신앙이 아니라 죽은 악마적 신앙입니다. 왜냐하면 마귀들이라도 그리스도가 처녀에게서 탄생하시고, 자신을 참 하나님으로 분명히 선언하신 여러 가지 기적을 행하시고, 우리를 영원한 죽음에서 속량하시기 위해 가장 고통스러운 죽음을 당하시고 사흘 만에 다시 살아나셔서, 하늘에 오르사 아버지 하나님 우편에 앉아 계시며, 세상 끝날에는 산 자와 죽은 자를 심판하시려고 다시 오신다는 것을 믿기 때문입니다. 마귀들도 이러한 우리의 신앙의 조항(the articles of our faith)을 믿으며, 또한 신·구약성서에 기록된 모든 것을 믿습니다. 그러나 이러한 모든 신앙에도 불구하고 그들은 마귀에 불과합니다. 그들은 실로 참된 기독교 신앙이 없기 때문에 여전히 지옥에 떨어져야 할 상태에 머물러 있습니다."[인간의 구원에 관한 설교]

5. (우리 교회의 용어로 계속해 말한다면) "바르고 참된 기독교 신앙이란, 성서나 우리의 신앙 조항이 참되다고 믿을 뿐 아니라, 그리스도로 인하여 영원한 형벌에서 구원받는다는 확실한 신뢰요 확신을 가지는 것입니다. 그리스도의 공로로 그 죄가 용서받고 하나님의 자비에 대해 화해한 인간이 하나님에게서 가질 수 있는 확실한 신뢰요 확신입니다. 여기서 하나님의 계명에 순종하려는 사랑의 마음이 일어납니다."

6. 이제 이 신앙은 교만, 분노, 정욕, "모든 불의", "육과 영의 모든 더러움으로부터(고후 7:1)", (거기 살아 계시는 하나님의 능력으로) "마음을 깨끗하게(약 4:8)" 합니다. 이 신앙은 하나님과 인류의 모든 것에 대한 죽음보다도 강한 사랑으로 마음을 채웁니다. 이 사랑은 하나님의 일을 하며 모든 사람을 위하여 쓰고 쓰이는 것을 자랑합니다. 이 사랑은 그리스도의 치욕, 곧 모든 사람에게 조롱받고 경멸받으며 미움을 받을 뿐 아니라 인간이나 악마들의 악의가 그 사랑을 실행하는 자에게 더해지는 것을, 하나님의 지혜가 허락한 모든 일을, 기쁨으로 견딥니다. 이처럼 사랑으로 역사하는 이 신앙을 가진 사람은 모두 단지 명목상의 그리스도인이 아니라 참으로 완전한 그리스도인입니다.

7. 그러면 이러한 일의 살아 있는 증인들은 누구입니까? 형제들이여, 하나님 앞에서는 "지옥과 멸망도 드러나고 하물며 자녀들의 마음은 더욱 그러할진대(잠 15:11)", 나는 이 하나님의 현존 속에 거하는 자로서 여러분 한 사람 한 사람이 그 마음에 물어보기를 간절히 원합니다. "나는 그들 중 한 사람인가? 나는 이교도의 정직의 규칙이 요구하는 만큼이라도 정의, 자비, 진실을 실행하고 있는가? 만일 실행한다면 나는 그리스도인의 겉모습, 즉 믿음의 형식을 가졌는가? 나는 악을, 즉 기록된 하나님의 말씀이 금하는 모든 것을 끊었는가? 나는 내 손이 하려고 찾은 모든 선을 힘을 다해 행하는가? 나는 모든 기회에 하나님이 정하신 의식을 진지하게 이행하고 있는가? 그리고 이상의 모든 일을 하나님을 기쁘시게 하려는 성실한 의욕과 열망을 가지고 행하는가?"

8. 여러분 중 대부분은 "명목상의 그리스도인" 정도까지 결코 도달한 적도 없었다는 것, 적어도 기독교 신앙의 겉모습을 지닌 이교도가 가진 정직의 수준까지도 오지 못했다는 사실을 의식하지 않습니까? 더욱이 하나님은 여러분 중에 성실을, 모든 일에서 하나님을 기쁘시게 하려는 실제적인 계획조차 보지 못하셨습니다. 여러분은 결코 그 모든 말과 행위, 여러분의 일과 연구와 오락을 하나님의 영광을 나타내기 위해 바치려는 의도조차 갖고 있지 않았습니다. 여러분이 한 모든 일이 "주 예수의 이름으로" 되고 "예수 그리스도를 통하여 하나님이 기뻐 받으실 영적 제사"가 되도록 하려고 의도하거나 요구하지 않았습니다.

9. 그러나 여러분이 그것을 했다고 하더라도 도대체 좋은 의도나 좋은 욕구가 그리스도인을 만듭니까? 그것이 좋은 결과를 맺지 못하면 결코 그렇지 않습니다. "지옥은 좋은 의도로 포장되어 있다"고 누군가 말했습니다. 그러므로 가장 큰 의문이 아직 남아 있습니다. 하나님의 사랑이 당신의 마음에 부어지고 사방팔방으로 퍼져 있습니까? 당신은 "나의 하나님, 나의 전부"라고 외칠 수 있습니까? 당신은 하나님밖에 아무것도 바라지 않습니까? 당신은 하나님으로 행복합니까? 하나님이 당신의 영광과 환희와 기쁨의 면류관입니까? "하나님을 사랑하는 자는 형제를 사랑할지니라"고 한 계명이 당신의 마음에 기록되어 있습니까? 그리고 당신은 당신의 이웃을 내 몸처럼 사랑합니까? 당신은 모든 사람을, 당신의 적이나 하나님의 적까지도 당신 자신의 영혼처럼 사랑합니까? 그리스도께서 당신을 사랑하신 것처럼 사랑합니까? 그뿐 아니라 당신은 하나님의 어린 양이 당신의 죄를 거두어서 그것을 바다 깊숙이 돌처

럼 던져 버리신 것을 믿습니까? 하나님의 어린 양이 당신을 대적할 증서를 완전히 소멸하고 그것을 제거하여 자신의 십자가에 못 박았음을 믿습니까? 당신은 진실로 그의 피에 의한 속량, 즉 당신의 죄의 용서를 믿습니까? 하나님의 영이 당신의 영에 대하여 당신이 하나님의 자녀임을 증거하고 있습니까?

10. 우리 가운데 서 계신 우리 주 예수 그리스도의 아버지 하나님은 이 신앙과 사랑을 가지지 못하고 죽은 사람은 그를 위하여 차라리 태어나지 않았으면 좋았을 거라고 하십니다. 그러므로 잠자고 있는 당신이여, 깨어서 당신의 하나님을 불러 찾으십시오. 찾을 만한 때에 하나님을 찾으십시오. 하나님이 그 "선한 형상을 네 앞으로 지나게 하고(출 33:19)" 주의 이름을 당신에게 밝히 보이실 때까지 하나님을 쉬시게 해서는 안 됩니다. "주는 자비롭고 은혜롭고 노하기를 더디 하고 인자와 진실이 많은 하나님이라 인자를 천대까지 베풀며 악과 과실과 죄를 용서하리라(출 34:6~7)." 누구의 무익한 말로도 당신의 숭고한 소명의 상을 얻지 못해도 좋다는 말에 설득되어서는 안 됩니다. 밤낮 "우리가 아직 연약한 가운데 있을 때 경건하지 아니한 사람들을 위하여 죽으신(롬 5:6)" 그리스도를 향해 부르짖으십시오. 그리하면 마침내 당신은 당신이 믿는 분을 알게 되고 "나의 주, 나의 하나님(요 20:28)" 하게 될 것입니다. "항상 기도하고 낙심하지 말 것"을 기억하십시오. 그리하면 마침내 당신도 그 손을 하늘로 들어 올려 영원히 살아 계신 그리스도에게 선언하게 될 것입니다. "주님 모든 것을 아시오매 내가 주님을 사랑하는 줄을 주님께서 아시나이다(요 21:17)."

11. 우리 모두가 무엇이 명목상의 그리스도인이 아닌 완전한 그리스도인인지 체험하기 원합니다. 그것은 그리스도에게 있는 구속으로, 하나님의 은혜로 값없이 의롭게 되는 일이요, 우리가 예수 그리스도로 인하여 하나님께 대한 평화를 가지고 있음을 아는 것이요, 하나님의 영광을 바라보고 기뻐하는 일이요, 우리에게 주어진 성령에 의하여 우리 마음속에 하나님의 사랑이 부어지고 널리 퍼지는 일입니다.

3

잠자는 자여, 일어나라
Awake, Thou That Sleepest

협성대학교 웨슬리 동상

잠자는 자여 깨어서 죽은 자들 가운데서 일어나라 그리스도께서 너에게 비추이시리라 (엡 5:14)

나는 이 말씀을 하나님의 도우심으로 다음 세 가지 점에서 논술하려고 합니다.

I. 이 말씀을 듣는 자들인 잠자는 자들에 대한 묘사입니다.
II. "잠자는 자여 깨어서 죽은 자들 가운데서 일어나라"는 권면의 말씀에 대한 강화입니다.
III. 깨어서 일어난 자들에 대한 약속인 "그리스도께서 네게 빛을 주실 것이다"라는 말씀에 대한 설명입니다.

I

1. 먼저 여기서 이 말씀을 들어야 할 잠자는 사람들에 대해서 말해 봅니다. 잠잔다는 말은 인간의 자연적인 상태를 의미합니다. 그것은 영혼의 깊은 잠이요, 아담의 죄가 아담의 허리에서 나온 모든 사람들 안으로 집어던져진 상태입니다. 그것은 무관심과 태만과 우둔함이요, 영혼의 실제적 조건에 대한 무감각입니다. 모든 사람은 이러한 상태로 세상에

태어나 하나님의 음성이 그를 깨우기까지 그런 상태로 있는 것입니다.

2. 이제 "잠자는 사람은 밤에 잡니다(살전 5:7)." 인간의 자연적인 상태는 전적인 어둠의 상태요, "어둠이 땅을 덮을 것이며 캄캄함이 만민을 가리는(사 60:2)" 상태입니다. 잠에서 깨어나지 않는 가련한 죄인은 다른 사람에 대해서 아무리 아는 지식을 가졌더라도 자기 자신에 대해서는 아무것도 모릅니다. 이 점에서 "그는 자기가 마땅히 알아야 할 것도 알지 못한 사람입니다(고전 8:2)." 그는 자신이 타락한 영혼임을 알지 못합니다. 현세에서 이 영혼의 유일한 직무는 타락에서 회복하고, 하나님에 의하여 창조된 하나님의 형상을 회복하는 일입니다. 잠에서 깨어나지 않은 죄인은 꼭 필요한 그 한 가지 일을 이해하지 못합니다. 이 필요한 한 가지 일이란 내적이고 전체적인 변화, 세례로 상징되는 "위로부터의 탄생(요 3:31)"입니다. 이것이 바로 "그것이 없으면 아무도 주를 보지 못할(히 12:14)" 전체적 쇄신의 시작이요, 영과 혼과 육체의 성화입니다.

3. 그는 온갖 질병에 걸려 있으면서도 완전히 건강하다는 공상에 젖어 있습니다. 그는 비참한 족쇄로 결박되어 있는데도 (행복하고) 자유롭다고 꿈꾸고 있습니다. "완전히 무장한 힘센 사람(눅 11:21)"과 같은 악마가 그의 영혼을 완전히 소유하고 있는데도, 그는 "평안하다, 평안하다(렘 6:14)"고 말하고 있습니다. 지옥이 그를 밑에서부터 만나려고 올라오고 있으며, 한번 떨어지면 다시 돌아올 수 없는 심연이 그를 삼키려고 입을 벌리고 있는데도, 그는 여전히 계속 잠자고 있으며 휴식을 취하고 있습니다. 불이 그의 주변에 붙고 있는데도 그는 모릅니다. 그뿐 아니라 불이 그를 태우고 있어도 느끼지 못하고 있습니다.

4. 그러므로 (다음의 사실을 우리가 다 이해하면 좋지만) 잠자는 사람이란 표현에서 우리는 자신의 죄 가운데서 만족하고 있는 죄인을 이해해야 합니다. 그는 그처럼 타락하고 있는 상태에 머물러 하나님의 형상을 가지지 못한 채로 살고 또 죽는 것에 만족하고 있습니다. 그는 자신의 질병과 이에 대한 유일한 치료, 그 둘을 다 모릅니다. 그는 경고를 받지 못했다거나 혹은 "다가오는 징벌을 피하라(마 3:7)"는 하나님의 경고 음성을 결코 마음에 두지 않았습니다. 그는 또한 자기가 지옥 불의 위험 속에 처해 있음을 전혀 느끼지 못하거나 혹은 진지하게 그 영혼의 밑바닥으로부터, "내가 어떻게 하여야 구원을 얻겠습니까?(행 16:30)"라고 부르짖는 일도 결코 없었습니다.

5. 만일 이 잠자고 있는 사람들이 겉으로는 부도덕하지 않다면, 이 잠은 통례상 모든 잠 중에서 가장 깊은 잠입니다. 그는 라오디게아 사람들과 같은 정신의 소유자들이요, "차지도 않고 덥지도 않은(계 3:15)" 조용하고 합리적이며 악의가 없고 선량한 사람이거나, 조상이 전해준 종교를 그 신앙으로 고백하는 자이든가, 그렇지 않으면 열심 있고 정통적인 인간이어서 "우리 종교의 가장 엄한 파를 따라 바리새인의(행 26:5)" 생활을 하고 있을지도 모릅니다. 즉 성서의 설명에 의하면, 그러한 사람은 스스로 의롭다 여기는 사람으로서 하나님께 받아들여지는 기초로 자기의 의를 확립하려고 힘쓰는 것입니다.

6. 이러한 사람은 "경건의 모양은 있으나 경건의 능력을 부인할 사람(딤후 3:5)"입니다. 그뿐 아니라 어디서나 경건의 능력이 발견되면 그것은 단순한 과장이거나 망상이라고 욕합니다. 그러는 동안 이 비참

한 자기 기만자는 자기가 "다른 사람들과 같이 욕심이 많거나 불의하거나 간음하는 사람이 아니라(눅 18:11)"는 것을 하나님께 감사합니다. 확실히 그는 아무에게도 악을 행하지 않습니다. 그는 "한 주간에 두 번씩 금식하고(눅 18:12)", 모든 은혜의 수단을 사용하여 충실하게 교회에 나가 성례전에 참여합니다. 그뿐 아니라 "얻은 것의 십일조를 드립니다(눅 18:12)." 그는 할 수 있는 모든 선을 행합니다. "율법의 의"에서도 그는 "흠 없는 사람입니다(빌 3:6)." 그는 경건의 겉모습에 결함이 없으나 능력이 없습니다. 종교의 모양에서 아무 부족함이 없으나 얼이 없으며, 기독교의 형식에 아무 흠결이 없으나 진리와 생명이 빠져 있습니다.

7. 그러나 여러분은 알지 못합니까? 이러한 그리스도인이 아무리 사람들 가운데서 높은 존경을 받아도 하나님의 눈에는 혐오의 대상이요, 하나님의 아들이 어제도 오늘도 영원히 "위선자인 율법학자들과 바리새파 사람들(마 23:13)"을 향해 선언하신 저 모든 화의 상속자입니다. 그는 "잔과 접시의 겉은 깨끗이 하지만(마 23:25)" 그 안에는 모든 더러운 것이 가득 차 있습니다. "악한 질병이 여전히 그에게 붙어 있기 때문에 그의 심중은 심히 악한 것입니다(시 5:9)." 우리 주님은 그를 적절하게도 "회칠한 무덤(마 23:27)"에 비유하셨습니다. 그것은 "겉은 아름답게 보이지만, 안에는 죽은 사람의 뼈와 온갖 더러운 것이 가득합니다." 그 뼈들은 실상 더 마르지도 않습니다. 근육과 살이 그 뼈 위에 붙고 가죽이 그 위를 덮습니다. 그러나 그 속에 숨결이 없습니다. 살아 계신 하나님의 영이 없습니다. 그리고 "그리스도의 영을 가지고 있지 않은 사람이라면 그는 그리스도의 사람이 아닙니다(롬 8:9)." "그러나 하나님의 영이 여러분 안에 살아 계신다면 여러분은 그리스도의 사람입니다." 만일 그렇지

않다면, 당신들은 아직도 여전히 죽음 가운데 머물러 있는 것입니다.

8. 이것이 여기서 말하고 있는 잠자는 사람의 또 하나의 특징입니다. 본인은 그것을 모르지만, 그는 죽음 안에 머물러 있는 사람입니다. 그는 하나님께 대해서 죽은 자요, "허물과 죄로 죽어(엡 2:1)" 있습니다. 왜냐하면 "육을 따라 살려는 마음은 죽음에 이르기(롬 8:6)" 때문입니다. "한 사람으로 말미암아 죄가 세상에 들어오고 죄로 말미암아 사망이 들어왔나니 이와 같이 모든 사람이 죄를 지었으므로 사망이 모든 사람에게 이르렀느니라(롬 5:12)."라는 말씀과 같습니다. 이 죽음은 현세의 죽음만이 아니요, 정신적인 그리고 영원한 죽음도 의미합니다. 하나님은 아담에게 말씀하셨습니다. "네가 먹는 날에는 정녕 죽으리라(창 2:17)." 이 죽음은 육체적인 것이 아닙니다(그렇지 않다면 아담은 그때 마땅히 죽어야 했을 것입니다). 그것은 영적인 죽음입니다. 즉 "당신은 당신의 영혼의 생명을 잃을 것이다. 당신은 하나님에 대하여 죽을 것이다. 당신은 당신의 본래 생명이요 행복인 하나님에게서 분리될 것이다."라는 뜻입니다.

9. 이렇게 해서 첫 번째로 하나님과 우리 영혼 사이의 생생한 일치가 해체됩니다. 그러므로 우리가 자연적으로는 "힘 있게 살고 있으면서도" 영적으로는 "죽어 있습니다(롬 8:13)." 둘째 아담이 우리에게 살리는 영이 되기까지 그 상태에 우리는 머물러 있습니다. 둘째 아담은 죽어 있는 사람들, 죄와 쾌락과 부와 명예 안에서 죽어 있는 사람들을 다시 살립니다. 그러나 죽어 있는 영혼이 살아나기 전에 그는 "하나님의 아들의 음성을 들어야(경청해야)(요 5:25)" 합니다. 그는 자기의 잃어버린 상태를 느끼게 되고, 자기 안에 죽음의 판결을 받아들입니다. 그는 자기가

"살아 있으나 이미 죽은 것(딤전 5:6)"이요, 하나님 혹은 하나님의 모든 것에 대해서 죽어 있음을 압니다. 왜냐하면 죽은 몸이 살아 있는 인간의 기능을 발휘할 능력이 없는 것과 마찬가지로 그는 살아 있는 그리스도인의 행동을 수행할 능력이 없기 때문입니다.

10. 그리고 가장 확실한 것은, 죄 가운데서 죽어 있는 사람은 "좋은 것과 나쁜 것을 분별할 세련된 지각(히 5:14)"을 가지지 못했다는 사실입니다. "눈이 있어도 보지 못하고 귀가 있어도 듣지 못하는(막 8:18)" 것입니다. 그는 "이미 주의 인자하심을 맛보아 알지(벧전 2:3)" 못하고 있습니다. 그는 "하나님을 전혀 본 일이 없으며" 또 "하나님의 음성을 들은" 일도 없고, "생명의 말씀을 손으로 만진(요일 1:1)" 경험도 없습니다. 예수의 이름은 아무런 유익도 없이 "쏟은 향기름 같으며(아 1:3)", 무익한 방식으로 그리스도의 옷은 모두 "몰약과 침향과 육계의 향기가 있게(시 45:8)" 되는 것입니다. 죽음의 잠을 계속하고 있는 영혼은 이런 종류의 것들을 전혀 지각하지 못합니다. 그의 마음은 "감각 없는 자가 되어서(엡 4:19)" 이러한 것들 가운데 아무것도 이해하지 못합니다.

11. 그러므로 영적 감각(spiritual senses)이나 영적 지식으로 들어가는 기관을 전혀 가지지 못한 자연적인 인간은 하나님의 영이 하시는 일들을 받아들이지 못합니다. 그뿐 아니라 그는 그러한 일들을 받아들이지 못하기 때문에 영적으로 지각되는 일들이 그에게는 단순한 어리석음에 불과합니다. 그는 영적인 것들에 대하여 전혀 알지 못할 뿐 아니라 그런 것들이 존재한다는 자체를 부정합니다. 그리고 영적 감각 그 자체가 그에게는 어리석은 일 중에 어리석은 일입니다. 그는 말합니다. "어

떻게 이러한 것들이 있을 수 있는가? 어떻게 인간이 하나님께 대하여 스스로 살아 있다는 것을 알 수 있는가?" 그것은 마치 지금 당신의 육체가 살아 있음을 당신이 아는 것과 마찬가지로 알 수 있는 것입니다. 신앙은 영혼의 생명입니다. 만일 당신이 당신 안에 거하는 이 생명을 가졌다면, 당신 자신에 대하여 그것을 증거하는 일에 다른 증표(marks)를 전혀 필요로 하지 않습니다. 증표는 성령의 증거(elegchos pneumatos)인 저 신적 의식(divine consciousness), 수만 명의 증언보다 더 많고 위대한 하나님의 증거로 충분합니다.

12. 만일 하나님이 이제 당신의 영에 대하여 당신이 하나님의 아들이라는 것을 증언하지 않는다면, 하나님께서 자신의 논증과 능력으로써 당신이 악마의 아들인 것을, 깨어 있지 못한 가엾은 죄인인 당신에게 확신시켜 줄 것입니다. 내가 예언할 때 "소리와 진동이" 있고 또 "이 뼈 저 뼈가 들어맞아서(겔 37:7)" 뼈의 연결이 일어나길 바랍니다. 그때에 "생기가 사방에서부터 와서 이 죽음을 당한 자에게 붙어서 살아나게 할 것입니다(겔 37:9)." 당신들의 마음을 완악하게 하거나 성령에 거슬리게 해서는 안 됩니다. 성령은 지금도 당신에게 죄를 확신시키려고 오십니다. 그것은 "당신이 하나님의 외아들의 이름을 믿지 않았기 때문입니다(요 3:18)."

II

1. 그러므로 "잠자는 자여 깨어서 죽은 자들 가운데서 일어나라(엡 5:14)." 하나님께서는 지금 나의 입을 의지하여 당신을 부르십니다. 그

리고 타락한 영인 당신 자신을, 당신의 참 모습을, 당신이 이 땅에 있는 것밖에는 관심하지 않는 사실을 알게 하려고 당신에게 명령하십니다. "자는 자여 어찌함이냐 일어나서 네 하나님께 구하라 혹시 하나님이 우리를 생각하사 망하지 아니하게 하시리라(욘 1:6)." 강렬한 폭풍이 당신 주위에서 휘몰아치고 있으며, 당신은 영원한 멸망의 깊이에, 하나님의 심판의 심연 속으로 빠져들고 있습니다. 만일 당신이 그것들에서 달아나려고 한다면 당신 자신을 그 속으로 던져 버리십시오. "자신을 심판하십시오. 그리하면 당신은 주의 심판을 받지 않을 것입니다(마 7:1)."

2. 깨어나십시오, 깨어나십시오. "여호와의 손에서 그의 분노의 잔을 마시기를(사 51:17)" 두려워하거든 이 순간 깨어나십시오. 당신의 의가 되시는 주님을, 구원을 베푸시는 능력의 주님을 붙잡기 위하여 분발하여 일어나십시오. "티끌을 털어 버리십시오(사 52:2)." 하나님의 위협하시는 지진으로 당신을 진동케 하십시오. 일어나서 저 부들부들 떨던 간수와 함께 "내가 어떻게 하여야 구원을 얻겠습니까?(행 16:30)" 하고 부르짖으십시오. 하나님의 선물인 믿음을 가지고 성령의 역사 안에서 구주되신 예수를 믿기까지 결코 쉬면 안 됩니다.

3. 만일 내가 당신들 가운데 특별히 말해 주고 싶은 사람이 있다면, 이 권면을 자신과는 관계없다고 여기는 그런 사람입니다. "내가 하나님의 명령을 받들어 당신에게 고할 일이 있습니다(삿 3:20)." 하나님의 이름으로 나는 당신에게 "다가오는 하나님의 진노를 피하라(눅 3:7)"고 경고합니다. 더럽혀진 영혼인 당신은 자신의 모습을 선고받은 베드로에게서 볼 수 있습니다. 베드로는 이중의 쇠사슬에 결박되어 군인들 사이에

던져져서 어두운 지하 감옥에 누워 있습니다. 간수들은 옥문을 지키고 있습니다. 밤은 깊어 갑니다. 당신이 사형 집행장으로 끌려갈 시각인 아침이 가까워 옵니다. 이 무서운 상황 속에서 당신은 깊이 잠들어 있습니다. 당신은 악마의 품 안에서, 구덩이의 가장자리 위에서, 영원한 멸망의 어구에서 깊이 잠들어 있습니다.

4. 아, 주님의 천사가 당신에게 나타나 빛이 당신의 감옥 안을 비춰주면 좋겠습니다. 그리고 당신이 전능자의 손의 일격을 느끼기를 원합니다. 당신이 다음의 말씀을 듣고서 일어나게 되기를 원합니다. "어서 일어나라. 띠를 띠고 신을 신으라. 옷을 입고 나를 따라오라(행 12:7~8)."

5. 그대, 영원한 영혼이여, 당신이 누리는 현세적 행복의 꿈에서 깨어나십시오. 하나님은 자신을 위하여 당신을 창조하신 것이 아닙니까? 그렇다면 당신은 하나님 안에서 쉴 때까지는 쉴 수 없습니다. 방황하는 이들이여, 돌아오십시오. 당신을 위한 방주 안으로 뛰어 올라오십시오. 현세적 이 땅은 당신이 편안히 쉴 곳이 아닙니다. 땅 위에 거처를 세우려고 생각하지 마십시오. 당신은 땅 위에서는 나그네요 순례자에 불과합니다. 당신은 덧없는 한 날의 피조물이지만, 이제는 불변의 상태를 향해 배를 띄우고 있습니다. 서두르십시오. 영원이 바로 눈앞에 있습니다. 영원은 지금 이 순간의 열매입니다. 영원한 행복인가, 아니면 영원한 비참인가는 지금 이 순간에 달려 있습니다.

6. 당신의 영혼은 어떤 상태에 있습니까? 내가 아직 말하고 있는 동안에라도 하나님이 당신에게 요구하신다면 당신은 죽음과 심판을 만

날 준비가 되어 있습니까? 당신은 "눈이 정결하시므로 악을 차마 보지 못하시는(합 1:13)" 하나님의 눈앞에 설 수 있습니까? 당신은 과연 "빛 가운데서 성도의 기업의 부분을 얻기에 합당한 자(골 1:12)"입니까? 당신은 "선한 싸움을 다 싸우고… 믿음을 지켰습니까?(딤후 4:7)" 당신은 없어서는 안 될 한 가지를 확보했습니까? 당신은 하나님의 형상, 곧 의와 참된 성결을 회복했습니까? 당신은 옛 사람을 벗어 버리고 새 사람을 입었습니까? 당신은 그리스도의 옷을 입었습니까?

7. 당신은 등잔에 당신의 기름을 가지고 있습니까? 당신의 마음에 은혜가 있습니까? 당신은 "마음을 다하고 목숨을 다하고 생각을 다하고 힘을 다하여 주 되신 당신의 하나님을 사랑(막 12:30)"하고 있습니까? 그리스도 예수 안에 있었던 마음이 당신 안에도 있습니까? 당신은 정말로 그리스도인, 곧 새로운 피조물입니까? 옛것은 지나가고 모든 것이 새로워졌습니까?

8. 당신은 "신성한 성품에 참여하는 자(벧후 1:4)"입니까? "예수 그리스도께서 여러분 가운데 계시다는 것을 알지 못합니까? 모른다면 여러분은 버림받은 것(고후 13:5)"임을 알지 못합니까? "하나님께서 우리에게 자기 영을 보내 주셨습니다. 그것으로 우리는 하나님 안에 있고 또 하나님이 우리 안에 계시다는 것(요일 4:13)"을 알고 있습니까? "여러분은 하나님의 성전이며 하나님의 영이 여러분 속에 살아 계시다는 것(고전 3:16)"을 알지 못합니까? 당신은 자신 안에 증서를, 당신이 상속받을 재산의 보증을 가지고 있습니까?(당신은 구속의 날을 위하여 약속의 성령 안에서 인치심을 받고 있습니까?) 당신은 "성령을 받았습니까?(행 19:2)" 그렇지

않으면 당신은 "성령이 계시다는 말조차 듣지 못하고" 그것을 이제야 질문하는 선에서 출발하는 것입니까?

9. 만일 이 사실로 당신의 감정이 상한다면, 당신은 그리스도인도 아니며 그리스도인이 되려고 원하지도 않음을 확신하십시오. 그뿐 아니라 당신의 기도 자체가 죄로 변합니다. 그리고 당신은 바로 이날에야 하나님의 성령의 영감을 간구함으로써 하나님을 엄연하게 조롱한 것입니다. 왜냐하면 그때에 당신은 받아질 수 있는 어떤 것이 있었음을 믿지 않았기 때문입니다.

10. 여전히 나는 하나님의 말씀과 우리의 교회의 권위에 근거해서 다시 질문합니다. "당신은 성령을 받았습니까?" 만일 당신이 성령을 받지 않았다면 아직 그리스도인이 아닙니다. 왜냐하면 그리스도인이란 "성령과 능력이 부어진(행 10:38)" 사람이기 때문입니다. 당신은 아직 순수한, 더럽혀지지 않은 종교에 참여하는 자가 아닙니다. 당신은 종교가 무엇인지 알고 있습니까? 그것은 신성한 성품에 참여하는 일이고, 인간의 영혼 속에 있는 하나님의 생명이고, 인간의 마음속에 꼴 새겨진 그리스도입니다. 그것은 "여러분 안에 계신 그리스도요 영광의 희망이십니다(골 1:27)." 그것은 행복이요 거룩함입니다. 그것은 지상에서 시작되는 하늘이요, "당신들 가운데 있는 하나님의 나라(눅 17:21)"이며, "먹는 것과 마시는 것이 아닙니다(롬 14:17)." 다시 말해 그것은 외적인 일이 아니라 "성령 안에서 누리는 의와 화평과 기쁨입니다." 그것은 당신의 영혼 안으로 가져온 영원한 왕국이요, "사람의 모든 지각을 초월한 하나님의 평안(빌 4:7)"이며, "말로 다 표현할 수 없는 영광스러운 기쁨(벧전 1:8)"입니다.

11. "그리스도 예수 안에서는 할례나 무할례나 효력이 없으되 사랑으로써 역사하는 믿음(갈 5:6)" 그리고 새로운 창조만이 중요하다는 것을 당신은 알고 있습니까? 당신은 내적인 변화와 영적 탄생, 죽은 자 가운데에서 부활한 생명과 거룩함의 필요성을 압니까? 그리고 당신은 그런 것들 없이는 아무도 주를 보지 못할 것이라고 철저하게 확신하고 있습니까? "더욱더 힘써 여러분이 부르심을 받은 것과 택함을 받은 것을 확고하게(벧후 1:10)" 하고 "두렵고 떨리는 마음으로 자신의 구원을 이루어(빌 2:12)" 나아가며 "좁은 문으로 들어가도록(마 7:13)" 당신은 필사적으로 노력하고 있습니까? 당신은 자신의 영혼을 진지하게 대하고 있습니까? 당신은 마음을 찾으시는 하나님에게 다음과 같이 말할 수 있습니까? "아, 하나님. 당신이야말로 내가 갈망하는 분이십니다. 주여, 당신은 모든 것을 아십니다. 제가 주님을 사랑하려고 마음으로부터 바라고 있는 줄을 주님께서 아십니다(요 21:17)."

12. 당신은 구원받기를 바라고 있습니다. 당신 안에 있는 그 희망에 대하여 당신은 어떤 근거를 댈 수 있습니까? 당신이 누구에게도 해를 입히지 않았기 때문입니까? 아니면 당신이 많은 선행을 했기 때문입니까? 혹은 당신이 다른 사람들과 같지 않고 현명하고, 혹은 학문이 있고, 혹은 정직하고, 그래서 도덕적으로 선하여 사람들에게 존경을 받으며, 좋은 평판을 가지고 있기 때문입니까? 아, 이러한 모든 것은 당신을 하나님께로 데려오지 못합니다. 하나님의 평가에 의하면 그것은 공허보다도 가볍습니다. 당신은 하나님이 보내신 예수 그리스도를 알고 있습니까? 여러분이 "구원받은 것은 믿음으로 말미암아(through) 하나님의 은혜에 의하여(by) 받은 것입니다. 이 구원은 여러분의 힘으로 얻

은 것이 아니고 하나님께서 주신 선물입니다. 그것은 사람의 공로로 이루어지는 것이 아니기 때문에 아무도 자기 자랑을 할 수 없을 것입니다(엡 2:8, 9)"라고 하나님이 당신에게 가르쳐 주셨습니까? "그리스도 예수께서 죄인을 구원하시려고 이 세상에 오셨다(딤전 1:15)"는 신앙적인 말을 당신은 당신 희망의 전체적 기초로 받아들입니까? "나는 선한 사람을 불러 회개시키려고 온 것이 아니라 죄인들을 불러 회개시키려고 왔다. 나는 오직 이스라엘 집의 잃은 양을 위해서만 보내심을 받았다(눅 5:32, 마 15:24)"는 말씀이 무엇을 의미하는지 당신은 배웠습니까? 당신은 (듣는 자는 깨달으십시오) 길을 잃고, 죽어 있으며, 이미 지옥에 떨어져 있습니까? 당신은 자신이 받을 당연한 상벌을 알고 있습니까? 당신은 자신의 곤궁을 느끼고 있습니까? 당신은 "마음이 가난한 사람(마 5:2)"으로 하나님을 구하여 탄식하며 위로받기를 거부하고 있습니까? 당신이라는 탕자는 "제정신이 들어(눅 15:17)" 아직도 쥐엄 열매로 여전히 자기 배를 채우고 있는 사람들에게서 "네가 미쳤다(행 26:24)"고 여겨져도 충분히 만족하고 있습니까? 당신은 그리스도 예수 안에서 경건하게 살기를 원하고 있습니까? 그 때문에 당신은 핍박을 받고 있습니까? 사람들은 당신이 "사람의 아들"을 위하기 때문에 당신을 대적하여 온갖 악한 방법으로 거짓되게 말하고 있습니까?

13. 여러분이 이상의 모든 질문 가운데서 죽은 자를 일으키시는 음성을 듣고, 바위를 산산이 깨뜨리시는 하나님의 음성의 철퇴를 느꼈으면 좋겠습니다. "오늘 너희가 그의 음성을 듣거든 '오늘'이라는 동안에 너희 마음을 완고하게 하지 말라(히 4:7, 3:13)." 영적인 죽음 가운데서 잠자고 있는 자여, 지금 "깨어나십시오." 영원한 죽음에까지 잠들지 않도

록 해야 합니다. 잃어버린 상태를 느끼고 "죽은 자 가운데서 일어나십시오(엡 5:14)." 죄와 죽음 가운데서 사귄 옛 친구를 떠나 당신은 예수를 따르십시오. 죽은 자로 죽은 자를 장사하게 하는 것입니다. "자신을 비뚤어진 세대로부터 구원하십시오(행 2:40)." "그들 가운데서 나와 따로 서 있으십시오. 깨끗하지 않은 것은 만지지 마십시오. 그리하면 주께서 당신을 영접하실 것입니다(고후 6:17)." "그리스도께서 당신에게 빛을 비추어 주실 것입니다(엡 5:14)."

III

1. 끝으로 나는 이 약속에 대하여 설명하겠습니다. 당신이 누구이든 하나님의 부르심에 복종한다면 하나님의 얼굴을 헛되이 구하지 않을 것인데, 이 일을 생각하는 것은 얼마나 고무적인 일입니까? 만일 당신이 지금 "깨어 있고 죽은 자 가운데서 일어나 있다면 하나님은 (기필코) 당신에게 빛을 비춰 주실" 것입니다. "주님께서는 은혜와 영화를 주십니다(시 84:11)." 이 땅 위에서는 그 은혜의 빛을, 그리고 당신이 사라지지 않는 면류관을 받을 때에는 영광의 빛을 주십니다. "네 빛이 흑암 중에서 발하며 네 어두움이 낮과 같이 될 것(사 58:10)"입니다. "어두운 데에 빛이 비치라 말씀하셨던 하나님께서 예수 그리스도의 얼굴에 나타난 하나님의 영광을 아는 빛을 우리 마음에 비추셨느니라(고후 4:6)." "주님을 두려워하는 자에게는 공의로운 해가 떠올라서 그 날개에는 치료하는 능력을 갖추고 있습니다(말 4:2)." 그리고 그날에는 "일어나라 빛을 발하라 이는 네 빛이 이르렀고 주의 영광이 네 위에 임하였기 때문이니라

(사 60:1)"라고 한 말씀이 당신에게 향할 것입니다. 왜냐하면 그리스도께서는 자신을 당신 안에 계시해 주시기 때문이며, 그리스도야말로 참 빛이시기 때문입니다.

2. 하나님은 빛이십니다. 그리고 하나님을 대망하는 모든 깨어 있는 죄인에게 자신을 주십니다. 그때에 당신은 살아 계신 하나님의 전이 되고 또 "믿음으로 말미암아 그리스도가 여러분의 마음 속에 머물러 계실(엡 3:17)" 것입니다. 그리고 당신은 "모든 성도와 함께 사랑의 넓이와 길이와 높이와 깊이가 어떠함을 깨달아 알 수 있을 것이요, 그리고 인간의 지식을 초월하는 그리스도의 사랑을 알게" 될 것입니다. 그러므로 당신은 하나님의 모든 충만하신 것으로 채워질 수 있을 것입니다(엡 3:17~19).

3. 형제들이여, 여러분은 자신의 소명을 알고 있습니다. 우리는 "성령 안에서 하나님의 집이 되어 가기(엡 2:22)" 위해, 또는 우리 안에 살아 계시는 성령으로 그 땅 위에서 성도가 되기 위해, 그리고 빛 가운데 있는 성도의 유산에 참여하기 위해 부르심을 받은 것입니다. 우리에게 주어진, 즉 믿는 우리에게 실제로 주어진 약속은 이처럼 대단히 큰 것입니다. 왜냐하면 믿음으로 "우리가 받는 것은 이 세상의 영이 아니라 하나님께로부터 오신 영이기" 때문입니다. 이것이야말로 하나님의 모든 약속의 총계입니다. "그것은 우리가 하나님께로부터 받은 은혜의 선물들을 깨달아 알게 하시기 위해서입니다(고전 2:12)."

4. 그리스도의 영은 하나님의 위대한 선물입니다. 하나님은 그것

을 여러 시기에 여러 방법으로 인간에게 약속해 주셔서 그리스도가 영광을 받으신 이래로는 그리스도의 영을 충분히 부여해 주십니다. 하나님은 조상들에게 약속하신 그 언약을 이처럼 성취하신 것입니다. "내 신을 너희 속에 두어 너희로 내 율례를 행하게(겔 36:27)" 하십니다. "내가 목마른 자에게 물을 주며 마른 땅에 시내가 흐르게 하며 나의 영을 네 자손에게, 나의 복을 네 후손에게 부어 주시기(사 44:3)" 때문입니다.

5. 여러분은 다 이러한 사실, 즉 죄의 용서와 성령의 은사를 받은 산 증인일 수 있습니다. "만일 당신이 믿을 수 있다면 믿는 사람에게는 무엇이든지 가능(막 9:23)"합니다. "당신들 중에 주를 경외하며" "그러면서도 흑암 중에 행하여 빛이 없는 자가 누구입니까?(사 50:10)" 나는 예수의 이름으로 당신에게 묻습니다. 당신은 그리스도의 팔이 조금도 짧지 않고 그리스도는 아직도 구원하시는 능력을 가지신 분이라고 믿습니까? 그리스도가 어제도 오늘도 영원히 변치 않으시는 분이요, 지금도 땅 위에서 죄를 용서하시는 능력을 가지신 분이라고 믿습니까? "이 사람아 안심하라 네 죄가 사해졌다(마 9:2)." 그리스도의 공로로 하나님은 당신을 용서하셨습니다. 이것을 "사람의 말로 받지 아니하고 하나님께서 친히 하신 말씀으로-사실 그대로이지만-(살전 2:13)" 받아들이십시오. 그리하면 당신은 믿음으로 값없이 의롭다 하심을 얻습니다. 당신은 또 예수 안에 있는 믿음으로 성화되어 "하나님께서 영원한 생명을 우리에게 주셨다는 것과 또 그 생명은 그의 아들 안에 있다는 것(요일 5:11)"을 당신의 도장으로 삼아 확인하고 당신의 것으로 받을 것입니다.

6. 형제자매들이여, 나는 당신들에게 자유롭게 말하겠습니다.

교회 안에서 가장 미천한 자의 말이기는 하지만, 권면의 말씀을 드리고 싶습니다. 만일 여러분이 주님의 은혜가 깊다는 것을 맛보았다면, 이러한 사실이 그대로라는 것을 여러분의 양심이 성령으로 여러분에게 증거합니다. "영생은 곧 유일하신 참 하나님과 그가 보내신 자 예수 그리스도를 아는 것이니이다(요 17:3)." 이 체험적인 지식(experimental knowledge), 그리고 그것만이 진정한 기독교입니다. 그리스도의 영을 받은 자가 그리스도인입니다. 그것을 받지 않은 자는 그리스도인이 아닙니다. 그리고 그리스도의 영을 받고도 그것을 모른다는 것은 불가능합니다. 왜냐하면 우리 주님이 "그 날에는 내가 아버지 안에, 너희가 내 안, 내가 너희 안에 있는 것을 너희가 알리라(요 14:20)"고 말씀하셨기 때문입니다. 이것이 바로 "그는 진리의 영이라 세상은 능히 그를 받지 못하나니 이는 그를 보지도 못하고 알지도 못함이라 그러나 너희는 그를 아나니 그는 너희와 함께 거하심이요 또 너희 속에 계시겠음이라(요 14:17)"고 하신 말씀입니다.

7. 이 세상은 그리스도를 받아들일 수가 없으므로 아버지 되신 하나님의 약속을 반대하고 모독하면서 전적으로 거부하는 것입니다. 이를 고백하지 않는 영은 다 하나님께로부터 나온 것이 아닙니다. 그뿐만 아니라 "그 영은 적그리스도의 영입니다. 여러분은 그 영이 온다는 말을 들었을 것입니다. 그런데 벌써 그 영이 이 세상에 와 있습니다(요일 4:3)." 성령의 영감을 부정하는 자, 혹은 하나님의 영의 내주(indwelling)가 모든 믿는 자의 공통된 특권, 복음의 축복, 말할 수 없는 은사, 보편적인 약속, 진정한 그리스도인의 표준임을 부정하는 자는 적그리스도입니다.

8. 다음의 사실을 그들이 말했다 해도 아무 도움이 되지 않습니다. "우리는 하나님의 영의 도움을 부정하지 않는 것이요, 다만 이 영감, 이 성령을 받는 일, 그것에 대해서 느낀다는 것을 부정할 따름이다. 그것은 성령을 느끼는 일, 성령에 감동되는 일, 혹은 성령으로 충만해진다는 것뿐이며 건전한 종교 안에 들어앉을 자리를 부정하는 것이다." 그러나 당신이 이것을 부정하는 것만으로도 성서 전체를, 즉 하나님의 전체 진리, 약속, 증언을 부정하는 것입니다.

9. 우리의 탁월한 교회는 이 극단적인 구별에 대해서는 아무것도 알지 못하며, 오히려 분명하게 "그리스도의 영을 느끼는 일", "성령으로 감동되는 일", 그것으로써 우리가 생명과 구원을 받을 수 있는 "이름이 예수 밖에는 존재하지 않는다는 사실을" 알고, 또 "느끼고 있는 일(행 4:12)"에 대해서 말하고 있습니다. 이 교회는 우리 모두에게 "성령의 영감"을 구하도록, 더 나아가서 우리가 "성령으로 충만해지도록(행 2:4)" 기도할 것을 가르칩니다. 아니, 이 교회의 모든 사제는 안수함으로써 성령을 받는 것을 믿고 선언하고 있습니다. 그러므로 이 어느 하나를 부정하는 것은 결과에서 기독교 계시의 모든 것은 물론이요, 영국교회를 버리는 일입니다.

10. 그러나 "하나님의 지혜"는 언제나 "인간에게는 어리석은(고전 1:21)" 것이었습니다. 그러므로 위대한 복음의 깊은 뜻은 옛날과 마찬가지로 오늘에도 "지혜롭고 총명한 자들에게는 감추어져 있다(마 11:25)"는 사실입니다. 그런데 그 사실이 거의 도처에서 단순한 광란으로 부정되고 조롱되고 비웃음을 받는다는 사실, 그리고 그것을 오히려 감히 공

언하는 자는 모두 미치광이나 광신자의 이름으로 낙인찍혀지고 있는 사실이 조금도 이상하지 않습니다. 이것이 일어나야 할 "배교하는 일(살후 2:3)", 즉 우리가 오늘에도 오히려 모든 계급과 지위에 있는 사람들이 일반적으로 "배교하는 일"이 이 땅 위에 확산되고 있습니다. "예루살렘 거리로 빨리 왕래하며 찾아보고 아는 것이 좋다. 그 마음을 다해서 주 하나님을 사랑하고 그 힘을 다해서 하나님을 섬기는 자가 한 사람이라도 있는가 찾아보라(렘 5:1)." 우리의 땅-이보다 멀리는 보지 못하여도-이 범람하는 불신앙 속에서 얼마나 슬퍼하고 있는 것입니까! 얼마나 가지각색의 악행이 날마다 범해지고 있는 것입니까! 실제로 대담하게 죄를 범하고 그러면서 자신의 부끄러움을 자랑으로 여기는 사람들이 날마다 범하고 있는데도 그들이 벌을 받지 않는 일이 너무 자주 일어납니다. 누가 도대체 홍수처럼 우리 땅에 구석구석 퍼져 있는 맹세, 저주, 신성모독, 불경 행위, 거짓말, 명예훼손, 욕설, 안식일 파괴, 폭식과 폭음, 술 취함, 복수, 매춘, 간통, 갖가지 부정, 사기, 불의, 압제, 강탈을 모두 셀 수 있겠습니까?

11. 그리고 이같이 비교적 매우 추악한 행위에서 자신들을 깨끗하게 보전해 온 사람들 사이에서도 얼마나 많은 분노와 교만, 나태와 무위, 나약과 우유부단, 사치와 횡포, 탐욕과 야심, 칭찬에 대한 갈망, 이 세상의 사랑, 인간에 대한 공포 등이 발견됩니까! 그동안 참된 종교가 정말 얼마나 왜소해졌습니까! 하나님이 우리에게 계명을 주신 것처럼 하나님을 사랑하거나 그 이웃을 사랑하는 자가 어디에 있습니까? 한편으로는 경건의 형식조차 없는 사람들이 있습니다. 다른 한편, 경건의 형식만을 갖춘 자들에게는 열린, 회칠한 무덤이 있습니다. 그러므로 사람

들이 공공연하게 함께 모여 있는 것을 -나는 우리 교회 안의 사람들도 제외될 수 없음을 두려워하지만- 열심이라고 보는 사람은 누구든지 쉽게 "일부분은 사두개파 사람이요 일부분은 바리새파 사람이라(행 23:6)"는 것을 느낄 수 있습니다. 한쪽은 마치 "부활도 천사도 영도(행 23:8)" 존재하지 않는 것처럼 종교에 대해서는 거의 관심이 없다고 말해도 좋을 정도요, 다른 한쪽은 종교를 참 신앙이나 하나님의 사랑이나 성령 안에서의 기쁨을 가지지 못한 단순한, 생명이 없는 형식, 외면적 행위의 지루한 반복으로 만들어 버리고 있습니다.

12. 나는, 여기에 있는 우리는 제외될 수 있기를 바랍니다. "형제들이여, 내 마음의 깊은 원망(願望)과 하나님께 대한 간절한 기도는" 이 범람하는 불신에서 "당신들이 구원을 얻는 일이요(롬 10:1)", 그 교만한 물결이 여기서 정지하는 것입니다. 그러나 실제로 그렇게 되겠습니까? 하나님도, 아니 우리 자신의 양심도 그렇게 되지 않았음을 알고 있습니다. 당신들은 자신을 깨끗하게 보전해 오지 않았습니다. 우리도 부패했고 추악해졌습니다. 그 이상의 것을 이해하는 사람은 거의 없고, 영과 진리로 하나님을 아는 자는 거의 없습니다. 우리도 "그 마음이 정직하지 못하며 그 심령은 하나님께 충성하지 아니한 세대(시 78:8)"와 같습니다. 하나님은 우리를 사실 "세상의 소금"이 되도록 정하셨습니다. "그러나 소금이 만일 맛을 잃으면⋯ 아무데도 쓸데없어 밖에 버려져 사람들에게 밟힐 뿐입니다(마 5:13)."

13. 그리고 "내가 이 일들로 말미암아 그들에게 벌하지 아니하겠으며 내 마음이 이런 나라에 보복하지 않겠느냐 여호와의 말씀입니다

(렘 9:9)." 그뿐 아니라 하나님이 얼마나 즉각적으로 검을 향하여 "칼아, 이 땅에 두루 행하라(레 26:6)"고 말씀하실지 우리는 모릅니다. 하나님은 회개를 위한 긴 시간을 우리에게 주셨습니다. 하나님은 금년에도 또 우리를 홀로 있게 하십니다. 그러나 하나님은 천둥으로써 우리에게 경고하고 일깨우십니다. 하나님의 심판은 이 땅 위에 퍼져 있습니다. 그리고 우리는 가장 무거운 형벌을 기대하여야 할 모든 이유를 가지고 있습니다. 즉 "회개하고 처음에 하던 일을 하지 않는다면" 하나님은 우리에게로 속히 오셔서 "우리의 촛대를 그 자리로부터 옮기실(계 2:5)" 것입니다. 그것을 원치 않으면 우리는 종교 개혁의 원리로, 복음의 진리와 단순함으로 돌아가야 합니다. 어쩌면 우리는 이제 우리를 구원하려고 하시는 하나님의 은혜의 마지막 노력에 저항하고 있는지도 모릅니다. 아마도 우리는 우리 자신에게 주어진 하나님의 권고를 물리치고 그 사자들을 쫓아냄으로써 거의 "악의 분량을 채우게(마 23:32)" 되었을 것입니다.

14. 오, 하나님, "진노 중에라도 긍휼을 잊지 마옵소서(합 3:2)." 우리를 멸하지 않으시고 고쳐 주심으로써 당신은 찬미를 받으십니다. 우리는 "매를 순히 받고 그것을 정하신 자를 순종(미 6:9)"하지 않겠습니까? 이제 "주께서 땅에서 심판하시기" 때문에 땅에 사는 자들에게 "의를 배우게(사 26:9)" 하시옵소서.

15. 나의 형제들이여, "주의 위대한 나팔 소리가 울려(살전 4:16)" 우리의 땅이 피의 벌판이 되기 전이야말로 우리가 잠에서 깨어날 좋은 기회입니다. 우리의 눈에서 숨겨지기 전에 우리의 평화를 만드는 것들을 신속히 알기 원합니다. "구원의 하나님이여, 우리를 돌이키시고 우리

에게 향하신 주의 분노를 그치소서. 주여, 하늘에서 굽어보시고 이 포도나무를 권고하소서(시 85:4, 80:14)." 우리에게 "찾아오시는 그 날(벧전 2:12)"을 알도록 해 주옵소서. "우리 구원의 하나님이여, 주의 이름의 영광스러운 행사를 위하여 우리를 도우시며, 주의 이름을 증거하기 위하여 우리를 건지시며, 우리 죄를 용서하소서. 그리하면 우리가 주에게서 물러가지 아니하오리니 우리를 소생하게 하소서. 우리가 주의 이름을 부르리이다. 만군의 하나님 여호와여, 우리를 돌이켜 주시고 주의 얼굴의 광채를 우리에게 비추소서. 우리가 구원을 얻으리이다(시 79:9, 80:18~19)."

"우리 가운데 역사하시는 능력대로 우리가 구하거나 생각하는 모든 것에 더 넘치도록 능히 하실 이에게 교회 안에서와 그리스도 예수 안에서 영광이 대대로 영원무궁하기를 원하노라(엡 3:20~21)."

4
성서적 기독교
Scriptural Christianity

목원대학교 웨슬리 동상

무리가 다 성령이 충만하여 (행 4:31)

1. 같은 표현이 제2장에도 나와 있습니다. 거기에는 다음과 같이 기록되어 있습니다. "오순절 날이 이미 이르매 그들이 다같이(여인들과 예수의 어머니, 그리고 그의 형제들이 사도들과 함께 있었습니다.) 한곳에 모였더니 홀연히 하늘로부터 급하고 강한 바람 같은 소리가 있어 그들이 앉은 온 집에 가득하며 마치 불의 혀처럼 갈라지는 것들이 그들에게 보여 각 사람 위에 하나씩 임하여 있더니 그들이 다 성령의 충만함을 받고…(행 2:1~4)." 성령이 임한 직후의 결과 중 하나는 그들이 "다른 나라 말로 말하기를" 시작하는 것이었습니다. 그 범위는 바대 사람, 메대 사람, 엘람 사람, 그 밖의 외국인들이 "이 소리가 밖에서 소음으로 들리자 많은 사람이 모여 왔다가 각각 자기 나라 말로 하나님의 놀라운 역사를 말하는 것을 들었다(행 2:1~6)"고 할 정도였습니다.

2. 이 장에서는 사도들이나 형제들이 하나님께 기도하고 하나님을 찬미하고 있을 때에 "모인 곳이 진동하더니 무리가 다 성령이 충만하여(행 4:31)"라고 기록되어 있습니다. 물론 여기(행 4장)에는 앞에서의 경우처럼 가시적인 현상이 기록되어 있는 것도 아니고, 성령의 특별한 은사가 이 때에 모인 모든 사람에게, 혹은 그들 중 몇몇 사람에게 주어졌다고도 말하지 않습니다. 특별한 은사란 "신유와 기적을 행하는 능력, 예

언, 영 분별의 능력, 여러 가지 방언을 말하는 능력, 그 방언을 통역하는 능력(고전 12:9~10)" 등을 말합니다.

3. 이러한 성령의 은사가 모든 시대를 통하여 교회 안에 머물러 있도록 의도된 것인지, 또는 "만물을 회복하실 때(행 3:21)"가 가까워지면 다시 한번 생겨나는 것인지에 대한 질문들은 논의할 필요가 없습니다.

그러나 다음의 사실은 유의해야 합니다. 하나님께서는 초대교회에서도 그러한 은사를 조금씩밖에 나누어 주지 않으셨다는 것입니다. 그때에도 모든 사람이 예언자였습니까? 모두가 기적을 행하는 자였습니까? 모든 사람이 병 고치는 은사를 가지고 있었습니까? 모든 사람이 방언을 말했습니까? 결코 그렇지 않았습니다. 아마 천에 한 사람도 아니었을 것입니다. 아마도 교회의 교사들이나 그들 중에도 몇 사람뿐이었을 것입니다(고전 12:28~30). 그러므로 "사람들이 모두 성령으로 충만하게 되었다(행 4:31)"는 것은 그러한 특별한 은사를 얻는 것보다 더 훌륭한 목적을 위해서였습니다.

4. 그것은 그들에게 그리스도 안에 있는 마음(이것은 모든 시대, 모든 그리스도인에게 필수적인 것임을 아무도 부정할 수 없습니다.)과 그것을 가지지 않는 자는 그리스도에게 속한 자가 아니라고 말할 수 있는 성령의 열매를 주기 위한 것이었습니다. 즉 그들을 "사랑과 기쁨과 화평과 인내와 친절과 선함(갈 5:22~24)"으로 채우고, 그들에게 믿음(충실이라고 번역되어도 좋겠습니다.)과 온유와 절제를 부여하고, 정욕과 욕망과 함께 육신을 십자가에 못 박히게 하기 위함이었습니다. 그리고 그 내적 변화의 결과로 모든 외적인 의를 성취하고 "믿음의 역사와 사랑의 수고와 소망의 인

내(살전 1:3)"를 하는 중에 "그리스도가 행하신 것과 같이(요일 2:6)" 행할 것을 그들에게 가능하게 하기 위함이었습니다.

5. 그러므로 이제 성령의 특별한 은사에 관한 문제로 호기심에 차서 불필요하게 논의하는 데 몰두하지 말고 성령의 일반적인 열매에 대해서 좀 더 자세히 알아봅시다.

우리는 이 열매가 모든 시대를 통하여 남아 있을 것임을 확신합니다. 이 일반적인 열매야말로 하나님이 사람의 자녀들 사이에서 행하시는 위대한 역사이며, 우리가 그것을 보통 "기독교"라는 한마디 말로 표현하고 있는 것입니다. 물론 기독교라는 말이 의미하는 것은 한 집단의 의견이나 교리 체계가 아니라, 인간의 마음과 생활에 관한 것입니다. 이 기독교를 세 가지 고유한 관점에서 숙고하는 것이 유용할 것입니다.

I. 개인 안에 존재하기 시작하는 기독교
II. 한 사람으로부터 다른 사람에게로 전파되는 기독교
III. 지구를 덮는 기독교

나는 그것들이 실제로 어떻게 적용되는가를 간명하게 설명함으로써 이러한 고찰을 끝내려 합니다.

I

자, 우선 기독교를 그 기원에서부터, 즉 개인 안에 존재하기 시작한 때부터 고찰해 봅시다.

1. 사도 베드로의 회개와 죄 사함(눅 24:47)의 설교를 들은 사람들 중에서 한 사람이 마음에 찔려 죄를 확신하고 회개하고 예수를 믿었다(행 2:37)고 가정합시다. 하나님의 역사에 의한 믿음에 의하여-믿음이란 바라는 것들의 실상 혹은 실체요 또 보이지 않는 것들의 명백한 증거인데(히 11:1)- 이 사람은 즉시 양자의 영을 받았고 그 영에 의하여 이제는 하나님을 "아빠 아버지(롬 8:15)"라고 부르게 되었습니다. 이제 비로소 그는 성령으로 인하여 예수님을 주님이라고 말하게 되었고(고전 12:3), 또한 성령께서 친히 그의 영과 더불어 그가 하나님의 자녀됨을 증거해 주셨습니다(롬 8:16). 그러므로 이제 그는 참으로 말할 수 있게 되었습니다. "그런즉 이제는 내가 사는 것이 아니요 오직 내 안에 그리스도께서 사시는 것이라 이제 내가 육체 가운데 사는 것은 나를 사랑하사 나를 위하여 자기 자신을 버리신 하나님의 아들을 믿는 믿음 안에서 사는 것이라(갈 2:20)."

2. 그래서 이것이 그의 믿음의 본질이었습니다. 즉 그것은 아버지 되시는 하나님의 사랑의 증거(혹은 확신, elegchos)요, 그것은 하나님 아버지께서 죄인인 그에게 자신의 사랑하는 아들을 통하여 주신 것으로, 이제 그는 사랑하는 아들 안에서 받아들여진 것입니다(엡 1:6). 그리고 "그는 믿음으로 의롭다 함을 얻었으므로 하나님과 화평하게 되었습니다(롬 5:1)." 더욱이 그뿐만 아니라, "하나님의 평화가 그의 마음을 주장하게(골 3:15)" 된 것입니다. 이 평화는 인간의 모든 지혜(단순히 합리적인 모든 개념, panta noun)로는 도저히 측량할 수 없는 것으로 그가 믿은 그리스도의 지식을 통하여 모든 의혹이나 공포에서 그의 마음과 생각을 지키신 것입니다. 그러므로 그는 "흉한 소식을 두려워할(시 112:7)" 까닭이 없었습니다. 그것은 그의 "마음이 여호와를 의뢰하고 흔들리지 않았기" 때문입

니다. 그는 자신의 머리카락까지도 다 헤아리신다고 알고 있기 때문에 인간이 그에게 행할 수 있는 일은 두려워하지 않았습니다. 그는 흑암의 권세를 전혀 두려워하지 않았습니다. 그것은 하나님께서 흑암의 권세를 날마다 발밑에서 짓밟아 주시기 때문입니다. 무엇보다도 그는 죽음을 두려워하지 않았습니다. 아니, 그는 "세상을 떠나 그리스도와 함께 있는 것(빌 1:23)"을 원했습니다. 그리스도께서는 "죽음을 통해서 죽음의 세력을 잡은 자, 곧 악마를 분쇄하고 또 일생 동안 죽음에 대한 공포 때문에" 그때까지 "노예가 된 사람들을 해방시켜 주신(히 2:14~15)" 것입니다.

3. 그러므로 그의 영혼은 주님을 찬양하며 그의 영은 구주 되신 하나님을 기뻐했습니다. 자기를 아버지이신 하나님과 화해하게 한 "그리스도 안에서 그는 말로 다 표현할 수 없는 즐거움과 영광을 누리면서 기뻐하고 있습니다(벧전 1:8)." 즉 "그리스도 안에서 그의 피로 구속 곧 죄 용서를 받게 된 것입니다(엡 1:7)." 그는 하나님의 영이 그의 영과 함께 그가 하나님의 자녀임을 증거해 주는 것(롬 8:10)을 기뻐했습니다. 더욱이 풍성하게 "하나님의 영광에 참여하는 희망을 가지고(롬 5:2)" 크게 기뻐했습니다. 그 희망은 하나님의 빛나는 형상을 자신의 마음 안에 명상하는 일이요, 자신의 영혼이 의로움과 참된 거룩함에서 완전히 새로워지는 일입니다. 영광의 면류관, "썩지 않고 더러워지지 않고 낡아 없어지지 않는 유산(벧전 1:4)"을 바라는 것입니다.

4. "하나님께서 그에게 주신 성령을 통하여 하나님의 사랑을 그의 마음속에 부어 주셨기 때문입니다(롬 5:5)." "이리하여 그의 자녀가 되었으므로, 하나님께서는 그의 마음에 '아빠 아버지'라 부를 수 있게 그

아들의 영을 보내 주셨습니다(갈 4:6)." 그리고 그 아들로서의 하나님께 대한 사랑은 그가 자신 안에 가지고 있는, 그에 대한 하나님의 용서하시는 사랑에 대한 증거로서(요일 5:10), "그가 하나님의 자녀라고 불리게 되기 위해서 얼마나 큰 사랑을 아버지께서 베푸셨는가 잘 생각해 봄(요일 3:1)"으로써 끊임없이 증대되는 것입니다. 그러므로 하나님께서는 그의 보고자 하는 눈의 욕망이었고, 마음의 기쁨이었으며, 시간과 영원에서 그의 분깃이었습니다.

5. 이처럼 하나님을 사랑한 자는 그의 형제도 사랑하지 않을 수 없습니다. 그 사랑도 "말로만의 사랑이 아니요 행동과 진실함으로 사랑하는(요일 3:18)" 것입니다. 그는 "하나님께서 이렇게까지 우리를 사랑하셨으니, 우리도 서로 사랑해야 합니다(요일 4:11)"라고 말했습니다. 그뿐 아니라 "하나님의 긍휼은 그 지으신 모든 것에 베풀어지는 것(시 145:9)"이므로 우리는 모든 사람의 영혼을 사랑해야 합니다. 따라서 하나님을 이렇게 사랑하는 자의 애정은 하나님을 위해서 온 인류를 품에 안는 것입니다. 물론 온 인류 안에는 그가 본 적도 없는 사람들, 혹은 하나님의 아들이 "자기들의 영혼을 위해서 죽으신 하나님의 자손(행 17:29)"이라는 것 이외에 아무것도 알지 못하는 사람들도 배제하지 않습니다. 또한 "악한 사람"도, "은혜를 모르는 사람(눅 6:35)"도, 더구나 주님을 인하여 그를 미워하고 박해하고 잔인한 방법으로 다룬 사람들도 배제하지 않습니다. 이러한 사람들은 그의 마음과 기도 속에서 특별한 자리를 차지하고 있었던 것입니다. 하나님을 사랑하는 자는 이러한 사람들을 "그리스도께서 우리를 사랑해 주신 것처럼(엡 5:25)" 사랑했습니다.

6. 또 "사랑은 교만하지 않습니다(고전 13:4)." 사랑은 사랑하고 있는 모든 영혼을, 자기는 티끌만큼의 가치밖에 없다고 생각하게 할 정도로 겸손하게 만듭니다. 따라서 그는 마음이 겸손해져, 자신을 작은 자요 비천한 자요 빈약한 자로 여기게 됩니다. 그는 인간의 칭찬이 아니라, 하나님의 칭찬만을 구하고 또 받아들입니다. 그는 온유하고 오래 참으며, 모든 사람에게 친절하고, 쉽게 사람의 간청을 들었습니다. 그는 결코 성실과 진실을 버리지 않았습니다. 그것들을 "그의 목에 매며 그의 마음 판에 새겼습니다(잠 3:3)." 그는 같은 정신으로 자신의 영혼을 마치 젖을 뗀 어린애처럼 억제하여 모든 일에서 중용을 지킬 수 있었습니다. 그는 "십자가에 달려 이 세상에 대하여 죽고 이 세상도 그에 대하여 죽은 것입니다(갈 6:14)." 그는 "육신의 정욕과 안목의 정욕과 이생의 자랑(요일 2:16)"에 초연하고 있었습니다. 그는 동일한 전능의 사랑으로 격정과 교만, 육욕과 허영, 야심과 탐욕, 그리스도에게 없는 모든 성품에서 구원받았습니다.

7. 이 사랑을 마음에 가지고 있는 자가 그 이웃에게 악을 행하지 않을 것이라는 사실은 쉽게 믿어지는 일입니다. 그는 누구에게도 고의로 해를 끼칠 수 있는 능력이 없습니다. 그는 잔학과 부정, 어떠한 불공정, 혹은 불친절로부터도 가장 멀리 떨어져 있습니다. 늘 조심하는 마음으로 그는 "그 입 앞에 파수꾼을 세우고 그 입술의 문을 지켰습니다(시 141:3)." 그것은 자기의 혀로 정의나 자비, 혹은 진실을 범하지 않기 위해서였습니다. 그는 거짓말, 허위, 시기를 모두 떨쳐냈습니다. 교활도 그의 입 안에서는 찾아볼 수 없습니다. 그는 누구에게도 욕하지 않았으며, 그의 입술에서는 불친절한 말이라고는 전혀 나오지 않았습니다.

8. 그리고 또 "나를 떠나서는 너희가 아무것도 할 수 없다(요 15:5)" 하신 그 말씀의 진실성을 믿었습니다. 따라서 그는 끊임없이 하나님께서 부어 주시는 물을 받을 필요의 진실성에 대해서 철저하게 느끼고 있었습니다. 그러므로 그는 날마다 하나님이 정하신 모든 의식을 지켰고, 인간을 향해 정해진 하나님의 은혜의 통로를 계속 따라갔습니다. "사도들의 교리(행 2:42)" 혹은 가르침을 아주 기쁜 마음으로 영혼의 양식으로 받아들였고, 떡을 떼면서 그리스도의 몸과 사귐을 가졌고, 무리와 함께 기도하고 찬미하는 일을 계속하였습니다(행 2:22, 46). 이렇게 해서 그는 날마다 "은혜 안에서 자라(벧후 3:18)" 능력과 하나님의 지식과 사랑에서도 강해졌습니다.

9. 그러나 단순히 악을 행하는 일을 그만둔 것만으로는 그를 만족시키지 못했습니다. 그의 영혼은 선을 행하는 일을 갈망했습니다. 그의 마음의 소리는 언제나 "내 아버지께서 지금도 일하시니 나도 일한다(요 5:17)"라고 말하는 것이었습니다. 나의 주님은 선을 행하시느라고 돌아다니셨습니다. 나는 그의 발자취를 따라야 하지 않겠습니까? 그러므로 하나님을 사랑하는 자는 만일 더 숭고한 종류의 선을 행할 수 없었다 하더라도 기회가 있을 때마다 굶주린 사람들에게 먹을 것을 주고, 헐벗은 사람들을 입히고, 아버지를 잃은 사람들 혹은 외국인을 돕고, 병든 사람들 혹은 옥에 갇힌 사람들을 방문하여 도운 것입니다. 그는 가난한 사람들에게 먹을 것을 주기 위해 자기가 가진 모든 것을 주었습니다. 그는 그 사람들을 위하여 수고했고 그로 인한 고통을 달게 여겼습니다. 어떤 경우에서도 남을 유익하게 하는 것이면 앞장섰고, 특히 기꺼이 "자기를 부인(마 16:24)"하기까지 했습니다. 그는 그 사람들을 위한 일이

면 어떠한 희생도 달게 받았습니다. 물론 "내 형제 중에 지극히 작은 자 하나에게 한 것이 곧 내게 한 것이니라(마 25:40)" 하신 주님의 말씀을 기억하면서 한 것입니다.

    10. 이러한 것이 기독교가 처음 생길 때의 모습입니다. 이런 사람이 초대교회의 그리스도인이었습니다. 제사장이나 장로들의 위협을 들었을 때 "한마음으로 하나님께 소리를 높여 부르짖었고, 모두 성령으로 충만하여 한마음과 한뜻이 되어 모든 물건을 서로 통용하는(행 4:24, 31~32)" 사람이었습니다. 그들이 믿은 하나님의 사랑이 그들을 서로 사랑하게 한 것입니다. "믿는 무리가 한마음과 한뜻이 되어 모든 물건을 서로 통용하고 자기 재물을 조금이라도 자기 것이라 하는 이가 하나도 없더라(행 4:32)"라고 말할 정도로 그들은 십자가에 달려 세상에 대하여 죽은 자요, 세상도 또한 그들에게 대해서 죽은 것이었습니다. 그리고 그들은 "사도의 가르침을 받아 서로 교제하고 떡을 떼며 오로지 기도하기를 힘썼습니다(행 2:42)." "무리가 큰 은혜를 받아 그 중에 가난한 사람이 없으니, 이는 밭과 집 있는 자는 팔아 그 판 것의 값을 가져다가 사도들의 발 앞에 두매, 그들이 각 사람의 필요를 따라 나누어 줌이라(행 4:33~35)."

II

    1. 이 기독교가 한 사람에게서 다른 사람으로 전해져 어떻게 점점 이 세상에 전파되었는지 고찰해 봅시다. 이 전파야말로 기독교에 관

한 하나님의 의지였던 것입니다. 하나님은 "등불을 켜서 말 아래에 두지 아니하고 등경 위에 두어 집 안에 있는 모든 사람에게 비추게 하셨습니다(마 5:15)." 그리고 주님께서는 다음의 사실을 처음 제자들에게 선언하셨습니다. "너희는 세상의 소금이요, 세상의 빛이다(마 5:13, 14)." 동시에 주님은 일반적인 명령을 주셨습니다. "너희 빛이 사람 앞에 비치게 하여 그들로 너희 착한 행실을 보고 하늘에 계신 너희 아버지께 영광을 돌리게 하라(마 5:16)."

2. 그리고 만일 이렇게 인류를 사랑하는 사람들 중 소수라도 "전 세계가 악(惡) 속에 놓여 있다(요일 5:19)"는 것을 안다면, 그들이 이 광경, 곧 주님께서 그들을 위하여 대신 죽으신 그들의 참상에 대해 무관심할 수 있을 거라고 우리가 믿을 수 있겠습니까? 그들의 측은지심이 그 사람들을 위해 발동하고, 그들의 마음은 그들에 대한 근심 때문에 녹아 없어지지 않겠습니까? 사랑하는 하나님으로부터 명령이 없었다고 해서 그들은 종일 하는 일 없이 게으르게 서 있을 수 있겠습니까? 오히려 그들은 모든 수단을 다 써서 타오르는 불 속에서 얼마간 타다 남은 나무토막이라도 꺼내려고 힘쓰지 않겠습니까? 의심할 나위 없이 그들은 그렇게 할 것입니다. 그들은 "길 잃은 자들과 가엾은 양을 영혼의 목자와 감독이 되신 주님에게로 돌아오게(벧전 2:25)" 하기 위하여 고통을 무릅쓰고 전력투구할 것입니다.

3. 옛날의 그리스도인들은 그렇게 하였습니다. 그들은 닥쳐올 진노에서 피하고 현재 지옥의 영원한 형벌을 면하도록 경고하면서 "기회 있는 대로 모든 이에게 착한 일을 하려고(갈 6:10)" 힘썼습니다. 그들은

"알지 못하던 시대에는 하나님이 간과하셨거니와 이제는 어디든지 사람에게 다 명하사 회개하라 하셨으니(행 17:30)"라고 선언했습니다. 그들은 큰 소리로 "악한 길에서 떠나라. 그렇지 않으면 악이 너희를 패망케 하리라(겔 18:30)"고 부르짖었습니다. 그들은 사람들이 짓고 있는 죄악과는 반대되는 '절제'와 '의', 혹은 '정의', 그리고 '덕'에 대해서 사람들에게 강론했습니다. 또 그들은 '미래의 심판 등'에 대해서 그리고 하나님께서 세상을 심판하실 그 날에 악을 행하는 자들에게 확실히 임할 하나님의 진노에 대해 강론했습니다(행 24:25).

4. 이러한 사정에 맞추어 그들은 모든 사람에게 각각 필요한 대로 적절하게 말하려고 노력했습니다. 무심한 사람들, 흑암과 죽음의 그늘 속에 무관심하게 누워 있는 사람들에게 "잠자는 자여 깨어서 죽은 자들 가운데서 일어나라. 그리스도께서 너에게 비추이시리라(엡 5:14)"라고 큰소리로 외쳤습니다. 그러나 이미 잠에서 깨어나서 하나님의 진노를 느끼며 고민하고 있는 사람들에 대한 그들의 말은 "아버지 앞에서 우리에게 대언자가 있으니 곧 의로우신 예수 그리스도시라. 그는 우리 죄를 위한 화목 제물이니 우리만 위할 뿐 아니요 온 세상의 죄를 위하심이라 (요일 2:1~2)" 하는 것이었습니다. 한편으로 그들은 이미 믿은 사람들을 사랑과 착한 일, 선행의 끈기 있는 지속에로 권면하여 아무도 그것이 없이는 하나님을 볼 수 없는 그 성결함에서 더욱더 풍성해지도록 고무하는 것이었습니다(히 12:14).

5. 그리고 그들의 수고는 주 안에서 헛된 것이 아니었습니다. 주님의 말씀은 전파되고 또 영광을 받았습니다. 그것은 강하게 성장하고

또 널리 전파되었습니다. 그러나 또한 말씀에 대한 장애물 역시 팽배했습니다. 일반적으로 이 세상은 걸림돌이 되었습니다. 그것은 "세상의 하는 일들이 악하다고 증언하기 때문(요 7:7)"이었습니다. 비단 쾌락을 사랑하는 사람들의 생각을 비난했기 때문만은 아니었습니다. 쾌락을 사랑하는 사람들은 말합니다. "그는 하나님 지식을 가지고 있다고 공언하며 자신을 주님 되신 하나님의 자녀라고 부른다. 그 생활은 다른 사람들과 같지 않다. 그의 행동은 다른 유형에 속한다. 그는 우리의 행동을 마치 불결한 것처럼 피하면서 하나님이 자기 아버지라고 자만하고 있다(솔로몬의 지혜서 2:13~16)." 그러나 이 이유보다는 그들의 상당히 많은 동료들이 다 떨어져 나가고 이제는 "그런 지나친 방종에 끼어들지 않기(벧전 4:4)" 때문이라는 이유가 더 편만했습니다. 명성이 있는 자들의 감정이 상한 이유는 복음이 퍼져 감에 따라 사람들로부터 존경받는 일이 줄어들고, 많은 사람들이 더 이상 아첨하는 칭호를 준다거나, 하나님에게만 허용된 경의를 인간에게 행하기를 감히 하지 않게 되었기 때문입니다. 장사꾼들은 함께 모여서 이렇게 말합니다. "여러분, 여러분이 아시는 바와 같이 우리는 이 사업으로 잘 살고 있습니다. 그런데 여러분이 보고 듣는 대로 이 무리들이 많은 사람들을 설복하여 마음을 변하게 했습니다. 그러니 우리의 직업이 신용을 잃을 위험에 처해 있습니다(행 19:25~27)." 특히 이른바 종교인, 외면적 종교의 신봉자, "이 세상의 성인들(마 23:28)"은 그 감정을 몹시 상했습니다. 그리고 그들은 기회가 올 때마다 떠들곤 합니다. "이스라엘 사람들이여, 우리 편에 서시오. 이 사람들은 염병 같은 인간들로서 온 천하에 있는 모든 사람을 소란케 하고 있는 자들임을 알았습니다(행 24:5)." "이들은 어디를 가나 우리 백성과 율법과 성전을 공박하면서 자기의 교리를 전파하는 사람들입니다(행 21:28)."

6. 이렇게 해서 하늘은 구름으로 캄캄해지고 폭풍이 세차게 불어온 것입니다. 왜냐하면 기독교가 퍼져 가면 갈수록 그것을 받아들이지 않은 사람들의 말에 의하면 상처도 더욱 커졌기 때문입니다. 그래서 이처럼 "천하를 어지럽게 한 이 사람들(행 17:6)"에게 더욱더 분격하는 사람들의 수효도 늘어났습니다. 그러므로 점점 더 많은 사람들이 소리를 질렀습니다. "이러한 자는 세상에서 없애 버리자. 살려 둘 자가 아니라(행 22:22)." 어디 그뿐입니까? 그들은 이 사람들을 죽이는 일이 모두 하나님에게 봉사하는 것이라고 진지하게 믿었던 것입니다(요 16:2).

7. 그동안 그리스도인들은 그들의 이름이 악하다 하여 버림받았습니다(눅 6:22). 그러므로 그리스도인들에 대해서는 가는 곳마다 반대의 목소리가 있었습니다(행 28:22). 사람들은 그들에게 온갖 욕설을 퍼부었습니다. 그것은 전에 사람들이 예언자들에게 한 것과 같았습니다(마 5:12). 그리고 누군가가 확언하는 것이 있으면 다른 사람들은 무엇이나 믿는 것이 흔한 일이었습니다. 그래서 적대하는 일들이 하늘의 별 무리처럼 증대해 갔고, 그 때문에 하나님 아버지께서 미리 정하신 때에 모든 종류의 박해가 일어났습니다. 어떤 사람들은 얼마 동안 치욕과 비난을 받았고, 어떤 사람들은 자기 소유를 빼앗겼으며, 어떤 이들은 조롱을 받고 채찍으로 맞고 결박을 당하고 옥에 갇히기도 했습니다. 또 다른 사람들은 피 흘리기까지 저항을 했습니다(히 10:34, 11:36, 12:4).

8. 이제 지옥의 기둥은 흔들리고 하나님의 나라는 점점 더 멀리까지 퍼져 갔습니다. 모든 곳에서 죄인이 "어두움에서 빛으로 돌아서고, 사탄의 세력에서 하나님께로 돌아섰습니다(행 26:18)." 하나님께서는 당

신의 자녀들에게 "대항하는 사람들이 맞서거나 변박할 수 없는 구변과 지혜를(눅 21:15)" 주셨습니다. 그리고 그들의 생활은 그들의 말과 마찬가지로 힘 있는 것이었습니다. 그러나 그보다도 그들이 당한 고난이 온 세계에 무엇인가를 말해 주었습니다. 그들은 "모든 일에 있어서 하나님의 일꾼이라는 것을 생활로 보여주었습니다. 즉 극심한 환란과 궁핍에서도 변함없이 참았습니다. 매를 맞고 옥에 갇히고 폭풍을 겪고 괴로운 노동을 하고 바다의 위험과 빈들의 위험과 고역에 시달리며 주리고 목말랐으며 추위에 떨고 헐벗었어도 하나님의 종인 것을 나타냈습니다(고후 6:4~5, 11:26~27)." 선한 싸움을 싸운 후에 도살당할 양처럼 끌려가고 믿음을 위해 희생과 봉사에 온몸을 바쳤을 때는 그들 한 사람 한 사람의 피가 소리치며 흘렀고, 이교도들도 "그는 죽었으나 믿음을 통하여 지금도 말하고 있다(히 11:4)"고 인정하였습니다.

9. 이렇게 해서 기독교는 땅 위에 퍼졌습니다. 그러나 어떻게 그렇게도 빨리 밀과 함께 가라지가 출현한 것인가요! 불의의 신비, 신성모독의 신비가 활동한 것인가요! 어떻게 그렇게도 빨리 사탄이 하나님의 전에까지 그 자리를 찾아낸 것일까요! 거기에 마침내 "여자는 광야로 도망갔으며(계 12:6)", "충실한 자들이 인생 중에 없어졌습니다(시 12:1)." 여기서 우리는 밟아서 굳어진 길을 걷고 있는 것입니다. 시대가 지날수록 더욱 증가한 부패는 때때로 하나님께서 일으키신 증인들에 의하여 서술되어 왔습니다. 이 증인들은 그렇게 함으로써 하나님이 "반석 위에 교회를 세우셨기 때문에, 죽음의 권세가 그것을" 완전히 "이기지 못할 것이라(마 16:18)"는 사실을 보이려고 한 것입니다.

III

1. 그러나 우리는 이보다 더 위대한 것들을 볼 수 있지 않을까요? 예, 그뿐 아니라 세상의 시초부터 일찍이 없었던 위대한 것들을 볼 것입니다. 사탄은 하나님의 진리가 실패하게 조종하고, 하나님의 약속을 효과 없는 것으로 만들 수 있을까요? 만일 할 수 없다면, 기독교가 모든 것을 극복하고 지구를 덮을 때가 올 것입니다. 잠시 멈춰 서서(이것이야말로 세 번째 제안 사항이지만) 기독교적 세계라는 그 미지의 광경을 관찰해 봅시다. 이에 대하여 옛 예언자들은 부지런히 조사하고 또 탐구했습니다(벧전 1:10~11). 그들 안에 있었던 하나님의 영은 이에 대하여 증거해 주었습니다. "말일에 여호와의 전의 산이 모든 산꼭대기에 굳게 설 것이요 모든 작은 산 위에 뛰어나리니 만방이 그리로 모여들 것이라… 무리가 그들의 칼을 쳐서 보습을 만들고 그들의 창을 쳐서 낫을 만들 것이며 이 나라와 저 나라가 다시는 칼을 들고 서로 치지 아니하며 다시는 전쟁을 연습하지 아니하리라(사 2:2, 4)." "그날에 이새의 뿌리에서 한 싹이 나서 만민의 기치로 설 것이요 열방이 그에게로 돌아오리니 그가 거한 곳이 영화로우리라. 그날에 주께서 다시 그의 손을 펴사 그의 남은 백성을 돌아오게 하실 것이라. 여호와께서 열방을 향하여 기치를 세우시고 이스라엘의 쫓긴 자를 모으시며 땅 사방에서 유다의 흩어진 자들을 모으시리라(사 11:10~12)." "그 때에 이리가 어린 양과 함께 거하며 표범이 어린 염소와 함께 누우며 송아지와 어린 사자와 살찐 짐승이 함께 있어 어린아이에게 끌리며… 그들은 나의 거룩한 산 모든 곳에서 해됨도 없고 상함도 없을 것이니 이는 물이 바다를 덮음 같이 여호와를 아는 지식이

세상에 충만할 것임이니라(사 11:6~9)."

2. 이 같은 예언이 아직도 성취된 일이 없는 것은 분명하지만, 동일한 의미를 위대한 사도의 말이 증거하고 있습니다. "그러므로 내가 말하노니 하나님이 자기 백성을 버리셨느냐? 그럴 수 없느니라… 그러므로 내가 말하노니 그들이 넘어지기까지 실족하였느냐 그럴 수 없느니라 그들이 넘어짐으로 구원이 이방인에게 이르러 이스라엘로 시기나게 함이니라 그들의 넘어짐이 세상의 풍성함이 되며 그들의 실패가 이방인의 풍성함이 되거든 하물며 그들의 충만함이리요… 형제들아 너희가 스스로 지혜 있다 하면서 이 신비를 너희가 모르기를 내가 원하지 아니하노니 이 신비는 이방인의 충만한 수가 들어오기까지 이스라엘의 더러는 우둔하게 된 것이라 그리하여 온 이스라엘이 구원을 받으리라(롬 11:1, 11~12, 25~26)."

3. 이제 때가 차서 이러한 예언이 성취되었다고 가정해 봅시다. 이것은 얼마나 멋진 전망입니까! 모든 것은 평화, "영원한 평안과 안전입니다(사 32:17)." 여기에는 무기의 시끄러운 소리나 "어지러운 소음"이나 "피 묻은 복장(사 9:5)"이 없습니다. "멸망은 영원히 끝나고(시 9:6)", 전쟁은 땅 위에서 그칩니다. 또 나라 안에서의 충돌도 완전히 없어지고, 형제가 형제를 반대하여 맞서는 일도 없습니다. 어느 나라나 도시도 자기 분열을 일으켜 그 자신의 폐부를 찢는 일도 없습니다. 일반 사회의 불일치는 영원히 종지부를 찍고, 이웃을 멸한다거나 해치는 사람은 아무도 없게 됩니다. 거기에는 "어진 사람"까지도 "어리석게 만드는(전 7:7)" 압력도 없고, "가난한 자의 얼굴에 맷돌질하는(사 3:15)" 착취도 전혀 없습니다.

강도나 부정, 강탈이나 불공평도 없습니다. 왜냐하면 모든 사람이 "자기가 가지고 있는 것으로 만족하기(히 13:5)" 때문입니다. 이리하여 "의와 화평이 서로 입맞추었습니다(시 85:10)." 의와 화평은 "땅에 뿌리를 내리고 가득해졌습니다(시 80:9)." "진리는 땅에서 솟아나고 의는 하늘에서 굽어볼 것입니다(시 85:11)."

4. 그리고 의와 정의와 함께 자비가 동반합니다. 이 땅은 이미 잔혹한 사람들로 가득 찬 것이 아닙니다. 주님은 피에 목마른 인간과 악의에 찬 인간, 질투가 깊은 인간과 복수의 집념에 가득 찬 인간을 함께 멸하셨습니다. 비록 도발이 있다 해도 이제는 악으로 악을 갚으려는 일을 알고 있는 자는 없습니다. 그뿐 아니라 악을 행하는 자가 실제 한 사람도 존재하지 않습니다. 모든 사람이 비둘기처럼 해가 없기 때문입니다. 그리고 믿음에 의한 평화와 기쁨이 충만해져 한 성령에 의하여 한 몸에 결합되고 그들 모두가 형제들처럼 사랑하며, 그들은 모두 한마음 한뜻이 되고 있습니다. "누구 하나도 자기 소유를 자기 것이라고 말하는 사람이 없습니다(행 4:32)." 그들 중에 부족을 느끼는 사람은 아무도 없습니다. 모든 사람이 이웃을 자기 자신처럼 사랑하기 때문입니다. 그리고 모든 사람이 "너희는 남에게 대접을 받고자 하는 대로 남을 대접하라(눅 6:31)"는 법칙에 따라 살아갑니다.

5. 따라서 어떠한 불친절한 말도, 입씨름도, 어떤 종류의 언쟁도, 폭언이나 욕설도 그들 사이에서는 있을 수 없습니다. 오히려 모든 사람은 "입을 열어 지혜를 베풀며 그 혀로 인애의 법을 말하는(잠 31:26)" 것입니다. 동시에 그들은 사기를 치거나 간계를 꾸미지 못합니다. 그들의 사랑에는 거짓이 없습니다. 그들의 말은 흉금을 터놓는 것이어서 그들

의 생각을 바로 표현합니다. 그러므로 누구나 원하는 사람은 그들의 마음을 들여다볼 수 있으며, 거기에는 사랑과 하나님만이 있는 것을 보게 될 것입니다.

6. 이처럼 전능하신 주님께서 그 강한 능력을 가지고 통치하는 곳에서 주님은 "만물을 자기에게 복종시키시며(빌 3:21)", 모든 마음에 사랑이 넘치게 하고, 모든 입으로 찬양하게 하는 것입니다. "이러한 백성은 복이 있나니 여호와를 자기 하나님으로 삼는 백성은 복이 있도다(시 144:15)." 주님은 말씀하십니다. "일어나라 빛을 발하라 이는 네 빛이 이르렀고 여호와의 영광이 네 위에 임하였음이니라 네가 나 여호와는 네 구원자 네 구속자 야곱의 전능자인 줄 알리라 화평을 세워 관원을 삼으며 의를 세워 감독을 삼으리니 다시는 강포한 일이 네 땅에 들리지 않을 것이요 황폐와 파멸이 네 경내에 다시 없을 것이며 네가 네 성벽을 구원이라 네 성문을 찬송이라 칭할 것이라 네 백성이 다 의롭게 되어 영영히 땅을 차지하리니 그들은 나의 심은 가지요 나의 손으로 만든 것으로서 나의 영광을 나타낼 것인즉 다시는 낮에 해가 네 빛이 되지 아니하며 달도 네게 빛을 비추지 않을 것이요 오직 여호와가 네게 영영한 빛이 되며 네 하나님이 네 영광이 되리라(사 60:1, 16~19, 21)."

IV

이상으로 기독교를 그 출발에서부터 세상에 전파되어 온 땅에 편만하게 되는 과정을 간단하게나마 고찰했습니다. 이제 남은 과제는 이것들이 어떻게 평이하면서도 실제적으로 적용되는가를 설명하는 일입니다.

1. 그래서 나는 먼저 묻고 싶습니다. 이 기독교가 지금 어디에 존재합니까? 어디에 이러한 그리스도인들이 살고 있습니까? 말해 주기를 간청합니다. 백성이 모두 이처럼 성령으로 충만해 살아가는 나라는 어디입니까? 백성이 모두 한마음 한뜻이요, 그 가운데 한 사람이라도 무엇인가 부족함을 느껴 고통당할 수 없고, 필요한 사람에게는 모든 것이 끊임없이 주어지는 나라는 어디입니까? 모두 하나같이 백성의 마음이 하나님의 사랑으로 채워져 있고, 하나님의 사랑이 자기 자신을 사랑하는 것처럼 이웃을 사랑하도록 그들을 촉구하는 나라는 어디입니까? 백성이 모두 "자비로운 마음과 친절한 겸손과 온유와 인내를 몸에 지닌 (골 3:12)" 나라는 어디에 있습니까? 백성이 어떠한 방식이든지, 말로든지 행위로든지 정의, 자비, 혹은 진실들을 거역하지 않고 모든 점에서 자기들이 사람들에게서 받고 싶은 것처럼 모든 사람을 대해 주는 나라는 어디에 있습니까? 어떤 나라든지 간에 지금까지의 서술과 합치하지 않는 나라라면 무슨 타당성을 가지고 우리가 그 나라를 기독교 국가라고 부를 수 있겠습니까? 그렇다면 지금까지 지상에서 기독교 국가를 전혀 본 적이 없다고 고백해야 하지 않겠습니까?

2. 형제들이여, 나는 당신들에게 하나님의 자비하심으로 간청합니다. 당신들이 나를 미치광이 혹은 바보로 여기더라도 그 비난을 감내하면서 견디겠습니다. 당신들을 향하여 누군가가 매우 솔직하게 말하는 것이 전적으로 필요합니다. 특히 이 시간에 절실히 필요합니다. 왜냐하

면 지금이 마지막 때인지 누가 알겠습니까? 언제 어느 때 의로운 심판자이신 하나님께서 "나는 이 백성을 위한 탄원을 더 이상 듣지 않겠다"라고 말씀하실지 누가 알겠습니까? "비록 노아나 다니엘이나 욥이 이 나라에 있다고 해도 그들은 자기들의 영혼을 구원하기만 해도 좋다."라고 말씀하실지 누가 알겠습니까? 그리고 만일 내가 말하지 않으면 누가 이처럼 솔직하게 이야기할 것입니까? 그러므로 나 같은 사람이 감히 말하는 것입니다. 그리고 살아 계신 하나님의 이름으로 간원하노니, 나의 손에서 하는 축복을 받지 않으려고 당신의 마음에 철판을 깔지 않기를 바랍니다. 당신은 마음속으로 "당신이 나를 설득한다 해도 당신은 나를 믿게 하지 못할 것입니다(Non persuadebis, etiamsi persuaseris)"라고 말하지 마십시오. 다시 말해 "주여, 당신이 원하시는 그 사람에 의하여 구원을 보내지 마소서. 이 사람에 의하여 구원을 받기보다는 자신의 핏속에서 차라리 멸망하는 편이 좋습니다."라고 말하지 마십시오.

    3. 형제들이여, "우리가 이같이 말하나 너희에게는 이보다 더 좋은 것 곧 구원에 속한 것이 있음을 확신하노라(히 6:9)." 그러므로 부드러운 사랑과 온유한 정신으로 나는 당신들에게 묻고 싶습니다. 이 도시는 기독교인들의 도시입니까? 여기에서 성서적 기독교를 찾을 수 있습니까? 인간의 공동체로서 우리는 "성령으로 충만함을 받고(행 2:4)" 성령의 진정한 열매를 마음속으로 기뻐하며 우리의 생활 가운데 나타내고 있는 공동체입니까? 모든 장관들, 대학이나 학원들, 또는 그 여러 학회의 학장이나 회장들(거리의 시민들에 대해서는 말하지 않지만)은 "한마음 한뜻(행 4:32)"이 되어 있습니까? "하나님의 사랑이 우리 마음에 부은 바 되어(롬 5:5)" 있습니까? 우리의 성품이 하나님 안에 있는 성품과 같습니까?

우리의 생활은 그것과 일치하고 있습니까? 우리는 "우리를 부르신 거룩하신 이처럼 우리도 모든 행실에 거룩한 자(벧전 1:15)"입니까?

4. 나는 여기서 무슨 유별난 의견들, 곧 이렇게도 혹은 저렇게도 생각해 볼 수 있는 의견들에 대해서 고찰하는 것이 아닙니다. 나의 관심사는 의심의 여지가 없는 우리의 공통된 기독교의(만일 그런 것이 있다면) 근본적인 지점에 관해서 고찰하는 것입니다. 그리고 나는 이것을 결단하기 위하여 하나님의 말씀에 따라 인도함을 받는 당신들의 양심에 호소합니다. 자신의 마음에 가책을 받지 않는 자는 자유롭게 가게 내버려 둡시다.

5. 그러므로 위대한 하나님을 두려워하는 마음으로 하나님이 현존하신 자리에서 -당신들도 나도 곧 하나님 앞에 나아가겠지만- 우리에게 권위를 가지며 직책상 존경하는 당신들에게 간원합니다. 당신들이 하나님에 대해서 위선자들의 방식에 따라 하지 않고 진정 성령으로 충만한지 생각해 보시기 바랍니다. 당신들은 "성령으로 충만해(행 2:4)" 있습니까? 당신들은 사람들에게 하나님의 살아 계신 모습을 보여주기 위해 지명된 초상화입니까? 장관들과 위정자들이여, "당신들은 신들입니다(요 10:34)." 당신들은 직책상 하늘에 계신 하나님과 정말 가까운 협력자입니다. 당신들은 각각의 입장과 지위에서 우리에게 "영원하신 왕이신 주(딤전 1:17)"를 보여주어야 합니다. 당신들 마음의 모든 생각과 기질과 욕망은 모두 당신들이 행하는 높은 천직에 부합합니까? 당신들의 모든 말은 하나님의 입에서 나오는 말씀과 같습니까? 당신들의 모든 행위에 고상함과 사랑이 존재합니까? 그것은 말로 표현할 수 없는 위대함이요,

오로지 "하나님의 모든 충만(엡 3:19)"으로 가득 찬 마음에서만 넘쳐 나오는 것입니다. 그렇지만 오히려 "구더기 같은 사람, 벌레 같은 인생(욥 25:6)"의 성품과 일치합니다.

6. 존경하는 이들이여, 당신들은 특히 청년에게 부드러운 마음을 형성하게 하고 무지나 허물의 그늘을 없애고, 그들이 구원에 이르는 지혜를 얻도록 훈련하기 위하여 특별히 부르심을 받은 사람들입니다. 당신들은 "성령의 충만함(행 2:4)"을 받았습니까? 당신의 중요한 직책이 그처럼 반드시 요구되고 없어서는 안 될 모든 "성령의 열매(갈 5:22)"로 가득 차 있습니까? 당신의 마음은 온전히 하나님과 함께합니까? 땅 위에 하나님의 나라를 확립하려는 사랑과 열심으로 충만해 있습니까? 당신이 돌보는 사람들에게 우리의 모든 연구 목적은 "유일하신 참 하나님과 그가 보내신 자 예수 그리스도(요 17:3)"를 알고 사랑하고 섬기는 일이라고 끊임없이 일깨워 주고 있습니까? 당신은 그들에게 날마다 사랑만이 결코 실패하지 않는 것임을 깨닫게 하고 있습니까? 이에 반대되는 이론이 있을 수 있으나 그런 것은 실패할 것이요, 철학적 지식이 있다고 해도 그것은 사라질 것이며, 사랑이 없으면 모든 학식은 단순히 빛나는 무지, 거만한 우둔, 정신의 번뇌에 불과한 것임을 깨닫게 하고 있습니까? 당신의 모든 가르침은 하나님을 사랑하고 하나님 덕분에 전 인류를 사랑하는 성향을 활성화하고 있습니까? 당신은 저들이 연구하는 종류, 방식, 한도를 언급할 때 당신이 지시하는 모든 일에서 이 목적을 주목합니까? 이 젊은 그리스도의 병사들의 운명이 어디에 처하든지, 그들이 그처럼 불타고 반짝이는 빛이 되도록, 모든 일에서 그리스도의 복음을 경배하도록 바라고 노력하면서 그 일을 하고 있습니까? 그대는 몇 가지 질문을

허용하십시오. 당신이 맡은 그 거창한 일에 당신의 모든 힘을 기울이고 있습니까? 힘을 다하여 이 일에 쏟고 있습니까? 당신의 영혼이 모든 능력을 발휘하고, 하나님이 당신에게 선물로 주신 모든 재능을 사용하여 최선을 다하고 있습니까?

7. 내가 여기서 말하는 것이 마치 당신이 돌보는 사람들이 모두 성직자를 지망하는 사람들인 것처럼 말하고 있다고 여겨지지 않기를 바랍니다. 그렇지 않습니다. 나는 다만 그들이 모두 그리스도인이 되기를 바라는 사람들로 여겨 말할 뿐입니다. 그러나 조상들, 동료들, 학생들, 학자들의 은혜를 누리는 우리로 말미암아 어떤 모범을 그들에게 보이고 있습니까? 형제들이여, 당신들은 성령의 열매나 마음의 겸손이나 자기 부정과 금욕이나 정신의 진지함과 침착성이나 인내, 온유, 근실, 절제 등 모든 사람에게 모든 종류의 선을 행하기 위해서, 또는 그들의 외적인 결함을 제거하기 위해서 그들의 영혼을 하나님의 참된 지식과 사랑으로 인도하기 위해서, 지치지 않는 부단한 노력으로 충만해 있습니까? 이것이 대학 교수들이 보여주는 일반적인 성품입니까? 나는 그렇지 않다고 생각합니다. 오히려 정신의 교만과 도도함, 조급과 괴팍, 나태와 태만, 탐식과 육욕, 더욱이 쓸데없는 잡담 등이 우리를 반대하는 이유가 아닙니까? 그렇지만 이러한 비난은 아마 우리의 적들만이 하는 것도 아니고 전혀 근거가 없는 것도 아닌 것 같습니다. 하나님께서 우리에게서 이 비난을 옮겨 주시고 그 기억까지도 영원히 소멸시켜 주시기 원합니다.

8. 우리 중 많은 사람은 더 직접적으로 하나님을 향해 성별되어 있고 거룩한 일들에 봉사하도록 부름받고 있습니다. 그렇다면 우리는 다른

사람들에 대해서 "말과 행실과 사랑과 믿음과 정절에 있어서(딤전 4:12)" 본이 되고 있습니까? 우리의 이마와 마음에는 "여호와께 성결(출 28:36)"이라고 쓰여 있습니까? 어떠한 동기로 우리는 이 직책을 맡게 된 것입니까? 그것은 실로 하나님을 일편단심으로 예배하고 성령을 받아 내적으로 감화 감동되어 사명을 감당하여 하나님의 영광을 증진하고 백성을 교화시키기 위한 것 아닙니까? 그리고 우리는 "하나님의 은혜로 말미암아 우리 자신을 전적으로 그 직책에 바치도록 분명하게 결의"했습니까? 우리는 전력을 다해 현세의 관심사나 목적을 모두 버리거나 파기했습니까? 우리는 이 한 가지 일만을 목표로 삼아 우리의 관심과 연구를 모두 이 방향에 기울이고 있습니까? 우리는 가르치는 일에 최적화되어 있습니까? 우리가 남을 가르칠 수 있도록 우리 자신이 하나님께 가르침을 받고 있습니까? 우리는 하나님을 알고 있습니까? 우리는 예수 그리스도를 알고 있습니까? "하나님은 그 아들을 우리 안에 나타내(갈 1:16)" 주셨습니까? 하나님은 "우리로 하여금 새 언약을 위한 일꾼이 되게 하신 분(고후 3:6)"이십니까? 만일 그렇다면 어디에 "우리가 사도라는 확실한 표식(고전 9:2)"이 있습니까? 허물과 죄 가운데서 죽은 자가 우리의 말에 의하여 다시 살아난 자가 있습니까? 죽음에서 영혼을 구하려는 우리의 불타는 열심 때문에 때때로 밥을 먹는 일까지 잊어버릴 정도입니까? 우리는 "진리를 밝히 드러냄으로써 하나님 앞에서 우리 자신을 모든 사람의 양심에 스스로 추천한다(고후 4:2)"라고 진솔하게 말하고 있습니까? 우리는 "우리의 재물을 하늘에 모두 쌓아 두어 하나님의 영광을 높이고 그 백성을 교화하기 위하여(마 6:20)" 이 세상이나 이 세상의 일에 대해서 죽고 있습니까? 우리는 하나님께 받은 상속 재산에 대하여 주인입니까? 혹 우리는 가장 작은 자이고 모든 사람의 종입니까? 우리가 그리스도를 위한 비난을 받을 때 그것이 우리에게 무거운 짐이 됩니까? 그렇지 않으면 우리는 그것을 기뻐합니까? 한쪽 뺨을 맞았을 때 우리는 그것을 분하게 여깁니까? 우리는 모욕 때문에 성이 납니까? 혹은 악에 저항하는 일 없이 선으로 악을 이기고 또 한쪽 뺨까지 맞으려고 돌려댑니까? 우리는 길을 벗어나고 있는 사람들에 대하여 격한 열정으로 분투할 수 있도록 우리를 고무하는 지독한 정열을 가지고 있습니까? 우리의 열심은 사랑의 불꽃이 되어 우리의 모든 말을 감미로움과 겸손과 지혜의 온유함을 가지고 인도하려고 하는 것입니까?

9. 나는 한 번 더 말하고 싶습니다. 이곳에 있는 젊은이에 관하여 우리는 무엇을 말해야 하겠습니까? 당신들은 기독교적 경건의 외형이나 능력을 가졌습니까? 당신들은 겸손하고, 가르침을 들으며, 충고를 받아들입니까? 아니면 완강하고 제멋대로이며 고집스럽고 거만합니까? 당신들은 윗사람들에 대하여 부모를 대하듯이 순종합니까? 혹 당신들은 가장 공손하게 존경해야 할 사람들을 경멸하지는 않습니까? 당신들은 전력을 기울여 연구에 힘쓰며 평범한 일에도 근면합니까? 당신들은 날마다 하루에 할 수 있는 일을 말끔하게 처리함으로써 시간을 헛되지 않게 사용하고 있습니까? 좀 더 정확하게 말하자면, 기독교적인 경향이 전혀 들어 있지 않은 글을 읽는다든지, 도박을 한다든지, 그 밖의 잡다한 일들을 해서 매일매일 낭비하고 있다는 사실을 의식하고 있지 않습니까? 당신들은 시간 관리보다는 재산을 더 잘 관리하는 자가 아닙니까? 당신들은 원칙적으로 누구에게도 아무 빚도 지지 않도록 유의하고 있습니까? 당신들은 "안식일을 기억하여 거룩히(출 20:9)" 지킵니까? 안식일에 더 가까이 하나님께 예배하려는 마음으로 지내고 있습니까? 당신들

이 하나님의 집 안에 있을 때 하나님이 거기 계신다고 생각합니까? 당신들은 "보이지 않는 하나님을 보는 것 같이(히 11:28)" 행동합니까? 당신들은 "자신의 몸을 깨끗하고 존귀하게 보존하고(살전 4:4)" 있습니까? 당신들 가운데 술 취한 모습과 불결함이 발견되지는 않습니까? 아니, 그뿐만 아니라 당신들 중에 "부끄러움을 영광으로 삼는 자(빌 3:19)"는 없습니까? 당신들의 대부분은 아마도 습관적으로 양심의 가책도 두려움도 없이 "하나님의 이름을 망령되이 일컫지(출 20:7)" 않습니까? 그뿐만 아니라 거짓 증거하는 자가 당신들 중에도 많이 있는 것이 아닙니까? 나는 그런 사람의 수효가 급속히 늘어나고 있지는 않은지 두렵습니다. 형제들이여, 놀라지 마십시오. 나는 하나님과 회중 앞에서 고백합니다. 나는 그때 이곳의 모든 관습에 대해서 전혀 몰랐고, 수년 후에도 한 번도 읽지 않았지만, 그 모든 관습과 규약들을 지키겠다고 엄숙하게 선서했던 사람들 중 한 사람입니다. 만일 모든 질문에 그렇지 않다고 답한다면 무엇이 위증입니까? 그러나 만일 그렇다고 답한다면 그 죄는 얼마나 큰 것입니까? 그렇습니다. 얼마나 무거운 죄의 짐이 우리를 짓누를 것입니까! 그리고 지극히 높으신 하나님이 그 죄를 마음에 두시지 않겠습니까?

10. 당신들 중에 매우 많은 사람들이 경박한 세대에 속해 있다는 것이 여기로부터 나온 한 결과가 아닙니까? 하나님께 대하여 경박하고, 서로서로 경박하며, 자신의 영혼에 대해서 경박한 것입니다. 왜냐하면 당신들 중에는 매주 단 한 시간만이라도 은밀하게 기도하기 위하여 시간을 쓰는 사람이 거의 없지 않습니까? 보통 대화할 때 하나님에 대하여 생각하는 사람은 거의 없지 않습니까? 당신들 중에 누가 조금이라도 하나님의 영의 활동과 인간의 영혼 안에서의 하나님의 초자연적인 활동

에 대해서 알고 있습니까? 교회에서 때때로 언급하는 경우를 제외하고 당신들은 성령에 관한 이야기를 참아낼 수 있습니까? 당신들은 만일 누군가가 성령에 관한 이야기를 시작한다면 위선 혹은 광신 중 어느 한쪽일 것이라고 예단해 버리는 것은 아닙니까? 전능하신 주 하나님의 이름으로 묻습니다. 당신들의 종교는 어떤 종류의 것입니까? 당신들은 기독교에 대한 이야기까지도 감당하지 못하고 감당하려고도 하지 않습니다. 아, 나의 형제들이여, 이것이 무슨 기독교 도시란 말입니까? "주여, 이제야말로 당신이 그 능력을 발휘하실 때입니다(시 80:2)."

11. 실제로 (인간의 관습을 따라 말한다면) 기독교, 성서적 기독교가 다시 이곳의 종교가 된다는 어떤 개연성, 어떤 가능성이 존재합니까? 우리 가운데 모든 계층의 사람들이 "성령이 충만(행 2:4)"한 사람처럼 말하고 살아야 한다는 것을 뜻합니다. 누가 이 기독교를 재건해야 합니까? 권위 있는 높은 지위에 있는 사람들입니까? 그렇다면 당신들은 그것이 성서적 기독교라고 확신합니까? 당신들은 성서적 기독교가 재건되기를 바랍니까? 당신들은 성서적 기독교의 재건을 위한 수단이 되기에는 자신의 부와 자유, 생명을 너무나 귀중한 것으로 믿고 있지는 않습니까? 그러나 가령 당신들이 재건의 욕구를 가지고 있더라도 누가 그 결과를 끌어내기에 흡족한 힘을 가졌습니까? 당신들 중 어떤 이들은 두세 번 힘없는 시도를 해 보았겠지만, 그 결과는 대단치 않았을 것입니다. 그렇다면 젊고 알려지지 않은, 그리 대단치 않은 사람들이 성서적 기독교를 재건할 것입니까? 당신들 자신이 그것을 견디어 낼 수 있을지 나는 알지 못합니다. 당신들 중의 어떤 이들은 부르짖지 않습니까? "젊은이여, 그렇게 함으로써 당신들은 우리를 비난하는 것은 아닙니까?" 그러나 그

비난이 입증되어 당신들이 위험에 처하는 것은 아닙니다. 악이 홍수처럼 우리를 뒤덮고 있기 때문입니다. 그러면 하나님께서는 누구를 보내시겠습니까? 우리를 처음 사랑에로 돌아가게 하기 위하여 기근, 흑사병(죄 많은 나라에 대한 하나님의 최후의 사자들)을 보내실까요? 혹은 칼과 로마의 "외국 군대(히 11:34)"를 보내실까요? "오, 주여! 차라리 우리를 당신의 손에 빠지게 하시고 사람의 손에 빠지지 않게 하소서(삼하 24:14)."

주여, 구원하소서. 그렇지 않으면 우리는 멸망합니다. 우리가 빠지지 않도록 이 수렁에서 건져 주소서. 오, 이 원수들에게서 우리를 지켜 주소서. 인간의 도움은 헛되기 때문입니다. 당신께서는 모든 것을 하실 수 있습니다. 당신의 위대한 능력으로 죽게 된 자들을 보호해 주소서. 당신께서 선하게 여기시는 방식으로 우리를 보호해 주소서. 우리 뜻대로 마옵시고 당신 뜻대로 하옵소서.

5
믿음에 의한 칭의
Justification by Faith

사제관 화재에서 어린 존 웨슬리를 구출하다
⟨The rescue of the young John Wesley from the burning parsonage at Epworth, Lincolnshire⟩, Mezzotint by S.W. Reynolds after H.P. Parker, 1859

일을 아니할지라도 경건하지 아니한 자를 의롭다 하시는 이를 믿는 자에게는 그의 믿음을 의로 여기시나니 (롬 4:5)

    1. "어떻게 모든 자의 주님이시고 재판장이신 하나님 앞에서 죄인이 의롭다 칭함을 받을 수 있는가?" 하는 질문은 모든 사람의 자녀에게 대단히 중요한 문제입니다. 이 문제는 우리 모두의 희망의 근거를 담고 있습니다. 우리가 하나님에 대하여 적대 관계에 있는 한, 시간 안에서나 영원 안에서 어떤 진실한 평화와 확실한 기쁨을 얻을 수 없습니다. 우리 자신의 마음이 우리를 정죄할 때 어떤 평화가 있을 수 있겠습니까? 하물며 "우리 마음보다 크시고 모든 것을 아시는(요일 3:20)" 하나님이 우리를 정죄하실 때에는 말할 것도 없습니다. "하나님의 진노가 우리 위에 머무르는(요 3:36)" 동안은 이 세상에서나 오는 세상에서 무슨 확실한 기쁨이 있겠습니까?

    2. 그렇지만 이 중대한 문제가 얼마나 조금밖에 이해되지 않은 것인지요! 이 문제에 관해서 얼마나 많은 사람들이 헛갈리는 생각을 가지고 있었던 것입니까! 단순히 헛갈릴 뿐만 아니라, 자주 전혀 잘못된 생각을 가졌습니다. 마치 어두움이 빛과 다른 것처럼 진리에 어긋나고 있는 것입니다. 하나님의 말씀과 절대적으로 조화되지 않으며 믿음과는 전적으로 어긋나고 있습니다. 그러므로 기초에서부터 잘못되어 있기 때

문에 그들은 전혀 그 위에 믿음의 집을 세울 수 없었습니다. 적어도 그 기초는 불로 연단되어도 견딜 수 있는 "금, 은, 보석" 같은 것이 아니라, 하나님께 받아들여지지 않고 사람에게도 소용이 없는 "풀 또는 짚(고전 3:12)"에 불과한 것입니다.

3. 내가 할 수 있는 범위에서 이 문제가 지닌 대단한 중요성을 인정하고 거기에 합당하도록 이 문제를 다루고, 진지하게 진리를 추구하는 사람들을 "무익한 토론이나 말다툼(딤전 1:6)"에서 건져내며, 많은 사람들이 이미 인도를 받은 저 사상의 혼란을 해소하고, 또 그들에게 이 위대한 경건의 신비에 대해 진실하고도 바른 생각을 주기 위하여 나는 다음의 사안을 제시하도록 하겠습니다.

I. 칭의 교리 전체의 일반적인 기초는 무엇인가?
II. 칭의란 무엇인가?
III. 의롭다 칭함을 받은 그들은 누구인가?
IV. 어떠한 조건에서 그들은 의롭게 되는 것인가?

I

나는 먼저 무엇이 이 칭의 교리 전체의 일반적인 기초인지를 설명할 것입니다.

1. 인간은 하나님의 형상대로 지음을 받아 그를 지으신 하나님이 거룩하신 것처럼 거룩하며, 모든 것의 창조자가 긍휼하신 것처럼 긍휼

하고, 하늘 아버지께서 완전하신 것처럼 완전했습니다. 하나님이 사랑이신 것처럼 인간도 사랑 가운데 머물고, 하나님 안에 있으며, 하나님도 인간 안에 살아 계셨습니다. 하나님은 그를 "하나님의 영원한 형상"이 되도록 지으시고, 영광의 하나님의 썩지 않는 모습으로 만드셨습니다. 따라서 그는 하나님의 깨끗하심과 같이 깨끗하여 아무런 죄의 더러움도 가지지 않았습니다. 그는 어떤 종류 혹은 어떤 정도에서도 악을 알지 못했습니다. 그리고 내적으로나 외적으로 죄 없이 순결했습니다. 그는 "마음을 다하고 목숨을 다하고 뜻을 다하고 힘을 다하여 주 되신 그의 하나님을 사랑했습니다(막 12:30)."

2. 이처럼 의롭고 완전한 인간에 대하여 하나님은 완전한 율법을 주시고, 그 율법에 대한 충분하고도 완전한 복종을 요구하셨습니다. 이 율법은 인간이 생령이 된 그 순간부터 그의 시련이 끝나는 그때까지 아무런 빈틈없이 행해져야만 하는 것이었습니다. 조금이라도 그 표준에 미달되면 결코 용서받을 수 없었습니다. 그렇지만 실제로 용서의 필요 같은 것은 없었습니다. 왜냐하면 인간은 명령받은 과제에 대하여 충분히 견딜 수가 있었고, 또 모든 좋은 언행을 완전히 수행하는 데 필요한 것을 공급받고 있었기 때문입니다.

3. 인간의 마음속에 기록된 사랑의 완전한 율법에(아마도 인간은 그 율법을 파기하는 방식으로는 직접적으로 죄를 범할 수는 없었을 것입니다) 주권적인 지혜의 하나님께서 선하다고 보시는 단정적인 율법이 하나 첨가되었습니다. 즉 "동산 중앙에 있는 나무의 실과는 먹지 말라(창 3:3)"는 율법이요, "그것을 먹는 날에는 정녕 죽으리라(창 2:17)"는 형벌이 거기에 더해졌습니다.

4. 이상과 같은 것이 낙원에서의 인간의 상태였습니다. 하나님께 값없고 공로 없이 받는 사랑으로 인간은 거룩하고 행복했습니다. 그는 하나님을 알고 사랑하고 기뻐했습니다. 그것이 본질적으로 영원한 생명인 것입니다. 만일 그가 모든 사항에서 하나님의 계명에 따라 계속 살았더라면 영원히 이 사랑의 생활을 계속했을 것입니다. 그렇지만 인간이 하나님께 전적으로 복종하지 않았기 때문에 그는 모든 것을 잃어야만 했습니다. "네가 먹는 날에는 반드시 죽으리라(창 2:17)"고 하나님은 말씀하셨습니다.

5. 인간은 실제로 하나님의 계명을 위반했습니다. 그는 "하나님이 먹지 말라 명하신 그 나무 실과를 먹었습니다(행 3:11)." 그리고 그날에 인간은 하나님의 공정한 심판으로 유죄가 선고되었습니다. 그날에 또 인간에게 앞서 경고된 선고가 효력을 발생하기 시작했습니다. 그가 그 실과를 맛보았던 순간에 죽은 것입니다. 그의 영혼은 죽고 하나님으로부터 분리되었습니다. 마치 영혼에서 떠난 육체가 생명을 가지지 못하는 것처럼 하나님을 떠난 영혼도 생명을 가지지 못합니다. 그의 육체는 썩을 것이 되고 죽어야 하는 것이 되었습니다. 그렇게 죽음이 육체까지 장악한 것입니다. 이미 영적으로 죽었고, 하나님께 대하여 죽었고, 죄 안에서 죽었기 때문에 인간은 영원한 죽음을 재촉한 것입니다. 결코 꺼지지 않는 불 가운데서 육체와 영혼의 파멸을 향하여 나간 것입니다.

6. 이처럼 "한 사람으로 말미암아 죄가 세상에 들어오고 죄로 말미암아 사망이 왔나니 이와 같이 모든 사람이 죄를 지었으므로 사망이 모든 사람에게 이르게(롬 5:12)" 되었습니다. 우리 모두의 공통된 아버지

요 대표자였던 자가 죽음에 포함되어 있었기 때문입니다. 이리하여 "한 사람이 범죄함으로(롬 5:17)" 모든 사람이 죽은 것입니다. 모든 사람은 하나님께 대하여 죽고 죄 가운데서 죽었기 때문에 썩어 가며 죽을 육체 안에 살고 있으며, 오래지 않아 없어질 영원한 죽음의 선고 아래에 있는 것입니다. 왜냐하면 "한 사람의 불순종으로 인하여 모든 사람이 죄인이 된 것 같이 한 사람의 범죄로 인하여 모든 사람이 정죄에 이르게 된 것입니다(롬 5:12)."

7. 우리가, 아니 모든 인류가 이러한 상태에 있을 때에 "하나님이 세상을 이처럼 사랑하사 독생자를 주셨으니 이는 그를 믿는 자마다 멸망하지 않고 영생을 얻게 하려 하셨습니다(요 3:16)." 때가 찼을 때 하나님께서는 인간이 되셔서 인류의 또 하나의 공동의 머리(common Head)가 되셨고, 일반적으로 만민의 두 번째 어버이가 되고 대표자가 되셨습니다. 이렇게 해서 "그는 우리의 슬픔을 지셨고", "주께서는 우리 모든 무리의 죄악을 그에게 담당시키신" 것이었습니다. 그러므로 그는 "우리의 허물을 위해 상처를 입으시고, 우리의 불의를 인하여 매를 맞으셨으며, 그의 영혼을 우리의 죄를 속하는 제물로 드리신" 것이었습니다(사 53:4~6, 10). 그는 범죄한 사람들을 위하여 그의 피를 부으셨습니다. 그의 상처를 인하여 우리를 낫게 하시려고 그는 "나무에 달려 우리 죄를 자기 몸에 짊어지셨습니다(벧전 2:24)." 그는 단 한 번 자신을 제물로 바치심으로써 나와 전 인류를 구속하신 것입니다. 그는 이로써 세상 죄를 위하여 충분하고 완전하며, 부족함이 없는 희생과 속죄를 수행하신 것입니다.

8. 하나님의 아들이 "모든 사람을 위하여 죽음을 맛보셨기 때문

에(히 2:9)" 하나님께서는 이제 "세상을 자기와 화목하게 하시며 그들의 죄를 그들에게 돌리시지 않으셨습니다(고후 5:19)." 이처럼 "한 범죄로 많은 사람이 정죄에 이른 것 같이 한 의로운 행위로 말미암아 많은 사람이 의롭다 하심을 받아 생명에 이르렀습니다(롬 5:18)." 그의 사랑하시는 아들로 인하여, 즉 그 아들이 우리를 위해 하신 일, 또 우리를 위하여 고난을 받으신 일 때문에 하나님은 이제 단 한 가지의 조건으로 (하나님 자신이 우리에게 그것을 행할 힘까지도 주신 것이지만) 우리의 죄로 당연히 받아야 할 형벌을 용서하시고, 우리를 그의 은혜 안으로 다시 한 번 받아들여 주시며, 장차 올 영원한 생명의 증거로 우리의 죽은 영혼을 영적 생명으로 회복시켜 주시는 것입니다.

9. 그러므로 이것이 전체 칭의 교리의 일반적인 기초입니다. 첫 사람 아담의 죄로 말미암아 -그는 우리 모두의 아버지였을 뿐 아니라 대표자이기도 합니다- 우리는 모두 하나님의 은혜에 미치지 못하도록 떨어졌습니다. 우리는 다 진노의 자식이 되었습니다. 사도가 말한 바와 같이 "한 범죄로 많은 사람이 정죄에 이르렀습니다(롬 5:18)." 그와 마찬가지로 죄를 사하기 위하여 우리 모두의 대표자이신 둘째 아담이 희생함으로써 하나님은 전 세계와 화해하시고 우리는 "더 이상 정죄함이 없고(롬 8:1)" 오히려 "그리스도 예수 안에 있는 속량으로 말미암아 하나님의 은혜로 값없이 의롭다 함을 얻은 자가 되었습니다(롬 3:24)."

II

1. 그러나 의롭게 되었다 함은 무엇을 의미합니까? "칭의(Justifi-

cation)"란 무엇입니까? 이것이 내가 설명하고자 하는 두 번째 사안입니다. 이미 고찰한 사안에서 분명해졌지만, 칭의란 실제로 공정한 사람이 되었다든지 의로운 사람이 되었다는 것이 아닙니다. 그것은 성화(聖化)입니다. 물론 성화는 어느 정도 칭의의 직접적인 열매이지만, 그것은 하나님의 다른 선물이며 전혀 성질이 다른 것입니다. 즉 '칭의'는 하나님이 그 아들을 통하여 우리를 위해 행하신 것을 의미하며, '성화'는 하나님이 그 영을 인하여 우리 안에서 역사하신 것을 의미합니다. 그러므로 의롭게 된다, 또는 칭의라는 말이 매우 넓은 의미로 사용되며 성화를 그 안에 포함하는 것처럼 사용되는 경우도 보이지만, 일반적으로 그 두 가지는 성 바울에 의해서도, 그 밖의 영감을 받은 저자들에 의해서도 서로 충분히 구분되고 있습니다.

2. 또 칭의가 우리를 죄의 고발에서 벗겨주고, 특히 악마에 의한 고발에서 해방한다는 무리한 생각도 성서의 분명한 기사에 의하면 쉽게 입증할 수 없습니다. 위에 쓰인 이 사안에 관한 성서의 모든 설명 가운데 저 고발자도, 또는 그의 고발도 전혀 진실이 아닙니다. 악마가 인간의 "고발자"라는 것은 실로 부정될 수 없습니다. 그러나 위대한 사도는 로마서나 갈라디아서에서 그가 칭의에 관련해서 쓴 모든 편지에서 다소간이라도 이 사안에 관해서 언급하지 않습니다.

〔웨슬리는 여기서 오리게네스의 이론을 생각하고 있는 듯하다. 즉 오리게네스에 의하면, 인간으로서의 예수 그리스도의 영은 전 인류의 영혼을 속량하기 위하여 악마에게 넘겨졌다. 그러나 악마는 그리스도의 영을 보존할 수 없고, 이로써 결과적으로 하나님과의 거래에서 속은 것이다. 웨슬리는 오리게네스의 이 학설이 성서적 근거가 없는 것임을 보여 준다. -역자 주〕

3. 칭의가 우리에 대한 율법의 고발에서 우리를 자유하게 한다는 생각 또한 성서의 명백한 증언으로 증명되었다기보다는 단순한 가정이라고 할 것입니다. 적어도 만일 이 무리하고 부자연스러운 말을 하는 방식이 단순한 가정 이상으로 다소나마 사안의 의미를 알 수 있다고 한다면, 우리가 하나님의 율법을 범하여 지옥의 저주를 받게 되었으나 하나님은 의롭다 하신 사람들에게 그들이 당연히 받을 형벌을 주시지 않는다는 의미가 되는 것입니다.

4. 물론 칭의는 하나님께서 의롭다 하신 그 사람들에 의해 속고 계시다는 것을 결코 의미하지 않습니다. 즉 하나님이 그들이 사실은 그렇지 않은데 그러한 자로 생각하는 것이 아닙니다. 또 하나님이 그들을 실제와 다른 사람으로 생각한다는 것을 의미하지 않습니다. 칭의는 하나님이 사물의 실제 본성에 거슬러서 심판하신다는 것을 의미하지 않습니다. 하나님이 우리를 실제 그러한 것보다 훨씬 좋게 평가하신다든지, 또는 우리가 불의함에도 불구하고 의로운 자로 믿으시는 것도 아닙니다. 결코 그런 것이 아닙니다. 전지하신 하나님의 심판은 언제나 진리를 따르는 것입니다. 또 나 이외의 다른 사람이 의롭고 거룩하다고 해서 나를 의롭고 거룩하게 판단하거나 무죄하다고 생각하는 것은 그릇됨이 없는 하나님의 지혜와 일관되지 않습니다. 하나님께서 이러한 방식으로 나를 다윗이나 아브라함과 헛갈릴 수 없는 것처럼 그리스도와도 헛갈릴 수 없습니다. 하나님은 모든 사람에게 이해력을 주셨으므로 이 사실을 편견 없이 생각해야 합니다. 그럴 때 이상과 같은 칭의에 대한 생각이 이성이나 성서에 일치하지 않는다는 사실을 지각하지 않을 수 없을 것입니다.

5. 칭의에 대한 성서적인 명백한 개념은 사면이요, 죄의 용서입니다. 칭의는 아버지 하나님의 행위인데, 아들의 피를 통해 성취된 화목제물로 가능해진 것입니다. 화목제물을 통해 하나님은 "이제까지 지은 모든 죄를 용서하심으로써 그의 의(또는 자비)를 보이셨습니다(롬 3:25)." 이것이 성 바울이 편지 전체에서 말하는 칭의에 대한 간단명료하고 자연스러운 설명입니다. 그러한 방식으로 그는 칭의를, 특히 이 장과 다음 장에서 설명합니다. 그래서 이 설교를 위해서 채택한 구절의 다음 절에서 바울은 "불법이 사함을 받고 죄가 가리어짐을 받는 사람들은 복이 있다. 주께서 그 죄를 인정하지 아니하실 사람은 복이 있다(롬 4:7~8)"고 말합니다. 의롭다 함을 받고 또는 용서를 받은 자에 대해 하나님은 "죄를 인정하시지 않고" 그를 유죄로 선고하시지 않습니다. 그 때문에 하나님은 그를 이 세상에서나 오는 세상에서 유죄로 선고하지 않습니다. 그의 죄, 곧 사상과 말과 행위에서 그의 모든 과거의 죄가 덮어지고 소멸되며, 존재하지 않았던 것처럼 그에게 불리한 것으로 기억되거나 지적되지 않을 것입니다. 하나님의 사랑하시는 아들이 그 사랑을 위해 고통 당하셨기 때문에 하나님은 그가 당연히 받아야 할 고통을 그 죄인에게 주시지 않는 것입니다. 우리가 "하나님의 사랑하시는 이를 통하여 받아들여지고", "그의 피로 말미암아 하나님과 화목한(롬 5:10)" 때로부터 하나님은 마치 우리가 결코 죄를 범하지 않은 것처럼 우리를 사랑하시고 축복하시고, 또 우리를 좋게 지켜 주십니다.

한 곳뿐이지만 사도는 그 말의 의미를 더 한층 넓혀 주는 것으로 생각됩니다. 거기서 사도는 "율법을 듣는 자가 의인이 아니요 율법을 행하는 자라야 의롭다 하심을 얻으리니(롬 2:13)"라고 말하고 있습니다. 여기서 그는 우리의 칭의를 위대한 날의 심판과 관련하여 언급하는 것처럼 생각됩니다. 우리 주님 자신도 "너는 네 말로 의롭다 함을 받고 네 말로 정죄함을 받으리라(마 12:37)."라고 말씀하셨을 때 그 사실을 말씀하신 것입니다. 이것으로써 "사람들이 생각 없이 말을 해도 그들이 심판 날에 이에 대하여 심문을 받을 것이다(마 12:36)"라는 것이 입증되었습니다. 그러나 성 바울이 이러한 우회적인 의미로 그 말을 사용하는 예는 다른 곳에서는 거의 발견할 수 없습니다. 그의 편지의 일반적인 대의에 따르면 그러한 우회적인 의미로는 거의 사용하지 않은 것이 분명합니다. 물론 우리 앞에 있는 성구는 그러한 의미로 사용한 것이 아닙니다. 왜냐하면 이 성구는 의심 없이 바로 지금 출발하여 "저들 앞에 놓여 있는 경주를 달리기(히 12:1)" 시작하는 사람들에 대해서 말하고 있기 때문입니다.

III

1. "의롭다 칭함을 받은 자는 누구인가?" 하는 것이 셋째로 생각해야 할 사안입니다. 사도는 우리에게 분명히 그 사람들이 불신앙의 사람들임을 말하고 있습니다. "하나님은 경건하지 아니한 자를 의로운 사람 같이 받아 주십니다(롬 4:5)." 즉 모든 종류의, 그리고 모든 정도의 불신앙의 사람들, 또한 불신앙 외에 아무것도 없는 자들입니다. "의로운 자는 회개할 필요가 없는 것(눅 15:7)"처럼 죄의 용서도 필요하지 않습니다. 용서를 구할 이유가 있는 자는 죄인뿐이요, 죄만이 용서받는 일을 허용합니다. 그러므로 죄의 용서는 죄에 대하여 직접 관계가 있으며, 그 점에서 다른 아무것과도 관계되지 않습니다. 용서하시는 하나님의 긍휼하심이 깊은 것은 우리의 불의에 대해서요, 하나님이 "다시는 기억

하지 아니하시는(렘 31:34)" 것은 우리의 악행입니다.

2. 이상의 사실은, 인간은 성화되지 않으면 안 된다, 즉 그가 의롭다 함을 얻기 전에 거룩하지 않으면 안 된다고 맹렬히 주장하는 사람들 때문에 조금도 고려되지 않는 것으로 생각됩니다. 특히 그들 중에는 보편적 성결 또는 순종이 의인에 선행되어야 한다고 주장합니다(물론 이것은 전적으로 현재 논외의 사안이지만, 그들이 칭의로 인하여 마지막 날에 의롭다 함을 얻는다는 것을 의미한다면 논의해 볼 수 있습니다). 그러한 주장은 진실에서 너무도 떨어져 있으며, 그 가정 자체가 간명하게 불가능할 뿐 아니라(왜냐하면 하나님의 사랑이 없는 곳에는 성결이 없고, 또 하나님이 우리를 사랑해 주신다는 의식이 원인이 아니라면 하나님에 대한 사랑은 없는 것이기 때문입니다.) 본질적으로 전혀 불합리하며 그 자체가 모순입니다. 왜냐하면 죄를 용서받는 것은 성인이 아니라 죄인이며, 죄인이라는 자각 밑에서 용서는 일어나기 때문입니다. 하나님은 경건한 사람이 아니라 경건하지 않은 사람을 의롭다 하십니다. 이미 깨끗해진 사람이 아니요, 정결하지 않은 사람을 의롭다 하십니다. 어떤 조건 아래에서 하나님이 그 일을 하시는가는 곧 다음에 고찰할 것입니다. 그 조건이 어떠한 것이든 그것은 성결일 수 없습니다. 만일 그 조건이 성결이라면, 하나님의 어린 양은 미리 제거되고 있는 죄만을 제거하신다는 말이 됩니다.

3. 선한 목자는 이미 발견된 자들만을 찾아 구합니까? 아닙니다. 그는 잃은 자를 찾아서 구하는 것입니다. 그는 용서의 긍휼이 필요한 자를 구합니다. 그는 죄책에서 인간을 구하는 것이요(그리고 동시에 죄의 힘에서도 구합니다), 죄의 종류나 죄의 정도와 상관없이 모든 죄를 구원해

주십니다. 즉 그때까지 전혀 불신앙의 사람, 아버지 하나님의 사랑이 머무르지 않은 사람들, 따라서 결과적으로 조금도 선량한 것이 없고, 좋거나 진실하게 그리스도인다운 성질을 가지고 있지 않은 사람들을 구원해 주십니다. 그 사람들은 모든 악한 마음과 혐오에 사로잡힌 사람들, 즉 "하나님을 대적하는(롬 8:7)" "육체의 마음"의 진짜 열매인 교만과 분노 그리고 세상에 대한 사랑에 머물러 있는 사람들입니다.

4. 죄의 무거운 짐을 견딜 수 없는 병든 사람들에게 의사가 필요합니다. 하나님의 진노 밑에서 신음하고 있는 죄지은 사람들에게 용서가 필요합니다. 사상과 말과 행위에서 그들 자신의 불신앙 때문에 하나님에게만이 아니라 그들 자신의 양심에 의해서도 그리고 무수한 증인들에 의해서도 이미 유죄로 선고받은 사람들이 큰 소리로 예수 안에서 속량을 통하여 "경건하지 아니한 자를 의롭다 하시는" 이를 찾아 부르짖는 것입니다. 즉 경건하지 아니한 자, "행함이 없는 자(롬 4:5)", 의롭다 함을 받기 전에 선한 행위나 참으로 바르고 깨끗한 행위도 없이 다만 끊임없이 악만을 행한 자를 의롭다 하시는 이를 찾아 부르짖는 것입니다. 왜냐하면 하나님의 사랑이 그 가운데 부어지기 전에는 그의 마음은 필연적이고 본질적으로 악하기 때문입니다. 나무가 썩어 있을 때에는 열매도 썩어 있습니다. "왜냐하면 못된 나무가 아름다운 열매를 맺을 수 없기(마 7:18)" 때문입니다.

5. "아니, 의롭다 함을 받기 이전 상태에 있는 사람도 주린 자에게 먹을 것을 주고 벗은 자에게 입혀 줄 수가 있다. 그리고 그것은 선한 행위다."라고 반대할지 모르겠습니다. 그 대답은 간단합니다. 의롭다 함

을 얻기 전에 그는 그런 일을 할 수 있습니다. 어떤 의미에서 그런 일은 "선한 행위"요, 그런 일들은 "좋으며 사람에게 유익합니다(딛 3:8)." 그러나 그것은 엄밀히 말해서 그 자체가 좋은 것이거나 하나님의 눈으로 볼 때 선한 것이라고 할 수는 없습니다. (교회의 말을 사용한다면) 모든 참되고 선한 행위는 칭의 이후에 따르는 것입니다. 그러하기에 그것들이 선한 것이고, "그리스도를 통하여 하나님이 기뻐 받으실(벧전 2:5)" 것이라면, 그것들이 "진실하고 산 신앙에서 나오기" 때문입니다. 이로 미루어 볼 때 칭의 이전에 된 모든 행위는, 기독교적으로 말해서 예수 그리스도를 믿는 믿음에서 나온 것이 아닌 한에서는 선한 것이 아닙니다(가끔 그것들이 어떤 종류의 하나님에 대한 믿음에서 나오는지도 모르겠습니다). "그것들이 하나님이 원하시고 또 명하시는 대로 되지 않기 때문에"(그것이 어떤 사람들에게는 아무리 기묘하게 보일지라도), "우리는 그것들이 죄의 성질을 가지고 있다는 것을 의심하지 않습니다."

6. 아마도 그 사실을 의심하는 사람들은, 왜 칭의 이전에 행한 행위가 당연히 실제로 선한 것일 수 없는가에 대한 중요한 이유를 정당하게 생각하지 않은 것입니다. 그 요지를 말한다면 다음과 같습니다.

하나님이 원하시고 명하신 것같이 행해지지 않는 모든 행위는 선한 것이 아닙니다.

칭의 이전의 모든 행위는 하나님이 원하시고 명하신 것처럼 여겨지지 않습니다.

그러므로 칭의 이전의 모든 행위는 선한 것이 아닙니다.

처음의 명제는 자명합니다. 그리고 "우리의 모든 행위가 사랑에 행해져야만" 한다는 것, 즉 전 인류에 대한 사랑을 낳아 주시는 하나님에 대한 사랑에서 행해져야 할 것을 하나님이 원하시고 또 명하신다는 것입니다. 둘째, 칭의 이전의 모든 행위는 하나님이 원하시고 명하신 행위가 아니라는 것, 이 또한 분명하며 또 부정할 수 없는 것입니다. 그렇지만 우리 아버지이신 하나님의 사랑이 우리 안에 있지 않을 때, 어떤 사랑의 행위도 그 사랑에서 될 수 없는 것입니다. 그리고 그 사랑은 우리가 "아빠 아버지라고 부르는 양자의 영(롬 8:15)"을 받기 전에는 우리 안에 존재하지 않습니다. 그러므로 만일 하나님이 경건하지 아니한 자를 의롭다 하지 않으시고, 또 (이런 의미에서) 행한 것이 없는 자를 의롭다 하지 않는다면 그리스도의 죽음은 헛된 것입니다. 그때에는 그의 죽음에도 불구하고 모든 산 자가 의롭게 되지 못하는 것입니다.

IV

1. 그렇다면 전혀 경건하지 아니하며 그 이전에 행한 것이 없는 자가 어떤 조건으로 의롭게 되는 것입니까? 단 하나의 조건인데, 그것은 "경건하지 아니한 자를 의롭다 하시는 하나님을 믿는(롬 4:5)" 믿음입니다. "믿는 자에게는 결코 정죄함이 없습니다(롬 8:1)." 그렇습니다. "그는 사망에서 옮겨 생명으로 들어간(요일 3:14)" 것입니다. "하나님의 의(또는 긍휼)는 예수 그리스도를 믿는 믿음에 의한 하나님의 의요, 믿는 사람에게 주어진 것입니다. 하나님은 이 그리스도를 세우셔서 그 피로, 믿음을 가지고 받아야 할 속죄의 제물로 삼으셨습니다. 이리하여 하나님 자신이 의롭게 되시고 또 (하나님의 의와 일치하게) 예수를 믿는 사람들을 의롭게 하시는 것입니다(롬 3:22)." "그러므로 우리는 이렇게 생각합니다. 사람이

의롭다 하심을 얻는 것은 율법의 행위에 있지 않고 믿음으로 되는 것입니다(롬 3:28)." 그가 실로 이제까지 행할 수 없었던 도덕적 율법에 대한 선행적인 복종 없이 의롭다 하심을 얻는다고 결론을 내리는 것입니다. 여기서 의미하는 것이 도덕적 율법만이라는 사실은 다음의 말에서 분명해집니다. "그런즉 우리가 믿음으로 율법을 파기하느냐? 그럴 수 없느니라. 도리어 율법을 굳게 세우느니라(롬 3:31)." 그렇습니다. 우리는 믿음에 의하여 율법을 굳게 세웁니다. 어떤 율법입니까? 의례적인 율법, 즉 모세의 의례적 율법이 아닙니다. 그런 것이 아니고 변치 않는 위대한 사랑의 율법, 하나님과 우리 이웃에 대한 거룩한 사랑의 율법입니다.

    2. 일반적으로 믿음이란 "보이지 않는 것들(히 11:1)"에 대한 신적이며 초자연적인 증거와 확신이며, 그것이 과거 또는 미래의 것이든 혹은 영적인 것이든 우리의 육체적 감각으로 발견될 수 없는 것입니다. 의롭게 하는 믿음은 "하나님께서 그리스도 안에 계시사 세상을 자기와 화목하게 하셨다(고후 5:19)"는 사실에 대한 신적인 증거요 확신일 뿐만 아니라, 그리스도께서 '나'의 죄 때문에 죽으시고 '나'를 사랑하시며 '나'를 위하여 그 자신을 주셨다는 사실에 대한 확실한 신뢰요 신의인 것입니다. 그리고 죄인이 믿는 시기와 상관없이 ─그 시기가 어릴 때이거나 장년기이거나 또는 그가 연로하여 백발을 이고 있을 때이거나─ 하나님은 그 경건하지 아니한 자를 의롭다고 해 주십니다. 하나님은 그 아들로 말미암아 그때까지 조금도 선한 일을 하지 못한 자를 용서하시고 사면하시는 것입니다. 하나님은 참으로 그에게 지금까지도 회개의 은혜를 주셨습니다. 그러나 그 회개란 (그리스도로 말미암은 회개와는 달리) 모든 선한 것에 대한 감각이 다소나마라도 그에게 없고 모든 악이 그에게 있다는 깊은 의식

이외의 아무것도 아니었습니다. 그런데 그가 그리스도로 말미암아 하나님을 믿기 시작하고부터는 믿음은 그가 가지고 있거나 행하는 모든 선한 것을 발견하는 것이 아니라 가져다주는 것입니다. 이것이 믿음의 열매입니다. 먼저 나무가 좋아지고 나서 열매도 좋아지는 것입니다.

3. 우리 자신이 교회의 말을 사용한다면 이 믿음의 성질을 가장 잘 표현할 수 있을 것으로 생각합니다. "구원의 유일한 수단"(칭의는 그 구원의 일부분에 불과한 것이지만)은 믿음입니다. 즉 믿음이란 하나님께서 우리의 죄를 용서해 주셨고 또 용서해 주실 것이며, 그리스도의 죽음과 고난의 공로로 말미암아 하나님께서 우리를 다시 한 번 하나님의 은총 안으로 받아들여 주실 것에 대한 확실한 신뢰요 확신입니다. 그러나 여기서 우리는 변덕스럽고 동요하는 믿음으로 인해 하나님의 활동을 저지하지 않도록 조심해야 합니다. 베드로는 믿음이 적었기 때문에 물 위를 걸어서 그리스도에게 가려고 했을 때 물에 빠지는 위험을 당했습니다. 그처럼 우리가 흔들리거나 의심하기 시작한다면 베드로와 마찬가지로 빠지고 만다는 두려움이 있습니다. 그때 우리는 물속으로 빠지는 것이 아니라, 밑이 보이지 않는 지옥의 불구덩이로 빠집니다.

"그러므로 그리스도의 죽음이 단지 전 세계를 위하여 유효하다는 것만이 아니라, 그는 당신을 위하여 넉넉하고 흠 없는 희생을 드린 것이므로 당신의 죄를 충분히 씻어버린다는 확실하고도 확고한 신앙을 가지십시오. 그리하면 당신은 사도와 함께 그리스도께서 당신을 사랑하시고 당신을 위해 그 자신을 주셨다고 말할 수 있을 것입니다. 왜냐하면 이것이 그리스도를 당신 자신의 품에 안는 일이며 그의 공적을 당신 자신에게 적용하는 일이기 때문입니다."[성례에 관한 설교 1부]

4. 이 믿음이 칭의의 전제 혹은 조건이라고 주장함으로써 첫째로, 나는 이 믿음 없이는 칭의가 존재하지 않는다는 것을 말하고자 합니다. "믿지 않는 사람은 벌써 심판을 받은 것입니다(요 3:18)." 그리고 그가 믿지 않는 한, 심판은 제거되지 않습니다. 오히려 "하나님의 진노가 그에게 있을 것(요 3:36)"입니다. 나사렛 예수의 이름 외에 "우리가 구원을 받을 만한 다른 이름을 하늘 아래 누구에게도 주시지 않았기 때문(행 4:12)"입니다. 또 죄를 선고받은 죄인이 죄의 책임에서 구원을 얻을 수 있는 방법은 예수의 공적 이외에 없는 것이요, 그 이름을 믿는 믿음을 통함 이외에 그 공적을 분배받을 다른 길이 없기 때문입니다. 그러므로 우리가 이 믿음을 가지고 있지 않는 동안 우리는 "이스라엘 나라 밖의 사람이라 약속의 언약들에 대해서는 외인이요 세상에 소망도 없고 하나님도 없는 자들입니다(엡 2:12)." 어떠한 (이른바) 덕을 가진 사람이라도 -나는 복음이 전파되어 있는 사람들에 대해서 말하는 것입니다. 왜냐하면 "밖에 있는 사람들을 심판하는 것"이 내가 할 일이 아니겠습니까?(고전 5:12)- 좋은 (이른바) 행위를 그가 하더라도 그것은 소용이 없습니다. 그는 여전히 진노의 자식이요, 예수를 믿기까지는 여전히 저주 아래 있는 것입니다.

5. 그러므로 믿음은 칭의의 필수 조건입니다. 그렇습니다. 유일한 필수 조건입니다. 이 사실을 유의해서 관찰하지 않으면 안 되는 둘째의 요점이 있습니다. "행한 것이 없더라도", "경건하지 아니한 자"에게 하나님이 믿음을 주시는 그 순간(믿음은 하나님의 선물입니다), 그 "믿음을 그의 의로 인정하는 것입니다(롬 4:5)." 그는 이 사실에 앞서서 조금도 의를 인정받지 못합니다. 소극적인 의, 즉 순진함까지도 가지고 있지 못합니다. 그러나 그가 믿는 순간에 "믿음이 그의 의를 위하여 전가되었습니다(롬

3:28)." 그것은 (앞서 말한 대로) 하나님께서 그를 실제로 존재하지 않는 자라고 생각하신다는 말이 아니라, "하나님께서는 그리스도를 우리를 대신해서 죄로 삼으셨다(고후 5:21)"는 말씀입니다. 즉 하나님께서 그리스도를 죄인으로 취급하셔서 우리의 죄를 위해 벌하신 것같이, 하나님은 우리가 믿는 때부터 의로운 자로 인정해 주신다는 것입니다. 하나님은 우리를 우리의 죄 때문에 벌하시지 않습니다. 그뿐 아니라 우리가 마치 죄의 책임이 없고 바른 사람인 것처럼 인정해 주십니다.

6. "믿음이 의인의 유일한 조건"이라는 이 조항에 동의하지 못하는 것은 확실히 이에 대한 몰이해에서 비롯된 것임이 틀림없습니다. "믿음 없이는 아무도 의롭다 하심을 얻지 못한다"는 유일한 명제가 사실임을 의미하는 것입니다. 즉 믿음은 용서를 위해 직접적으로, 반드시, 절대적으로 필요한 유일한 것입니다. 한편, 믿음 이외의 모든 것을 가졌다고 해도 그 사람이 의롭게 될 수 없는 것같이, 다른 한편으로는 모든 다른 것을 가지지 못했어도 만일 그 사람이 믿음을 갖는다면 그는 의롭다 하심을 얻을 수밖에 없습니다. 죄의 종류의 범위와 정도의 강도를 떠나 그 전 존재가 불경건 자체인 것 같은 죄인, 전혀 선한 일에 대해서 생각하거나 말하거나 행할 수 없는 죄인, 그리고 완전히 지옥의 불에 합당한 죄인을 상상해 보십시오. 만일 아무런 도움도 없고 희망도 없는 이 죄인이 그 자신을 전적으로 그리스도로 말미암은 하나님의 긍휼하심에 내맡긴다면(그리고 하나님의 은혜로 말미암은 것 이외에 아무것도 할 수 없는 것이지만), 그 순간 그의 죄가 용서받는다는 것을 누가 의심할 수 있겠습니까? 그 죄인이 의롭다 하심을 얻을 수 있기 전에 반드시 요구되는 그 이상의 무엇이 있다고 누가 주장하겠습니까?

이제 세상의 처음부터 이러한 예가 하나라도 있다면(그리고 이러한 예는 수억만 년을 지나도록 이제까지 없었던 것이니 또 이제도 없는 것 아닙니까?), 이와 같은 사실에서 믿음이 칭의를 위한 유일한 조건이라는 것이 귀결됩니다.

7. 하나님의 행위의 이유를 하나님에게 묻는다는 것은 가엾고 죄의 책임이 있는 벌레 같은 인간에게 마땅한 일이 아닙니다. 벌레 같은 인간은 그들이 맛보고 있는 모든 축복(우리의 혀를 서늘하게 하는 한 방울의 물에서부터 영원한 영광의 무한한 부에 이르기까지)을 부채가 아니라 은혜로 인하여, 단순한 은혜로 인하여 하나님에게서 받은 것입니다. 하나님에게 행위의 방도나 이유를 묻는 것은 마땅하지 않습니다. "누가 하나님이 걸어가시는 길에 대하여 설명할 수 있습니까?", "왜 당신은 믿음을 칭의의 조건, 유일한 조건으로 하셨습니까? 왜 당신은 믿는 자만이 구원을 받도록 정하셨습니까?"라고 물을 수는 없습니다. 이것이 성 바울이 로마서 제9장에서 매우 강하게 주장하는 점입니다. 즉 용서와 하나님에게 받아들여지기 위한 조건이란 우리 측에는 없고, 우리를 부르신 하나님에게 의존되어 있다는 사실입니다. 또 우리 자신에 의하지 아니하고 선하게 여기시는 하나님 자신을 따라서 하나님이 자신의 조건을 정하셔도 하나님이 불의하시다고 말할 수 없습니다. 왜냐하면 하나님은 "내가 긍휼히 여길 자를 내가 긍휼히 여길 것이다(롬 9:15)," 즉 예수를 믿는 자를 긍휼히 여길 수 있기 때문입니다. 그러므로 하나님께 받아들여지는 조건을 선택하는 일은 "사람의 의지나 노력으로 되는 것이 아니라 오직 긍휼히 여기시는 하나님으로 말미암는다"는 말입니다(롬 9:16). 하나님은 자신의 값없이 주시는 사랑, 공로를 요구하지 않는 선함 이외에 전혀 누구도 받

아들이지 않으십니다. "그러므로 하나님은 긍휼히 여길 자를 긍휼히 여기십니다(롬 9:15)." 즉 그 사랑하는 독생자를 믿는 자를 긍휼히 여기십니다. 그리고 하나님은 믿지 않는 사람들을 "완악하게 하시고(롬 9:18)" 마침내 그들의 마음의 완악함을 놓아두시는 것입니다.

8. 그러나 "주 예수를 믿으라 그리하면 너와 네 집이 구원을 받으리라(행 16:31)" 하는 이 칭의의 조건을 하나님께서 정하신 이유의 하나를 우리는 겸손히 생각해도 좋은데, 그것은 사람이 오만한 생각을 가지지 않게 하기 위함이었습니다. 오만은 이미 하나님의 천사들을 파멸시켰고, "하늘의 별들의 삼분의 일(계 8:12)"을 땅에 던졌습니다. 저 유혹자가 "너희가 하나님과 같이 되리라(창 3:5)"고 말했을 때, 아담의 충실성이 타락하고 또 세상에 죄와 죽음을 가져오게 한 것도 대부분은 이 오만에 의한 것입니다. 그러므로 하나님이 이러한 화해의 조건을 아담과 그 자손들을 위해 정하시고 그들을 겸손하게 하여 티끌에까지 낮추신 것은, 하나님에게 합당한 지혜의 한 예입니다. 이것이 믿음입니다. 믿음은 이상의 목적을 달성하기 위해서 매우 적당합니다. 왜냐하면 이 믿음으로 하나님에게까지 오는 자는 그 자신 안에 좋다고 생각되는 어떠한 것이라도, 어떠한 덕이나 의라도 조금도 돌아보지 않고 그의 눈을 오로지 그 자신의 부정과 죄와 무력함에 맞추어야 하기 때문입니다. 그는 단순한 죄인으로 와야만 합니다. 내적으로도 외적으로도 깨지고 또 죄 있는 자로 선언되고, 하나님께 대하여 다만 경건하지 않음만을 가지고 와서 단지 자기 죄와 비참만을 호소하면서 와야 합니다. 그의 입이 막히고 또 그가 전적으로 죄책이 있는 자로 하나님 앞에 섰을 때, 그때에만 그는 예수를 자기의 죄를 위한 완전하고 유일한 "화목제물"로 볼 수 있습

니다. 이렇게 해서만 그는 예수 안에서 발견되며, 또 "믿음을 통한 하나님의 의(빌 3:9)"를 얻는 것입니다.

9. 이러한 말을 듣고 또 읽는 여러분, 죄 많고 무력하며 비참한 죄인인 여러분, 나는 당신들에게 모든 사람의 심판자이신 하나님 앞에서 명령합니다. 당신들의 모든 경건하지 않음을 가지고 그대로 똑바르게 하나님 앞으로 나아가십시오. 당신들이 얼마간의 의를 주장함으로써 당신들의 영혼을 파멸시키지 않도록 조심하십시오. 전혀 경건하지 않고, 죄 많고, 잃어버리고, 멸망되어 있고, 지옥에 해당하며, 그래서 지옥으로 떨어져 가고 있는 자로서 가십시오. 그때 당신들은 하나님의 은혜로써 받아들여지고, 또 하나님이 경건하지 않은 자를 의롭다 하시는 사실을 알게 될 것입니다. 이러한 자로서, 즉 무력하고 저주받은 죄인으로서 당신들을 위해 부어진 주님의 피의 곁으로 데려가지 않으면 안 됩니다. 이렇게 예수를 바라보십시오. 당신들의 죄를 제거하시는 하나님의 어린 양입니다. 당신의 행위나 올바름을 주장해서는 안 됩니다. 당신의 겸손도 뉘우침도 진지함도 주장해서는 안 됩니다. 결코 주장해서는 안 됩니다. 만일 주장한다면, 당신을 구속해 주신 주를 거절하는 일이 됩니다. 그러지 말고 간단히 계약의 피를 주장하십시오. 당신의 교만하고 완고하며 죄 많은 영혼을 위해 지불하신 속량의 피만을 주장하십시오. 이제 당신의 내적, 외적인 경건하지 않음을 보고 또 느끼는 당신 자신은 대체 누구입니까? 당신이 그 인물입니다. 나는 나의 주를 위하여 당신을 원합니다. 나는 당신에게 신앙에 의한 하나님의 자녀가 되도록 촉구합니다. 주는 당신을 필요로 하십니다. 바로 지옥에 합당하다고 느끼고 있는 당신이 하나님의 영광을 증진하는 데에 합당한 것입니다. 즉 경

건하지 않은 자, 또 행한 것이 없는 자를 의롭다 하시는 값없이 주시는 하나님의 은혜의 영광을 증진하는 것입니다. 자, 속히 오십시오. 주 예수를 믿으십시오. 당신, 바로 당신과 같은 사람이라도 하나님과 화해하는 것입니다.

6
믿음으로 얻은 의
The Righteousness of Faith

인디언에게 설교하는 존 웨슬리
〈John Wesley preaching to the Indians〉, c.1900

모세가 기록하되 율법으로 말미암는 의를 행하는 사람은 그 의로 살리라 하였거니와 믿음으로 말미암는 의는 이같이 말하되 네 마음에 누가 하늘에 올라가겠느냐 하지 말라 하니 올라가겠느냐 함은 그리스도를 모셔 내리려는 것이요 혹은 누가 무저갱에 내려가겠느냐 하지 말라 하니 내려가겠느냐 함은 그리스도를 죽은 자 가운데서 모셔 올리려는 것이라 그러면 무엇을 말하느냐 말씀이 네게 가까워 네 입에 있으며 네 마음에 있다 하였으니 곧 우리가 전파하는 믿음의 말씀이라 (롬 10:5~8)

1. 사도는 여기서 모세가 준 계약을 그리스도가 준 계약에 대립시키는 것이 아닙니다. 만일 우리가 그렇게 상상하고 있었다면, 그것은 다음 사실에 대한 관찰을 빠뜨렸기 때문입니다. 즉 이 말의 뒷부분도 앞부분과 마찬가지로 이스라엘 백성에게 모세 자신이 말한 것입니다. 그러면서 그것은 그때 있었던 계약에 관해서입니다(신 30:11, 12, 14). 여기서 사도 바울이 대립시키고 있는 것은 아담이 낙원에 있는 동안 그와 함께 만든 행위의 계약(the covenant of works)에 대하여 모든 시대의 사람들과 함께 그리스도로 말미암아 하나님이 확립하신 은혜의 계약(the covenant of grace)입니다(이 은혜의 계약은 하나님이 육신으로 나타나신 이후의 사람들을 위해, 그와 마찬가지로 유대교 시대 이전의 사람들을 위해, 또 그 시대의 사람들을 위해 그리고 모든 시대의 사람들을 위해 확립된 것입니다). 행위의 계약은 아담이 낙원에 있었을 때 그에게 하신 것이지만, 보통 하나님이 인간에게 하신 유일한 계약이라고 생각되어 왔습니다. 특히 사도가 편지를 쓸 때 상대인 유대인들이 그렇게 생각하고 있었습니다.

2. 10장 처음에 사도가 매우 애정을 담아서 말하고 있는 것은 유대인들에 대해서입니다. "내 마음에 원하는 바와 하나님께 구하는 바는 이스라엘을 위함이니 곧 그들로 구원을 받게 함입니다. 내가 증언하노니 그들이 하나님께 열심이 있으나 올바른 지식을 따른 것이 아닙니다. 하나님의 의를 모르고 (하나님의 사랑하시는 독생자로 말미암아 예수 안에 있는 구속으로써 값없이 우리의 죄를 용서하시는 하나님의 온전한 은혜와 긍휼에서 흘러나오는 칭의) 자기 의를 세우려고 '경건하지 아니한 자를 의롭다 하시는 하나님[롬 4:5]'을 믿는 것보다 용서와 수용의 근거로서의 그들 자신의 성결함을 세우려고 힘쓰며 하나님의 의에는 복종하지 않았기 때문입니다(롬 10:1~3)." 따라서 그들은 결과적으로 자신들의 삶의 허물 속에서 죽음을 구하고 있는 것입니다.

3. 그들은 "그리스도께서 모든 믿는 자에게 의를 이루기 위하여 율법의 마침이 되신(롬 10:4)" 사실을 모릅니다. 그리스도는 단 한 번 자신을 제물로 드림으로써 최초의 율법 혹은 계약-실제로 이것은 하나님께서 모세에게 주신 것이 아니라 순진무구한 상태에 있던 아담에게 주신 것이지만-을 종결지었습니다. 이 최초의 율법 혹은 계약의 정확한 성격은 숨김없이 말하자면 "이것을 하라, 그리하면 살리라."는 것이었습니다. 그러나 그리스도는 동시에 우리를 위해서 좀 더 좋은 계약, "믿으라, 그리하면 살리라."는 은혜의 계약을 획득하셨습니다. 믿으십시오. 그리하면 당신은 구원받을 것입니다. 이제는 죄책감과 죄의 세력 모두에서 구원받아 그 결과로 지불해야 하는 죄값에서 구원받은 것입니다.

4. 그리고 이제 그리스도의 이름으로 부르심을 받은 인간 중에서

조차 얼마나 많은 사람들이 마찬가지로 무지합니까? 얼마나 많은 사람들이 "하나님에 대하여 열심"은 있지만, 그 열심이 "지식에 근거한 것이" 아니라 하나님께 용서받고 받아들여지기 위한 근거로 오히려 "자기 의를 세우려고(롬 10:2, 3)" 힘쓰고 있습니까? 그러므로 그들은 "하나님의 의에 복종하는(롬 10:3)" 일을 격렬하게 거절하는 것입니다. 형제들이여, 확신컨대 내 마음의 소원과 당신들을 위해 하나님께 드리는 간절한 기도는 당신들이 구원을 얻는 것입니다. 그러므로 당신들의 길을 방해하는 이 큰 걸림돌을 제거하기 위하여 나는 다음의 사실을 보여주려고 합니다. 그 첫째는 '율법의 의'란 무엇인가, 또는 '믿음으로 얻는 의(롬 10:6)'란 무엇인가 하는 것이요, 둘째는 '율법의 의'를 의지하는 일의 어리석음과 '믿음으로 얻는 의'에 복종하는 지혜로움입니다.

I

1. 먼저 '율법의 의'는 이렇게 말합니다. "율법으로 말미암는 의를 행하는 사람은 그 의로 살리라(롬 10:5)." 끊임없이 율법의 모든 것을 완전히 준행한다면, 그때 당신은 영원히 살 것이라고 말합니다. 이 율법 혹은 계약(보통은 행위의 계약이라고 말하지만)은 하나님께서 낙원에 있었던 인간에게 주신 것으로 모든 부분에서 완전하며 불순하지 않고 부족함이 없는 복종을 요구한 것이며, 인간이 창조되던 당시의 거룩함과 행복(holiness and happiness) 안에서 영원히 살게 하려는 조건으로 요구한 것입니다.

2. 율법의 의는 인간에게 내적이고 외적이며, 소극적이고 적극적인 모든 의를 실행할 것을 요구하는 의입니다. 인간은 다만 모든 무익한 말을 끊고 모든 악한 행위를 피할 뿐만 아니라, 정욕과 욕망과 생각하는 모든 것을 하나님의 의지에 복종시키지 않으면 안 됩니다. 인간은 마음과 모든 종류의 행동에서 인간을 창조하신 하나님의 거룩하심같이 지속적으로 거룩하지 않으면 안 됩니다. 하나님이 청결하신 것처럼 인간의 마음이 청결해야 합니다. 하늘에 계신 아버지처럼 완전해야 합니다. 인간은 주님 되신 하나님을 마음을 다하고 영혼을 다하고 생각을 다하고 힘을 다하여 사랑해야 합니다. 인간은 하나님이 지으신 모든 영혼을 하나님이 자기를 사랑해 주신 것처럼 사랑해야 합니다. 이 보편적인 자비심으로써 인간은 (사랑이신) 하나님 안에 살고 하나님도 그의 안에 사실 것입니다. 인간은 힘을 다하여 주님 되신 하나님을 섬기고 만사(萬事)에서 성실하게 하나님의 영광을 목표로 삼아야 합니다.

3. 이것이 율법의 의가 요구하는 사안이며, 이것들을 행한 자가 그것으로 말미암아 사는 길입니다. 그러나 이것은 더 나아가 하나님에 대한 전적인 복종, 내적이고 외적인 거룩함을 요구하며, 그 마음과 생활에서 하나님의 뜻과 완전한 일치를 요구합니다. 외적 혹은 내적인 측면에서 율법의 일점일획이라도 증감할 수 없으며, 어떤 정도의 불충분함도 있을 수 없는 것입니다. 가령 외적인 사안에서 하나님의 명령이 다 지켜졌다 하더라도 그 하나하나가 최고의 수준까지, 가장 완전한 방식으로 지켜지지 않은 한, 그것은 아직 불충분한 것이었습니다. 또 한 사람 한 사람이 모든 힘과 능력으로 영혼의 전 수용 능력을 활용해 하나님을 사랑하지 않는 한, 힘을 다하고 능력을 다하여 사랑하라 하신 하나님의

계약 요구를 충족하지 못한 것이 됩니다.

4. 하나의 사안이 더 율법의 의를 이루기 위하여 반드시 요구됩니다. 즉 온전한 복종, 마음과 생활 모두의 완전한 거룩함은 연속적으로 전혀 중단 없이 계속되지 않으면 안 됩니다. 하나님이 인간을 창조하시고 그 콧구멍에 생명의 숨을 불어넣은 순간부터 그의 시련의 날들이 끝나고 영원한 생명 안에 받아들여질 때까지 쉼 없이 계속되어야 합니다.

5. 그러므로 율법의 의는 다음과 같은 방식으로 말합니다. "하나님의 사람인 당신이여, 사랑 안에, 당신을 만드신 그 하나님의 형상 안에 굳게 서십시오. 만일 당신이 생명 안에 머무르길 원한다면 당신의 마음 가운데 이미 기록되어 있는 하나님의 계명을 지키시오. 마음을 다하여 주 되신 당신의 하나님을 사랑하십시오. 자신과 마찬가지로 하나님이 지으신 모든 영혼을 사랑하십시오. 하나님 이외에 아무것도 바라지 마십시오. 사상, 언어, 행위 모든 것에서 하나님을 목표로 하십시오. 육체나 영혼의 작은 움직임까지도 당신의 목표인 하나님에게서, 또는 위로 부르신 하나님의 상급에서 벗어나지 마십시오. 당신 앞에 있는 모든 것, 즉 당신의 영혼의 모든 힘과 능력을 통하여 종류와 정도를 불문하고 당신 존재의 모든 순간에서 하나님의 거룩하신 이름을 찬미하십시오. '이를 행하십시오. 그리하면 당신은 살 것입니다.' 당신의 빛은 점점 찬란하게 빛나고 당신의 사랑은 더욱 불타오르게 되어 마침내 당신은 영원히 하나님과 함께 다스리기 위해 하늘에 있는 하나님의 집에 받아들여질 것입니다."

6. "그러나 믿음으로 얻은 의는 이렇게 말합니다. '너는 마음속으로 누가 하늘에 올라갈 것이냐고 말하지 말라.' 그것은 그리스도를 끌어내리는 것이다."(마치 그렇게 하는 것이 하나님께 받아들여지기 위하여 미리 하나님이 당신에게 요구하신 어떤 불가능한 일인 것처럼) "또 '누가 깊음 속에 내려갈 것이냐고도 말하지 말라.' 그것은 그리스도를 죽은 자들 가운데서 모셔 올리는 것이다."(마치 이것이 하나님께 받아들여질 수 있기 위해 아직 해야 할 일이 남아 있는 것처럼) "그러면 뭐라고 말하고 있습니까? '말씀은 네게 가까이 있다. 네 입에 있고 네 마음에 있다.'" 이 말씀의 덕택으로 당신은 이제 영원한 생명의 상속자로 받아들여지는 것입니다. "이 말씀이란 우리가 전파하는 믿음의 말씀입니다(롬 10:6~8)." 즉 이 말씀이란 하나님이 그리스도 예수로 말미암아 죄 많은 인간을 위해 이미 확립하신 새 계약입니다.

7. "믿음으로 얻은 의(롬 10:6)"란 하나님의 독생자의 공적과 중재를 통하여 하나님께서 타락한 인간에게 주신 칭의의 조건(및 그 결과로서 주어진 현재의 구원이요, 또 만일 우리가 그 안에서 끝까지 참고 견디면 주어지는 궁극적인 구원)을 의미합니다. 이 사실은 부분적이기는 하지만 타락 후 얼마 안 되어 아담에게 계시되었습니다. 즉 "뱀의 머리를 상할(창 3:15)" 여인의 후손에 관하여 아담과 그 후손에게 하신 첫 약속 안에 포함되어 있었던 것입니다. 그것은 좀 더 분명하게 하나님의 천사를 통해 하늘로부터 아브라함에게 계시되었습니다. 그 천사는 말했습니다. "주께서 이르시기를 '내가 나를 가리켜 맹세하노니 네 씨로 말미암아 천하 만민이 복을 받을 것이다'(창 22:16~18)." 그 사실은 더욱 충분한 형식으로 모세와 다윗과 그 뒤를 잇는 예언자들에게, 또 그들을 통하여 각 시대에 하

나님의 백성인 많은 사람들에게 알려졌습니다. 그러나 오히려 이러한 사람들(하나님의 백성의 일)까지도 대부분 그 약속에 대해서 무지했습니다. 그리고 매우 소수자 외에는 그것을 분명히 이해하지 못했습니다. 또 "생명과 불멸"은 현재 "복음으로 말미암아" 우리에게 드러난 것만큼 옛 유대인들에게는 여전히 "밝히 드러나지(딤후 1:10)" 않았던 것입니다.

8. 이제 이 계약은 죄 많은 인간에게 "죄 없는 복종을 행하라. 그러면 살리라."고 말하지 않습니다. 만일 이것이 조건이라면, 죄인은 그리스도께서 자기를 위하여 행하시고 고통 받으신 모든 일로 인하여 전혀 아무런 유익을 얻지 못할 것입니다. 그것은 마치 생명에 이르기 위하여 "하늘에 올라가서 그리스도를 끌어 내리는 일"이나 혹은 "밑을 모르는 곳, 보이지 않는 세계 속으로 내려가서 그리스도를 죽은 자들 가운데서 모셔 올릴 것(롬 10:6, 7)"을 요청받는 것과 같습니다. 이 계약은 불가능한 일을 하도록 요구하지 않습니다(물론 단순한 인간에게는 그 요구의 이행이 불가능할 것이지만, 그러나 하나님의 영으로 도움을 받는 인간에게는 그렇지 않습니다). 만일 그렇다면 그것은 단순히 인간의 약함을 비웃는 일이 될 것입니다. 실상 엄밀하게 말해서, 은혜의 계약은 우리가 의를 얻기 위하여 절대 불가결한 방식으로 필요한 것을 우리에게 요구하는 것이 전혀 아무것도 없습니다. 독생자로 말미암아, 또 독생자가 이루신 속량으로 말미암아 "행한 것이 없더라도 경건하지 아니한 자를 의롭다 하시며(롬 4:5)", 그 믿음을 그에게 의로 돌리는 하나님을 믿는 것만이 요구됩니다. 아브라함은 이처럼 "주를 믿으니 주께서 이를 그의 의로 여기셨습니다(창 15:6)." "그리고 아브라함은 할례라는 표를 받았으나, 그것은 믿음으로 말미암아 받은 의의 인증이요 그가… 믿고 의롭다 하심을 받기에 이르는 모든

사람의 조상이 되기 위함이었습니다(롬 4:11)." "그러나 믿음으로 말미암아 '의롭다 하심을 얻는다'고 기록된 것은 아브라함뿐 아니라 우리도 위한 것이며, 우리의 주 예수를 죽은 자 가운데서 살리신 분을 믿는 우리도 의롭다 하심을 얻는 것입니다." 즉 믿음이 의로 인정되고 우리가 하나님께 받아들여지기 위하여 믿음이 완전한 복종을 대신하는 것입니다. "주는 우리의 죄 때문에 죽음을 당하셨고, 우리를 의롭다고 인정하시기 위하여 다시 살아나셨습니다(롬 4:23~25)." 주님은 우리의 죄를 확실하게 용서하시기 위하여, 믿는 자에 대해서 장차 올 둘째 생명을 확실하게 하시기 위하여 다시 사신 것입니다.

9. 그러면 용서의 계약, 값없이 주시는 사랑의 계약, 용서하는 긍휼의 계약은 무엇이라고 말합니까? "주 예수 그리스도를 믿으시오. 그리하면 너와 네 집이 구원을 얻을 것입니다(행 16:31)"라고 말합니다. 당신이 믿는 날에 당신은 확실히 살 것입니다. 당신은 하나님의 은혜를 다시 받을 것입니다. 그리고 하나님의 기뻐하심 안에 생명이 있습니다. 당신은 하나님의 저주에서, 하나님의 진노에서 구원받을 것입니다. 당신은 죄의 죽음에서 의의 생명으로 다시 살아날 것입니다. 그리고 만일 당신이 예수를 믿고 끝까지 참고 견디면 당신은 결코 둘째 사망을 맛보지 않을 것입니다. 오히려 당신은 주와 함께 고난을 받은 후에 당신도 영원히 주와 함께 살며 또 다스릴 것입니다.

10. 이제 "말씀이 당신에게 가까이 왔습니다(롬 10:18)." 이 생명의 조건은 분명하고 쉽고 언제나 가까이 있습니다. 하나님의 영의 활동으로 "말씀은 당신의 입에 있고 당신의 마음에 있습니다(롬 10:8)." "자기

마음으로" 하나님이 "죽은 자 가운데서 다시 살리신" 예수를 "믿고 자기 입으로 주 예수를" 당신의 주, 당신의 하나님으로 "고백하는" 순간에 당신은 구원을 받습니다(롬 10:9). 당신은 죄의 선고에서, 과거에 저지른 죄의 책임과 형벌에서 구원을 받고, 또 남은 생애에서 날마다 참된 거룩함으로 하나님을 섬기기 위한 능력을 소유할 것입니다.

11. 그러면 "율법으로 말미암는 의(롬 10:5)"와 "믿음으로 말미암는 의(롬 10:6)" 사이의 차이점은 무엇입니까? 최초의 계약, 즉 행위의 계약과 둘째의 은혜의 계약과의 다른 점은 무엇입니까? 본질적으로 변하지 않는 차이점은 다음과 같은 것입니다. 율법의 의는 인간이 율법을 받은 대상으로 하나님의 형상대로 창조되었으며 하나님의 은혜를 맛보고 있는 인간, 이미 거룩하고 행복한 인간으로 가정하고, 그가 자신 안에 사랑의 기쁨, 생명과 불멸의 존재로 존속할 수 있는 조건을 정하고 있습니다. 은혜로 말미암는 의는 인간이 은혜를 받은 대상으로 현재 부정하며 불행하다고 가정하고 있습니다. 왜냐하면 인간은 하나님의 빛나는 형상을 지닐 자격을 가지지 못하고, 그 위에는 하나님의 진노가 머물러 있으며 그의 영혼은 죄로 인하여 죽어 있기 때문입니다. 인간은 그 죄로 인하여 육체적인 죽음과 영원한 죽음을 향해 달려가고 있습니다. 그리고 그 상태에 있는 인간에 대하여 은혜의 계약은 잃어버린 진주를 되찾고 하나님의 은혜와 형상을 회복하여 그 영혼 안에 하나님의 생명을 다시 발견하고 영원한 생명의 시작인 하나님의 지식과 사랑에 되돌아가기 위한 조건을 정하고 있습니다.

12. 다시, 행위의 계약은 인간이 하나님의 행위, 하나님의 지식과

사랑, 거룩함과 행복 안에 살기 위한 조건으로 완전한 인간에게 하나님의 율법의 일점일획도 변경이 없는 완전하고 끊임없는 복종을 요구합니다. 이에 반하여, 은혜의 계약은 인간이 하나님의 은혜와 생명을 회복하기 위한 조건으로 다만 믿음만을 요구했습니다. 복종하지 않는 자도 의롭다 하시는 하나님에 대한 살아 있는 믿음만이 요구됩니다.

13. 다시 말하자면, 행위의 계약은 아담과 그 모든 아들에게 그 자신들이 값을 지불하도록 요구했습니다. 그 값의 대금으로 그들은 하나님께 미래의 축복을 다 받도록 되어 있었습니다. 그러나 은혜의 계약에서는 우리가 지불할 수 있는 것을 가지고 있지 못했기 때문에 하나님은 "우리 모두를 다 탕감해 주시는(눅 7:42)" 것입니다. 물론 우리가 우리 대신 값을 지불해 주신 그리스도를 믿는다는 조건에서의 일입니다. 그리스도는 자신을 "우리의 죄를 속하기 위한, 전 세계의 죄를 속하기 위한 제물(요일 2:2)"로 주신 것입니다.

14. 이처럼 첫 계약은 이제는 모든 인간의 자녀로부터 아주 멀리 떨어져 있는 것을 요구했습니다. 즉 죄 없는 복종을 요구합니다. 그러나 이것은 "죄악 중에 출생하고 죄 중에 잉태된(시 51:5)" 자들로부터는 먼 것입니다. 이에 반하여, 둘째 계약은 가까이에 있는 것을 요구합니다. 마치 그것은 다음과 같이 말하는 것과 같습니다. "당신은 죄이고, 하나님은 사랑이십니다! 당신은 죄로 인해 하나님의 영광을 받기에 합당치 않습니다. 그러나 오히려 하나님께는 긍휼이 있습니다. 그러므로 당신의 죄를 용서의 하나님께로 모두 가지고 오십시오. 그것들은 구름과 같이 사라질 것입니다. 만일 당신이 경건하지 않다면, 경건하지 않은 당신을

의롭다 하실 하나님을 위한 여지는 없을 것입니다. 그러나 이제는 믿음의 충분한 확신을 가지고 가까이 오십시오. 하나님이 말씀하시면 그것은 이루어지는 것입니다. 두려워 말고 오직 믿으십시오. 왜냐하면 정의의 하나님께서 예수를 믿는 모든 사람을 장차 의롭다 하시기 때문입니다."

II

1. 이러한 일을 생각한다면 내가 두 번째로 계획하는 바, 즉 "율법으로 말미암는 의(롬 10:5)"를 신뢰하는 어리석음과 "믿음으로 말미암는 의(롬 10:6)"에 복종하는 지혜로움을 드러내는 일은 쉬울 것입니다.

여전히 "율법으로 말미암는 의(롬 10:5)"-그 조건은 "율법을 행하라. 그리하면 살리라"이지만-를 신뢰하는 사람들의 어리석음은 다음의 사실에서 극명하게 나타납니다. 그들은 잘못된 방식으로 출발하고 있습니다. 그들의 최초의 걸음 그 자체가 근본적으로 잘못되어 있습니다. 왜냐하면 이 계약의 조건으로 그들의 축복을 조금이라도 요구할 수 있다는 생각에는 계약이 맺어진 그 당시의 상태에 자기들이 있다고 상상하는 것이 틀림없기 때문입니다. 그러나 그것은 얼마나 큰 허영심에서 나온 추측입니까! 그 계약은 무죄의 상태에 있었던 아담에 대해서 만들어진 것이기 때문입니다. 그러므로 그러한 토대 위에 서 있는 이 건물 전체는 전적으로 약할 수밖에 없습니다. 그리고 이처럼 모래 위에 세우는 사람들은 얼마나 어리석은 것입니까! 그들은 결코 행위의 계약이 "허물과 죄로 죽었던 사람(엡 2:1)"에 대하여 주어진 것이 아니요, 사람이 하나님께 대하여 살아 있고 죄를 전혀 알지 못하며 하나님의 거룩하심과 같이 거룩했을 때 그 사람에 대하여 주어졌다는 점을 고려하지 않은 것이라 볼 수 있습니다. 그들은 그것이 결코 한 번 잃어버린 하나님의 은혜와 생명을 회복하기 위해 의도된 것이 아니며, 영원한 생명에서 완전하게 될 때까지 그것을 존속시키고 증가시키기 위해 의도되었다는 사실을 잊고 있습니다.

2. 또 이처럼 그들 자신의 "율법으로 말미암는 의(롬 10:5)"를 추구하는 사람들은 율법이 불가결한 것으로 요구하는 복종 혹은 의가 어떠한 종류의 것인가를 생각하지 않습니다. 그것은 모든 점에서 완전하며 전적인 것이어야 합니다. 그렇지 못하면 그것은 율법의 요구에 대답하지 못합니다. 그러나 당신들 중에 누가 그렇게 복종할 수 있습니까? 혹은 복종의 결과로 살 수 있습니까? 당신들 중에 누가 하나님의 외적 명령의 일점일획까지 다 수행하고 있습니까? 하나님께서 금하신 것의 대소를 불문하고 하나도 하지 않으며, 하나님께서 명하신 것을 하지 않고 버려둔 것은 아무것도 없으며, 무익한 말을 하지 않고, 당신의 말이 언제나 듣는 사람들에게 은혜를 주기에 합당하며, 당신은 "먹든지 마시든지 무슨 일을 하든지 모든 것을 오직 하나님의 영광을 위하여 하고(고전 10:31)" 있습니까? 하물며 하나님의 모든 내적 명령을 수행하는 일은 당신에게 훨씬 어려운 일이 아닙니까? 하나님의 내적 명령은 당신의 영혼의 기분이나 움직임이 모두 하나님께 대하여 거룩하기를 요구하는 것입니다. 당신은 "당신의 마음을 다하여 하나님을 사랑하고(눅 10:27)", 전 인류를 당신 자신의 영혼과 같이 사랑하며, "쉬지 말고 기도하고 범사에 감사하며(살전 5:17~18)", 하나님을 항상 당신 앞에 모시고, 하나님의 율법에 복종함으로써 당신의 모든 감정과 욕망과 생각을 보전할 수 있습니까?

3. 다시 말합니다. 당신이 생각해야 할 것은, 율법으로 말미암는 의가 소극적이든 적극적이든, 내적이든 외적이든 하나님의 모든 명령에 복종할 뿐 아니라 그것의 완전한 수행을 요구하는 것입니다. 어떠한 경우라도 율법의 소리는 모두 "힘을 다하여 주 너의 하나님을 사랑(눅 10:27 참조)"하는 일입니다. 그것은 어떤 식으로든 경감될 수 없으며, 어떤 부족도 인정되지 않습니다. 그것은 완전한 척도의 복종에 맞지 않는 것은 모두 정죄 받는 것이어서 그 위반자에게는 즉시 저주를 선고합니다. 그것은 다만 정의의 변치 않는 여러 규칙만을 존중하는 것으로, "내가 그들을 불쌍히 여기지 아니 한다(렘 13:14 참조)"고 말합니다.

4. 그러면 "잘못한 일을 표하는 데 극단적으로 엄격한" 재판자 앞에 누가 나타날 수 있습니까? "모든 사람은 의롭다 하심을 얻지 못하는(롬 3:20)" -거기서는 아담의 자손은 아무도 의롭다 하심을 얻지 못하는- 법정에서 심문받기를 원하는 사람들은 얼마나 어리석습니까? 왜냐하면 우리가 힘을 다하여 이제 모든 명령을 지켰다 해도 오히려 일찍이 저지른 유일한 위반이 생명에 대한 우리의 요구 전체를 전적으로 파멸시켜 버리기 때문입니다. 만일 우리가 율법의 어느 한 점이라도 어긴 일이 있다면 그 의는 끝입니다. 왜냐하면 율법은 완전한 동시에 끊임없이 복종하지 않는 사람이라면 모두 유죄를 선고하기 때문입니다. 그러므로 이 판결에 의하면 세미한 정도로라도 일찍이 죄를 범한 일이 있는 사람은 "오직" 하나님을 "거역하는 자들을 불태워 버리는 격렬한 분노를 두려워하면서 기다리는 수밖에 없습니다(히 1:27)."

5. 그러므로 타락한 인간, "죄악 중에서 출생하고 어머니가 죄 중

에서 잉태한(시 51:5)" 사람이 율법의 의로 인하여 생명을 찾아 구하는 것은 어리석음 중의 어리석음이 아니니까? 인간은 본래 전적으로 "땅에 속한 것이요, 정욕에 속한 것이요, 귀신에게 속한 것(약 3:15)"으로, 전적으로 "부패하고 혐오스러운 존재(약 3:16)"입니다. 은혜를 발견하기까지 인간 중에는 "아무런 선한 것이 거하지 않습니다(롬 7:18)." 그뿐만 아니라, 인간은 자신의 힘으로 하나의 선한 사상조차 생각할 수 없습니다. 인간은 실로 전적으로 죄인이요, 경건하지 아니한 완전한 덩어리요, 호흡하는 숨결마다 죄를 범합니다. 말이나 행실에서 범하는 죄악의 실상은 머리털보다도 수가 많습니다. 이러한 불결하고 죄 많아 어쩔 수 없는 벌레가 자기 자신의 의로 인하여 하나님께 받아들여지기를 구한다든지 "율법으로 말미암는 의(롬 10:5)"로써 살려고 꿈꾼다든지 하는 것은 그 무슨 어리석음이며 몰상식한 짓이겠습니까!

6. 이제 "율법으로 말미암는 의"를 신뢰하는 어리석음을 증명하는 것과 같은 방법으로 "믿음으로 말미암아 하나님께로부터 주어진 의(롬 3:2)"에 복종하는 일의 현명함을 증명하려고 합니다. 앞에서 설명한 각 사정으로 볼 때 이 증명은 쉽게 여겨집니다. 그러나 그것은 그만두고, 이 의의 길에 첫걸음을 내딛는 슬기로움과 우리 자신의 의를 포기하는 현명함은 다음의 사실에 분명히 나타납니다. 즉 진리를 따르며 사물의 참된 본성을 따라서 행하는 것입니다. 왜냐하면 그것은 우리의 참된 상태를 입술로만 아니라 마음으로 인정하는 일이 아니고 무엇입니까? 이것은 우리가 이 세상에 태어날 때 우리와 함께 부패하고 죄로 가득한 본성을 가져온다는 것을 인정하는 것입니다. 그 부패한 본성은 우리가 쉽게 상상하거나 말로 표현하거나 발견할 수 없는 성질의 것입니다. 이로 인

하여 우리가 모든 악한 것을 지향하고 모든 선한 것을 싫어한다는 사실을 인정합니다. 우리는 교만, 자의, 통제할 수 없는 격정, 어리석은 욕망, 비열하고 과도한 감정으로 가득 차 있으며 하나님을 사랑하기보다는 이 세상이나 쾌락을 사랑하는 자라는 것을 인정하는 것입니다. 우리의 삶은 우리의 마음보다 더 좋은 것은 아니며, 많은 점에서 경건하지 않으며 부정한 것입니다. 우리의 말과 행위에서 범한 현실적인 죄는 하늘의 별처럼 많을 정도입니다. 이러한 모든 점에서 우리는 부정을 못 견디는 순결한 눈을 가지신 하나님 앞에서 마뜩잖은 존재요, 또 하나님께 죄의 당연한 벌로 분격과 진노와 죽음 이외에는 그 어떠한 것도 받기에 합당하지 않은 존재입니다. 우리는 어떠한 우리의 의로도(왜냐하면 우리는 전혀 의를 가지고 있지 않기 때문에), 어떠한 우리의 행위로도(왜냐하면 그것은 우리가 자라고 뻗어 나온 나무와 같기 때문에), 하나님의 진노를 달랜다든지 혹은 우리가 정당하게 받을 수밖에 없는 처벌을 회피할 수는 없습니다. 그뿐만 아니라, 내버려 둔다면 악한 행위와 육욕에 휩싸인 마음의 악한 기질로 인하여 우리는 더욱더 악해지고, 점점 죄에 더 깊이 빠지며, 더욱 하나님을 진노하시게 할 뿐입니다. 그리고 마침내 우리는 불의의 한정치를 모두 채우고 자신들의 신속한 멸망을 초래할 것입니다. 이것이야말로 우리가 타고난 상태 그 자체가 아닙니까? 그러므로 이 사실을 우리의 마음과 입으로 다 인정하는 일, 즉 우리 자신의 의, "율법으로 말미암은 의(롬 10:5)"를 거부하는 것은 사태의 진상에 알맞게 행동하는 일이요, 따라서 참된 지혜의 실례입니다.

7. "믿음으로 말미암은 의(롬 10:6)"에 복종함이 현명한 이유는 하나님의 의라는 사실을 생각한다면 분명합니다. 내가 여기서 의미하는

바는, 그것이 하나님 자신이 선택하여 세운 하나님과의 화해 방법이라는 것입니다. 그것을 행하시는 하나님은 지혜의 하나님일 뿐 아니라 그분이 지으신 하늘과 땅, 그리고 모든 피조물의 지극히 높으신 주님이십니다. 이제 인간이 하나님을 향하여 "당신은 무엇을 하십니까?"라고 말하는 것은 합당하지 않으며, 지성이 완전히 결여된 삶이 아니라면 누구나 자기보다 더 능하신 하나님, 모든 것을 다스리는 왕국의 소유자이신 하나님과 다투지 않을 것입니다. 이와 마찬가지로 하나님이 선택하신 모든 것을 감수하는 일, 그 일에서도 다른 모든 사안의 경우와 마찬가지로 "이는 여호와시니 선하신 대로 하실 것이니라(삼상 3:18)"라고 말하는 것이 참된 지혜요, 건강한 이해의 표식입니다.

8. 다음과 같은 것이 더 고려되어야 합니다. 하나님이 죄 많은 인간을 위하여 자신과 화해하는 방법을 주신 일, 우리가 하나님의 손에서 떨어져 나가 있지 않고 하나님의 기억에서 결코 소멸되지 않는 것은 단순한 은혜, 자유로우신 사랑, 분에 넘치는 긍휼에 의한 것입니다. 그러므로 하나님께서 죄인을 구함에 있어서 어떤 방법으로 그것을 하시려고 결정하시고 작정하셨다 해도, 하나님의 부드러우신 긍휼, 그의 값없이 주시는 선에서 나온 것이기 때문에 감사한 마음으로 받아들이는 것이 의심 없는 우리의 지혜입니다. 우리는 하나님의 적으로 그처럼 철저하게 하나님을 배반하였고 오랫동안 완강하게 하나님께 반항해 왔습니다. 그러한 우리가 하나님의 은혜를 아직도 받을 수 있다면 충만한 감사함으로 받아들이는 것이 의심의 여지없는 우리의 지혜입니다.

9. 한 가지만 더 고려해 볼 점을 언급합니다. 최상의 방법으로 최

고의 목적을 겨냥하는 것이 지혜입니다. 이제 어떤 피조물이라도 추구할 수 있는 최고의 목적은 하나님 안에서의 행복입니다. 그리고 타락한 피조물이 추구할 수 있는 최고의 목적은 하나님의 은혜와 그의 형상의 회복입니다. 그러나 인간이 하나님의 은혜 혹은 하나님의 형상을 회복할 수 있는 최선의, 하늘 아래 인간에게 주어진 실로 유일한 수단은 "믿음으로 말미암은 의(롬 10:6)"에 복종하는 일, 하나님의 독생자를 믿는 일입니다. 이 하나님의 은혜야말로 생명보다도 귀한 것이요, 이 하나님의 형상이야말로 영혼의 진정한 생명입니다.

III

1. 그러므로 당신이 누구이든지 간에, 만일 용서함을 받고 하나님의 은혜와 화해할 것을 바란다면 마음속에서 다음과 같이 말하지는 않습니다. '나는 먼저 이것을 해야 한다. 나는 먼저 모든 죄를 정복하고, 악한 말과 행위를 그치고, 모든 사람에게 모든 선을 행해야 한다. 혹은 나는 먼저 교회에 가서 주의 성찬을 받고, 더 많은 설교를 들으며, 더 많은 기도를 해야 한다.' 아, 나의 형제들이여, 당신은 아주 길에서 벗어나 버렸습니다. 당신은 아직도 "하나님의 의를 모르고", 당신의 화해의 기반으로 "자기의 의를 세우려고 힘쓰고(롬 10:3)" 있습니다. 하나님과 화해하기까지는 당신은 죄 이외의 아무것도 할 수 없다는 사실을 모릅니까? 그렇다면 무엇 때문에 당신은 다음과 같이 말합니까? '나는 먼저 이것저 것을 해야 한다. 그다음에 나는 믿으련다.' 아니, 그것보다 먼저 믿으십시오. 당신의 죄를 위한 화목제물이신 주 예수 그리스도를 믿으십시오. 이

선한 토대를 먼저 놓으십시오. 그리하면 당신은 모든 일을 훌륭히 하게 될 것입니다.

2. 또 당신은 마음속으로 '나는 아직 받아들여질 자격이 없다. 왜냐하면 나는 충분히 선하지 못하기 때문에'라고 말해도 안 됩니다. 하나님의 손에 받아들여지기에 합당할 만큼 누가 충분히 선합니까? 또 그런 사람이 존재한 적이 있습니까? 대체 거기에 합당하게 충분한 정도의 선한 인간이 아담의 자손 중에 한 사람이라도 있었습니까? 혹은 만물이 완성될 때까지 기다린다면 한 사람이라도 있을까요? 그리고 당신을 보아도 조금도 선하지는 않습니다. 당신 안에 어떤 선한 것도 머물러 있지 않습니다. 그리고 당신이 예수를 믿지 않으면 당신은 결코 선하게 되지 않을 것입니다. 예수를 믿지 않으면 오히려 더욱 악해질 것입니다. 그러나 받아들여질 자격을 얻기 위하여 도대체 이 이상 악해질 필요가 있습니까? 당신은 이미 넉넉할 정도로 악하지 않습니까? 당신은 넉넉할 만큼 충분히 악합니다. 하나님도 그 사실을 아십니다. 그리고 당신 자신도 그것을 부정할 수 없습니다. 그러므로 미루어서는 안 됩니다. 이제 모두 준비되었습니다. "즉시 일어나 당신의 죄를 씻으십시오(행 22:16)." 누구든지 샘에 가까이 갈 수 있습니다. 이제야말로 어린 양의 피로 당신을 희게 씻을 때입니다. 이제야말로 어린 양은 "우슬초를 가지고" 당신을 "정결케 해 주시고" 당신은 "깨끗하게 될" 것입니다. 그는 당신을 "씻겨 주시고" 당신은 "눈보다 희게 될" 것입니다(시 51:7).

3. "그러나 나는 넉넉할 만큼 깊이 죄를 뉘우치고 있지 않다. 나는 넉넉할 만큼 내 죄를 느끼고 있지 않다."고 말하지 마십시오. 당신의

사정을 알고 있습니다. 물론 당신이 자신의 죄를 현재의 천배라도 느끼고 천배라도 깊이 뉘우쳐 주었으면 좋으련만 하고 생각합니다. 그러나 그것이 이유가 되어 머물러 있어서는 안 됩니다. 믿기 전이 아니요, 믿음으로 말미암아 하나님은 당신을 그렇게 해 주실 것입니다. 많이 용서받았기 때문에 많이 사랑하게 되기까지 당신은 많은 눈물을 흘리며 우는 일이 없을지도 모릅니다. 어쨌든 예수를 바라보십시오. 얼마나 당신을 사랑하고 계신지 보십시오! 그가 당신을 위해서 그 이상 무엇을 할 수 있겠습니까? 그는 모든 것을 하셨습니다.

아, 하나님의 어린 양이여,
일찍이 당신이 맛보신 고통,
당신이 베푸신 사랑 예전에 어찌 있었을까!

예수께서 당신을 눈여겨 바라보시고 당신의 굳은 마음을 깨뜨리기까지 예수를 한결같이 바라보십시오. 그러면 당신의 "머리"가 "물"이 되고 "당신의 눈은 눈물샘"이 될 것입니다(렘 9:1).

4. 또한 당신은 "그리스도에게 오기 전에 나는 좀 더 무엇인가를 해야 한다."고도 말하지 마십시오. 만일 당신의 주님이 늦게 오셨다고 가정한다면, 확실히 주님이 당신에게 명하신 것을 모두 힘껏 행하면서 주의 나타나심을 기다리는 것이 적당하고도 옳은 일일 것입니다. 그러나 그렇게 가정할 필요가 없습니다. 어떻게 주님이 더디 오실 것이라고 당신은 아십니까? 주님은 높은 곳에서 새벽처럼 아침 햇살보다 먼저 나타나실 것입니다. 하나님의 시간을 이쪽에서 정하지 마십시오. 매시간 그를

기다리십시오. 이제 주님께서 가까이 오시고 이미 문 앞에 오셨습니다.

5. 당신은 무엇 때문에 당신의 죄가 소멸되기 전에 최고의 성실성을 기대하려고 하십니까? 당신 자신을 하나님의 은혜에 더욱 합당한 자라고 여겨지기 위해서입니까? 아, 당신은 아직도 "자기 의를 세우려고(롬 10:3)" 하고 있습니다. 하나님이 자비를 베푸시는 것은 당신이 거기에 합당하기 때문이 아니요, 예수 그리스도가 당신의 죄를 대속하셨기 때문입니다.

더구나 성실성 안에 무슨 선한 것이 있다고 한다면 왜 당신은 그것을 믿음을 가지기 이전에 기대합니까? 믿음이야말로 참으로 선하고 거룩한 모든 것의 유일한 근본입니다.

어쨌든 당신은 얼마나 오랫동안 다음의 일을 잊으려 하고 있습니까? 당신의 죄가 용서받기 전에 당신이 하는 모든 일, 당신이 가진 모든 것은 당신이 죄 용서를 받음에 있어서 하나님께 대하여는 무익한 것입니다. 그뿐만 아니라 그것이 당신의 배후로 전부 내던져지고, 발로 밟히고, 무시되지 않으면 당신은 결코 하나님 앞에서 은혜를 발견하지 못할 것입니다. 왜냐하면 그때까지 당신은 하나님의 은혜를 죄 많고 잃어버린 바 되고 파멸된 단순한 죄인으로서 구할 수 없기 때문입니다. 죄인은 하나님의 사랑하는 독생자의 공적 이외에는 하나님께 호소하거나 제시할 수 있는 것이 아무것도 없습니다. 하나님의 독생자만이 "당신을 사랑하사 그 자신을 당신을 위해 주셨습니다(엡 5:25)."

6. 결론으로 말씀드리겠습니다. 아, 사람이여, 당신이 누구이든 간에 당신은 자기 자신 안에 죽음의 선고를 가지고 있으며, 형벌이 선고

된 죄인으로 느끼고 있으며, 당신 위에는 하나님의 진노가 머물러 있습니다. 그런 당신에게 주님은 이렇게 말씀하시지 않습니다. "이를 행하라. 즉 내 명령의 모든 것에 완전하게 복종하라. 그리하면 살 것이다." 주님은 이렇게 말씀하십니다. "주 예수 그리스도를 믿으라. 그리하면 당신은 구원을 얻을 것이다." 믿음의 말씀은 당신 가까이 있습니다(롬 10:8). 이제 즉시 현재 이 순간에, 그리고 지금의 당신 상태로, 죄인으로서 당신의 있는 그대로의 모습으로 복음을 믿으십시오. 그때 "주님은 당신의 불의를 긍휼히 여기고 당신의 죄를 다시 기억하지 않을 것입니다(히 8:12)."

7

하나님의 나라로 가는 길
The Way to the Kingdom

사바나의 존 웨슬리 동상
John Wesley monument, Savannah, Georgia

하나님의 나라가 가까이 왔으니 회개하고 복음을 믿으라 (막 1:15)

이 성구는 우리에게 첫째, 참된 종교의 본질을 알려줍니다. 여기서 우리 주님께서 "하나님의 나라"라고 말씀하신 것, 주님께서 "가까이 왔다"고 말씀하신 것에 대하여 응당 생각하게 합니다. 둘째, 주님께서 "회개하고 복음을 믿으라" 하신 말씀에서 보인 하나님의 나라에 이르는 길에 대해서 생각하게 합니다.

I

1. 먼저 "하나님의 나라"라고 우리 주님께서 말씀하신 참 종교의 본질에 대해서 생각합시다. 이것과 같은 표현을 위대한 사도도 로마서에서 사용하고 있습니다. 거기서 그는 또 주의 말씀을 "하나님의 나라는 먹는 것과 마시는 것이 아니요 오직 성령 안에 있는 의와 평강과 희락이라(롬 14:17)"라고 설명합니다.

2. "하나님의 나라", 즉 참 종교는 "먹는 것과 마시는 것이 아닙니다." 회개하지 않는 유대인뿐만 아니라 그리스도를 믿는 많은 사람들까지 대단히 "율법에 열심(행 21:20)"이었습니다. 즉 모세의 의식적인 율법에 대

해서 열심이었다는 것은 다 아는 사실입니다. 그러므로 그들은 모세의 율법에 기록되어 있는 모든 계명을, 그것들이 소제와 관제에 관한 것일지라도, 또는 깨끗한 음식과 부정한 음식의 구별에 관한 것일지라도, 그것들을 지켰을 뿐만 아니라 "하나님께로 돌아온 이방 사람들(행 15:19)"에게도 똑같은 것을 억지로 강요했습니다. 얼마나 격렬하게 강요했는지 그들 중의 어떤 사람이 다음처럼 가르쳤다는 사실에서 그 방식을 상상할 수 있습니다. 즉 이방인으로서 주를 믿는 자는 어디 출신이든지 불문하고 "할례를 받고 율법(의식적 율법의 전부)을 지키지 않으면 구원을 받을 수 없다(행 15:1)"고 가르친 것입니다.

3. 사도는 이 사람들에 반대하여 여기저기 많은 곳에서 참 종교는 음식이나 의식을 엄수하는 것으로 성립되는 것이 아니라고 말했습니다. 그것은 전부 외적인 사안으로, 마음의 외면적인 것에 불과하며 종교의 참 본질에 속하지 않습니다. 종교의 참 본질은 "성령 안에 있는 의와 평강과 희락(롬 14:17)"입니다.

4. 참된 종교는 그것이 가장 뛰어난 것이었다고 해도 형식이나 의식과 같은 외적인 사안으로 성립되지 않습니다. 가령 그런 것이 참으로 훌륭하고 의미 있는 것일지라도, 또 내적 사안을 잘 표현하는 것일지라도 그렇습니다. 가령 눈에 보이는 것 이외에는 이해하지 못하는 평민에 대해서만이 아니요, 확실히 때때로 이해력 있는 사람들, 아주 뛰어난 능력이 있는 사람들에게 도움이 될지라도 참된 종교는 형식이나 의식으로 성립되는 것이 아닙니다. 그뿐만 아니라, 비록 그런 것이 유대인의 경우와 같이 하나님 자신에 의하여 정해진 것이라 해도, 그 하나님의 정하심

이 효력을 가지고 있는 동안이라도, 진실한 종교는 주로 그러한 형식이나 의식으로는 성립되지 않습니다. 엄밀하게 말한다면 전혀 성립되지 않습니다. 이것들은 오직 인간에 의해서 정해진 의식이나 형식에 대해서 많은 관심을 불러일으킬 뿐입니다. 그리스도의 종교는 그러한 형식이나 의식보다 무한히 높고 한없이 깊습니다. 그러한 형식이나 의식은 사실 진실한 종교의 수단이 되는 한에서 좋은 것입니다. 또 그런 것이 단순히 인간의 연약함 때문에 때를 따라서 도움이 될 수 있지만 그것들에 대한 반대는 미신입니다. 그러나 누구든지 그 이상의 것을 주장해서는 안 됩니다. 누구든지 형식이나 의식이 고유한 가치를 가졌고 종교가 그것 없이는 존재할 수 없다고 꿈꿔서는 안 됩니다. 만일 그렇게 생각한다면, 의식이나 형식을 주 하나님께 대한 혐오로 만들어 버립니다.

5. 종교의 본질은 예배의 형식이나 의식과 예식에 의하여 성립되는 것보다 훨씬 심원한 것이어서 어떤 종류의 외적 행위로도 전혀 성립되지 않습니다. 물론 악의에 차고 부도덕한 행위를 하는 죄인, 혹은 자기가 그런 처지에 있다면 다른 사람에게 그런 대우를 받고 싶지 않은 일을 다른 사람에게 하는 사람은 사실 전혀 종교를 가질 수가 없는 사람입니다. 또 "선을 알고 있으면서 이를 행하지 않는(롬 7:19)" 자가 진정한 종교인이 아니라는 것도 사실입니다. 그러나 외적인 악을 피하고 선을 행하는 자이지만 여전히 종교를 가지지 못할 수 있습니다. 그뿐만 아니라, 두 사람이 같은 외적 행위, 예컨대 굶주린 자에게 먹을 것을 주고 혹은 벗은 자를 입혔어도, 그 중 한 사람은 진실하게 종교적인데 다른 한 사람은 전혀 종교를 가지지 못할 수 있습니다. 왜냐하면 한 쪽은 하나님을 사랑해서 선을 행하고 다른 쪽은 칭찬을 사랑해서 선을 행할 수 있기 때문입

니다. 그러므로 진실한 종교는 자연히 모든 좋은 발언이나 행위로 우리를 인도하는 것이기는 하지만, 종교의 참된 본질은 더욱 깊은 곳에, "마음에 숨은 사람(벧전 3:4)" 안에 존재하는 것이 분명합니다.

　6. 나는 "마음의 종교"에 대해 말하고 싶습니다. 왜냐하면 종교는 정통적인 가르침, 혹은 바른 의견으로 성립되는 것이 아니기 때문입니다. 그런 것들은 외적인 사안라고 말하는 것이 적당하지는 않지만, 마음이 아니라 이해력에 속합니다. 어떤 사람은 모든 점에서 정통적 가르침을 따르는 사람이어서 바른 의견을 지지할 뿐만 아니라 열심으로 모든 반대자에 대해서 변호할는지도 모릅니다. 그는 우리 주님의 성육신에 대하여, 또는 영원한 축복의 삼위일체 하나님에 대하여, 또는 하나님의 말씀에 포함되어 있는 다른 교리에 대하여 바르게 생각하고 있을지도 모릅니다. 그는 세 가지 신조-사도신경, 니케아 신조, 아타나시우스 신조-에 동의할지 모릅니다. 그렇지만 그 역시 유대인, 터키인, 혹은 이방인처럼 전혀 종교를 가지지 않을 수 있습니다. 그는 거의 악마와 마찬가지로 정통적일지 모릅니다(그렇지만 전적으로 동일하지는 않습니다. 왜냐하면 모든 인간은 무엇인가를 잘못하지만, 악마가 무엇인가 잘못한다는 생각을 할 수는 없기 때문입니다). 그럼에도 불구하고 마음의 종교에 대해 악마와 마찬가지로 시종일관 전적으로 아무것도 모르는 문외한일 수 있습니다.

　7. 다음과 같을 때에 참으로 종교라고 할 수 있습니다. 이것만이 하나님 앞에서 큰 가치를 지닙니다. 사도는 이것을 세 가지 특징으로 요약합니다. "성령 안에 있는 의와 평강과 희락(롬 14:17)"입니다. 이제 먼저 의에 대해서 말하겠습니다. 만일 우리가 의의 두 가지 위대한 부분을

설명하신 주님의 말씀을 기억한다면, 이에 관해서 우리가 실패하지 않을 것입니다. 그리고 그 의의 두 부분에 "모든 율법과 예언서의 강령(마 22:40)"이 걸려 있습니다. "네 마음을 다하고 목숨을 다하고 뜻을 다하고 힘을 다하여 주 너의 하나님을 사랑하라. 이것이 크고 첫째 되는 계명(마 22:27~38)"입니다. 이것이 그리스도인의 의의 첫 번째 위대한 부분입니다. 당신은 당신의 주 하나님 안에서 기뻐할 것입니다. 당신은 하나님에게서 모든 행복을 구하고 또 발견하여야 합니다. 하나님은 "당신의 방패요, 당신이 받을 상급은 지극히 클 것입니다(창 15:1)." 시간 안에서나 영원에서 그렇습니다. 당신의 모든 뼈는 말할 것입니다. "하늘에서는 주 외에 누가 내게 있으리요 땅에서는 주밖에 나의 사모할 이 없나이다(시 73:25)." 당신은 "내 아들아 네 마음을 내게 주라(잠 23:26)"고 말씀하시는 이의 소리를 듣고 그 말씀을 성취하여야 합니다. 그리고 하나님이 경쟁자 없이 다스리시기 위하여 당신의 마음을, 당신의 가장 깊은 혼을 하나님께 드렸을 때 당신은 마음에 넘쳐서 외칠 것입니다. "나의 힘이 되신 여호와여 내가 주를 사랑하나이다 여호와는 나의 반석이시요 나의 요새시요 나를 건지시는 자시요 나의 하나님이시요 나의 피할 바위시요 나의 방패시요 나의 구원의 뿔이시요 나의 산성이시로다(시 18:1~2)."

8. 그리고 둘째 명령은 이와 비슷합니다. 그리스도인의 의의 두 번째 위대한 부분은 첫 번째 부분과 떼려야 뗄 수 없는 방식으로 밀접하게 결합되어 있습니다. 즉 두 번째 부분이란 "네 이웃을 네 몸과 같이 사랑하라(마 22:39)"는 말씀입니다. 사랑하라, 즉 당신의 가장 부드러운 선의로, 가장 진지하고 진정 어린 애정으로 이웃을 위하여 모든 악을 막거나 제어하려는 가장 불타는 욕망으로, 할 수 있는 한 모든 선을 얻으려

는 뜨거운 의욕으로 이웃을 포옹하지 않으면 안 됩니다. 당신의 이웃이란 단지 친구, 친척, 혹은 아는 사람, 덕 있는 사람, 우정을 나눈 사람, 당신을 사랑하는 사람, 당신의 친절에 응답하는 사람만이 아니라 모든 사람의 아들, 모든 인간, 하나님이 지으신 모든 영혼을 의미합니다. 당신이 결코 육신으로 본 일이 없는 사람, 얼굴로나 이름으로나 알지 못하는 사람까지도 포함합니다. 당신에게 악의가 있고 감사의 정이 없다고 알고 있는 사람, 당신을 여전히 악의에 차서 이용하고 박해하는 사람도 포함하며, 당신은 그를 자기 자신과 같이 사랑해야 합니다. 그를 위해서 모든 종류의 행복을 언제나 변함없이 간구하며, 그의 영혼이나 육체를 슬프게 하거나 상하게 하는 모든 것에서 보호하기 위해 지칠 줄 모르는 관심을 가지고 사랑으로 감싸 안아야 합니다.

9. 이러한 사랑이 "율법의 완성(마 5:17)"이요, 모든 그리스도인의 의의 총계가 아니겠습니까? 또 이 사랑은 모든 내적인 의의 총계가 아니겠습니까? 왜냐하면 이 사랑은 필연적으로 ("사랑은 교만하지 않은[고전 13:4]" 것이므로) "자비로운 마음과 겸손(골 3:12)" ("사랑은 성내지 아니하며 [고전 13:5]", "모든 것을 믿고, 모든 것을 바라며, 모든 것을 견디므로[고전 13:7]"), "자비, 온유, 관용(골 3:12)"을 의미하기 때문입니다. 또 이 사랑은 모든 외적 의의 총계입니다. 왜냐하면 말로나 행동으로나 "사랑은 이웃에게 악을 행하지 않기(롬 13:10)" 때문입니다. 사랑은 고의로 누구를 상한다거나 슬프게 할 수 없습니다. 또 사랑은 열심히 선을 행합니다. 인류를 사랑하는 모든 사람은, 기회가 있는 대로 "모든 사람에게 선을 도모하는(롬 12:17)" 사람입니다. 왜냐하면 그에게는 (편견이나 위선 없이) "자비와 선한 열매가 풍성하기(약 3:17)" 때문입니다.

10. 그러나 참 종교, 곧 하나님과 사람에게 바르게 향하는 마음은 거룩하고 행복한 마음입니다. 참된 종교는 "의로울" 뿐만 아니라 "평화와 성령 안에서의 기쁨(롬 14:17)"이기도 합니다. 어떤 평화입니까? 하나님만이 주시고 세상이 빼앗을 수 없는 "하나님의 평화(빌 4:7)", "사람의 모든 지각을 초월한 평화(빌 4:7)", 곧 단순하며 모든 이성적인 생각을 초월한 평화입니다. 그것은 "장차 올 세상의 권능(히 6:5)"에 의한 초자연적인 감각이고 신적인 맛입니다. 그것은 아무리 이 세상의 일에 현명해도 자연인은 모릅니다. 또 실상 그의 현재의 상태로는 그것을 알기는 불가능합니다. "그것은 영으로만 이해될 수 있는 것이기(고전 2:14)" 때문입니다. 그것은 모든 의혹, 모든 고통에 찬 불안을 추방하는 평화입니다. 하나님의 영이 그리스도인의 영과 함께 그가 "하나님의 자녀(롬 8:16)"임을 증거합니다. 또 그것은 모든 종류의 공포, 고뇌를 주는 모든 공포, 하나님이 진노하시는 공포, 지옥의 공포, 악마의 공포, 특히 죽음의 공포를 추방합니다. 하나님의 평화를 소유한 자는 하나님의 뜻이라면 "이 세상을 떠나 그리스도와 함께 있는(빌 1:23)" 것을 바라기 때문입니다.

11. 하나님의 평화가 영혼 안에 확고히 자리 잡은 곳에서는 그것과 함께 "성령 안의 희락(롬 14:17)"도 있습니다. 그것은 성령에 의하여 마음속에 만들어진 환희, 영원히 복된 하나님의 영에 의한 것입니다. 예수 그리스도를 통하여 하나님 안에서 평온하고 겸손하게 우리 안에 환희를 만드는 것은 성령입니다. 우리는 예수 그리스도 안에서 구속받고(골 1:14) 하나님과 화해를 얻습니다. 제왕 시편의 진리를 선언하는 한 구절을 통하여 우리가 담대하게 확증할 수 있습니다. "허물의 사함을 받고 자신의 죄가 가려진 자는 복이 있도다(차라리 행복하다는 말이 더 적합합니

다) (시 32:1)." 자기가 하나님의 자녀라는, 성령의 증거로 생겨나는 평온하고 확실한 기쁨을 그리스도인의 영혼에 끊임없이 불어넣어 줍니다. 성령은 "말할 수 없는 영광스러운 즐거움(벧전 1:8)"으로 하나님의 영광 안에서 희망을 주십니다. 하나님의 영광스러운 형상에 대한 희망은 현재에는 부분적이지만 장래에는 완전하게 "그분 안에서 나타날(벧전 1:7)" 것이며, 그것은 그리스도인의 영혼을 위하여 하늘에 예비된 사라지지 않을 영광의 면류관입니다.

12. 하나로 결합된 이 거룩함과 행복(holiness and happiness)을 때로 성서는 (이 설교의 본문에서 우리 주께서 그렇게 부르신 바와 같이) "하나님의 나라(막 1:15 등)"라고 부르며, 어떤 때에는 "천국(마 3:2)"이라고 부릅니다. "하나님의 나라"라고 부르는 것은 거룩함과 행복이 하나님의 다스림으로써 영혼 안에 맺어진 직접적인 열매이기 때문입니다. 하나님께서 전능하신 능력을 발휘하셔서 우리의 마음속에 그 자리를 정하시자마자 우리의 마음은 즉시 "성령에 의한 의와 평강과 환희(롬 14:17)"로 충만해집니다. "천국(혹은 하늘나라)"이라고 불리는 것은 그것이 (어느 정도) 영혼 안에 열려 있는 하늘이기 때문입니다. 왜냐하면 이것을 경험하는 자는 누구나 천사와 사람 앞에 성서의 변치 않는 뜻에 따라 다음과 같이 증언할 수 있기 때문입니다.

영원한 생명을 얻고
영광이 땅 위에 시작되었다

성서는 도처에서 하나님께서 "영원한 생명을 우리에게 주셨다는 것과 그 생명은 그 아들 안에 있다"고 말씀합니다. 그 아들을 모신 사람 (즉 아들이 그 마음을 지배하는 자)은 "생명을 가진 사람이요(요일 5:11, 12)", 즉 영원한 생명을 가진다고 증거합니다. 왜냐하면 "영생은 곧 유일하신 참 하나님과 그의 보내신 자 예수 그리스도를 아는 것이니이다(요 17:3)" 라고 말씀했기 때문입니다. 비록 활활 타오르는 화덕 한가운데 있어도 영생이 주어진 사람은 하나님을 향하여 다음과 같이 자신 있게 말할 수 있습니다.

> 주여, 당신의 권능으로 안전한 방패 삼아
> 우리는 당신을 주 하나님의 아들로 경배합니다.
> 인간의 몸을 입고 세상에 나타나신
> 하늘에 있는 당신의 보좌에서
> 당신을 향해 끊임없이 할렐루야를 노래함같이
> 우리는 여기서 찬양을 드립니다.
> 당신이 현존하시는 곳, 거기가 천국이기 때문입니다.

13. 이제 이 "하나님의 나라" 혹은 "천국"은 "가까이 왔습니다(막 1:15)." 이러한 말이 처음 사용되었을 때는 하나님이 "육신으로 나타나시고(딤전 3:16)" 그의 나라를 사람들 속에 지으시며, 그 백성들의 마음에 군림하실 "때(막 1:15)"가 찼다는 것을 의미합니다. 그때가 이제 성취된 것이 아닙니까? (하나님께서 말씀하십니다.) "보라, 내가 세상 끝날까지 항상 너희와 함께 있겠다." 즉 하나님은 그 이름으로 죄의 용서를 전파하는 자들과 세상 끝까지 함께 계십니다. 그러므로 그리스도의 복음이 전해지는 곳에는 어디서나 "하나님의 나라는 가까이 있는(막 1:15)" 것입니다.

하나님의 나라는 당신들 한 사람 한 사람에게서 멀리 있지 않습니다. 만일 당신들이 그 말씀인 "회개하고 복음을 믿으라(막 1:15)"는 소리에 귀를 기울인다면, 당신들은 바로 그때에 하나님의 나라에 들어갈 수가 있습니다.

II

1. 이것이 길입니다. 당신들은 그 길을 걸으십시오. 그리고 맨 먼저 "회개(막 1:15)"하십시오. 즉 당신들 자신을 아십시오. 이것이 믿음에 앞서 맨 먼저 이루어져야 하는 회개입니다. 죄의식 혹은 자신을 아는 일입니다. 그러므로 잠자는 자여, 깨어나십시오. 당신 자신이 죄인이라는 것과 어떤 종류의 죄인인가를 아십시오. 당신의 내면 깊이에서 본성의 타락을 아십시오. 당신은 그 타락으로 근원적 의(original righteousness)에서 아주 멀리 떠나버렸습니다. "하나님의 법에 굴복하지 아니할 뿐 아니라 할 수도 없는(롬 8:7)", "하나님과 원수가 되는(롬 8:7)" "육신의 생각(롬 8:7)"을 통하여 언제나 "육신의 소욕은 성령을 거스르는(갈 5:17)" 것입니다. 당신은 영혼의 모든 힘과 기능에서 타락되어 있음을 아십시오. 당신은 이해하는 눈이 어두워져서 하나님 혹은 하나님의 일들을 분별할 수 없습니다. 무지와 오류의 구름이 당신 위에 걸려 있고, 당신을 죽음의 그늘로 덮고 있습니다. 당신은 아직도 알아야 할 사안, 곧 하나님, 세계, 그리고 당신 자신에 대해서 아무것도 모릅니다. 당신의 의지는 이미 하나님의 의지가 아니요, 도통 그릇되고 왜곡되었습니다. 그리고 모든 선, 하나님이 사랑하시는 모든 선을 싫어하며, 모든 악, 하나님이 미워하시는 모든 추행을 지향하는 경향이 있습니다. 당신의 사랑은 하나님에게

서 소외되어 온 땅 위에 흩어져 있습니다. 당신의 모든 열정, 즉 당신의 욕망과 혐오, 기쁨과 슬픔, 희망과 두려움은 틀에서 벗어나 있으며, 그 정도가 지나치든가 혹은 부적절한 대상을 향하고 있습니다. 그러므로 당신의 영혼은 전혀 건강하지 않습니다. 오히려 (예언자의 강한 표현을 쓴다면) "발바닥에서 머리까지 상한 것과 터진 것과 새로 맞은 흔적(사 1:6)"이 있을 뿐입니다.

2. 이상이 당신의 마음, 당신의 가장 깊은 바로 그 본성의 타고난 타락입니다. 당신은 이러한 악의 뿌리에서 어떤 종류의 가지가 생장한다고 기대할 수 있습니까? 거기서는 살아 계신 하나님을 점점 더 떠나가는 불신앙이 발생합니다. 믿지 않는 자는 다음과 같이 말합니다. "내가 섬겨야 한다는 그 하나님이란 무엇인가? 제기랄! 하나님인 당신은 내 일 같은 것엔 관심도 없을 테지"라고 말입니다. 거기에서 "지극히 높은 분"이신 하나님과 같이 되려는 인간의 독립이 생겨납니다. "나는 부자요 재산은 불어나며 아무것도 필요하지 않다"는 교만이 당신에게 가르칩니다. 이 악의 근원에서 독한 허영의 흐름, 칭찬에의 갈급, 야심, 탐욕, 육신의 정욕, 안목의 정욕, 이생의 자랑이 흘러나오는 것입니다. 여기서 분노, 증오, 악의, 복수, 선망, 질투, 시기심이 발생합니다. 또 여기서 이제 "크게 슬퍼하며 상심하게 될(딤전 6:10)", 그리고 만일 적당한 때에 방비하지 않으면 마침내 당신의 영혼을 영원한 파멸 속에 빠뜨려버릴 모든 어리석고 해로운 욕망이 발생합니다.

3. 이제 그러한 가지에서 어떤 열매가 자라날 수 있습니까? 끊임없이 쓰고 악한 열매일 뿐입니다. 교만에서는 다툼, 허장성세, 사람에

게 칭찬을 구하고 받는 일, 그렇게 해서 하나님이 다른 이에게는 주실 수 없는 영광을 하나님에게서 빼앗는 일이 발생합니다. 육욕에서는 성령의 전으로 지어진 육체를 여러 모양으로 더럽히는 폭식, 술 취함, 사치, 혹은 호색, 간음, 불결이 생겨납니다. 불신앙에서는 모든 악한 말이나 행위가 생겨납니다. 당신이 지극히 높으신 이인 하나님을 진노케 하고 이스라엘의 거룩하신 이를 슬프게 하며 모든 무익한 말, 그 자체가 전혀 악하든가 혹은 적어도 하나님의 영광을 위해서 행해지지 않은 모든 악한 행위를 계산한다면 시간이 부족할 것입니다. 왜냐하면 당신이 현실적으로 범한 죄는 말로 표현하기에는, 당신의 머리털보다도 많기 때문입니다. 누가 바다의 모래나 빗방울, 당신의 부정을 헤아릴 수 있습니까?

4. 당신은 "죄의 삯은 사망이요(롬 6:23)", 즉 시간적인 죽음이 아니라 영원한 죽음이라는 것을 알지 못합니까? "범죄하는 그 영혼은 죽으리라(겔 18:4)"고 주님께서 말씀하셨습니다. 그것은 둘째 죽음을 의미합니다. 죄에 대한 선고는 끝나는 일이 없는 죽음이요, "그들은 주의 얼굴과 그의 힘의 영광을 떠나 영원한 멸망의 형벌을 받으리로다(살후 1:9)". 당신은 모든 죄인이 "지옥 불에 던져질 것(마 5:22)"임을 알지 못합니까? 이것을 "지옥 불의 위험에 있다"고 번역하는 것은 적당하지 않습니다. 그런 표현으로는 너무 약합니다. 차라리 "지옥 불의 선고 아래 놓여 있습니다." 즉 이제 처형장으로 끌려가는 것이요, 이미 파멸에 운명지어졌다는 것을 의미합니다. 당신은 영원한 죽음에 해당하는 죄에 책임이 있습니다. 그것은 당신의 내적이고 외적인 사악함의 당연한 보복입니다. 그리고 이제 처형이 집행된다고 하는 것은 전적으로 정당합니다. 당신은 그것을 알고 또 느끼고 있습니까? 당신은 자신이 하나님의 진노에, 또

는 영원한 파멸에 해당한다는 사실을 철저하게 확신하고 있습니까? 만일 이제 하나님께서 땅을 갈라 당신을 삼켜 버리게 명령하실지라도, 또 만일 당신이 나락으로 떨어져서 영원히 꺼지지 않는 불 속에 던져진다고 해도, 하나님께서 당신에게 전혀 부당한 일을 하시는 것이 아님을 확신하고 있습니까? 만일 하나님께서 당신에게 참된 회개를 허락하신다면, 당연히 당신은 자신이 거기 해당하는 자임을 깊이 느끼고, 당신이 멸망받지 않고 대지의 표면에서 쓸려가지 않는 것은 모두 하나님의 긍휼하심 때문이라는 것을 알게 될 것입니다.

5. 당신은 하나님의 진노를 너그럽게 하기 위해서, 당신의 모든 죄를 속량하기 위해서, 또 당신이 당연히 받아야 할 형벌을 면하기 위해서 무엇을 하려고 합니까? 당신에게는 아무것도 할 능력이 없습니다. 무슨 방법으로도 단 한 가지의 악한 행위, 말, 사상을 위해서 하나님께 보상하는 일은 불가능합니다. 비록 이제 당신이 모든 일을 훌륭히 할 수 있다고 해도, 또 이제 이 시간부터 당신의 영혼이 하나님께 돌아갈 때까지 당신이 완전한, 끊임없는 복종을 실행할 수 있다 해도, 그것이 지나간 일을 보상하지는 못할 것입니다. 당신의 부채를 증가시키지 않는 일이 부채를 갚는 일은 아닐 것입니다. 그것은 이제까지와 마찬가지로 큰 부채로 남을 것입니다. 그뿐만 아니라 땅 위의 모든 인간, 하늘의 모든 천사의 현재 및 장래의 복종은 단 하나의 죄를 지었어도 하나님의 정의를 결코 만족시켜 드리지 못할 것입니다. 그러므로 당신이 할 수 있는 일로 당신 자신의 죄를 속량한다는 생각은 얼마나 무익한 일입니까? 한 영혼을 구하기 위해서는 전적으로 인류가 지불할 수 있는 것보다 훨씬 많은 희생을 필요로 합니다. 그러므로 죄의 책임이 있는 자를 위하여 무슨 다

른 도움이 없었다면 의심의 여지 없이 그는 영원히 멸망할 수밖에 없었을 것입니다.

6. 또 이제로부터 완전한 복종이 지나간 죄를 보상할 수 있다고 가정하더라도, 그 일은 당신을 전혀 유익하게 하지 못할 것입니다. 왜냐하면 당신은 그 완전한 복종을 결코 할 수 없기 때문입니다. 이제 시험 삼아 그것을 해 보십시오. 당신에게 쉽게 습격해 오는 저 외적인 죄를 떨어버리십시오. 당신은 그 일마저도 불가능합니다. 그때 어떤 방식으로 당신은 당신의 생활을 온전한 악에서 온전한 선으로 바꿀 수 있겠습니까? 먼저 당신의 마음이 실제로 변하지 않고 그것을 행한다는 것은 불가능합니다. 왜냐하면 나무가 악한 동안 좋은 열매를 맺을 수 없기 때문입니다. 당신은 당신 자신의 마음을 온전한 죄에서 온전한 거룩함으로 바꿀 수 있습니까? 죄에 죽어 있는 영혼을, 하나님께 대해서는 죽고 세상에 대해서만 살아 있는 영혼을, 다시 살게 할 수 있습니까? 죽은 육체를 살리고 무덤 속에 누워 있는 자를 생명으로 다시 살리는 일이 불가능한 것과 마찬가지로, 당신의 영혼을 어느 정도까지라도 다시 살리는 일을 당신은 할 수 없습니다. 당신은 전혀 힘이 없는 자입니다. 당신이 얼마나 죄에 책임이 있는 자요, 죄가 많은 자인가, 또 얼마나 무력한 자인가를 깊이 아는 일이 하나님 나라의 예고가 되는 "후회할 것이 없는 구원에 이르게 하는 회개(고후 7:10)"입니다.

7. 당신의 내적이고 외적인 죄에 대하여 당신이 전적으로 책임이 있는 자요, 무력한 자라는 사실에 대하여 강한 확신과 그에 적합한 감정이 가미되고, 나는 당신에게 주 하나님의 이름으로 "당신은 하나님 나

라에서 멀지 않도다(막 12:34)"라고 말할 수 있습니다. 내가 여기서 말하는 적합한 감정이란 이러한 것들입니다. 하나님이 당신에게 은혜로 주신 것을 경시한 사실에 대한 마음의 슬픔, 말해야 할 것을 말하지 않고 지나 버린 후회와 자책, 하늘로 눈을 드는 일을 부끄러워하는 기분, 당신 위에 머무는 하나님의 진노나 당신의 머리 위에 걸려 있는 하나님의 저주, 그리고 하나님을 잊어버린 자, 우리 주 예수 그리스도에게 복종하지 않는 자를 멸하시려는 강렬한 하나님의 분노를 두려워하는 마음, 또 그 분노에서 도피하여 악을 그치고 선을 행하는 일을 배우려는 열렬한 욕망을 의미하는 것입니다. 이러한 감정을 가지게 되어 한 걸음만 더 나아가면 당신은 하나님의 나라에 들어갈 것입니다. 당신은 "회개"하는 것입니다. 이제 "복음을 믿으십시오(막 1:15)."

8. 복음(좋은 소식. 죄책감을 느끼고 무력해진 죄인을 위한 좋은 소식)은 좀 더 넓은 의미로 예수 그리스도로 말미암아 인류에게 나타난 모든 계시를 의미하며, 때로는 우리 주님께서 인간들 가운데 계실 때에 행하시고 또 고난 받으신 모든 일을 의미합니다. 그 요지는 "그리스도 예수께서 죄인을 구원하시려고 세상에 임하셨다(딤전 1:15)"는 일이요, 또 "하나님이 세상을 이처럼 사랑하사 독생자를 주셨으니 이는 그를 믿는 자마다 멸망하지 않고 영생을 얻게 하려 하심이니라(요 3:16)", 혹은 "그가 찔림은 우리의 허물 때문이요 그가 상함은 우리의 죄악 때문이라 그가 징계를 받음으로 우리는 평화를 누리고 그가 채찍에 맞음으로 우리는 나음을 받았도다(사 53:5)"라는 것입니다.

9. 이것을 믿는다면 하나님의 나라는 당신의 것입니다. 믿음으로 그 약속을 얻는 것입니다. "하나님은 마음으로 회개하고 거짓 없이

그 거룩한 복음을 믿는 자를 용서하시며 무죄로 여겨 주시는(성공회 예식의 '아침 예배 순서'에서 인용)" 것입니다. 하나님이 당신의 마음에 "안심하라, 네 죄가 사해졌다(마 9:2)."고 말씀하시자마자 하나님의 나라는 오는 것입니다. 당신은 "성령 안에서 의와 평강과 환희(롬 14:17)"를 얻는 것입니다.

10. 다만 이 믿음의 본질에 관해서 당신 자신이 영혼을 속이지 않도록 조심하십시오. 그것은 어떤 사람이 가볍게 생각한 것처럼 성서의 진리나 우리의 신조의 조항이나 신·구약성서에 포함된 모든 것에 대한 단순한 동의가 아닙니다. 그런 것이라면 나 당신과 마찬가지로 악마도 믿고 있는 것입니다. 그것을 믿고 있어도 여전히 그들은 악마입니다. 신앙이란 단순한 동의 이상의 일이어서 그리스도 예수를 통하여 하나님의 자비를 확실히 신뢰하는 일입니다. 그것은 용서의 하나님을 확신하는 일입니다. "하나님께서 그리스도 안에 계시사 세상을 자기와 화목하게 하시며 그들의 죄를 그들에게 돌리지 않으셨다(고후 5:19)"는 사실, 또 특히 하나님의 아들이 나를 사랑하사 나를 위해 그 자신을 주셨다는 사실, 내가 이제는 십자가의 피로 말미암아 하나님과 화해되었다는 사실에 대한 하나님의 증거 혹은 확신입니다.

11. 당신은 그렇게 믿습니까? 믿는다면 하나님의 평화가 당신의 마음속에 있어서 그 결과로 슬픔과 탄식은 도망가 버립니다. 당신은 이미 하나님의 사랑을 의심하지 않습니다. 그것은 대낮의 태양보다 명료합니다. "내 노래는 언제나 주의 자비에 대해서요, 나는 입을 가지고 당신의 진리를 세세토록 한없이 계속 전파할 것입니다."라고 당신은 외칩니다. 당신은 이미 지옥, 혹은 죽음, 혹은 죽음의 힘을 일찍이 가지고 있

었던 악마를 두려워하지 않습니다. 더구나 괴로움에 차서 하나님까지도 두려워하는 일은 기필코 없어집니다. 다만 당신은 하나님의 감정을 상하지 않도록 부드러운 두려움, 아들로서의 경외심을 가집니다. 당신이 믿는다면, 그 "마음은 주를 찬양하고(눅 1:46)." 그 "영혼은 당신의 구주이신 하나님을 높이는(눅 1:47)" 것입니다. 당신은 "그리스도의 피로 구속함을 받아 죄에서 놓이게 됨(엡 1:7)"을 기뻐합니다. 당신은 그 마음속에서 "아빠 아버지"라 부르는 "양자의 영(롬 8:15)"을 기뻐합니다. 당신은 "불멸의 희망에 차서(벧전 1:3)" 기뻐하며, "위에서 부르신 부름의 상을 위하여 푯대를 향하여 달려가기를(빌 3:14)" 힘쓰며, 하나님이 자기를 사랑하는 자를 위해 마련한 모든 좋은 것을 열심으로 기대하는 것입니다.

12. 이제 당신은 믿습니까? 믿는다면 이제는 "하나님의 사랑이 당신의 마음속에 부어집니다(롬 5:5)." 당신은 하나님을 사랑합니다. 왜냐하면 하나님이 우리를 먼저 사랑하셨기 때문입니다. 당신은 하나님을 사랑하기 때문에 또한 당신의 형제도 사랑합니다. "사랑과 평화와 기쁨(롬 14:17)"에 충만해 있으므로 당신은 또한 "인내와 친절과 신실과 선함과 온유와 절제(갈 5:22, 23)" 및 같은 성령의 모든 열매로 채워집니다. 한마디로 말한다면, 거룩한 하늘과 하나님의 모든 성품으로 채워집니다. 왜냐하면 (이제는 너울이 벗겨졌기 때문에) 당신은 얼굴을 가리지 않고 "너울을 벗은 얼굴로 주의 영광을 보고(고후 3:18)", 그의 빛나는 사랑과 당신이 창조된 대로의 그 형상을 볼 때 당신도 "주의 성령에 의하여 같은 형상으로 변화하여 영광에서 영광으로 나아가는 것입니다(고후 3:18)."

13. 이러한 회개, 믿음, 평화와 기쁨과 사랑, 영광에서 영광으로의 변화, 이것이야말로 세상의 지혜가 광기, 단순한 열광, 전적인 광란으

로 보는 것입니다. 그러나 하나님의 사람인 당신은 그것들을 그렇게 보지 않습니다. 당신은 그런 비난에 동요되어서는 안 됩니다. 당신은 당신이 믿는 분을 알고 있습니다. 아무도 당신에게서 그 영광의 면류관을 빼앗아가지 못하도록 조심하십시오. 당신에게 약속한 위대하고 귀중한 것을 모두 얻기까지 당신이 이미 달성한 것을 고수하고 계속 전진하십시오. 당신이 아직 하나님을 알지 못한다면, 터무니없는 사람들의 영향으로 그리스도의 복음을 부끄럽게 생각하지 않도록 하십시오. 당신은 자기들이 알지 못하는 사항을 나쁘게 말하는 사람들을 무슨 일에서나 두려워해서는 안 됩니다. 하나님은 당신의 슬픔을 즉시 기쁨으로 돌리실 것입니다. 그러므로 어깨가 축 처져서는 안 됩니다. 이제 얼마 안 되어서 하나님은 당신의 두려움을 제거하시고 당신에게 건강한 마음의 영을 주실 것입니다. 하나님은 기쁜 마음으로 "의롭다 하십니다. 누가 정죄하겠습니까? 그리스도는 죽으셨을 뿐 아니라 다시 살아나셔서 하나님의 오른편에 계시고 우리를 위하여 대신 간구해 주십니다(롬 8:34)."

그러므로 당신의 죄가 아무리 많을지라도 모든 죄를 가진 그대로 하나님의 어린 양에게 당신을 내던지십시오. 그때 "우리의 주요 구주이신 예수 그리스도의 영원한 나라로 들어가는 은혜의 문이 당신에게 열릴 것입니다(벧후 1:11)."

8
성령의 첫 열매
The First Fruits of the Spirit

웨슬리의 야외설교
⟨John Wesley preaching on his fathers grave⟩, Currier & Ives, 1856~1907

그러므로 이제 그리스도 예수 안에 있는 자에게는 결코 정죄함이 없나니 (롬 8:1)

1. "그리스도 예수 안에 사는 사람(롬 8:1)"이라는 말에서 성 바울은 분명히 그리스도를 참으로 믿고 있는 사람들, 즉 "믿음으로 의롭다 함을 얻어 우리 주 예수 그리스도를 통하여 하나님과 화평하게 된(롬 5:1)" 사람들을 가리키고 있습니다. 이처럼 믿고 있는 사람들은 더 이상 "육을 따라 살지 않습니다(롬 8:4)." 그들은 더 이상 썩어질 인간 본성의 명령을 따라 살지 않고 "영을 따라(롬 8:4)" 삽니다. 그들의 생각과 말과 행위는 다 복되신 하나님의 영의 지시 아래 있습니다.

2. 이러한 사람들은 "그러므로 이제 결코 정죄 받는 일이 없습니다(롬 8:1)." 왜냐하면 그들은 "예수 그리스도 안에서 이루어진 구속으로 인하여 오직 하나님의 은혜로 값없이(롬 3:24)" 의롭다 함을 얻게 되었기 때문입니다. 하나님은 그들의 모든 부정을 용서하시고 모든 죄를 지워 없애버리셨습니다. 그리고 그들을 내면으로부터 정죄하는 것은 아무 것도 없습니다. 왜냐하면 그들이 "받은 것은 세상의 영이 아니요 하나님께로부터 받은 영이며, 그것은 우리가 하나님께로부터 값없이 주신 은혜의 선물임을 깨달아 알게 하려 하시기 때문입니다(고전 2:12)." 이 영이 "그들의 영과 더불어 그들이 하나님의 자녀인 것을 증언(롬 8:16)"합니다. 그리고 더 나아가 "그들이 이 세상에서 육체의 지혜로 하지 아니하

고 하나님의 은혜로 솔직하고 진실하게 행했다는 것을(고후 1:12)" 그들의 양심이 증거합니다.

3. 그러나 이 성서의 말씀은 너무도 자주 오해됐습니다. 더욱이 매우 위험한 방식으로 말입니다. 대단히 많은 "무식하거나 마음이 굳세지 못한 사람들(벧후 3:16, 하나님에 대해서 무식하기 때문에 신심에 이르는 진리를 확립하지 못하는 사람들을 가리킵니다.)"이 그것을 곡해해서 스스로 파멸을 초래했습니다. 그러므로 나는 할 수 있는 대로 분명하게 다음의 사실을 보여주려고 기획하고 있습니다. 첫째, "예수 그리스도 안에 있는 자(롬 8:1)", "육을 따라 살지 않고 영을 따라 사는 자(롬 8:4)"란 누구입니까? 둘째, 어찌하여 이런 자들은 "정죄 받는 일이 없는(롬 8:1)" 것입니까? 나는 어느 정도 실제적으로 추론함으로써 결론을 짓겠습니다.

I

1. 먼저 나는 "그리스도 예수 안에 있는 자(롬 8:1)"란 어떤 자들인가를 보여드리겠습니다. 그들은 예수의 이름을 믿는 자들이 아닙니까? "자신의 의가 아니라 믿음으로 말미암아 하나님으로부터 난 의를 얻어 그리스도 안에서 자기를 발견하는(빌 3:9)" 자들이 아닙니까? 그의 "피로 말미암아 죄 사함을 받은(엡 1:7)" 이 사람들은 바로 그리스도 안에 사는 자라고 말할 수 있습니다. 왜냐하면 그들은 그리스도 안에 살고 또 그리스도가 그들 안에 살아계시기 때문입니다. 그들은 한 성령 안에서 주와 결합되어 있습니다. 포도나무에 가지가 접목되는 것과 같이 그들은 그

리스도에 접목되어 있습니다. 그들은 머리에 지체가 결합되어 있는 것처럼 결합되어 있습니다. 그 결합의 방식은 말로 표현할 수 없으며, 그 이전에는 그들의 마음에 품기도 불가능했습니다.

2. 이제 "그리스도 안에 있는 자는 누구나 죄를 범하지 않으며(요일 3:6)", "육을 따라 살지 않습니다(롬 8:4)." 성 바울의 통례적인 용어에 의하면, 육이란 부패한 본성을 의미합니다. 그런 뜻으로 그는 이 말을 갈라디아인들에게 편지 쓸 때 사용하고 있습니다. "육체의 일은 분명합니다(갈 5:19)." 바로 앞 구절에는 다음과 같이 썼습니다. "성령의 지도에 따라 행하십시오. 그리하면 육체의 욕심을 채우려는 삶은 결코 살지 않게 될 것입니다(갈 5:16)." "성령을 따라 사는" 자는 "육체의 욕심을 채우지 않는다"는 것을 입증하기 위하여 바울은 즉시 다음과 같이 더 쓰고 있습니다. "왜냐하면 육체의 소욕은 성령을 거스르고 성령은 육체를 거스르기 때문입니다(이 둘이 서로 반대되기 때문에). 그 결과 여러분은 자기가 원하는 일을 해서는 안 되는 것입니다(갈 5:17)." 이 말씀은 글자 그대로 번역된 것입니다. "그 결과 여러분은 자기가 원하는 일을 할 수가 없게 된다"고 말해서는 안 됩니다. 만일 후자의 번역이라면, 마치 육신이 영에 이긴 것처럼 되어 버립니다. 그러한 번역은 사도의 원문과 전혀 관계가 없을 뿐 아니라, 그의 논의 전체를 전혀 가치 없는 것으로 만들어 버립니다. 그뿐 아니라 그가 입증하려는 것과는 정반대의 주장을 하는 꼴이 됩니다.

3. 그리스도에 속하고 그리스도 안에 있는 자는 "육체와 함께 그 정욕과 탐심을 십자가에 못 박은 것입니다(갈 5:24)." 그들은 다음과 같

은 육체의 모든 행위를 하지 않습니다. "음행과 더러운 것과 호색과 우상 숭배와 주술과 원수 맺는 것과 분쟁과 시기와 분냄과 당 짓는 것과 분열함과 이단과 투기와 술 취함과 방탕함(갈 5:19~21)", 즉 인간 본성의 부패에서 나오는 모든 계획이나 말이나 행위를 하지 않습니다. 그들은 자기 자신들 안에 쓴 뿌리를 느끼지만, 그것을 발아래 짓밟기 위해 위로부터 힘을 부여받고 있습니다. 그것은 쓴 뿌리가 "돋아나서 괴롭게 하는(히 12:15)" 일이 불가능하기 때문입니다. 그러므로 그들이 경험하는 모든 새로운 공격은 단지 그들에게 찬미를 위한, 다음과 같이 외치기 위한 새로운 기회를 줄 따름입니다. "우리 주 예수 그리스도로 말미암아 승리를 주신 하나님께 감사하리로다(롬 7:25)."

4. 이제 그들은 그 마음과 생활 양면에서 모두 "영을 따라 살고 (롬 8:14)" 있습니다. 성령에 의하여 그들은 하나님과 이웃을 사랑하도록 가르침을 받습니다. "그 사람 속에서 샘물이 되어 영생에 이르게 하는 물이 솟아나는(요 4:14)" 사랑을 가지고 사랑하도록 가르침을 받는 것입니다. 그리고 성령에 의하여 그들은 모든 거룩한 욕구, 모든 신적이며 천상의 성품으로 인도되며, 마침내 주께 대해서 그들의 마음속에 일어나는 모든 생각이 거룩한 것이 됩니다.

5. "성령을 따라 사는(롬 8:4)" 사람들은 또한 성령에 따라 전적으로 성결한 대화를 나눕니다. 하나님에 대한 사랑과 경외심을 드러내는 그들의 "말은 언제나 소금의 맛이 나며 듣는 사람들에게 은혜가 되게 합니다(엡 4:29)." 그리고 또 그들은 밤낮 하나님을 기쁘시게 할 일만을 하려고 애를 씁니다. 그들은 모든 외적 행동에서 "우리들에게 본을 끼쳐

그 발자취를 따라오도록(벧전 2:21)" 함으로써 그리스도를 따르도록 힘
씁니다. 그들은 이웃과의 모든 사귐에서 정의와 긍휼과 진실 안에서 걸
으려고 합니다. 어떠한 생활환경 속에서도 "무슨 일을 하든지 전부 다
하나님의 영광을 위하여 합니다(고전 10:31)."

    6. 이것이 실제로 "영을 따라 사는(롬 8:4)" 사람들입니다. 그들은
신앙과 성령에 충만하여 그 마음속에 하나님의 영의 참된 열매를 소유
하고 있으며, 그들의 생활에서 모든 말이나 행동 안에서 그것을 보여줍
니다. 그 열매란 "사랑과 희락과 화평과 오래 참음과 자비와 양선과 충
성과 온유와 절제(갈 5:22~23)", 그리고 그 밖의 모든 훌륭한 칭찬받을 만
한 일입니다.

    "그들은 범사에 우리 구주 하나님의 복음을 빛나게 합니다(딛
2:10)." 이것은 그들이 참으로 "예수를 죽은 자 가운데서 다시 살리신(행
3:15)" 영으로 살아가고 있다는 충분한 증거입니다.

II

    1. 나는 어떻게 이처럼 "그리스도 예수 안에 살며" 따라서 "육신을
따라 살지 않고 영을 따라 사는" 자는 "정죄 받는 일이 없는가(롬 8:1, 4)"
를 보여주려고 합니다.

    우선 그리스도를 믿고 그를 따라 사는 자는 그 과거의 죄 때문에
"정죄 받지 않습니다(롬 8:1)." 과거의 죄 가운데 어떤 것이 있더라도 하나
님은 그 일 때문에 그를 정죄하지 않습니다. 그러한 죄는 마치 전혀 존재

하지 않았던 것처럼 여겨집니다. 그것들은 "돌과 같이 깊은 바다에 던져 (미 7:19)"집니다. 그리고 하나님은 그 이상 그것들을 기억하시지 않습니다. 하나님은 그들을 위하여 "독생자를 세우셔서 그의 피로써, 믿음으로 말미암아 받을 화목제물로 삼으시고", 그들을 향하여 "이제까지 지은 죄를 용서하시는 하나님의 의(롬 3:25)"를 나타내셨습니다. 그러므로 하나님은 이러한 죄를 전혀 그들의 죄로 여기시지 않습니다. 그러한 죄에 대한 기억은 그러한 죄와 함께 사라졌습니다.

2. 그리고 그들 자신의 내심에는 죄의 선고도, 죄책감도, 하나님의 진노도 존재하지 않습니다. 그들은 "자기 마음속에 이 증거를 가지고 있습니다(요일 5:10)." 그들은 저 흘리신 피로 말미암아 주어진 이익을 의식하고 있습니다. "그들은 다시 두려움, 의심, 감당할 수 없는 불안감에 빠지게 하는 노예의 영"을 받은 것이 아니라, "아빠 아버지"라고 마음속으로 부르는 "양자의 영을 받은 것입니다(롬 8:15)." 이처럼 "믿음으로 의롭다 함을 얻었으므로(롬 5:1)" 그들의 마음은 하나님의 평화로 다스려집니다. 이 평화는 하나님의 용서하시는 긍휼을 끊임없이 느낌으로부터 흘러나오는 것이어서 "하나님을 향한 선한 양심의 보상(벧전 3:21)"인 것입니다.

3. 그러나 때로는 그리스도를 믿는 자도 하나님의 긍휼을 보지 못할지 모릅니다. 때로는 대단한 어두움이 그를 엄습하여 이미 숨어 계신 하나님을 보지 못할지도 모릅니다. 속죄의 피에 자기가 참여하고 있다는 자신의 내적 증거를 이미 느끼지 못할지 모릅니다. 그때 그는 내적으로 유죄 판결을 받고 있으며, 그는 다시 마음속으로 '죽음의 선고(고후

1:9)를 가지고 있습니다'라고 말할지 모릅니다. 이에 대한 나의 대답은 다음과 같습니다. 그것이 사실이라고 가정하고 그가 하나님의 긍휼을 보지 못한다면, 그때 그는 믿는 자가 아닙니다. 왜냐하면 믿음이란 빛, 즉 영혼 위에 빛나는 빛을 의미하기 때문입니다. 그러므로 그 빛을 잃고 있는 동안에 그 사람은 믿음을 잃고 있는 것입니다. 그리고 의심 없이 참으로 그리스도를 믿고 있는 사람도 믿음의 빛을 잃을지 모르는 것이고, 믿음의 빛을 잃고 있는 동안 그는 다시 정죄 받는 상태에 떨어지게 됩니다. 그러나 이것은 이제 "그리스도 예수 안에 있는 자(롬 8:1)", 그 이름을 믿고 있는 자의 경우가 아닙니다. 왜냐하면 그들이 믿고 영을 따라 사는 한, 하나님도 그들의 양심도 그들을 정죄하지 않기 때문입니다.

4. 둘째, 그들은 현재의 어떠한 죄 때문에, 또 현재 하나님의 명령을 위반한다는 것 때문에 정죄 받지 않습니다. 왜냐하면 그들은 그 명령을 위반하지 않기 때문입니다. 그들은 "육을 따라 살지 않고 영을 따라 삽니다(롬 8:4)." 그들이 "하나님의 계명을 지키면 그것이 하나님을 사랑하고 있다는(요일 5:3)" 사실을 끊임없이 입증합니다. 성 요한이 증거하는 바와 같이, "누구든지 하나님께로부터 난 자마다 죄를 짓지 않습니다. 그것은 하나님의 씨가 그 사람 속에 있기 때문입니다. 또 그는 하나님께로부터 났기 때문에 죄를 지을 수 없습니다(요일 3:9)." 하나님의 씨가 그의 안에 머물러 있는 한, 그는 하나님께로 난 자이기 때문에 죄를 범할 수 없으며, 하나님의 씨, 곧 충실하고 신성한 믿음이 그 안에 머물러 있는 동안에는 죄를 범할 수 없습니다. 그가 그 상태에 "머물러 있는" 동안에는 "악한 자가 그를 만지지도 못합니다(요일 5:18)." 이제 그는 자기가 전혀 범하지 않은 죄 때문에 분명히 정죄 받는 일은 없습니다. 그러므로

이처럼 "성령의 인도를 받는(갈 5:18)" 그들은 "율법 아래 있는 것이 아닙니다(갈 5:18)." 저주나 유죄 판결 아래에 있지 않습니다. 왜냐하면 그것을 파기하는 자 이외에는 아무도 정죄하지 않기 때문입니다. 이처럼 "도둑질하지 말라(출 20:15)"는 하나님의 계명은 실제로 도둑질하는 사람 이외에는 아무도 정죄하지 않습니다. 이처럼 "안식일을 기억하여 거룩하게 지키라(출 20:8)"는 계명은 이를 거룩하게 지키지 않는 사람만을 정죄합니다.

그러나 영의 열매를 부정하는 "율법은 없습니다(갈 5:23)." 사도는 이 사실을 좀 더 충분히 기억할 만한 말로 디모데전서에서 언급합니다. "율법은 사람이 그것을 적법하게만 쓰면 선한 것인 줄 우리가 압니다. 알 것은 이것이니"(만일 그가 하나님의 율법을 죄의식을 일으키기 위하여, 혹은 지도하기 위하여 사용할 때 다음의 사실을 알고 또 기억한다면 좋은 것입니다), (이것은 "율법은 옳은 사람을 위하여 세운 것이 아니요"라고 번역할 것이 아니고) "율법은 옳은 사람을 반대하기 위하여 존재하는 것이 아닙니다." 즉 율법은 의로운 사람을 반대할 힘이 없으며 그를 정죄할 힘도 없습니다. 그러나 "그것은 불법한 자와 복종하지 아니하는 자와 경건하지 아니한 자와 죄인과 거룩하지 아니한 자와 망령된 자를 재판하기 위하여 제정된 것입니다. 이것은 복되신 하나님의 영광의 복음을 따름입니다(딤전 1:8~9, 11)."

5. 셋째, 그들은 내면적인 죄 때문에 -비록 그것이 아직 남아 있다고 해도- 정죄 받지 않습니다. 인간 본성의 부패가 믿음으로 하나님의 자녀가 된 사람들 안에도 아직 남아 있다는 사실, 그들이 마음속에 교만과 허영, 분노와 육욕과 악한 욕구, 그뿐 아니라 모든 종류의 죄의 씨를 가지고 있다는 사실, 이것은 일상적으로 경험하는 것들이요, 부정하기에

는 너무도 분명합니다. 그 이유로 성 바울은 스스로 "그리스도 예수 안에 있는(고전 1:2)" 사람들이요, "하나님의 부르심을 받아 그의 아들 예수 그리스도와 친교(또는 관계)를 갖게 된(고전 1:9)" 사람들이라고 즉시 그 앞에서 증언한 그 당시의 사람들에게 이렇게 말합니다. "형제들아 내가 신령한 자들을 대함과 같이 너희에게 말할 수 없어서 육신에 속한 자 곧 그리스도 안에서 어린 아이들을 대함과 같이 하노라(고전 3:1)." "그리스도 안에서 어린 아이"라고 했으니 그들은 "그리스도 안에" 있는 자임을 알 수 있습니다. 그들은 낮은 수준의 믿는 자들이었습니다. 그리고 아직도 얼마나 많은 죄가 그들 안에 남아 있겠습니까? "하나님의 법에 굴종하지 않는 육신의 생각(롬 8:7)"이 얼마나 많이 남아 있는 것입니까?

6. 그렇지만 그럼에도 불구하고 그들은 정죄 받지 않습니다. 물론 그들이 그 안에 육의 성품, 악한 본성을 느낄지라도, 그들의 "마음이 거짓되고 심히 부패한 것(렘 17:9)"을 날마다 더욱더 느낄지라도, 그들이 그것에 굴하지 않는 한, 악마에게 장소를 제공하지 않는 한, 육이 그들을 지배하지 아니하고 그들이 오히려 "영을 따라 살도록(롬 8:4)" 모든 죄와 교만과 분노와 욕망과 끊임없이 계속 싸우는 한, "그리스도 예수 안에 있는 자들에게는 정죄 받는 일이 없습니다(롬 8:1)." 하나님은 그들이 불완전하기는 하지만 그들의 진실한 복종을 매우 기뻐하십니다. 그들은 자기들이 하나님에게 속해 있다고 알고 있으므로 "하나님 앞에서 자신을 가지고 있습니다(요일 3:21)." 그들은 그것을 "하나님이 그들에게 주신 성령을 통하여 압니다(요일 3:24)."

7. 넷째, 그뿐 아니라 그들은 그들이 하는 모든 일에 죄가 굳게 붙

어 있음을 끊임없이 확신하고 있으며, 그들의 생각에서나 말에서나 행위에서 율법을 완전히 수행하고 있지 못한 사실을 의식하고 있습니다. 물론 그들은 주 하나님을 마음과 뜻과 정신과 힘을 다하여 사랑하지 못하는 것을 알고 있으며, 최선을 다하여 그 의무를 행할 때라도 다소나마 교만이나 고집이 가만히 스며들어 온다거나 뒤섞이거나 하는 것을 느낍니다. 물론 그들이 큰 회중과 함께 모인다든지, 마음의 모든 생각과 의향을 보시는 하나님을 향하여 은밀히 그들의 마음을 쏟아 붓든지 하는, 하나님과의 직접적인 사귐 속에서까지도 그들은 그들의 생각이 방황한다든지, 그들의 감정이 죽어 있다든지, 활발하지 못하다든지 하는 것을 언제나 부끄러워합니다. 그러면서도 여전히 하나님으로부터나 그들 자신의 마음으로부터 그들에 대한 유죄 판결은 없습니다. 이러한 다종다양한 결핍은 단지 그들이 다음의 사실을 한층 깊게 인식하도록 자극을 줄 뿐입니다. 즉 하나님의 귀에 대고 그들을 위해서 변호해 주시는 보혈이 언제나 필요하며, "항상 살아 계셔서 그들을 위하여 중보자의 일을 하시는(히 7:25)" 분이 언제나 필요하다는 사실입니다. 이러한 결핍은 그들이 믿어온 하나님으로부터 몰아내 버리는 일에서는 아주 거리가 먼 일이며 차라리 그들이 매 순간 필요하다고 느끼는 하나님에게로 더 접근하도록 몰아주는 것입니다. 그리고 동시에 그들이 이 필요를 깊이 알면 알수록 "그리스도 예수를 주로 받아들였으니 그 안에서 행하자(골 2:6)"는 욕망을 더욱 열렬하게 느끼며 그렇게 살아가려고 한층 부지런하게 됩니다.

8. 다섯째, 그들은 소위 연약함의 죄 때문에도 정죄되지 않습니다. 이처럼 죄를 연약함과 결합시킴으로써 죄를 조금이라도 장려한다든지

혹은 죄를 가볍게 하기 위한 시도라고 생각할까 봐 차라리 그것을 연약함이라고 부르는 편이 타당할는지도 모릅니다. 그러나 (만일 우리가 그처럼 애매하고 위험한 표현을 유지해야 한다면) 연약함의 죄란 다음과 같은 것이라고 말하고 싶습니다. 우리가 진실하다고 믿고 있는 사실을 말했는데 사실은 그것이 거짓이라는 것이 판명될 경우, 고의 아닌 실패, 혹은 이웃에게 선을 행하려고 의도했는데 알지 못하는 동안에, 혹은 계획한 것은 아니지만 우리가 그 이웃을 해치는 경우도 있습니다. 그런 일들은 하나님의 거룩하고 충분하고 또 완전한 뜻에서 벗어나 있지만, 그래도 진정한 의미에서 죄는 아니며 "그리스도 예수 안에 있는 자(롬 8:1)"의 양심에 적어도 죄책을 가져다주지 않습니다. 그러한 연약함은 하나님과 그들 사이를 가르지 못합니다. 또 하나님의 얼굴빛을 가리지 못합니다. 왜냐하면 그들이 "육을 따라 살지 않고 영을 따라 살아가는(롬 8:4)" 일반적인 성격에 조금도 상반되지 않기 때문입니다.

9. 끝으로, 그들의 힘으로는 어찌할 수 없는 것들 때문에 "정죄 받지 않습니다(롬 8:1)." 그것이 내적인 성질의 것이든 외적인 성질의 것이든, 또는 그것이 어떤 일을 하고 있는 것이든, 어떤 일을 하지 않고 내버려 두는 일이든지 상관없이 정죄 받지 않습니다. 예컨대, 주의 성찬을 행하려고 합니다. 그러나 당신은 거기 참여하지 않습니다. 당신은 왜 참여하지 않습니까? 당신은 병으로 자리에 누워 있습니다. 그러므로 당신은 빠질 수밖에 없습니다. 그리고 그 때문에 당신은 정죄 받지 않습니다. 선택의 여지가 없기 때문에 죄책도 없습니다. 그것은 그가 "마음으로 원하고 있기 때문에 가지고 있지 않은 것에 의하지 않고 가진 것에 의하여 수용되는 것입니다(고후 8:12)."

10. 실로 신자는 때때로 그의 영혼이 갈망하는 것을 할 수 없어서 깊이 슬퍼하게 됩니다. 큰 회중 가운데서 하나님을 예배하는 일을 억제당할 때 그는 소리 내어 외칠지도 모릅니다. "하나님이여 사슴이 시냇물을 찾기에 갈급함 같이 내 영혼이 주를 찾기에 갈급하니이다 내 영혼이 하나님 곧 살아계시는 하나님을 갈망하나니 내가 어느 때에 나아가서 하나님의 얼굴을 뵈올까(시 42:1~2)." 그는 다음과 같이 진지하게 바라고 있을지도 모릅니다(다만 여전히 마음속에 "나의 원대로 마옵시고 아버지의 원대로 하옵소서[마 26:39]"라고 말하기는 하지만). "다시 무리와 동행하여 저희를 하나님의 집으로 인도하자(시 42:4)"고 할 것입니다. 그렇지만 여전히 그가 갈 수 없다고 해도 정죄 받는다고 느끼지 않으며, 죄책감이 들거나 하나님이 자기에게 화를 내신다고도 느끼지 않습니다. 오히려 그러한 욕구를 다음과 같이 말하면서 기쁜 마음으로 바꿀 수 있습니다. "아, 내 영혼아, 하나님께 소망을 두라. 그가 나타나 도우심으로 말미암아 내가 여전히 찬송하리로다(시 42:5)."

11. 흔히 뜻밖에 생기는 죄라고 불리는 것들에 관해서 결정하는 일은 더욱 곤란합니다. 그것은 보통으로 인내심이 강한 자가 갑자기 또는 격렬한 유혹을 받아 그 훌륭한 율법인 "네 이웃을 네 몸과 같이 사랑하라(눅 10:27)" 한 것과 일치하지 않는 방식으로 말하거나 행동하는 경우입니다. 이러한 성질의 위반에 관해서 일반적인 법칙으로 잣대를 대는 것은 쉬운 일이 아닙니다. 우리는 일반적으로 말해서 뜻밖에 생기는 죄 때문에 사람들이 정죄된다거나 정죄되지 않는다고 말할 수 없습니다. 그러나 뜻하지 않은 사건이 일어나 신자가 과오 속으로 밀려들어 갔을 때에는 언제나 다소라도 정죄된다고 생각됩니다. 그것은 다소라도 그의 의

지의 동의가 있기 때문입니다. 죄로 물든 욕망이나 말이나 행위가 다소라도 고의적이라면 정도에 따라서 하나님께서 얼마간 언짢게 여기신다고 생각할 수 있습니다. 그리고 다소라도 영혼에게 죄책이 있습니다.

12. 그러나 만약 그러하다면 큰 죄의 책임과 유죄 판결을 가져올, 뜻밖에 일어나는 약간의 죄가 있습니다. 왜냐하면 우리가 뜻밖이라는 그 사태가 어떤 경우에 약간의 고의성이 있거나, 죄의 원인이 되는 나태 때문이거나, 혹은 미연에 방지할 수 있었거나, 혹은 그 유혹이 오기 전에 제거할 수 있었는데 하지 못한 영혼의 잠이 원인이기 때문입니다. 미리부터 하나님이나 사람에 의하여 시련과 위험이 눈앞에 닥쳤다는 경고를 받아도 사람들은 속으로 이렇게 말하고 싶어 합니다. "좀 더 자자, 좀 더 졸자, 손을 모으고 좀 더 누워있자(잠 6:10)." 그래서 만일 이런 사람이 나중에 피할 수 있었는데도 알지 못해서 함정에 빠진다면, 그가 모르고 빠졌다는 것은 이유가 되지 않습니다. 그는 그 위험을 미리 알고 피할 수 있었을지도 모릅니다. 그러한 경우의 빠짐은 비록 뜻밖의 사건이라 해도 결과적으로 고의의 죄입니다. 그러므로 하나님께나 자기 양심에게 모두 유죄 판결로 그 죄인을 드러낼 수밖에 없습니다.

13. 한편 우리가 미리 알지 못했고 또 거의 미리 알 수 없었던 습격이 돌연히 일어날 수 있습니다. 그것은 이 세상으로부터, 혹은 이 세상의 신으로부터, 가끔 우리 자신의 악한 마음에서 옵니다. 이러한 것들로 인해 신자라 할지라도 믿음이 약한 동안에는 의지의 협력이 충분하지 않기 때문에 압도될 수 있을 것입니다. 예컨대, 어느 정도의 분노나 다른 사람을 나쁘게 생각하는 따위의 일로 유혹을 받습니다. 이제 이러한 경

우에 질투의 하나님은 그가 어리석게 행동한 사실을 의심 없이 보여주실 것입니다. 그 사람은 완전한 율법에서, 그리스도의 마음에서 벗어난 것임을 확신하게 될 것이요, 그 결과 하나님을 경외하는 마음으로 깊이 슬퍼하며 충성된 마음으로 하나님 앞에서 부끄러워할 것입니다. 그러나 그가 정죄될 까닭은 없습니다. 하나님은 어리석은 행위를 그의 책임으로 지우시지 않고 오히려 그를 동정하실 것입니다. "아비가 자식을 긍휼히 여김 같이(시 103:13)" 하십니다. 또 그의 마음은 그를 정죄하지 않습니다. 슬픔과 수치의 복판에서도 그는 오히려 말할 수 있습니다. "내가 신뢰하고 두려움이 없으리니 주 여호와는 나의 힘이시며 나의 노래시며 나의 구원이심이라(사 12:2)."

III

1. 이상의 앞선 고찰에서 약간의 실제적인 결론을 이끌어 내는 일이 남아 있습니다.

우선 만일 "그리스도 예수 안에 있어", "육을 따라 살지 않고 영을 따라 사는 자"는 과거의 죄 때문에 "정죄 받는 일이 없다(롬 8:1, 4)"면 당신은 왜 두려워합니까? 아, 믿음이 적은 당신이여, 당신의 죄가 한때 모래보다 더 많았다 할지라도 당신이 그리스도 예수 안에 있는 지금 그것이 당신에게 무엇입니까? "누가 능히 하나님께서 택하신 자들을 고발하리요 의롭다 하신 이는 하나님이시니 누가 정죄하리요(롬 8:33, 34)." 당신이 젊은 시절부터 "그가 사랑하시는 아들 안에서 우리에게 거저 주신(엡 1:6)" 것을 받은 그때까지 범한 모든 죄가 겨와 같이 바람에 날아가고 사라지고 삼킨 바 되어 이제는 기억되지 않습니다. 당신은 이제는 "영으로 난(요 3:6)" 것입니다. 당신은 자신이 태어나기 전에 행한 일로 고민하거나 그것을 두려워합니까? 당신의 공포를 떨쳐버리십시오. 당신이 부르심을 받은 것은 두려움에서가 아니요, "사랑과 진실한 마음(딤후 1:7)"으로 부르심을 받은 것입니다. 당신의 소명을 아십시오. 당신의 구주이신 하나님 안에서 기뻐하며 그를 통하여 당신의 아버지이신 하나님께 감사하십시오.

2. 당신은 이렇게 말하겠습니까? "그러나 나는 구주의 피로 구속받고 나서 또 죄를 범했습니다. 그러므로 '내가 스스로 거두어들이고 티끌과 재 가운데서 회개하나이다'(욥 42:6)." 당신이 스스로 거두어들이는 것은 당연합니다. 그리고 당신에게 자신을 거두어들이게 하신 이는 하나님이십니다. 그러나 이제 당신은 믿고 있습니까? 하나님은 다시 당신이 다음과 같이 말할 수 있게 해 주시지 않습니까? "내가 알기에는 나의 대속자가 살아 계십니다(욥 19:25)." "나는 이제 하나님의 아들을 믿는 믿음 안에서 사는 것입니다(갈 2:20)." 그렇다면 그 믿음이 또 지나간 모든 것을 말소하는 것이요, 당신은 정죄되지 않습니다. 당신이 하나님 아들의 이름을 참으로 믿으면 어느 때든지 그때부터 당신이 이전에 지은 죄는 모두 아침 이슬과 같이 사라집니다.

"그리스도께서 우리를 해방하여 자유하게 하셨습니다." 그러므로 이제는 "굳건하게 서서 다시는 종의 멍에를 메지 말아야 합니다(갈 5:1)." 그리스도는 한 번 더 당신을 죄의 책임과 형벌에서만이 아니라 죄의 권세에서도 자유하게 하셨습니다. 아, 다시는 종의 멍에를 메지 맙시다(갈 5:1)." 죄와 악한 욕망과 나쁜 기질과 말과 행위 등 수치스럽고 무서운 속박에 매여서는 안 됩니다. 이것은 이 세상의 지옥에서는 가장 슬퍼할 멍에일 뿐만 아니라 노예가 진 멍에이며, 고통스러운 공포와 죄책과 자기에 대한 유죄 판결의 멍에입니다. 이러한 속박에 매여서는 안 됩니다.

3. 그러나 둘째, "그리스도 예수 안에 있는 자"는 누구나 "육을 따라 살지 않고 영을 따라 사는 자(롬 8:1, 4)"가 아닙니까? 그렇다면 이제 우리는 죄를 범하는 자는 누구든지 이 말씀에 관한 몫을 소유하지 않는다고 추론할 수밖에 없습니다. 그는 심지어 지금도 자신의 마음으로 정죄되고 있습니다. 그러나 "우리의 마음이 우리를 정죄한다면(롬 2:15)", 우리 자신의 양심이 우리가 죄책이 있는 자라고 증거 한다면, 하나님께서도 의심 없이 그렇게 하십니다. 왜냐하면 "하나님은 우리 마음보다 크시고 모든 것을 아시기 때문입니다(요일 3:20)." 그러므로 우리는 자신을 속일 수는 있어도 하나님을 속일 수 없습니다. 그러므로 "나는 일찍이 의롭다 함을 얻었다. 나의 죄는 일찍이 내게 용서함을 받았다"라고 말할 생각을 하지 마십시오. 나는 그것을 모릅니다. 또 나는 그러한 죄가 용서되었는지, 용서되지 않았는지 논의하려고도 하지 않습니다. 아마도 이렇게 시간이 경과된 지금, 어느 정도 확실하게라도 그것이 진정하고 본래적인 하나님의 역사인지, 혹은 당신이 자신의 영혼을 단지 속이고 있는지 어떤지, 그 여부를 안다는 것은 거의 불가능에 가깝습니다. 그러나 가장 확실하게 나는 이 사실을 알고 있습니다. "죄를 짓는 사람은 악마에게 속해 있습니다(요일 3:8)." 그러므로 당신은 당신의 아비 악마에게서 나왔습니다. 이것은 부정할 수 없습니다. 왜냐하면 당신 아비의 행위를 당신이 하기 때문입니다. 아, 당신은 헛된 희망으로 즐거워하지 마십시오. 당신의 영혼에게 "평화, 평화(겔 3:10)" 하지 마십시오. 평화가 없

기 때문입니다. 큰 소리로 부르짖으십시오. 깊은 곳에서 하나님을 향하여 부르짖으십시오. 다행히도 하나님은 당신의 음성을 들으실는지 모릅니다. 처음의 때와 같이 비참하고 가난하고 죄 많고 가엾고 앞을 못 보고 벌거벗은 모습으로 하나님께 오십시오. 그리고 조심하십시오. 당신은 하나님의 용서하시는 사랑이 다시 나타나게 되기까지 자신의 영혼에게 쉼을 허락해서는 안 됩니다. 하나님이 "당신의 배역함을 고치시고(렘 3:22)", 당신을 다시 "사랑으로 역사하는 믿음(갈 5:6)"으로 채우기까지 쉬어서는 안 됩니다.

4. 셋째, "영을 따라 사는(롬 8:4)" 사람들은 아직 남아 있는 내적인 죄에 굴복하지 않는 한, 정죄되지 않는 것입니까? 또 그들이 하는 모든 일에 결부되어 있는 죄 때문에도 정죄되지 않는 것입니까? 만일 그렇다면, 경건하지 않음이 당신의 마음속에 아직 남아 있다고 해도 그 때문에 속상해하지 마십시오. 당신이 아직 하나님의 빛나는 모습에 이르지 못했다 해도, 당신의 모든 발언이나 행위와 교만, 고집, 혹은 불신앙이 붙어서 떠나지 않는다 해도 불평하지 마십시오. 그리고 당신 마음의 악을 아는 일과 당신이 세상에 알려진 것과 함께 당신 자신을 아는 일을 두려워하지 마십시오. 그뿐만 아니라, 정상적인 평가보다도 당신 자신을 더 높게 생각하지 않도록 하나님께 열망하십시오. 당신은 계속 기도하십시오.

내 영혼이 견딜 수 있사오니
타고난 죄의 깊이를 내게 보여주십시오.
모든 불신앙을 밝히 보여주십시오.
내 안에 감춰진 교만을!

하나님께서 당신의 기도를 들으시고 당신의 마음을 나타내 주실 때, 하나님께서 당신이 어떤 정신을 가지고 있는가를 철저하게 보이실 때, 믿음이 당신에게서 없어지지 않도록 당신의 방패가 당신에게서 떨어져 나가지 않도록 조심하십시오. 자기를 낮추십시오. 티끌 속에서 겸손하십시오. 당신 자신을 무(無)로, 무 이하로, 공허한 것으로 보십시오. 그러면서도 여전히 "당신은 마음에 근심하지도 말고 두려워하지도 마십시오(요 14:27)." 한결같이 계속하여 마음을 굳건히 가지십시오. "나 같은 사람을 위해 아버지 앞에서 변호해 주시는 분이 계십니다. 그는 의로우신 예수 그리스도이십니다(요일 2:1)."

"하늘이 땅에서 높음같이 그의 사랑은 내 죄보다도 크십니다(시 103:11)." 그러므로 하나님은 죄인인 당신에게, 당신과 같은 죄인에게도 자비로우십니다. 하나님은 사랑이십니다. 그리고 그리스도는 죽으셨습니다. 그러므로 아버지 하나님 자신이 당신을 사랑하십니다. 당신은 하나님의 자녀입니다. 그러므로 하나님은 당신에게 좋은 것이라면 어떤 것이든지 모두 다 주십니다. 당신 안에서 십자가에 달리신 죄의 몸 전체가 파멸되어야 하겠습니까? 그렇게 될 것입니다. 당신은 "육과 영의 온갖 더러운 것에서 떠나 깨끗하게(고후 7:1) 될 것입니까? 당신의 마음속에 하나님을 향한 깨끗한 사랑 이외에 아무것도 남아 있지 않은 것은 좋은 것입니까? 힘을 내십시오. "당신은 마음을 다하며 목숨을 다하며 힘을 다하며 뜻을 다하여 주 너의 하나님을 사랑하게(눅 10:27) 됩니다. "약속해 주신 이는 미쁘신 분이므로 또 그 일을 하실 것입니다(히 11:11)." 당신이 해야 할 일은 인내심을 가지고 신앙의 행위와 사랑의 수고를 계속하는 일이요, 쾌활한 평화와 겸손한 확신 안에서 그리고 고요하고 내맡긴 상태에서, 그러면서도 열성적인 기대를 가지고 만군의 주의 열심이 이 일을 실행하기만 기다리는 것입니다.

5. 넷째, "그리스도 안에 살며(롬 8:1)", 그리고 "영을 따라 사는(롬 8:4)" 사람들이 연약함의 죄로 인하여 정죄되지 않는 것이 마치 고의가 아닌 실패나 뜻밖의 어떤 일 때문에 정죄되지 않는 것과 마찬가지라면, 그리스도의 보혈을 믿는 당신은 사탄이 이 점에서 당신을 능가하지 못하도록 조심해야 합니다. 당신은 지금도 여전히 어리석고 약하며, 보지 못하고 무지합니다. 말로 표현할 수 있는 것보다 더 약하며, 당신의 마음은 상상할 수 없을 정도로 어리석습니다. 당신은 알아야만 할 것을 아직 아무것도 모릅니다. 그러나 당신의 모든 연약함과 어리석음, 당신이 여전히 피할 수 없는 그 연약함과 어리석음에서 나오는 열매로 당신의 믿음, 하나님을 향한 당신의 아들로서의 신뢰가 흔들린다든지, 당신을 향한 주님의 평화나 기쁨이 교란되어서는 안 됩니다. 어떤 사람들이 고의의 죄에 관해서 주는 규칙-그 경우에 그 규칙은 아마도 위험할는지도 모르지만-은 만일 그것이 연약함과 약점의 경우에로만 향해진다면, 의심 없이 현명하고 안전합니다. 아아, 하나님의 사람이여, 당신은 넘어졌습니까? 그렇지만 조바심하거나 당신의 연약함을 슬퍼해서 거기에 누워있지는 마십시오. 오히려 겸비하게 말하십시오. "주여, 만일 당신께서 당신의 손으로 나를 붙들어 주지 않으시면 나는 매 순간 이처럼 넘어집니다." 그리고 거기서 일어나십시오. 뛰어 걸으십시오. 당신의 길을 걸어가십시오. "당신 앞에 놓인 경주의 길을 견디며 달려가십시오(히 12:1)."

6. 마지막으로, 신자는 그 영혼이 몸서리칠 정도로 싫어하는 일을 하지 않을 수 없도록 경황없이 기습을 당했다 해도 정죄될 까닭은 없

기 때문에 (그가 기습을 당한 일이 그 자신의 부주의나 고의적인 태만에 조금도 관련되지 않았다는 가정하에서 말합니다.) 만일 믿는 당신이 그러한 방식으로 과실로 몰려갔다면, 그때 주 하나님을 향하여 부르짖으십시오. 그것은 귀중한 위로일 것입니다. 하나님 앞에서 당신의 마음을 쏟아 놓고 당신의 고민을 보이십시오. 또는 하나님께서 당신의 영혼을 굳세고 강하게 안정시키시고 그 이상 당신이 넘어지는 것을 허용하시지 않도록 힘을 다하여 기도하십시오. 하나님은 "당신의 연약함을 동정하지 못하실 분이 아닙니다(히 4:15)." 하나님은 당신을 정죄하지 않으십니다. 왜 당신은 두려워합니까? 당신은 "고통을 주는 두려움(요일 4:18)"을 가질 필요가 없습니다. 당신을 사랑하시는 하나님을 당신은 사랑하지 않으면 안 됩니다. 그리고 그것으로 넉넉합니다. 더욱 큰 사랑은 보다 큰 힘을 가져올 것입니다. 그리고 당신이 힘을 다해서 하나님을 사랑하면 그 즉시 당신은 "조금도 부족함이 없는 성숙하고 원만한 사람이 될 것입니다(약 1:4)." 평안한 마음으로 때를 기다립시다. 그때 "우리 주 예수 그리스도의 날에 당신의 정신과 혼과 육체가 책망할 것이 없는 자로 서게 되도록 평화의 하나님이 당신을 온전히 깨끗하게 해 주실 것입니다(고전 1:8)."

9
종의 영과 양자의 영
The Spirit of Bondage and of Adoption

웨슬리의 야외설교
⟨John Wesley Preaching from the Steps of a Market Cross⟩,
William Hatherell, 1909

너희는 다시 무서워하는 종의 영을 받지 아니하고 양자의 영을 받았으므로 우리가 아빠 아버지라고 부르짖느니라 (롬 8:15)

1. 사도 바울은 여기서 믿음으로 말미암아 하나님의 자녀가 된 사람들에게 말합니다. 참으로 하나님의 자녀인 "당신들"은 하나님의 영을 들이켰습니다. "여러분은 다시 무서워하는 종의 영을 받은 것이 아닙니다(롬 8:15)." "여러분은 자녀가 되었으므로 하나님이 그 아들의 영을 우리 마음 가운데 보내 주신 것입니다(갈 4:6)." "당신들은 양자의 영을 받았습니다. 그래서 우리는 그 영에 의하여 하나님을 '아빠, 아버지'라 부르게 되었습니다(롬 8:15)."

2. 노예와 두려움의 영은 사랑스러운 아들의 신분을 주는 영과는 멀리 떨어져 있습니다. 노예의 두려움에 의해서만 좌우되고 있는 사람들을 "하나님의 자녀(요일 3:1)"라고 부를 수 없습니다. 하지만 그중의 어떤 사람들을 하나님의 종이라 부를 수 있을 것입니다. 그들은 "하나님 나라에서 멀지 않습니다(막 12:34)."

3. 그러나 나는 인류의 대부분, 그뿐 아니라 그리스도교 세계라 불리는 대부분이 이 정도에도 미치지 못한 것이 아닌가 하고 두려워하지 않을 수 없습니다. 실상 그들은 아직 거기 도달하기에는 멀었고, "그

들의 모든 생각에 하나님은 없습니다(롬 1:21)." 하나님을 사랑하는 사람들 중 몇 사람의 이름을 들 수는 있습니다. 하나님을 두려워하는 사람들의 이름은 좀 더 많이 들 수 있을 것입니다. 그러나 대부분의 사람은 눈앞의 하나님에 대한 두려움이 없으며, 마음속에 하나님에 대한 사랑이 없습니다.

4. 아마도 하나님의 긍휼로써 이제는 더 좋은 영을 받은 당신들 대부분은 당신들이 그들과 마찬가지로 다 같이 정죄되었을 때를 기억할 것입니다. 처음에는 당신들이 날마다 그 죄와 당신들의 피 가운데서 방황하고 있었으나 그것을 알지 못했습니다. 그리고 마침내 적당한 때에 당신들은 "두려움의 영을 받았습니다(롬 8:15)." (당신들은 그것을 받은 것입니다. 왜냐하면 그것도 또한 하나님의 선물이기 때문입니다.) 그리고 나중에 두려움은 사라지고 사랑의 영이 당신들의 마음을 채운 것입니다.

5. 성서는 두려움도 사랑도 없는 최초의 정신 상태에 있는 사람을 "자연적인 인간(natural man)"이라고 부릅니다. 노예와 두려움의 영 밑에 있는 사람을 때로 "율법에 매여 사는 사람(고전 9:20)"이라고 부릅니다(물론 이 표현은 드물게 유대교가 하나님의 섭리로 인하여 구원의 길이었던 시대의 사람 혹은 유대교의 율법에 속한 모든 의식과 예식을 지켜야 한다고 생각하는 사람의 일을 의미합니다). 그러나 두려움의 영을 사랑의 영과 바꾼 사람은 "은혜 아래 있다(롬 6:14)"고 말하는 것이 적절합니다.

이리하여 우리가 어느 영에 속해 있는가를 아는 것은 우리에게 매우 중요하므로, 나는 분명히 다음 세 가지 사안을 각기 고유하게 가리키려고 합니다. 첫째, "자연적인 인간(고전 2:14)"의 상태, 둘째, "율법 아래 있는(고전 9:20)" 인간의 상태, 셋째, "은혜 아래 있는(롬 6:14)" 인간의 상태를 지적하려고 합니다.

I

1. 첫째, 자연적인 사람의 상태에 대해서 이야기합시다. 성서는 이것을 잠자고 있는 상태로 표현하고 있습니다. 그 사람을 향한 하나님의 음성은 "잠자는 자여, 일어나라(엡 5:14)"입니다. 왜냐하면 그의 영혼은 깊은 잠 속에 있으며, 그의 영적 감각은 깨어나지 않으며, 그래서 영적인 선도 악도 식별하지 못하기 때문입니다. 그의 이해의 눈은 감겨 있습니다. 그의 눈은 전적으로 봉인되어 있어 보지 못합니다. 그의 눈 위에는 끊임없이 구름과 암흑이 머물러 있습니다. 왜냐하면 그는 사망의 음침한 골짜기에 누워 있기 때문입니다. 따라서 영적 사안에 관한 지식이 들어올 입구가 없습니다. 그의 영혼에 접근하는 길이 모두 폐쇄되어 있기 때문에 알아야만 되는 사안에 대해서도 통째로 어리석고 무지합니다. 그는 하나님에 대해서 아무것도 모르며 하나님에 대하여 전적으로 무지합니다. 그 진정한 내적이고 영적인 의미에 관해서 그리고 하나님의 율법에 대하여 전적으로 문외한입니다. 그것을 갖지 않고는 아무도 주 하나님을 볼 수 없는 복음적인 성결에 대해서 그는 아무런 개념이 없습니다. 그 "생명이 그리스도와 함께 하나님 안에 감추어져 있는(골 3:3)" 사람들만이 얻는 행복에 대해서도 아무런 개념을 가지고 있지 않습니다.

2. 그리고 깊이 잠들어 있다는 바로 그 이유 때문에 어떤 의미에

서 그는 휴식하고 있습니다. 그는 소경이기에 또한 안심하고 있습니다. 그는 다음과 같이 말합니다. "흠, 나에게 무슨 해로운 일이 일어날 수 있겠나." 모든 방면에서 그를 뒤덮고 있는 어둠이 일종의 평화 속에 그를 버려둡니다. 물론 악마의 행위, 그리고 현세적이고 악마적인 정신과 평화가 일치하는 한에서 발생하는 일이기는 합니다만, 그는 자기가 낭떠러지의 가장자리에 서 있다는 사실을 보지 못합니다. 그러므로 그는 그것을 두려워하지 않습니다. 그는 자신이 알지 못하는 위험 때문에 두려워할 수는 없습니다. 그는 두려움을 느끼기에 충분한 이해력을 가지고 있지 않습니다. 왜 그는 전혀 하나님을 두려워하고 있지 않습니까? 그것은 그가 전적으로 하나님에 관해 무지하기 때문입니다. 마음속으로 "하나님은 없다(시 14:1)", 혹은 "주는 궁창에 앉으시고 굽히사(사 40:22)" "땅 위에서 되는 일들을 보려고 하시지 않는다"고 말하지는 않더라도 "하나님은 자비하신 분이다(신 4:31)"라고 말하는 것으로 만족하는데, 그것은 바로 에피쿠로스주의자(향락주의 철학자)의 모든 의도와 목적을 충족시키는 말입니다. 그리고 또 다루기 힘든 자비의 개념 속에 하나님의 거룩하심과 죄에 대한 모든 본질적인 혐오, 하나님의 정의, 지혜, 진실 그 모두를 뒤섞어서 삼켜 버리고 맙니다. 그는 하나님이 축복하신 율법에 복종하지 않는 사람들을 향하여 행하시는 보복을 전혀 두려워하지 않습니다. 왜냐하면 그것을 이해하지 못하기 때문입니다. 그는 그 율법의 중요성이 이러저러한 일을 하는 것, 외적으로 비난받지 않는 것이라고 상상하여 그것이 마음의 모든 기질, 욕망, 생각, 운동에까지 미치고 있다는 것을 이해하지 못합니다. 혹은 이것에 관한 책임이 사라졌다고 생각하고 있습니다. 그리스도는 "율법이나 선지자의 말을 폐하기(마 5:17)" 위하여 그 백성을 죄로부터가 아니라 죄 가운데 있는 그대로 구원하시고,

성결 없이 그들을 하늘로 데려가기 위하여 오신 것이라고 생각하고 있습니다. 그런데 그리스도 자신의 말씀은 이렇습니다. "율법의 일점일획도 결코 없어지지 않고 다 이루어질 것이다(마 5:18)." "나더러 '주여, 주여' 하는 자마다 하늘나라에 들어가는 것이 아니요, 하늘에 계신 내 아버지의 뜻을 행하는 자라야 들어갈 것이다(마 7:21)."

3. 그는 자신에 대해서 완전히 무지하기 때문에 안심하고 있습니다. 그러므로 그는 "머지않아 회개하겠지요"라고 말합니다. 실로 그는 언제 회개할지 정확히는 모르지만, 그가 죽기 전 어느 때일 것이라고 막연하게 생각합니다. 그렇게 하는 일이 전적으로 자기의 힘으로 가능하다고 가정하기 때문입니다. 왜냐하면 만일 자기가 회개하려고 한다면 누가 그것을 방해할 것입니까? 단지 한번 결심만 한다면 좋은 것이므로 걱정하지 않아도 그는 훌륭하게 회개할 것입니다.

4. 배움이 있는 자라고 일컬음을 받는 사람들에게서만큼 이 무지의 빛이 강하게 빛나는 일은 결코 없습니다. 만일 자연적인 사람이 이 배움이 있는 자들 가운데 한 사람이라면, 그는 광범위하게 인간을 도덕적 행위자이게 하는 이성적 기능, 의지의 자유, 자유의 절대적인 필요성에 대해서 말할 수가 있습니다. 모든 인간은 그가 원하는 대로 행할 수 있으며, 그의 눈에 최선으로 보이는 대로 그의 마음을 악이나 선으로 결정할 수 있음을 그는 읽거나 논쟁하거나 실증합니다. 이처럼 이 세상의 신은 그의 마음 위에 이중적이고 맹목적인 베일을 펼칩니다. 그것은 그의 마음에 "그리스도의 영광의 복음의 광채(고후 4:4)"가 결코 비치지 못하게 합니다.

5. 자기 자신에 대한 무지와 하나님에 대한 동일한 무지에서 때로는 자연적인 인간 가운데 일종의 기쁨이 생길 수 있습니다. 그것은 자기 자신의 지혜와 선을 즐거워하는 데서 오는 기쁨입니다. 그리고 세상이 기쁨이라고 부르는 것을 가끔 소유할 수 있습니다. 그는 여러 가지 종류의 일에서 쾌락을 얻을지 모릅니다. 육신의 정욕, 안목의 정욕, 이생의 자랑으로 만족하는 것입니다. 특히 만일 그가 큰 재산을 가지고 있다면, 풍부한 행운을 누리고 있다면, 그는 "자색 옷과 고운 베옷을 입고 날마다 잔치를 베풀고 호화롭게 지낼(눅 16:19)" 수 있을 것입니다. 이처럼 그가 잘 지내고 있는 한, 의심 없이 사람들은 그에 대하여 좋게 말할 것입니다. 사람들은 "그는 행복한 사람이다"라고 말할 것입니다. 왜냐하면 이것이 실제로 세상적 행복의 총체이기 때문입니다. 즉 몸을 단장하고, 방문하고, 이야기를 나누고, 먹고, 마시고, 놀기 위해 일어나는 일이 세상적 행복의 총체입니다.

6. 만일 이러한 상황 속에 있는 그런 사람들 중의 한 사람이 아첨과 죄의 마약을 복용하고 백일몽을 꿈꾸면서 위대한 자유 안에서 살아가고 있다고 상상할 수 있습니다. 얼마나 쉽게 그는 자기가 모든 천박한 실수나 교육적 편견에서 자유로우며, 정확하게 바로 판단하며, 모든 극단을 분명히 피하고 있다고 스스로 설득하는 것입니까? 그는 "나는 약하고 편협한 영혼이 가지는 모든 광신에서 자유롭고, 늘 너무도 지나치게 빠른 사람들, 어리석은 자와 비겁한 자의 병인 미신에서 자유롭고, 넓은 사고방식을 하지 않는 자들이 빠지기 쉬운 완고함에서도 자유롭다"고 말할 수 있습니다. 그리고 너무도 확실한 것이지만, 그는 "위로부터 난 지혜(약 3:17)"와 성결과 심장의 종교와 그리스도 안에 있었던 전심(全心)이 없습니다.

7. 이 모든 기간에 그는 죄의 종입니다. 그는 날마다 어느 정도 죄를 짓습니다. 그러나 그는 고민하지 않습니다. 어떤 사람들이 말하는 것처럼 그는 "종의 멍에를 메고 있지(갈 5:1)" 않습니다. 그는 정죄되어 있다고 느끼지 않습니다(비록 그가 기독교의 계시는 하나님께로부터 온 것이라는 사실을 믿는다고 공언할지라도). 그는 다음과 같이 말하는 것으로 만족합니다. "인간은 약하다. 우리는 모두 약하다. 각 사람은 자신의 약점을 가지고 있다." 아마도 그는 성서를 인용할 것입니다. "왜 솔로몬은 말하지 않았는가? 옳은 사람은 하루에 일곱 번 죄에 떨어진다고. 의심 없이 자기가 이웃 사람들보다 더 선량한 인간이라고 가장하는 사람들은 모두 위선자이거나 혹은 광신자다." 만일 어떤 때에 그가 매우 진지하게 생각한다면 그것을 할 수 있는 대로 빨리 다음의 말로 일축해 버립니다. "왜 나는 두려워해야 하는가? 하나님께서는 긍휼이 많으시고 그리스도께서는 죄인을 위해 죽은 것이 아닌가?" 이렇게 해서 그는 타락한 모습으로 노예처럼 얽매여 있는 일에 만족하여 그는 자발적인 죄의 종으로 계속 남아 있게 될 것입니다. 내적으로나 외적으로 더럽혀져 있으면서도 거기에 만족하고 있습니다. 죄를 정복하지 않을 뿐 아니라 정복하려는 노력도 없습니다. 특히 대단히 쉽게 그에게 붙어오는 죄의 정복 말입니다.

8. 이것이 모든 자연적인 인간의 상태입니다. 그는 지독하고 파렴치한 범죄인이든지 혹은 경건의 모양은 가지고 있으나 능력은 지니지 못한 인간입니다. 좀 더 세평이 좋은 인간이든지 또는 점잖은 죄인이든지 똑같습니다. 그러나 어떻게 해서 이런 인간에게 죄의식이 일어날 수 있습니까? 어떻게 하면 그가 회개하고 율법 아래 오도록 인도하고 두려움을 품게 하는 노예의 영을 받게 되는 것입니까? 이것이 다음에서 고찰하지 않으면 안 될 사안입니다.

II

1. 어떤 두려운 섭리 혹은 성령의 나타남 속에서 적용된 하나님의 말씀을 통해 하나님께서는 흑암과 죽음의 그늘 속에 누워 잠자고 있는 자의 마음을 두드립니다. 그는 잠에서 두려운 마음으로 흔들려 깨어나고 자신이 직면한 위험을 의식하도록 각성됩니다. 그것은 순간의 사건일지 점차적인 사건일지 모르지만, 그의 이해의 눈이 열리고 또 이제 처음으로 (그 베일이 부분적으로 제거됨으로써) 그가 존재하는 실제 사태를 식별합니다. 두려운 빛이 그의 영혼 안으로 돌파해 옵니다. 밑이 없는 나락으로부터, 가장 깊은 곳으로부터, 유황이 타고 있는 불바다로부터 반짝이며 오는 빛입니다.

그는 마침내 사랑이 풍성하시고 긍휼이 많으신 하나님이 "소멸하는 불(히 12:29)"이라는 사실을 발견합니다. 하나님은 정의의 하나님이고 두려운 분이십니다. 모든 사람에게 그 행위를 따라 갚으시고, 모든 헛된 말, 그뿐 아니라 마음속의 생각 때문에 경건하지 않은 사람들에 대한 심판을 시작하십니다. 그는 이제 다음의 사실을 분명하게 인정합니다. 위대하시고 거룩하신 하나님께서는 "눈이 정결하시므로 악을 차마 보지 못하시는(합 1:13)" 분입니다. 하나님은 자기에게 반역하는 모든 자에게 보복하시고, 그의 얼굴 앞에 선 악인을 보복하십니다. 그리고 "살아 계신 하나님의 손에 빠져 들어가는 것은 무서운 일입니다(히 10:31)."

2. 이제는 하나님의 율법의 내적이고 영적인 의미가 그 사람 위에 빛을 발하기 시작합니다. 그는 "하나님의 계명은 심히 넓은 것(시

119:96)"이요, "아무것도 그 광명을 받지(욥 25:3)" 않을 수 없다는 것을 압니다. 그는 그 계명의 하나하나가 단지 외적인 죄, 혹은 복종만을 요구하는 것이 아니요, 하나님 이외에는 어느 누구의 눈도 꿰뚫어 볼 수 없는 비밀한 영혼의 내면에서 일어나는 일에 관계하고 있음을 납득하게 됩니다. 만일 이제 그가 "살인하지 말라(출 20:13)" 하는 계명을 들으면 하나님께서 우뢰 속에서 "자기 형제를 미워하는 자마다 살인하는 자다(요일 3:15)", "형제를 대하여 라가라 하는 자는 지옥 불에 들어가리라(마 5:22)"라고 말씀하십니다. 만일 율법이 "간음하지 말라(출 20:14)"고 말하면, 주 하나님의 음성이 그의 귓속에 들려옵니다. "음욕을 품고 여자를 보는 자마다 마음에 이미 간음한 것이다(마 5:28)." 이처럼 모든 점에서 그는 하나님의 말씀이 살아 있고 힘이 있어 "좌우에 날선 어떤 검보다도 예리하다(히 4:12)"고 느낍니다. 그것은 "혼과 영을 갈라내고 관절과 골수를 찔러 쪼개기(히 4:12)"까지 합니다. 그리고 그는 그처럼 위대한 구원을 무시해 온 자신을 의식하고, 그의 죄에서 자신을 구해 주신 "하나님의 아들을 짓밟은(히 10:29)" 자신을 의식하며, 계약의 피를 거룩하지 못하고 평범하고 부정한 것으로 여겨온 자신을 의식합니다.

3. 그리고 "지으신 것이 하나도 하나님 앞에 나타나지 않음이 없고, 우리의 결산을 받으실 이의 눈앞에 만물이 벌거벗은 것같이 드러난다(히 4:13)"는 것을 아는 것처럼 또한 그는 자기가 벌거숭이요, 자신이 꿰맨 모든 무화과나무 잎사귀가 벗겨져 있다는 것을 압니다. 그는 종교 혹은 도덕을 가지고 있다고 생각하는 초라한 모든 가식과 하나님께 죄를 범한 일에 대한 모든 비참한 변명이 자신을 벌거숭이로 만든다는 사실을 압니다. 이제야 그는 자기 자신이 옛 희생 제물과 같이 목이 아래

로 쳐져서 좌우로 쪼개져 있는 것을 봅니다. 그러므로 그의 내면의 모든 것이 밝혀져 드러나게 됩니다. 그의 마음은 벌거숭이요, 그는 모든 죄의 덩어리요, "만물보다 거짓되고 심히 부패한 마음(렘 17:9)"을 봅니다. 그의 마음은 완전히 부패하고 혐오스러워서 이루 말로 표현할 수 없습니다. 그의 마음속에는 조금도 선한 것이 남아 있지 않으며, 있는 것은 다만 불의와 경건하지 않음뿐입니다. 그 모든 행동, 모든 성격, 모든 생각이 끊임없이 악할 따름입니다.

4. 그리고 그는 말로 설명할 수 없는 영혼의 감정으로 인하여, 비록 그의 삶이 비난받지 않더라도, 마음의 죄 때문에 자신이 결코 꺼질 수 없는 불 속에 던져지게 될 것이라고 여깁니다. (그러나 그의 삶은 비난받을 것이 없으며 그럴 수도 없습니다. "나쁜 나무가 좋은 열매를 맺을 수 없는[마 7:18]" 것이기 때문입니다.) 그는 "죄의 삯", 특히 자신의 죄의 "삯"에 대한 대가가 "죽음(롬 6:23)"이라는 것을 느낍니다. 이것이 둘째 사망이요, 둘째 사망은 죽지 않는 것입니다. 지옥에서 육체와 영혼이 파괴됩니다.

5. 여기에서 자신을 즐겁게 하는 꿈, 망상적 안식, 거짓 평화, 헛된 평안은 끝납니다. 이제 그의 기쁨은 구름과 같이 사라집니다. 일찍이 사랑했던 쾌락은 이미 그를 기쁘게 하지 못합니다. 그러한 쾌락은 맛을 잃었습니다. 그는 메스꺼운 단맛을 혐오합니다. 그것을 맛보기에 지쳤습니다. 행복의 그림자는 멀리 달아나고 망각 속으로 가라앉아 버렸습니다. 그러므로 그는 모든 것이 벗겨져서 안식을 찾아 여기저기 방황하지만 아무것도 찾지 못합니다.

6. 이제는 그러한 아편의 향기가 흩어졌기 때문에 그는 상처받은 영혼의 고통을 느낍니다. 그는 영혼 위에 드러난 죄가(교만, 성냄, 혹은 악한 욕망이든지, 이기심, 악의, 질투, 복수, 혹은 그 밖의 무엇이든지) 처절하고 비참한 것뿐임을 발견합니다. 그는 자기가 잃어버린 축복과 자기 위에 도래한 저주 때문에 마음의 슬픔을 느낍니다. 이처럼 자기를 파멸시키며 자기에게 주어진 은혜를 경멸한 사실 때문에 격렬한 회한을 느낍니다. 하나님의 진노와 그 진노의 결과로 그가 당연히 받아야 할 형벌, 자기 머리 위에 내려진 형벌을 본 것에 대한 생생한 느낌에서 오는 두려움, 그에게는 지옥의 문이요 영원한 죽음의 입문인 죽음에 대한 두려움, 하나님의 진노와 정당한 복수의 집행관인 악마에 대한 두려움, 거기다 만일 그들이 육체를 죽일 수 있다면 그의 육체와 영혼 모두를 지옥에 던질 수 있는 인간에 대한 두려움을 느낍니다. 이러한 두려움은 가끔 대단히 높이 올라가 이 가엾고 죄 많고 죄책이 있는 영혼은 모든 것, 곧 아무것도 아닌 것, 유령, 바람에 흔들리는 나뭇잎을 보고도 두려움을 느낍니다. 그뿐입니까? 어떤 때는 광란의 지경에 이를 수 있습니다. 그때 그 두려움은 인간을 "술에 취한 것이 아니나 취해 있는(행 2:15)" 것으로 만들고, 기억과 이해력 그리고 모든 자연적 능력의 활동을 정지시켜 버리는 것입니다. 어떤 때는 절망의 맨 가장자리에까지 접근하여 죽음의 이름만으로도 떠는 사람이 "숨이 막히는 것과 죽는 것을 선택(욥 7:15)"하기 때문에 매 순간 죽음 속으로 뛰어들 준비를 하고 있는지도 모릅니다. 옛날에 그런 사람들이 한 것과 같이 이러한 사람이 그 마음의 불안 때문에 악을 쓰는 일도 당연합니다. "사람의 심령은 그의 병을 능히 이기려니와 심령이 상하면 그것을 누가 일으키겠느냐?(잠 18:14)"

7. 이제 그는 죄에서 진정으로 탈출하려고 죄와의 투쟁을 시작합니다. 그러나 그는 힘을 다해 싸워도 죄를 정복하지 못합니다. 죄는 그보다 더 힘이 강합니다. 그는 기꺼이 도망가고 싶을 것입니다. 그러나 감옥 속에 굳게 매여 있으므로 그는 밖으로 나오지 못합니다. 그는 죄에 저항하려고 결심하지만 오히려 계속 죄를 범합니다. 그는 올가미를 보고 몸서리치도록 싫어합니다. 그러면서도 그 속으로 달려갑니다. 그의 오만한 이성은 다음과 같은 일을 하는 데 쓸모 있을 따름입니다. 즉 그의 죄의 책임을 크게 하고, 그의 비참함을 증대하는 데 필요할 뿐입니다. 그의 의지의 자유란 다음과 같은 것입니다. 다만 악을 향해 자유로우며, "악을 저지르기를 물 마심 같이 하는(욥 15:16)" 일에 자유로우며, 살아 계신 하나님에게서 떠나 점점 멀리 방황하며 더구나 "은혜의 성령을 욕되게 하는(히 10:29)" 자유입니다.

8. 자유하려고 노력하고 소원하며 심신을 다하여 애쓰면 애쓸수록 그는 쇠사슬, 슬픈 죄의 사슬을 느낍니다. 사탄은 그 사슬로 그를 결박하여 "죄의 법으로 그를 사로잡아 가두는(롬 7:23)" 것입니다. 그는 매우 불만을 품고 있지만, 사탄의 종입니다. 그는 반항하지만 이길 수 없습니다. 그는 여전히 죄 때문에 노예와 두려움의 멍에를 메고 있습니다. 일반적으로는 성질, 습관, 혹은 외적인 어떤 정황에 의하여 그가 특히 그리로 향할 가능성이 있는 어떤 외적인 죄 때문에 거기 얽매어 있는 것입니다. 그러나 언젠가는 어떤 내적인 죄, 어떤 나쁜 기질, 혹은 신성하지 않은 애정 때문에 거기에 얽매여 있는 것입니다. 그가 내적인 죄에 대해서 애를 태우면 태울수록 내적 죄는 승리를 얻고 맙니다. 그는 내적인 죄의 사슬을 물어뜯을 수는 있으나 깨뜨릴 수는 없습니다. 이처럼 그는

끝없이 애를 씁니다. 회개하고는 죄를 범하고, 또 회개하고 죄를 범합니다. 그래서 마침내 가엾고 죄 많은, 무력하고 불행한 인간은 어쩔 줄 몰라서 다만 신음할 뿐입니다. "오호라 나는 곤고한 사람이로다 이 사망의 몸에서 누가 나를 건져내랴(롬 7:24)."

9. "율법 아래에(고전 9:20)" 있으며 "무서워하는 종의 영(롬 8:15)" 아래 있는 사람의 모든 투쟁이 로마서 7장에서 한 깨어 있는 인간 속에서 일어난다고 사도 바울은 아름답게 기록하고 있습니다. 바울은 말합니다. "내가 전에는 율법 없이 살았습니다(롬 7:9)." 나는 생명과 지혜와 능력과 미덕을 풍성히 가지고 있다고 생각했습니다. "그러나 계명이 들어오자 죄는 살아나고 나는 죽었습니다(롬 7:9, 10)." 계명이 영적 의미에서 하나님의 능력으로 나의 마음에 왔을 때, 나의 타고난 죄가 발동하여 파동을 일으키고 타올라서 나의 모든 미덕이 죽어버렸습니다. "나를 생명으로 인도해야 할 계명이 도리어 나를 사망으로 이르게 하는 것임을 깨달았습니다. 다시 말하면, 죄가 기회를 얻어 계명으로 말미암아 나를 속이고 그 계명으로 나를 죽인 것입니다(롬 7:10, 11)." 그것은 부지중에 내게 덮쳐 와서 나의 모든 희망을 도둑질해 갔고, 생명의 한복판에서 분명하게 내가 죽음 가운데 있다는 것을 보여주었습니다. "그러므로 율법 자체는 거룩합니다. 그리고 계명도 거룩하고 옳고 선합니다(롬 7:12)." 나는 더 이상 이 계명을 탓하지 않고 내 마음의 부패를 탓합니다. 나는 "율법은 영적인 것"이라고 인정합니다. "그러나 나는 육적인 존재로서 팔린 몸이 되어 죄 아래 있습니다(롬 7:14)." 이제 나는 율법의 영적인 특성과 "죄 아래 팔린"(돈으로 산 노예와 같이 절대로 그 주인의 뜻대로 처리되는) 전적으로 노예가 된 나 자신의 육체적이고 악마적인 마음 양면을 봅니다.

"내가 원하는 바 선은 행하지 않고 도리어 원하지 않는 바 악을 행하고 있기 때문입니다(롬 7:19)." 이것이 내가 그 밑에서 신음하고 있는 노예의 속박이요, 이것이 나의 엄격한 주인의 포박입니다. "선을 행하려는 원망(願望)은 내게 있으나 그것을 실행하는 힘이 없기 때문입니다. 나는 내가 원하는 선은 행하지 않고 도리어 원하지 않는 악을 행하고 있습니다(롬 7:18~19)."

"여기서 선을 행하기 원하는 나에게 악이 들어와 있다는 법칙", 내적으로 강제하는 힘이 있음을 발견했습니다. 곧 나는 "속사람으로는 하나님의 법을 즐거워하고", 혹은 동의하고 "있으나" -"속사람으로는"이란 "마음속에서는"의 뜻입니다. (바로 계속되는 말로 사도는 스스로 그처럼 설명하고 있습니다. 그 밖의 모든 그리스 저자들도 속사람을 그처럼 이해하고 있습니다)- "내 지체 속에 다른 법", 즉 또 하나의 강제하는 힘이 있어 내 마음의 율법, 혹은 속사람에 대항하여 싸워 죄의 법 아래 나를 사로잡아 가두는 것을 봅니다(롬 7:21~23). 그것은 이를테면 나를 정복한 자가 그 전차의 차바퀴로 나를 잡아끌어 내 영혼이 몸서리치도록 싫어하는 바로 그곳으로 끌고 가는 것입니다. "오호라 나는 곤고한 사람이로다 이 사망의 몸에서 누가 나를 건져내랴(롬 7:24)." 누가 이 무력한 죽을 운명에서, 이 죄와 비참한 노예의 속박에서 구원해 줄 것입니까? 이것이 이루어지기까지 "나 자신(혹은 바로 나, 이제 행세하고 있는 이 인간)은 마음으로, 혹은 속사람으로는 하나님의 법에 복종하고 -내 마음과 양심은 하나님의 편이지만- 육으로, 곧 육체로는 "죄의 법에 복종하고 있습니다(롬 8:25)." 나는 저항할 수 없는 힘으로 재촉 받고 있기 때문입니다.

10. 이것은 "율법 아래 있는(고전 9:20)" 자에 대한 얼마나 생생한

초상입니까! 그는 떨쳐버릴 수 없는 무거운 짐을 느낍니다. 그는 자유와 힘과 사랑을 갈망하지만, 오히려 두려움을 품게 하는 노예의 속박에 매여 있습니다. 그것은 이 비참한 사람이 죄와 노예의 속박에서, 사망의 몸에서 "누가 나를 건져내랴(롬 7:24)" 하는 부르짖음에 대하여 하나님이 "우리 주 예수 그리스도로 말미암은 하나님의 은혜라(롬 7:25)"고 대답하실 때까지 계속되는 것입니다.

III

1. 이 비참한 노예의 속박이 끝나고 그가 더 이상 "율법의 지배 아래 있지 않고 은혜 아래 있게(롬 6:14)" 되는 때가 바로 그때입니다. 셋째로 우리는 그 상태를 생각해 봅시다. 아버지 하나님 앞에서 은혜 또는 자비를 발견하고 그 마음속에 성령의 은혜와 능력이 지배하는 사람의 상태입니다. 사도의 말씀에 의하면, 그는 "양자의 영"을 받은 것입니다. 그는 이제 "그 영에 의하여 아빠, 아버지"라 부르게 되었습니다(롬 8:15).

2. "그들이 근심 중에 여호와께 부르짖으매 그들의 고통에서 건지시고(시 107:6)." 그의 눈은 전과는 전혀 다른 방식으로, 즉 사랑이 깊으시고 은혜가 깊으신 하나님을 보기 위해 열립니다. "원하건대 주의 영광을 내게 보이소서(출 33:18)." 하고 부르짖는 동안에 그는 영혼의 깊은 곳에서 음성을 듣습니다. "내가 내 모든 선한 것을 네 앞으로 지나게 하고 여호와의 이름을 네 앞에 선포하리라 나는 은혜 베풀 자에게 은혜를 주고 긍휼히 여길 자에게 긍휼을 베푸느니라(출 33:19)." 그리고 "여호와께서 구름

가운데서 강림하사 여호와의 이름을 선포하시는(출 34:5)" 것도 오랜 시간이 걸리지 않을 것입니다. 그때 그는 다음의 사실을 보게 될 것입니다. 그러나 육신의 눈으로 보는 것이 아닙니다. "여호와로라 여호와로라 자비롭고 은혜롭고 노하기를 더디 하고 인자와 진실이 많은 하나님이라 인자를 천대까지 베풀며 악과 과실과 죄를 용서하리라(출 34:6~7)."

3. 천상에서 내려오는 치유의 빛이 이제 그의 영혼 위에 침투해 옵니다. 그는 "그 찌른 바 그를 바라봅니다(슥 12:10)." 그리고 "'어두운 데에 빛이 비치라'고 말씀하신 하나님께서 그의 마음속을 비추어 주십니다(고후 4:6)." 그는 예수 그리스도의 얼굴에 빛나는 하나님의 영광스러운 사랑의 빛을 봅니다. 그는 감각에 의하여 "눈으로 본 적이 없는 사실", 곧 "하나님의 깊은 것"까지도 확증합니다(히 11:1, 고전 2:10). 특히 하나님의 사랑, 예수를 믿는 자에 대한 하나님의 용서하시는 사랑을 확증합니다. 그 광경에 압도되어 그의 영혼 전체가 "나의 주님, 나의 하나님(요 20:28)" 하고 부르짖습니다. 왜냐하면 그는 자기의 모든 부정이 "나무에 달려 자신의 몸으로 그것을 짊어지신(갈 3:13)" 분 위에 놓여 있음을 보기 때문입니다.

그는 하나님의 어린 양이 그의 죄를 제거하시는 것을 봅니다. 이제 그는 참으로 명백하게 다음의 사실을 통찰할 것입니다. "하나님께서 그리스도 안에 계시사 세상을 자기와 화목하게 하시며 그들의 죄를 그들에게 돌리지 아니하시고, 죄를 알지도 못하신 분을 정죄하셨습니다. 그것은 우리로 하여금 그리스도 안에서 하나님의 의가 되게 하려는 것입니다(고후 5:19, 21)." 그 자신이 계약의 피로 인하여 하나님과 화해하고 있습니다.

4. 여기서 죄책과 죄의 세력이 다 끝납니다. 이제 그는 말할 수 있습니다. "내가 그리스도와 함께 십자가에 못 박혔나니 그런즉 이제는 내가 사는 것이 아니요 오직 내 안에 그리스도께서 사시는 것이라 이제 내가 육체 가운데 사는 것은 나를 사랑하사 나를 위하여 자기 자신을 버리신 하나님의 아들을 믿는 믿음 안에서 사는 것이라(갈 2:20)." 여기서 회한과 마음의 슬픔과 상처 난 영혼의 고통이 끝나는 것입니다. "하나님은 그의 슬픔을 기쁨으로 변화시킬 것입니다(요 16:20)." 그가 상처를 냈으나 이제는 그의 손을 싸매 주십니다. 여기서 또한 저 두려움을 품게 하는 노예의 속박이 끝납니다. 왜냐하면 "그의 마음은 주를 믿음으로써 굳게 섰기(갈 5:1)" 때문입니다. 그는 이미 하나님의 진노를 두려워할 까닭이 없습니다. 왜냐하면 지금 그는 하나님의 진노가 그에게서 떠나가고 있음을 알고, 또 이미 하나님을 진노하는 재판관으로 보지 않고 사랑이 깊으신 아버지로 보기 때문입니다. 그는 악마를 두려워하지 않습니다. 악마는 "위에서 주시지 않는다면 아무 권한도 없다(요 19:11)"는 것을 알고 있기 때문입니다. 그는 천국의 상속자이기에 지옥을 두려워하지 않습니다. 따라서 그는 죽음의 두려움을 가지지 않습니다. 오랫동안 이 죽음의 두려움 때문에 과거에 그는 "노예가 되었던(히 2:15)" 것입니다. 차라리 우리는 "땅에 있는 우리의 장막 집이 무너지면 하나님께서 우리에게 주시는 집이 있다는 것을 압니다. 그 집은 우리의 손으로 지은 집이 아니라 하늘에 있는 영원한 집이라는 것을 알" 있으므로 "그는 하늘에서 오는 우리 처소로 덧입기를 간절히 사모합니다(고후 5:1, 2)." 그는 이 땅 위의 장막을 벗어버리고 "죽을 것이 생명에 삼킨 바 되게(고후 5:4)" 하기 위해 열망합니다. "그를 이 일에 합당하게 해 주신 분은 하나님이십니다. 그리고 하나님은 성령의 증거를 그에게 주셨습니다(고후 5:5)."

5. "주의 영이 계신 곳에는 자유가 있습니다(고후 3:17)." 다만 죄책과 두려움에서 자유일 뿐 아니라, 죄에서, 모든 속박 가운데 가장 무거운 것에서, 저 모든 노예의 속박 가운데 가장 천한 것에서 자유이기도 합니다. 이제는 그의 노고가 무익한 것이 아닙니다. 함정은 부서졌고 그는 구출 받았습니다. 그는 다만 싸울 뿐 아니라 이기는 것입니다. 그는 단지 다툴 뿐 아니라 정복합니다. "그는 이미 죄에게 종노릇 하지 않습니다(롬 6:6)." 그는 "죄에 대하여는 죽은 자요, 그리스도 예수 안에서 하나님에 대하여는 산 자입니다(롬 6:11)." 그는 "죄가 그의 죽을 몸을 지배하지 못하게 하여 몸의 사욕에 순종하는 일이 없습니다(롬 6:12)." 그는 "그 지체를 불의의 무기로 죄에 내어주지 않습니다." "오히려 그 지체를 하나님께 드려 의의 무기가 되게 합니다(롬 6:13)." 왜냐하면 그는 "이제 죄로부터 해방되어 의의 종이 되었기 때문입니다(롬 6:18)."

6. 이와 같이 "우리 주 예수 그리스도로 말미암아 하나님과 화평을 누리며(롬 5:1)", "하나님의 영광에 함께 참여할 것을 바라고 즐거워하는 것이며(롬 5:2)", 이제 그는 모든 죄, 모든 악의 욕구, 기질, 말과 행위를 지배하는 능력을 소유함으로 "하나님의 자녀들이 누릴 영광의 자유(롬 8:21)"에 대한 산 증인입니다. 하나님의 자녀들은 모두 같은 귀한 신앙에 참여하고 있으므로 한 소리로 증언합니다. "우리는 양자의 영을 받았습니다. 그래서 우리는 그 영에 의하여 하나님을 '아빠, 아버지'라 부르게 되었습니다(롬 8:15)."

7. 이 영이 끊임없이 "그들 속에서 활동하셔서 자기의 기쁘신 뜻을 위하여 너희에게 소원을 두고 행하게 하시는(빌 2:13)" 것입니다. 이 영

이 하나님의 사랑과 전 인류의 사랑을 그들의 마음속에 부어 주시는 것입니다. 그로 인하여 그들의 마음은 이 세상의 사랑, 육신의 정욕, 안목의 정욕 그리고 이 생의 자랑에서 정화되는 것입니다. 이 영으로 인하여 그들은 분노와 교만에서, 모든 비열하고 무절제한 정욕에서 구조를 받습니다. 그 결과 그들은 악한 말과 행위에서, 모든 깨끗하지 않은 사귐에서 구조를 받습니다. 어떤 사람의 자손에게도 전혀 악을 행하지 않으며 모든 선한 행위를 하는 데만 열중합니다.

8. 이상의 모든 것을 요약하면, 자연적 인간은 하나님을 두려워하지도 사랑하지도 않습니다. 율법 아래 있는 인간은 두려워합니다. 은혜 아래 있는 인간은 하나님을 사랑합니다. 첫째의 인간은 하나님의 일에 대해서 조금도 빛을 가지고 있지 못하며, 전적으로 어두움 속을 걷습니다. 둘째의 인간은 지옥의 고통스러운 불빛을 봅니다. 셋째의 사람은 하늘의 기쁜 빛을 봅니다. 사망 속에서 잠자고 있는 자는 거짓 평화 속에 있습니다. 깨어 있는 자도 전혀 평화 속에 있지 못합니다. 믿고 있는 자는 하나님의 평화가 그 마음을 채워 다스림으로 참된 평화 속에 있습니다. 세례를 받았든지 받지 않았든지 이교도는(세례를 받은 이교도란 일찍이 세례를 받았지만 이제는 완전히 이교도로 살아가는 사람을 의미함-역자 주) 상상의 자유-그것은 실상 방종이지만-를 가지고 있습니다. 유대인 혹은 유대교에서 하나님이 정하신 구원의 수단인 섭리 아래 있는 사람은 무겁고 슬픈 노예의 속박에 매여 삽니다. 그리스도인은 하나님의 자녀가 누리는 참되고 빛나는 자유를 즐깁니다. 깨어나지 않은 악마의 자녀는 죄를 즐겨 범합니다. 하나님의 자녀는 "죄를 범하지 않으며", "하나님에게서 나신 분이 그 사람을 지켜 주심으로 악한 자가 그를 해치지 못합니다

(요일 5:18)." 결론적으로 자연적 인간은 정복하는 일도 없으며 싸우는 일도 없습니다. 율법 아래 있는 인간은 죄에 대하여 싸우지만 정복할 수 없습니다. 은혜 아래 있는 인간은 싸워서 정복합니다. 그뿐 아니라 "그를 사랑해 주시는 그분으로 말미암아 이 모든 일에서 넉넉히 이깁니다(롬 8:37)."

IV

1. 인간의 삼중 상태, 즉 자연적인 상태, 율법적인 상태, 복음적인 상태에 대한 이상의 간단한 설명에서 인류를 성실한 사람들과 성실함이 없는 사람들로 구분함이 충분하지 않다는 것이 드러납니다. 이상의 상태의 어느 쪽에 속하든지 인간은 성실한 인간일 수 있습니다. 그가 "양자의 영"을 가졌을 때만이 아니요, 그가 "두려움에 빠지게 하는 종의 영"을 가졌을 때도 그렇습니다. 그뿐 아니라 그가 두려움이나 사랑을 가지지 않았을 때도 그렇습니다. 왜냐하면 성실한 유대교인과 성실한 그리스도인이 있는 것과 마찬가지로 성실한 이교도인도 있을 수 있기 때문입니다. 그러므로 이 성실함의 정황은 결코 인간이 하나님에게 받아들여지는 상태를 입증하지는 않습니다.

그러므로 당신들이 성실함만이 아니라, "당신들은 과연 자신이 믿음 안에 있는가 스스로 반성해 자기를 시험해 보아야 합니다(고후 13:5)." 무엇이 당신의 영혼 속에서 지배적 원리인가를 정밀하게 검토해 보십시오(왜냐하면 그것은 당신에게 매우 중요하기 때문입니다). 당신의 지배적 원리는 하나님에 대한 사랑입니까? 하나님에 대한 두려움입니까? 혹은 그 어느 쪽도 아닙니까? 그것은 도리어 이 세상에 대한 사랑은 아닙니까? 쾌락이나 이득, 안락이나 세상의 평가에 대한 사랑은 아닙니까? 만일 그렇다면 당신은 유대인의 상태까지도 와 있지 않습니다. 당신은 여전히 단지 이교도에 불과합니다. 당신은 마음속에 하늘을 지니고 있습니까? 당신은 "아빠, 아버지"라고 늘 부르는, 양자의 영을 가지고 있습니까? 그렇지 않으면, 당신은 슬픔과 두려움에 압도되어 "스올의 뱃속에서(욘 2:2)" 요나처럼 하나님을 향해 부르짖는 것입니까? 혹은 당신은 이 모든 사안에 서툴러 내가 의미하는 바를 상상할 수 없는 것입니까? 이교도여, 가면을 벗으십시오! 당신은 결코 그리스도를 옷 입지 않았습니다. 민낯으로 서십시오. 하늘을 우러러 보십시오. 그리고 영원히 살아 계신 분 앞에만 서십시오. 당신이 하나님의 자녀들이나 하나님의 종들과는 전혀 관계가 없는 자임을 고백하십시오.

당신이 누구이든지 간에 문제는 당신이 죄를 범하는가 혹은 죄를 범하지 않는가에 달려 있습니다. 만일 죄를 범한다면, 죄를 즐기기 때문입니까? 그렇지 않다면 어쩔 수 없어서입니까? 어느 경우이든 하나님은 당신이 누구에게서 나온 자인지 말씀해 주셨습니다. "죄를 짓는 사람은 마귀에게 속해 있습니다(요일 3:8)." 만일 당신이 즐겨 죄를 범한다면, 당신은 마귀의 충실한 종입니다. 마귀는 당신의 노고에 보답하는 일을 게을리하지 않을 것입니다. 만일 어쩔 수 없이 죄를 범하더라도 당신은 역시 마귀의 종입니다. 마귀의 손에서 하나님이 당신을 구출하십니다!

당신은 날마다 모든 죄에 대하여 싸우고 있습니까? 그리고 날마다 이기고도 남음이 있습니까? 나는 당신을 하나님의 자녀로 인정합니다. 아, 당신의 빛나는 자유 안에 굳게 서십시오. 당신은 싸우고는 있으나 정복하고 있지는 않습니까? 승리를 얻고자 애를 써도 얻어지지 않습니까?

그렇다면 당신은 아직 그리스도 안에 있는 신자는 아닙니다. 그러나 그 길을 계속 따라가십시오. 그러면 당신은 주님을 알게 될 것입니다. 당신은 조금도 싸우지 않고 도리어 안이하며 게으르게 해로운 생활을 보내고 있습니까? 아, 어떻게 당신은 그리스도의 이름으로 말하는 일을 감히 할 것입니까? 그것은 단지 이교도 사이에서 그 이름을 비난받게 할 따름이 아닙니까? 깨어나십시오. 당신 잠자는 자여! 깊은 것이 당신을 삼켜 버리기 전에 당신의 하나님을 부르십시오!

2. 왜 이처럼 많은 사람이 정당한 평가 이상으로 자기를 높이 평가할까요? 왜 그들이 자신의 상태를 분별하지 못할까요? 하나의 이유는 여러 가지 영혼의 상태(state)가 종종 함께 섞여 있고, 또 어느 정도 한 사람의 동일인 안에서 만나고 있기 때문입니다. 이처럼 경험은 율법적 상태 혹은 두려움의 상태가 가끔 자연적인 상태와 섞여 있다는 것을 보여 줍니다. 왜냐하면 죄 가운데 그처럼 깊이 잠자고 있는 사람들은 매우 적고, 그들은 때로 다소라도 깨어 있기 때문입니다. 하나님의 영이 "인간의 부르짖음을 기다리지(미 5:7)" 않듯이 어떤 때는 하나님께서는 다른 자들이 자신에 대해 듣기를 원하십니다. 적어도 잠시 이교도가 "자기들은 인간에 지나지 않음을 아는(사 44:11)" 것처럼 하나님께서는 그들을 두려움 가운데 두십니다. 그들은 죄의 무게를 느끼고 또 열심으로 장차 올 진노에서 도피할 것을 열망하고 있습니다. 그러나 그것은 오래 계속되지는 않습니다. 그들은 죄의식의 화살이 영혼에 깊이 꽂히기를 그다지 허락하지 않습니다. 차라리 하나님의 은혜를 신속하게 질식시켜서 진흙탕 속에 뒹구는 일로 돌아가는 것입니다.

같은 방식으로 복음적 상태 혹은 사랑의 상태는 흔히 율법적 상태와 섞여 있습니다. 왜냐하면 두려움을 품게 하는 종의 영을 가진 사람들 가운데 언제나 희망 없는 상태에 머물러 있는 자는 적기 때문입니다. 지혜로우시고 은혜로우신 하나님은 이 상태를 허용하시는 일이 흔하지 않습니다. "이는 하나님이 우리가 먼지임을 기억하시기 때문입니다(시 103:14)." 하나님은 "육체 혹은 자기가 만드신 영이 자기 앞에서 상하는 것(시 142:3)"을 원하지 않으십니다. 그러므로 자신이 좋다고 생각하실 때 하나님은 흑암 속에 앉아 있는 자들에게 새벽의 빛을 주십니다. 하나님은 그 선의 일부분을 그들 앞으로 지나가게 하시고 그래서 자신이 "기도를 들으시는 하나님(시 65:2)"이신 것을 보이십니다. 그들은 그것이 아직 저 멀리에 있지만 그리스도 예수를 믿는 신앙으로 말미암아 그 약속을 봅니다. 그 결과 그들은 "자신 앞에 놓인 경주의 길을 견디며 달려가도록(히 12:1)" 용기를 얻습니다.

3. 많은 사람들이 자기를 속이게 되는 또 하나의 이유는, 인간이 꽤 멀리까지 노력하더라도 아직 그는 자연적인, 혹은 고작해야 율법적인 상태에 있다는 사실을 고려하지 않는다는 것입니다. 인간은 아마 자비심이 많고 동정심이 풍부한 기질의 존재일 수 있습니다. 그는 아마 상냥하고 예의 바르며 편견이 없고 친절한 인간일 수 있습니다. 그는 아마 어느 정도의 온유와 인내와 절제를 가졌고 다른 많은 도덕적 미덕을 가지고 있을 수 있습니다. 그는 아마 모든 악덕을 떨어버리고 보다 높은 정도의 미덕에 도달하려고 하는 많은 욕망을 느낄 수 있습니다. 그는 많은 악을, 아마 정의, 자비, 혹은 진리에 몹시 반대되는 모든 것을 끊을 수 있을 것입니다. 그는 아마 많은 선을 행하며, 주린 자에게 먹을 것을 주고, 벗은 사람에게 의복을 입히며, 과부나 고아들을 돌볼 수 있을 것입니다.

그는 아마 공중 예배에 출석하고, 사생활에서 기도하며, 많은 신앙 서적을 읽을 수 있을 것입니다. 그렇지만 이 모든 것에도 불구하고 그 또한 자기 자신도 하나님도 모르는 단순한 자연적인 인간일지도 모릅니다. 이런 경우에 그는 회개한 일도 없고, 또 복음을 믿은 일도 없고, 두려움을 품게 하는 영에 대해서나 또는 사랑의 영에 대해서 전혀 모르는 사람입니다.

그러나 가령 이런 모든 것에 하나님의 진노에 대한 큰 두려움과 함께 죄에 대한 깊은 확신이 더해지고, 모든 죄를 내던지고 모든 의를 완성하려는 열렬한 욕망, 희망 안에서의 끊임없는 희열과 종종 영혼을 빛내 주는 사랑의 접촉이 가해졌다 해도, 그래도 여전히 그러한 일은 인간이 은혜 아래 있으며 참되고 살아 있는 그리스도교 믿음을 가졌다는 것을 증명하지 않습니다. 그 증명은 양자의 영이 그의 마음속에 머물러서 그가 끊임없이 "아빠, 아버지(롬 8:15)"라고 부를 수 있을 때가 되면서부터 가능해집니다.

4. 그래서 그리스도의 이름으로 부르심을 받은 당신은 당신의 높은 소명의 목표에 도달하지 못하는 일이 없도록 조심하는 것이 좋습니다. 당신은 좋은 그리스도인으로 여겨지는 너무나 많은 사람들과 함께 자연적인 상태 안에 머물러 버린다거나, 혹은 사람들 사이에서 크게 높임을 받는 사람들이 보통 그런 상태로 살다가 죽는 율법적인 상태 안에 머물러 버려서는 안 됩니다. 그뿐 아니라 만일 당신이 얻을 때까지 계속 따라간다면 하나님은 당신을 위해 더 좋은 것들을 준비해 두셨습니다. 당신이 부르심을 받은 것은 마귀와 같이 두려워 떨기 위해서가 아니요, 하나님의 천사들처럼 기뻐하고 사랑하기 위해서입니다. "마음을 다

하며 목숨을 다하며 힘을 다하며 뜻을 다하여 주 너의 하나님을 사랑(눅 10:27)"하십시오. 당신은 "항상 기뻐하고", "쉬지 말고 기도하며", "범사에 감사(살전 5:16~18)"하지 않으면 안 됩니다. 당신은 하늘에서 이루어진 것처럼 땅에서도 하나님의 뜻을 이루어야 합니다. 아, 당신은 "하나님의 선하시고 기뻐하시고 온전하신 뜻을(롬 12:2)" 입증해야 합니다. 이제 당신 자신을 "하나님이 기뻐하시는 거룩한 산 제물로 드리십시오(롬 12:1)." "앞에 있는 것을 잡으려고 온몸을 앞으로 기울여(빌 3:13)" "이미 얻은 바를 굳게 잡아야(빌 3:16)" 합니다. 그리고 마침내 "평강의 하나님께서 예수 그리스도를 통하여 그가 기뻐하시는 일을 당신에게 행하여 주시고 당신이 그의 뜻을 행할 수 있도록 온갖 선한 것으로 당신을 완전하게 해 주시는" 것입니다. "영광이 세세무궁토록 있기를 기원합니다(히 13:20~21)." 아멘.

10
성령의 증거
The Witness of the Spirit

말 위에서 독서하는 웨슬리
A statue of John Wesley on horseback, The New Room Chapel, Bristol

성령이 친히 우리의 영과 더불어 우리가 하나님의 자녀인 것을 증언하시나니
(롬 8:16)

1. 많은 사람들이 자기가 말하는 것이나 확신한다고 하는 것도 바로 깨닫지 못하여 이 성서의 말씀을 곡해함으로써 얼마나 많은 손실을 가져왔는지 모릅니다. 영혼의 멸망을 가져오지는 않았다 할지라도 많은 사람들이 자기 자신의 상상에서 나오는 음성을 성서에 있는 "하나님의 영의 증거"라고 잘못 생각하여, 마귀의 일을 하고 있으면서도 자신들은 하나님의 자녀라고 부질없이 추측하고 있습니다. 이런 이들은 진실로 나쁜 의미에서의 광신자라고 해야 마땅한 사람들입니다. 그러나 그들이 이 도리를 납득하기는 극히 어렵고, 특히 오류의 영에 깊이 빠져 있다면 더욱 어려운 노릇입니다. 그들은 자기 자신을 알기 위한 모든 노력을 하나님에 대항하여 싸우는 지식으로 여길 것입니다. 그리고 성급하고 격렬한 정신, 곧 그들이 믿음에 대한 열심 있는 주장이라고 부르는 것들이 우리가 인정하는 통상적인 확신의 방법들을 훨씬 넘어 있습니다. 그래서 우리는 이것을 "사람의 힘으로는 불가능한 일"이라고 말할 정도입니다.

2. 많은 이성적인 사람들이 이런 망상의 무서운 결과를 보고, 할 수 있는 한 이것으로부터 멀리하려는 노력 때문에 때로 또 다른 극단으

로 기울어진다면 누가 놀라지 않겠습니까? 즉 어떤 사람이 저지른 통탄스러운 잘못에 관한 증거를 말하는 사람을 믿으려고 하지 않는다면, 공포스럽게 남용한 표현을 사용한 그런 사람들을 거의 열광주의자로 결정할 준비가 되어 있다면 누가 놀라지 않겠습니까? 만일 그들이 여기서 말한 고백의 증거가 평균적 그리스도인의 특권인지 오히려 사도 시대에만 있었던 것으로 가정되는 예외적인 은사인지 아닌지 질문해야 한다면 누가 놀라지 않겠습니까?

3. 그러면 우리는 이 양극단의 어느 하나에 치우쳐야만 하는 것입니까? 우리는 이 극단의 중용의 과정을 걸어갈 수는 없겠습니까? 다시 말해, 하나님의 은사를 부인하지 않고 그릇된 영과 열광주의에 대하여 충분한 거리를 지키면서, 즉 하나님의 위대한 자녀가 가지는 특권을 포기하지 않고 나아갈 수는 없습니까? 분명히 우리는 중용의 도를 걸어갈 수 있습니다. 이렇게 하기 위하여 우리는 하나님의 현존 안에서, 하나님을 경외하는 마음으로 다음의 사안을 숙고해 봅시다.

I. 여기서 말하는 우리 영의 증거 또는 증언이란 무엇입니까? 하나님의 영의 증거란 무엇입니까? 그리고 어떻게 하나님께서 우리의 영과 더불어 우리가 하나님의 자녀인 것을 증거하십니까?
II. 이 하나님의 영과 우리의 영이 결합된 증거가 어떻게 자연적 마음의 추측이나 마귀의 망상으로부터 분명하고 굳건하게 구별됩니까?

I

1. 첫째, 우리는 우리 영의 증거 또는 증언이란 무엇인가를 고찰해 봅시다. 나는 여기서 하나님의 영의 증거를 삼켜 버리고 우리 인간 영의 합리적인 증거만을 주장하는 사람들에게 다음과 같은 것을 관찰하라고 권하지 않을 수 없습니다. 즉 본문에서 사도 바울은 우리의 영의 증거만을 말하고 있다고 볼 수 없다는 것입니다. 그래서 우리는 바울이 우리 영의 증거에 대하여 도대체 조금이라도 말하고 있는지, 혹은 하나님의 영의 증거에 대해서만 말하고 있지 않은지, 질문해 보아야 합니다. 이것은 겉으로 드러나지는 않지만 원문을 보면 잘 이해됩니다. 사도 바울은 앞 절에서 "너희는 양자의 영을 받았으므로 아빠 아버지라고 부르짖느니라(롬 8:15)"고 말하고, 이어서 "Auto to pneuma(어떤 사본은 to auto pneuma로 읽음) summarturei tv pneumati hmvn, oti esmen tekna theou; αὐτὸ τὸ Πνεῦμα συνμαρτυρεῖ τῷ πνεύματι ἡμῶν, ὅτι ἐσμὲν τέκνα Θεοῦ."라고 말했습니다. 이 말씀은 "그 같은 영이 우리 영에게 우리가 하나님의 자녀인 것을 증언합니다."로 번역될 수 있습니다. (여기서 전치사 '쑨(συν)'은 하나님께서 우리로 하여금 당신을 아빠 아버지라고 부르게 하는 바로 그때 그가 증거하신다는 사실을 드러내는 전치사입니다.) 그러나 나는 이 번역에 만족하지 않습니다. 왜냐하면 많은 성서 구절들을 모든 실제적 그리스도인의 체험과 함께 보면, 모든 신자에게는 하나님의 영의 증거와 또한 그가 하나님의 자녀라는 그 자신의 영의 증거가 있다는 것이 너무나 분명하기 때문입니다.

2. 그 자신의 증거에 관해서 말하자면 하나님의 자녀의 특징을

묘사하고 있는 여러 성서 구절에서 근거를 찾을 수 있습니다. 아주 명백하게 기록되었기 때문에 성급한 사람도 그것을 알게 될 것입니다. 고금의 많은 저자들이 이런 여러 성서 본문을 수집하고 기록했습니다. 그 이상 더 분명히 알고 싶은 사람이 있다면 그는 하나님 말씀의 설교를 듣거나 은밀한 가운데 하나님 말씀을 명상하고 또 하나님께서 하시는 방법에 대한 지식을 가지고 있는 사람들과 대화함으로써 더 잘 알 수 있을 것입니다. 그리고 바울이 "형제들아 지혜에는 아이가 되지 말고 악에는 어린아이가 되라 지혜에는 장성한 사람이 되라(고전 14:20)"고 말씀한 대로 하나님께서 주신 종교는 소멸케 하는 것이 아니라 완전케 하는 것임을 이해하고 추리함으로써, 즉 이런 성서의 표적을 자기 자신에게 적용시켜 봄으로써 자기가 하나님의 자녀인지 아닌지 알 수 있을 것입니다. 이와 같이 첫째, 자기가 성령으로 인도함을 받아 거룩한 성품과 행동을 가진 사람인 것을 알면 그 사람은 하나님의 자녀인 것입니다(이에 대해서는 성서가 분명한 확신을 주고 있습니다. 롬 8:14). 둘째, 나는 이와 같이 하나님의 영에 의하여 인도함을 받았으니 "그런고로 나는 하나님의 자녀라." 하고 쉽게 결론지을 수 있을 것입니다.

3. 이것과 일치하게 사도 요한은 그의 첫 번째 서간에서 다음과 같이 분명히 말하였습니다. "우리가 그의 계명을 지키면 이로써 우리가 그를 아는 줄로 알 것이요(요일 2:3)", "누구든지 그의 말씀을 지키는 자는 하나님의 사랑이 참으로 그 속에서 온전하게 되었나니 이로써 우리가 그의 안에 있는 줄을 아노라(요일 2:5)", "너희가 그가 의로우신 줄을 알면 의를 행하는 자마다 그에게서 난 줄을 알리라(요일 2:29)", "우리가 형제를 사랑함으로 사망에서 옮겨 생명으로 들어간 줄을 알거니와(요일

3:14)", "이로써 우리가 진리에 속한 줄을 알고 또 우리 마음을 주 앞에서 굳세게 하리니(요일 3:19)", 즉 우리의 "말과 혀로만 피차 사랑하는 것이 아니요 행함과 진실함으로 하자(요일 3:18)." 그리고 그가 성령을 우리에게 주심으로 "우리가 그 안에 거하고 그가 우리 안에 거하시는 줄을 아나니 이는 우리에게 주신 (순종의) 성령으로 말미암음이니라(요일 3:24)."

4. 아마도 세상의 태초부터 지금까지 하나님의 자녀 가운데서 이런 말을 쓰고 있는 사도 요한이나 그의 글을 받는 그리스도 안에서 아버지된 자들(요일 2:13~14) 이상으로 하나님의 은총과 우리 주 예수 그리스도를 아는 지식에서 앞선 사람은 없을 것입니다. 사도 자신이나 하나님의 전(殿)에 기둥된 사람들(계 3:2)은 모두 그들이 하나님의 자녀라는 증거들을 받아들이기를 주저하지 않았습니다. 그리고 이 증거들로써 자기들의 믿음을 확립하기 위하여 자기 삶에 적용시켰습니다. 그러나 이것은 다른 것이 아니라 바로 우리 영의 합리적인 증거와 증언과 추리와 이해입니다. 이것들은 다음과 같이 요해(了解)할 수 있습니다. "이런 표적을 가진 사람은 하나님의 자녀입니다. 그런데 우리는 이런 표적을 가졌습니다. 그러므로 우리는 하나님의 자녀입니다."

5. 우리가 가지고 있는 표적들이 어떻게 증거가 됩니까? 이것이 아직 남아 있는 문제입니다. 우리가 하나님과 이웃을 사랑하며 그의 계명을 지킨다는 것이 어떻게 나타납니까? 이 질문이 의미하는 바는 이것이 타인에게 어떻게 나타나느냐의 문제가 아니라 우리 자신에게 어떻게 나타나느냐의 문제임을 알아야 합니다. 그러면 나는 이런 질문을 하는 분에게 물어보고 싶습니다. 즉 당신이 살고 있다는 것, 그리고 당신이 지

금 고통 가운데 있지 않고 편안하다는 것이 어떻게 당신에게 나타납니까? 당신은 즉각적으로 그것을 알지 않습니까? 그와 마찬가지로 당신의 영혼이 하나님을 향해 살아 있다면, 또한 당신이 넘치는 진노의 고통에서 구원받아 온유하고 잠잠한 영에 속한 평안을 가지고 있다면, 당신은 그것을 즉각적으로 알 것입니다. 만일 당신이 하나님을 사랑하고 즐거워하고 그 안에서 좋아한다면, 같은 방법으로 당신은 그것을 지각하지 않을 수 없습니다. 또한 당신이 이웃 사랑하기를 자기 몸 사랑하듯 하며 온 인류에게 친절한 생각을 가지고 양선과 인내로 채워져 있다면, 같은 모양으로 당신은 그것을 직접 확신하게 될 것입니다.

또한 하나님 자녀의 외적 표적에 대해서도, 곧 사도 요한이 말하는 바 그의 계명을 지키는 일에 대해서도, 만일 그것이 하나님의 은혜로 당신에게 있는 것이라면, 당신은 의심 없이 마음속에서 그것을 알 것입니다. 당신의 양심은 매일같이 진실함과 경건함으로, 또는 존경하는 마음과 두려운 마음으로 하지 않고 하나님의 성호를 입술로만 부르는 것은 아닌지, 또 안식일을 기억하여 거룩하게 지키는지 안 지키는지, 당신은 부모를 공경하는지, 당신이 대접을 받고자 하는 대로 남을 대접하는지 안 하는지, 또 당신의 몸을 거룩하고 존귀하게 가지는지 안 가지는지, 또 먹든지 마시든지 절제 있게 하며 이 모든 것을 하나님의 영광을 위하여 하는지 안 하는지를 당신에게 고하고 있습니다.

6. 이것이 정말 우리 영의 증거입니다. 곧 하나님께서 우리 마음도 거룩하게 하시며 외적인 행동에서도 거룩하게 해 주셨다는 양심의 증거입니다. 이것이 우리가 양자의 영 안에서, 또한 그의 영에 의하여 하나님의 말씀에 기록된, 곧 하나님의 양자에 속하는 성품을 받았다는 의

식입니다. 이 성품은 곧 하나님과 온 인류를 사랑하는 마음입니다. 이는 우리 아버지 하나님께 어린아이와 같이 신뢰하고 매달려 모든 걱정을 버리고 하나님만 바라면 그리스도께서 우리를 위하여 생명을 버리신 것과 같이 우리는 형제를 위하여 생명을 버릴 만큼 진실하고 부드러운 사랑을 가지고 모든 사람을 받아들이는 것입니다. 다시 말해서, 이는 영에 의하여 그의 아들의 형상과 내적으로 일치되었다는 의식으로, 곧 우리가 하나님이 기뻐하시는 것들을 행하면서 하나님 앞에서 의와 자비와 진리 가운데 걷는다는 의식입니다.

7. 그러면 이 증거 위에 덧붙여지는, 아니 합쳐지는 하나님의 영의 증거는 무엇입니까? 어떻게 하나님께서 우리 영과 더불어 우리가 하나님의 자녀임을 증명하십니까? 하나님께 속한 이 깊은 것들을 표현할 적당한 말을 인간 언어에서 발견하기가 어렵습니다. 참으로 하나님의 자녀들이 체험하는 것을 적절하게 표현할 말은 없습니다. 그러나 우리는 (하나님께로부터 이 표현을 바로 잡거나 부드럽게 하거나 또는 강하게 하는 법을 배운 사람이 있다면 좋을 터인데) 하나님의 영의 증거라는 것은 영혼 위에 나타나는 하나의 내적 인상(an inward impression on the soul)으로, 이로써 하나님의 영은 우리 영에게 우리가 하나님의 자녀인 것을 직접 증거하신다고 말할 수 있을 것입니다. 즉 이로써 하나님의 영은 우리 영에게 예수 그리스도께서 나를 사랑하사 나를 위하여 자기 몸을 주셨으므로 나의 모든 죄는 지워지고 나, 심지어 나 같은 사람도 하나님과 화목되었노라고 증거하시는 것입니다.

8. 하나님의 영의 증거는 그 이치로 보아 우리 자신의 영의 증거

에 선행(先行)하여야 합니다. 이것은 다음의 한 가지 사실만을 고려해 보아도 분명합니다. 즉 우리는 우리의 마음과 생활이 거룩하다는 것을 의식하기 전에 우리의 마음과 생활이 거룩하지 않으면 안 되는 것입니다. 다시 말해서, 우리가 내적으로나 외적으로나 거룩하다는 우리 영의 증거를 가지기 전에 먼저 우리의 마음과 생활이 거룩하지 않으면 안 된다는 것입니다. 우리는 우리가 전적으로 거룩해질 수 있기 전에 하나님을 사랑하여야 합니다. 이것이 모든 성결의 뿌리입니다. 이제 하나님께서 우리를 사랑하신다는 것을 우리가 알기 전에는 우리가 하나님을 사랑할 수 없습니다. "우리가 그를 사랑함은 그가 먼저 우리를 사랑하셨기 때문입니다(요일 4:19)." 또한 우리는 그의 영이 우리 영에게 증거하시기까지 하나님의 용서하시는 사랑을 알 수 없습니다. 그러므로 하나님의 영의 증거가 하나님의 사랑과 모든 성결에 앞서는 것과 같이 그 후에 오는 성령의 증거도 이에 대한 우리의 내적 의식, 즉 이에 대한 우리 영의 증거에 선행하여야 하는 것입니다.

9. 그때에야, 즉 하나님의 영이 우리 영과 더불어 "하나님께서 너를 사랑하여 그의 아들을 너의 죄를 위한 화목제물로 주셨으니 하나님의 아들이 너를 사랑하사 그의 보혈로써 너를 죄에서 씻었느니라." 하고 증거하실 때, 비로소 우리는 그가 우리를 먼저 사랑하신 까닭에 하나님을 사랑하게 되며, 우리의 형제도 사랑하게 됩니다. 이것을 우리 자신은 의식하지 않을 수 없습니다. 즉 우리는 그것이 하나님께로부터 값없이 주어진 것임을 알게 됩니다. 우리가 하나님을 사랑하고 그의 계명을 지키는 것을 알며 이로써 우리가 하나님께 속한 것을 압니다(요일 5:19). 이것이 곧 우리 영의 증거로, 우리가 계속하여 하나님을 사랑하고 그의 계

명을 지키는 동안은 하나님의 영의 증거와 계속적으로 연합되어 우리가 하나님의 자녀인 것을 증거하는 것입니다.

    10. 이 문제를 언급할 때, 마치 하나님의 영의 역사를 우리의 영의 증거에서조차 배제하는 것처럼 이해해서는 안 됩니다. 결코 그런 일이 있을 수 없습니다. 우리 속에서 선을 행하시는 분은 하나님이시며, 또한 그의 하시는 일을 드러내며 그가 하신 일을 분명하게 가르쳐 주시는 분도 하나님이십니다. 따라서 사도 바울에 의하면, 우리가 성령을 받는 큰 목적은 하나님께서 값없이 주신 은혜를 우리가 알도록 하는 데 있습니다. 또한 하나님께서 우리의 "단순함과 신성한 성실함"에 영향을 주심으로써 우리 양심의 증거를 강하게 하시며, 지금 우리가 하나님을 기쁘시게 하는 일을 하고 있다는 것을 우리가 아주 똑똑히 분별하도록 하려는 것입니다.

    11. "하나님의 영이 어떻게 우리 영과 더불어 우리가 하나님의 자녀인 것을 즐거워하며, 모든 의심을 없애고 그의 자녀된 사실을 증명하느냐?"라고 묻는다면, 그 대답은 위에서 성찰해 본 것에서 분명해집니다. 첫째, 우리 영의 증거에 대하여 알아보기로 합시다. 영혼이 땅 위에서 어떤 것을 사랑하고 좋아하면 그것을 아주 가까이서 분명하게 아는 것과 같이, 영혼이 하나님을 사랑하고 즐거워하고 기뻐할 때 그것을 친근하고 분명히 아는 것을 말합니다. 그리고 영혼이 존재하느냐 존재하지 않느냐에 대하여 의심할 여지가 없는 것처럼, 영혼이 사랑하고 즐거워하고 기뻐하는가 그렇지 않은가에 대해서도 의심할 여지가 없습니다. 그러므로 지금 하나님을 사랑하고 겸손한 환희 속에서 기뻐하고 즐거워하며

거룩한 기쁨과 순종하는 사랑을 가진 자라면, 하나님의 자녀입니다. 곧 "나는 이같이 하나님을 사랑하고 좋아하고 기뻐한다. 그러므로 나는 하나님의 자녀이다."라고 말하게 될 것입니다.

따라서 그리스도인은 자기가 하나님의 자녀인 것을 결코 의심할 수 없습니다. 앞의 첫 번째 명제에 관하여 그는 성서가 하나님께로부터 왔다는 것에 대한 확신과 똑같은 완전한 확신을 갖게 됩니다. 그리고 그는 이 같은 하나님께 대한 사랑에 대하여 극히 자명한 내적 증거를 가지고 있습니다. 이처럼 우리 영의 증거는 가장 온전한 확신에 찬 채로 우리 마음에 나타나 우리의 자녀됨의 실상을 증명하는 데 거침이 되는 모든 합리적인 의심을 극복합니다.

12. 하나님의 증거가 어떻게 우리 마음에 나타나 보이느냐 하는 방법에 대해서 나는 감히 설명하고자 하지 않겠습니다. 그런 지식이란 나에게 너무도 놀랍고 탁월한 것이 되어 나는 그런 곳에 도달할 수 없기 때문입니다. 바람이 불면 그 소리는 듣지만, 그것이 어디서 와서 어디로 가는지 말할 수 없는 것과 같습니다. 사랑에 속한 일은 그 속에 있는 사람의 영이 아니고서는 알 수 없는 것과 같이 하나님에게 속한 것도 마찬가지로 하나님의 영이 아니고는 알 수 없는 것입니다. 그러나 이 사실만은 우리가 압니다. 즉 하나님의 영이 신자에게 그의 양자됨을 증거하신다는 사실입니다. 그리고 하나님의 영이 영혼에 현존할 때에는 마치 작열하는 태양 볕 아래 섰을 때 그 볕을 의심할 수 없는 것처럼, 그는 자녀됨의 실재를 더 이상 의심할 수 없습니다.

II

1. 그러면 다음으로 하나님의 영과 우리 영이 함께하는 증거(joint testimony)를 어떻게 사람 마음의 추측과 마귀의 망상으로부터 분명하고도 확실하게 구분할 수 있는지 고찰해 보고자 합니다. 자기 영혼을 스스로 기만하지 않도록 아주 깊은 관심을 가지고 이 과제를 숙고한다는 것은 하나님의 구원을 갈망하는 모든 사람에게 가장 중요합니다. 이것이 잘못되면 그 사람은 대체로 가장 치명적인 결말을 맞이합니다. 왜냐하면 이런 과오를 범한 사람이 자기의 실수를 발견하였을 때는 이미 늦어서 해결할 수 없기 때문입니다.

2. 그러면 먼저 이 증거는 자연적인 마음의 추측과 어떻게 구별됩니까? 죄를 깨닫지 못해 본 사람은 늘 은근히 자기를 부풀려 특별한 영적 일에서 마땅히 생각해야 할 그 이상으로 생각합니다. 여기서 육신의 생각으로 쓸데없이 교만해진 자가 참 그리스도인의 특권에 대하여 이야기를 들었을 때 자기도 의심할 여지 없이 그들의 대열에 낄 수 있다고 생각하고, 나아가 자기도 이런 것을 이미 가졌노라고 생각하는 것은 결코 이상한 일이 아닙니다. 이런 예가 지금도 세상에 많습니다. 모든 시대에도 많이 있었습니다. 그러면 성령이 우리 영과 더불어 증거하는 참 증거를 몹쓸 억측에서 어떻게 구별할 수 있겠습니까?

3. 나는 대답합니다. 성서에 이들을 서로 분간케 하는 표적들이 많이 있습니다. 성서의 말씀은 아주 평이하게 참되고 순수한 하나님의

영이 신자의 영보다 앞서거나, 신자의 영과 동반하거나, 신자의 영을 뒤따르는 여러 환경들을 묘사하고 있습니다. 이를 조심스럽게 비교하며 이런 말씀에 귀를 기울여 듣는 자는 누구든지 분명한 것을 알게 됩니다. 영의 참 증거와 그럴듯한 가짜 증거 사이에는 모든 면에서 큰 차이가 있음을 알게 될 것입니다. 이 양자를 혼동할 위험도 없고 그럴 가능성도 없습니다.

4. 이리하여 하나님의 은사를 공연히 헛되게 하는 사람은, 그가 참으로 원하기만 한다면 자기가 지금까지 심한 망상에 빠져 있었고 거짓을 믿고 있었던 것을 분명히 알게 될 것입니다. 왜냐하면 성서는 은사에 앞서거나 은사를 수반하거나 혹은 그 뒤를 따르는 여러 명백한 표적들을 말하기 때문입니다. 이 은사들은 전에는 몰랐지만 조금 생각하면 모든 의심을 초월하여 깨달을 수 있는 것입니다. 예를 들면, 성서는 회개 곧 죄를 깨닫는 것을 늘 이 사죄의 증거에 앞서 오는 것이라고 묘사하고 있습니다. 그러므로 "회개하라 천국이 가까이 왔느니라(마 3:2)", "회개하고 복음을 믿으라(막 1:15)", "너희가 회개하여 각각 예수 그리스도의 이름으로 세례를 받고 죄 사함을 받으라(행 2:38)", "너희가 회개하고 돌이켜 너희 죄 사함을 받으라(행 3:19)" 하였습니다. 우리 교회도 이와 일치하여 늘 회개를 사죄나 사죄의 증거 앞에 놓고 있습니다. 하나님은 진심으로 회개하고 거짓 없이 거룩한 복음을 믿는 자를 용서하시고 사죄해 주십니다. 전능하신 하나님께서는 마음의 회개와 참믿음을 가지고 자기에게 돌아오는 모든 자에게 사죄의 약속을 하셨습니다. 그러나 하나님의 은사를 헛되게 하는 사람은 이런 회개조차 낯설어하는 자이며, 상하고 통회하는 심정을 모르는 자이며, 죄의 기억으로 인해 근심해 보지

못하고 그로써 견딜 수 없는 무거운 짐을 느껴 보지 못한 자입니다. 그런 사람은 이런 말들을 반복하지만 자기가 말하는 것이 무엇을 의미하는지 알지 못하는 자입니다. 단지 하나님이 듣기 좋도록 한 것뿐입니다. 그리고 하나님께서 앞서 하시는 일(회개-역자 주)이 없었다면 그는 단지 그림자만을 붙잡았을 뿐이고, 하나님의 자녀들이 누리는 참된 특권을 한 번도 아는 바 없었다는 것을 믿기에는 지나치게 큰 이성을 가지고 있습니다.

5. 다시 성서는 하나님께로부터 나는 것에 대해 광대하고 능력 있는 변화라고 말합니다. 이것은 우리가 하나님의 자녀라는 증거보다 앞서야 합니다. 이 변화는 흑암에서 광명으로의 변화요, 사탄의 세력에서 하나님께로 옮겨지는 변화입니다. 사망에서 생명으로 옮겨지는 것이니, 곧 사망에서의 부활입니다. 사도 바울은 에베소서에서 "허물과 죄로 죽었던 너희를 살리셨도다(엡 2:1)"라고 말했습니다. 그리고 또한 "허물로 죽은 우리를 그리스도와 함께 살리셨고 또 함께 일으키사 그리스도 예수 안에서 함께 하늘에 앉히시느니라(엡 2:5~6)" 하였습니다. 그러나 하나님의 은사를 헛되게 하는 사람은 우리가 지금 말하는 사람의 이 같은 변화에 대하여 무엇을 알고 있습니까? 그는 이 문제 전체를 전혀 모르고 있는 것입니다. 이것은 그가 이해하지 못하는 언어입니다. 그는 당신에게 자신이 늘 그리스도인이었다고 말합니다. 그가 언제 그런 변화가 필요한 때가 있었는지 모르고 있습니다. 이것을 곰곰이 생각한다면, 그는 아마도 자기가 영적으로 태어나지 못한 것을 알게 될 것입니다. 자기가 아직 하나님을 알지 못하고, 자연의 소리를 하나님의 음성으로 잘못 알고 있다는 것을 깨닫게 될 것입니다.

6. 그러나 우리가 과거에 체험했거나 체험하지 못한 것들을 곰곰이 생각하는 가운데 현재의 표적들을 가지고 우리는 뻔뻔하게 자기를 속이는 자들 속에서 하나님의 자녀를 손쉽게 구별해 낼 수 있을 것입니다.

성서는 성령의 증거에 동반하는 주 안에서의 기쁨을 겸손한 희락이라고 묘사합니다. 이 기쁨은 용서함을 받은 죄인이 아주 겸손하게 "오, 나는 미천합니다. 내가 무엇입니까? 내 아비의 집은 무엇입니까? 내가 이제는 눈으로 주를 뵈옵나이다. 그러므로 내가 스스로 거두어들이고 티끌과 재 가운데서 회개하나이다." 하고 부르짖게 만드는 기쁨인 것입니다. 겸손이 있는 곳에 온유와 인내와 양선과 오래 참음이 있습니다. 거기에 부드러움과 복종하는 정신이 있고, 유화와 선함이 있으며, 말로 표현할 수 없는 영혼의 부드러움이 있습니다. 그런데 이런 열매들이 뻔뻔한 사람들의 추측으로 생긴 영의 증거에 해당하는 것입니까? 정반대입니다. 그런 사람들은 하나님의 사랑에 있다고 자신을 가지면 가질수록 더욱 교만해집니다. 자기를 높이면 높일수록 그의 행동은 건방져집니다. 자기가 보다 강한 증거를 가지고 있다고 상상하면 할수록 자기 주위에 있는 사람들을 깔보게 됩니다. 그리하여 어떤 책망도 받을 수 없게 되고, 어떤 거슬리는 일도 참을 수 없게 됩니다. 그래서 보다 온유하고 친절하며 가르칠 만하고 듣기는 빨리하고 말하기는 더디하는 대신에, 듣기는 더디하고 말하기는 빨리하며 누구에게도 배우려 하지 않고 그 성격이 더욱 괄괄하고 과격해져서 행동에서도 화를 내게 됩니다. 그리하여 때로 그 사람은 마치 하나님의 손에서 일을 빼앗아 반대자들을 삼키려는 것처럼 그의 분위기에서나 말하는 습관과 모든 품행에서 포학해지게 됩니다.

7. 다시 한 번 성서는 가르치고 있습니다. 성서는 "하나님을 사랑하는 것"을 가르치며 이것의 분명한 표적은 "그의 계명을 지키는 것(요일 5:3)"입니다. 우리 주님께서도 친히 말씀하시기를 "나의 계명을 지키는 자가 나를 사랑하는 자이다(요 14:21)" 하셨습니다. 사랑은 즐겨 순종합니다. 사랑은 사랑하는 자에게 수락될 만한 것은 무엇이든지 즐겨 하고자 합니다. 하나님을 참으로 사랑하는 자는 그의 뜻이 하늘에서 이루어진 것처럼 땅 위에서 행하기를 서두릅니다. 그러나 이것이 하나님을 사랑하는 척하는 주제넘은 사람들의 특징이겠습니까? 아닙니다. 그들에게 하나님의 사랑은 계명을 불순종하여 범하고 지키지 않는 자유를 주는 셈입니다. 아마 그들은 하나님의 진노가 두려울 때는 그의 뜻을 행하려고 했을 것입니다. 그러나 지금은 자기 자신들이 율법 아래 있지 않다고 여기는 까닭에 율법을 지킬 의무가 없다고 생각하고 있습니다. 그러므로 전보다 선을 행하는 데 열심이 없으며, 악을 피하는 데도 덜 조심하고, 자기 마음을 지키며 자기 입술을 지키는 데도 소홀히 하고 열심을 덜 냅니다. 자기를 부정하고 매일 자기 십자가를 지는 데도 전보다 진실하지 못합니다. 한마디로 말해서, 그는 자기가 자유함을 받았다고 공상한 까닭에 그 생활의 전체 형식이 변화된 것입니다. 그는 이미 경건에 이르는 연습을 하지 않으며, 혈과 육과 싸우는 것뿐 아니라, 정사와 권세와 싸우는 일도, 어려운 일을 참는 일도, 좁은 문으로 들어가기 위하여 애쓰는 일도 하지 않습니다. 그들은 천국으로 가는 길로 아주 쉬운 길, 넓고 평탄하고 꽃핀 길을 발견한 것입니다. 그리고 거기서 자기의 영혼을 향하여 "영혼아, 평안히 쉬고 먹고 마시고 즐거워하자"라고 말합니다. 이는 자기 영의 참다운 증거를 얻지 못하였다는 결과임을 부정할 수 없습니다. 그는 자신이 갖지 못한 표적들을 가졌다고 의식할 수 없습니다. 곧

겸손, 온유, 순종, 또 진리의 하나님의 영이 분명히 거짓을 증거하거나 마귀의 자녀인 사람을 하나님의 자녀라고 증거할 수 없습니다.

8. 스스로 속이는 불쌍한 자여, 당신 자신을 발견하십시오. 하나님의 자녀라고 확신하는 자여, 스스로 말하기를 "나는 내 안에 증거가 있으니 모든 원수를 능히 대적할 수 있다."고 하는 자여! 그대 자신을 발견하십시오. 당신은 저울에 달아서 모자라는 사람입니다. 성전의 저울에 달아서 모자라는 사람입니다. 주님의 말씀이 이미 그대의 영혼을 시험하여 불량한 은임이 증명되었습니다. 당신은 마음이 겸손하지 못합니다. 그러므로 지금까지 예수의 영을 받지 못하였습니다. 당신은 자비롭지 못하고 온유하지 않습니다. 그러므로 기쁨은 아무 가치가 없고, 주 안에 있는 기쁨이 아닙니다. 당신은 하나님의 계명을 지키지 않습니다. 그러므로 당신은 하나님을 사랑하지도 않고 성령에 참여한 자도 아닙니다. 하나님의 영이 당신의 영과 더불어 그대가 하나님의 자녀인 것을 증거하지 않습니다. 하나님의 말씀이 분명하듯이 이것은 분명하고 확실한 것입니다. 오, 하나님께 부르짖으십시오. 당신의 눈에서 비늘이 떨어져 하나님이 당신을 아신 것처럼 당신 자신을 알 수 있도록 하십시오. 당신은 죽은 자를 일으키시는 음성을 들을 때까지 그대 자신 안에서 사형 선고를 받았습니다. 그 음성은 이것입니다. "안심하라, 네 죄 사함을 받았느니라. 네 믿음이 너를 구원하였다."고 하시는 음성을 들으십시오.

9. "그러나 자기 안에 실제 증거를 가진 사람이 어떻게 이를 추측과 구별할 수 있겠습니까?" 나는 반문합니다. 당신은 어두움에서 빛을 어떻게 구분합니까? 또 대낮의 태양 빛에서 별빛과 까물거리는 촛불을

어떻게 구별합니까? 이 양자 사이에는 본질적으로 고유한 차이가 있지 않습니까? 그러니 당신의 감각이 올바르다면 당신은 그 차이를 즉각적이며 직접적으로 알 수 있지 않습니까? 그와 같은 모양으로 영적 광명과 영적 흑암 사이에도, 의의 태양과 함께 우리 마음 위에 비추어지는 광명과 단지 우리 자신의 흥분에서 일어나는 깜박거리는 빛의 차이가 있는 것입니다. 그리고 이 차이도 우리의 영적 감각이 올바르게 배치되었다면 즉각적이고 직접적으로 지각될 수 있는 것입니다.

10. 우리가 이런 것을 분별할 수 있는 방법에 대해 보다 자세하고 철학적인 설명을 요구한다거나 우리가 하나님의 음성을 알 수 있는 어떤 표준 또는 내재적인 표적을 요구한다면, 그것은 대답할 수 없는 요구입니다. 그렇습니다. 하나님에 관해 아주 깊은 지식을 가진 사람이라도 대답할 수 없습니다. 예컨대 바울이 아그립바 앞에서 한 대답이 그런 것입니다. 한 현명한 로마인이 다음과 같이 질문했다고 생각해 봅시다. "그대는 하나님의 아들의 음성을 들었다고 말한다. 그러나 그대는 그것이 하나님의 음성이었다고 어떻게 아는가? 무슨 표준, 어떤 본질적인 표적에 의하여 그대는 그것이 하나님의 음성인 줄 아는가? 이것을 인간의 소리나 천사의 음성과 구별하는 방법을 나에게 설명하라." 여러분은 바울이 이런 쓸데없는 요청에 대답해 보려고 한 번이라도 시도했을 것이라고 믿습니까? 바울은 그 음성을 듣는 순간 의심 없이 그것이 하나님의 음성인 것을 알았던 것입니다. 그가 어떻게 이것을 알았을지 누가 설명할 수 있습니까? 이는 누구도, 심지어 천사라도 설명하지 못할 것입니다.

11. 한 걸음 더 나아가, 하나님께서 지금 어떤 사람에게 "네 죄가

사해졌다."라고 말씀하셨다고 생각해 봅시다. 하나님께서는 그 사람이 하나님의 음성을 알기 원하실 것이 틀림없습니다. 그렇지 않다면 하나님은 쓸데없이 말씀하시는 것이 될 것입니다. 하나님께서는 언제나 하시고자 할 때는 바로 그 자리에서 하시는 분입니다. 또 하나님께서는 실제로 하신 말씀을 수행하십니다. 따라서 우리 영혼은 이것이 "하나님의 음성"이라고 확신하게 됩니다. 그러나 자기 속에 그 증거를 가지고 있는 사람일지라도 그 증거를 아직 가지지 못한 사람에게 설명할 수 없습니다. 설명할 수 있다고 기대해서도 안 됩니다. 만약 하나님께 속한 이런 것들을 체험하지 못한 사람들에게 증명할 수 있는 어떤 자연적인 매개물이나 설명할 수 있는 자연적인 방법이 있다면, 이것은 자연적인 사람이라도 하나님의 영의 일들을 알고 식별할 수 있다는 것입니다. 그러나 이것은 사도 바울이 주장한 것과 정반대입니다. 사도는 말하기를 "저는 깨닫지 못하나니 이런 일은 영적으로라야 분별함이니라." 하였습니다. 신령한 것은 영적 감각으로만 알 수 있는 것입니다. 자연적인 사람은 이 영적 감각을 가지고 있지 않습니다.

    12. 그러나 나의 영적 감각이 올바르게 준비되었는지 어떻게 알 수 있습니까? 이것 역시 대단히 중요한 문제입니다. 만약 여기에서 잘못된다면, 그 사람은 끝없이 과오와 망상에 빠지게 될 것입니다. 그러면 "나는 그렇지 않다. 나는 성령의 음성을 결코 잘못 알고 있지 않다."는 것을 어떻게 분명히 알 수 있습니까? 당신은 당신의 영이 증거하는 바에 의하여, 곧 하나님을 향한 선한 양심의 대답에 의해서 알 수 있습니다. 하나님의 역사로 당신의 영에 이루어진 그 열매에 의하여 당신은 하나님의 영의 증거를 알 것입니다. 그래서 당신은 응당 망상에 빠져 있지 않

고, 당신 자신의 영혼을 속이지 않는다는 것을 알 것입니다. 마음을 주장하시는 성령의 즉각적인 열매는 곧 사랑과 희락과 화평과 자비와 겸손과 온유와 양선과 오래 참음입니다. 또 외적인 열매는 모든 사람에게 선을 행하며 누구에게도 악을 행하지 않는 것입니다. 빛 가운데 걷는 것, 곧 열심히 하나님의 모든 계명을 한마음으로 순종하며 걸어가는 것입니다.

13. 이러한 열매들에 의해서 당신은 마귀의 망상에서 하나님의 음성을 구별할 수 있을 것입니다. 그 교만한 영은 하나님 앞에서 겸손하도록 만들지 못합니다. 그 영은 당신의 마음을 부드럽게 하여 당신의 마음이 하나님을 찾기 위해 애통하거나 그를 아버지로 사랑하는 마음으로 녹일 수 없습니다. 당신이 이웃을 사랑하게 하고 온유와 양선, 인내와 절제를 주어 하나님의 전신 갑주를 입게 하는 존재는 하나님과 사람의 적이 아닙니다. 스스로 분쟁하지 않으며 자신의 일인 죄를 멸망시키는 자는 마귀가 아닙니다. 하나님의 아들 외에는 아무도 "마귀의 일을 멸망시킬 수" 없습니다. 그러므로 성결이 하나님께 속한 것처럼 죄라는 것은 마귀에게 속한 것이고, 당신이 속에 가지고 있는 증거는 마귀에 속한 것이 아니라 하나님께 속한 것이 틀림없습니다.

14. 그렇다면 당신은 "하나님의 이 말할 수 없는 선물에 대하여 감사합니다." 하고 말할 수 있을 것입니다. 우리가 의뢰하는 분을 알 수 있게 해 주시고, 또 그의 아들의 영을 내 마음에 보내사 "아빠, 아버지"라 부르게 하시며, 지금도 나의 영과 더불어 내가 하나님의 자녀인 것을 증거하여 주시는 하나님께 감사합시다! 그리고 당신은 입술로만이 아니

라 당신의 생활로써 그를 찬미해야 한다는 것을 아십시오. 하나님께서 당신을 하나님의 것으로 인치셨습니다. 그러니 몸으로나 마음으로나 하나님께 영광을 돌리십시오. 여러분의 몸과 마음은 하나님의 것입니다. 사랑하는 이들이여! 당신 속에 이 소망이 있습니까? 그러면 하나님이 깨끗하신 것과 같이 당신 자신을 깨끗하게 하십시오. 당신은 지금도 하나님께서 주신 사랑을 갖고 계십니까? 하나님의 아들이라 일컬음을 받고 있습니까? 그러면 그럴 때 당신은 "육과 영의 온갖 더러운 것에서 자신을 깨끗하게 하여 하나님을 두려워하는 가운데 거룩함을 온전히 이루십시오." 그리고 당신의 모든 생각이나 말이나 행동이 바로 하나님께서 그리스도 예수를 통하여 받으실 만한 신령한 제사가 되게 하십시오!

11
우리 자신의 영의 증거
The Witness of our own Spirit

브리스톨의 시장과 의회 앞에서 설교하는 웨슬리
⟨John Wesley Preaching before the Mayor and Corporation of Bristol, 1788⟩,
William Holt Yates Titcomb, 1918

우리가 세상에서 특별히 너희에 대하여 하나님의 거룩함과 진실함으로 행하되 육체의 지혜로 하지 아니하고 하나님의 은혜로 행함은 우리 양심이 증언하는 바니 이것이 우리의 자랑이라 (고후 1:12)

1. 이것은 믿음과 사랑에 머물러 있는 한, 그리스도를 참으로 믿은 모든 사람의 목소리입니다. 우리 주님은 말씀하십니다. "나를 따르는 자는 어둠에 다니지 않는다(요 8:12)." 그리고 빛을 지니고 있는 동안 그는 그것을 기뻐합니다. "그리스도 예수를 주로 받았으니(골 2:6)" 그는 주 안에서 행합니다. 그리고 그가 그렇게 행하는 동안 사도의 권고가 영혼 속에 날마다 들려옵니다. "주 안에서 항상 기뻐하라 내가 다시 말하노니 기뻐하라(빌 4:4)."

2. 그러나 우리가 집을 모래 위에 짓지 않기 위하여 (비가 내리고 바람이 불고 홍수가 일어나 그 집에 부딪쳐 올 때 집이 무너져 그 무너짐이 대단하게 되는 일이 없게 하기 위한 일이지만) 나는 다음의 설교에서 무엇이 그리스도인의 기쁨의 본질과 기반인지 보여주려고 합니다. 일반적으로 말해, 우리는 그것이 여기 사도에 의하여 기술된 바와 같이 양심의 증거에서 생겨나는 영의 행복된 평화와 고요한 만족이라는 것을 알고 있습니다. 그러나 이것을 더 철저하게 이해하기 위하여 사도의 모든 말씀을 숙고할 필요가 있습니다. 이 숙고에서 우리는 양심이라는 말과 증거라는 말에

서 무엇을 이해해야 하는가, 그리고 어떻게 이 증거를 가진 자가 항상 기뻐하는가 하는 것이 쉽게 밝혀질 것입니다.

3. 첫째, 우리는 양심이라는 말에서 무엇을 이해해야 합니까? 누구의 입에나 오르내리는 이 말의 의미는 무엇입니까? 얼마나 크고 또 많은 책이 종종 이 주제에 관해서 말해 왔습니까? 또 양심을 설명하기 위하여 고대와 현대의 모든 학문이 그렇게도 철저하게 탐구해 온 것을 생각할 때, 양심의 의미를 발견하는 일이 대단히 어려운 일이었음을 상상할 수 있을 것입니다. 그러면서도 나는 이러한 모든 정밀한 탐구에서 이 양심이라는 말은 많은 빛을 받아 오지 못한 것은 아닐까 두려워합니다. 오히려 이러한 저자들 대부분이 사태를 혼란하게 만든 것은 아닙니까? "무지한 말로 이치를 어둡게 하여(욥 38:2)" 그 자체로는 간단하고 이해하기 쉬운 주제를 난처하게 만든 것은 아닙니까? 왜냐하면 단지 난해한 말만 깨뜨리면 정직한 마음을 가진 사람은 누구나 즉시 그 사실을 이해할 수 있기 때문입니다.

4. 하나님은 우리를 생각하는 존재로 지으셨습니다. 우리는 현재의 일을 지각하고 과거의 일을 숙고하거나 회고할 수 있습니다. 특히 우리는 우리 자신의 마음과 생활 속을 통과해 가는 모든 일을 지각하고, 우리가 느끼거나 행하는 모든 것을 알 수가 있습니다. 그러면서 그것이 통과해 가는 동안, 혹은 지나가 버린 것이라도 말할 수가 있습니다. 인간이란 의식적 존재라고 우리가 말할 때 바로 이러한 것을 의미하는 것입니다. 인간은 자기에 관한 현재 또는 과거의 일들, 자기 자신의 기질이나 외적 행동 이 양자에 대한 의식, 즉 내적인 지각을 가지고 있습니다. 그러나

우리가 보통 양심이라고 부르는 것은 어떤 점에서 그 이상의 것을 포함합니다. 그것은 단순히 우리의 현재에 대한 지식이나 이전 생활의 기억은 아닙니다. 과거 혹은 현재의 일들의 어느 한 쪽을 기억하고 그것을 증언하는 것은 양심의 역할의 하나에 불과하며 가장 작은 것입니다. 그 주된 일은 변호하거나 고발하거나, 찬성하거나 반대하거나, 방면하거나 정죄하거나 하는 일입니다.

5. 최근에 어떤 학자들은 실상 여기에 새 이름을 주고 그것을 도덕적 감각(moral sense)이라고 부르기도 했습니다. 그러나 이전의 말이 훨씬 좋게 여겨집니다. 이전의 말이 사람들 사이에 비교적 더 통용되고 익숙해서 이해하기 쉽기 때문입니다. 또 하나의 이유는 그리스도인에게 '양심'이라는 말이 더 좋게 여겨지는 것이 분명합니다. 왜냐하면 '양심'은 성서적이요, 하나님의 지혜가 영감 받은 저작에서 사용하도록 선택된 말이기 때문입니다.

그리고 성서, 특히 사도 바울의 편지에서 그 말이 보통 사용된 의미로 본다면, 우리는 양심이라는 말로써 세상에 나오는 모든 영혼 속에 하나님이 심어둔 하나의 능력 혹은 힘으로 이해하면 좋습니다. 양심의 능력에 의하여 자기 자신의 마음, 혹은 생활, 자기 자신의 기질, 사고, 발언, 행동 가운데서 무엇이 바르고 무엇이 나쁜지를 아는 것입니다.

6. 그러나 사람들이 선과 악의 구별을 판정할 수 있는 표준은 무엇입니까? 그들의 양심이 인도받는 표준이 무엇입니까? 사도가 다른 곳에서 가르치는 바와 같이 이교도의 표준은 하나님이 손가락으로 "그 마음속에 쓴 율법(롬 2:15)"입니다. 그들이 이 표준으로 행하고 있는가 아닌

가를 "그들의 양심이 함께 증거하며 그들의 이성이 그 행위를 서로 고발도 하고 변명도 합니다." 즉 그러한 행위를 무죄로 하기도 하며 옹호하기도 합니다(롬 2:14~15). 그러나 선악의 기독교적 표준은 하나님의 말씀 즉 신·구약 성서의 문서들입니다. "성령의 감동을 받고(벧후 1:21)" "옛" 예언자나 "거룩한 사람들(눅 1:70)"이 쓴 모든 것입니다. "하나님의 감동으로 된 것이고", 참으로 "사람을 교육하는 일에", 혹은 하나님의 온전하신 뜻을 가르치는 일에 "유익하며", 그것에 반대되는 것을 책망하고", 잘못을 "고쳐 주며", "의로 인도하고", 혹은 의를 행하도록 교육하기 위한 것이 성서의 전부입니다(딤후 3:16).

이것이 그리스도인의 발밑을 비추어 주는 등불이요, 그 모든 길을 밝혀 주는 빛입니다. 그는 이것만을 정사(正邪), 참으로 선한 것과 악한 것을 판별하는 표준으로 받아들입니다. 직접적으로나 혹은 명백한 수단에 의하여 성서가 명령한 것 이외의 아무것도 선이라고 보지 않습니다. 성서의 말씀이나 혹은 부정할 수 없는 추론으로써 성서가 금지한 것 이외의 아무것도 악으로 보지 않습니다. 성서가 직접으로나 혹은 명백한 추론으로 금지하지도 않고 명하지도 않은 것은 모두 중성적인 성질의 것이라고 믿고 있습니다. 그 자체가 선이나 악이 아닌 것입니다. 이것이 모든 일에서 그의 양심이 인도되어야 하는 전체이면서 유일한 외적 표준입니다.

7. 그리고 만일 그 사람의 양심이 사실상 이로써 인도되고 있다면, 그는 "하나님을 향한 선한 양심의 응답(벧전 3:21)"을 가지고 있는 것입니다. 사도는 다른 곳에서 "선한 양심"을 "거리낌이 없는 양심(행 24:16)"으로 언급합니다. 사도가 어떤 때에 "나는 오늘까지 하나님 앞에

서 오로지 바른 양심을 따라 살았노라(행 23:1)"라고 표현한 것을 다른 때에는 다음과 같이 표현합니다. "나도 하나님과 사람에 대하여 항상 양심에 거리낌이 없기를 힘쓰나이다(행 24:16)." 그런데 이것을 이루기 위해서는 절대적으로 다음과 같은 것들이 요구됩니다. 첫째, 하나님의 말씀에 대한 바른 이해, 혹은 하나님의 말씀 가운데 계시되어 있는 것으로 우리에 관한 하나님의 "거룩하시고 기뻐하시고 온전하신 뜻(롬 12:2)"에 대한 이해가 요구됩니다. 왜냐하면 표준의 뜻이 무엇인지 알지 못하면 규칙에 따라 행하는 일이 불가능하기 때문입니다. 둘째, 우리 자신에 대한 참된 지식이 요구됩니다(얼마나 소수의 사람들만이 얻은 것인지요). 우리의 마음과 생활, 내적인 기질과 외적인 행동 모두에 대한 지식입니다. 왜냐하면 그것들을 알지 못하면 우리의 규칙과 그것들을 비교하는 일이 불가능하기 때문입니다. 셋째, 우리의 마음과 생활, 기질과 대화, 사고와 말과 행위가 그 규칙, 즉 기록된 하나님의 말씀과 일치가 요구됩니다. 왜냐하면 기록된 말씀이 없다면 양심을 가지고 있어도 그것은 단지 악한 양심일 수밖에 없기 때문입니다. 넷째, 우리의 규칙과의 일치에 대한 내적 지각이 요구됩니다. 그리고 이 습관적인 지각, 이 내적인 의식 자체가 진정한 의미에서 착한 양심, 혹은 사도의 다른 어법에 의하면 "하나님과 사람 앞에서 거리낌 없는 양심(행·24:16)"입니다.

8. 그러나 이처럼 거리낌 없는 양심을 가지기를 원하는 사람은 누구든지 바른 기초 놓기를 유의하지 않으면 안 됩니다. "아무도 이 기초 이외에 능히 다른 기초를 놓을 수 없으니 그 기초는 곧 예수 그리스도이십니다(고전 3:11)"라는 말씀을 기억해야 합니다.
그리고 그는 또 다음과 같이 마음 써야 합니다. 살아 있는 믿음에 의하지 않고 예수 그리스도 위에 세우는 자는 아무도 없습니다. 따라서 그 사람은 분명히 "내가 육체 가운데 사는 것은 나를 사랑하사 나를 위하여 자기 자신을 버리신 하나님의 아들을 믿는 믿음 안에서 사는 것이라(갈 2:20)" 하는 말씀을 증거하기 전까지는 아무도 그리스도의 참여자가 아닙니다. 믿음만이 눈에 보이지 않는 것들의 증거이며 확신이고 증명입니다. 믿음에 의하여 이해의 눈은 열리고, 그 속에 신적인 빛이 부어지며, "하나님의 법에서 놀라운 것을 봅니다(시 119:18)." 믿음만이 하나님의 율법의 탁월함과 순수함, 율법 및 그 가운데 포함되어 있는 모든 계명의 높이와 깊이, 길이와 넓이를 봅니다.

　　우리는 믿음으로 "그리스도의 얼굴에 나타난 하나님의 영광(고후 4:6)"을 보고 우리가 거울에서 보는 것처럼 우리 자신 안에 있는 모든 것뿐만 아니라 우리 영혼의 심연의 움직임을 압니다. 그리고 그리스도께서 우리를 사랑하신 것처럼 우리의 서로 사랑을 가능하게 하시는 복된 하나님의 사랑이 "우리 마음속에 부어질(롬 5:5)" 수 있는 것도 오직 믿음에 의해서입니다. 모든 하나님의 백성 이스라엘에게 다음의 은혜로운 약속이 성취되는 것은 믿음에 의해서입니다. "내 율법을 그들의 생각에 두고 그들의 마음에 기록할 것이다(혹은 새길 것이다)(히 8:10)." 이 사실로 그들의 영혼 속에 하나님의 거룩하시고 완전하신 율법과의 온전한 일치가 만들어지며, "모든 생각을 사로잡아 그리스도에게 복종하게(고후 10:5)" 되는 것입니다. 그리고 나쁜 나무가 좋은 열매를 맺지 못하는 것과 같이 좋은 나무는 나쁜 열매를 맺을 수 없습니다. 그러므로 생활은 물론이요, 그 마음이 하나님의 계명의 규칙을 온전히 따르고 있을 때에는 그 사실을 자각하여 신자는 하나님께 영광을 돌리고 사도와 함께 말할 수가 있습니다. "우리가 세상에서 특별히 너희에 대하여 하나님의 거룩함과 진실함으로 행하되 육체의 지혜로 하지 아니하고 하나님의 은혜로 행함은 우리 양심이 증언하는 바니 이것이 우리의 자랑이라(고후 1:12)."

9. "우리는 행했습니다(고후 1:12)." 사도는 이것을 그리스어(ἀνεστρ άφημεν) 한 단어로 표현하고 있습니다. 그러나 그 의미는 대단히 넓어 우리의 모든 태도뿐 아니라 영혼에 관계된 것과 육체에 관계된 것, 내적이고 외적인 모든 상태를 포함합니다. 그것은 우리의 마음과 혀, 손과 지체의 모든 움직임을 포함합니다. 그것은 우리의 모든 행위와 말, 우리의 모든 힘과 기능의 사용, 하나님과 인간에 관해서 우리가 받은 모든 은사를 사용하는 방식에까지 미치고 있습니다.

10. "우리가 이 세상에서 행했습니다(고후 1:12)." 즉 경건하지 않은 사람들의 세상에서입니다. 하나님의 자녀들 가운데서만 아니라(이것은 비교적 작은 사항일 것입니다), 마귀의 자녀들 가운데서도입니다. 악한 자 가운데서, 악한 자의 지배하에 놓여 있는 사람들 가운데서입니다. 이것은 어떤 세상입니까! 끊임없이 호흡하고 있는 영에 의하여 얼마나 철저하게 충만해 있는 세상입니까! 우리의 하나님은 선이시고 또 선을 행하시는 것처럼 이 세상의 신과 그 모든 자녀는 악이며, 하나님의 모든 자녀에 대해서 (용인되는 한도에서) 악을 행합니다. 그 아비처럼 그들은 언제나 잠복하고 기다리거나 혹은 "삼킬 자를 두루 찾아다닙니다(벧전 5:8)." 이 세상에 속하지 않은 사람들을 멸하기 위하여 부정 수단, 폭력, 은밀한 간계, 노골적인 포학을 사용합니다. 계속 우리의 영혼을 향하여 싸움을 돋우며, 옛 무기와 새 무기로써, 모든 종류의 책략으로써 우리의 영혼을 악마의 함정 속으로, 멸망에 이르는 넓은 길로 이끌어 가려고 힘쓰는 것입니다.

11. 이 세상에서 "우리는 하나님께서 주신 단순함과 진실함으로" 전부 다 "행했습니다(고후 1:12)." 첫째, 단순함(simplicity)에 대하여 말합시다. 이것은 우리 주님께서 "성한 눈(눅 11:34)"이라는 이름으로 추천해 주신 것입니다. 주님은 말씀하십니다. "네 몸의 등불은 눈이라 네 눈이 성하면 온몸이 밝을 것이요(눅 11:34)." 이 의미는 다음과 같습니다. 모든 말이나 행위에서 몸의 눈에 해당하는 것은 그 의도입니다. 그러므로 만일 당신의 영혼의 눈이 성하다면 당신의 모든 행위나 행동은 "밝을 것"입니다. 하늘의 빛, 사랑과 평화와 성령 안에서의 기쁨의 빛으로 가득해지는 것입니다.

우리 생각의 눈이 홀로 하나님께 집중되어 있을 때, 모든 일에서 우리의 하나님, 우리의 분깃, 우리의 힘, 우리의 행복, 우리의 넘치는 위대한 상급, 시간과 영원 안에서 우리의 모든 것으로 여기는 하나님만을 바라볼 때, 그때 우리의 마음은 단순합니다. 즉 하나님의 영광을 증진하고 신의 신성한 의지를 행하고 받으려는 흔들리지 않는 시선, 단순한 의도가 우리의 영혼 전체에 흐르고, 우리의 마음 전체를 채우며, 우리의 모든 사고와 욕망 그리고 목적을 위한 한결같은 샘이 될 때, 거기에 단순함이 있습니다.

12. 둘째, "우리는 세상에서 하나님의 진실함으로 행했습니다(고후 1:12)." 단순함과 진실함의 차이는 주로 다음과 같이 생각됩니다. 단순함은 의향에 관계되고 진실함은 실천에 관계됩니다. 그리고 이 진실함은 이미 기록된 바와 같이 우리의 말만이 아니라 모든 행동에 관계됩니다. 성 바울 자신이 가끔 이 말을 사실을 말하는 것, 혹은 간계와 궤계와 거짓말을 하지 않는 것이라는 좁은 의미로 사용하고 있으나, 여기에서는

그렇게 이해하면 안 됩니다. 여기서는 좀 더 넓은 의미로 사용되고 있습니다. 우리가 단순함으로 노리는 표적을 현실에서 적중시킨다는 의미를 가지고 있습니다. 따라서 여기서는 우리가 하나님의 영광을 위하여 실제로 말하고 행하는 모든 일을 의미합니다. 이 일을 위하여 우리의 모든 말이 지향하고 있을 뿐만 아니라, 현실로 그것에 도움이 되며 우리의 모든 행위가 이 큰 목적을 위하여 한결같이 수단이 되어 고요하게 계속 흐르는 일입니다. 우리의 삶 전체에서 하나님을 향해 똑바로 움직여 가며, 그러면서도 끊임없이 움직여 가는 일입니다. 거룩함의 큰길에서 정의와 자비와 진리의 길을 한결같이 걸어가는 일입니다.

13. 이 진실은 사도에 의하여 신적 진실 혹은 하나님의 진실이라고 불리고 있습니다. 이는 그것을 우리가 이교도의 진실로 오해하거나 혼동하지 않게 하기 위함입니다(왜냐하면 이교도들도 그들 사이에서 일종의 진실을 가지고 있었으며 거기에 대해서 상당한 존경의 생각을 공언하고 있었기 때문에). 더욱이 사도가 이것을 하나님의 진실이라고 말하는 것은, 모든 기독교적 미덕의 경우도 마찬가지이겠지만 이 진실이 지향하는 대상과 목적을 표시하기 위함입니다. 왜냐하면 궁극적으로 하나님을 향하지 않는 것은 모두 "세상의 더러움(벧후 2:20)" 가운데로 빠져버리기 때문입니다. 그것을 하나님의 진실이라고 부름으로써 사도는 또한 그 창조자를 지적하고 있습니다. "온갖 좋은 은사와 온전한 선물이 다 위로부터 빛들의 아버지로부터 내려오는(약 1:17)" 그 빛의 아버지를 지적하고 있는 것입니다. 이 사실은 더욱 분명히 그 다음의 말씀으로 잘 알 수 있습니다. "육체의 지혜로 하지 아니하고 하나님의 은혜로 행함이라(고후 1:12)."

14. "육체의 지혜로가 아니라" 마치 사도는 다음과 같이 말하려고 한 것처럼 보입니다. "우리는 이 세상에서 자연적인 이해력에 의해서도, 자연적으로 얻은 지식이나 지혜에 의해서도, 단순함과 하나님의 진실을 따라 행동할 수가 없습니다. 좋은 지각, 좋은 성질, 혹은 훈육 등 어떠한 힘에 의해서도 이 단순함을 얻거나 이 진실함을 실행할 수가 없습니다. 그것은 우리의 모든 철학상의 금언은 물론이요, 우리의 모든 타고난 용기와 결의보다 우월합니다. 습관의 힘도, 인간 교육의 가장 세밀한 규칙도 우리를 이처럼 훈련할 수는 없습니다. 나 바울도 즐기고 있는 모든 이점(advantages)에도 불구하고 육체에, 즉 자연적인 상태에 있으며, 또 그것을 단지 육체적인 생래적 지혜에 의하여 추구하는 한, 그 상태에 도달하기는 전혀 불가능했습니다." 그렇지만 확실히 가능했던 사람이 있었다면 바울입니다. 바울처럼 그 지혜로써 거기에 도달할 수 있었을 것으로 생각되는 사람은 없습니다. 왜냐하면 우리는 바울만큼 본성과 교육 양면의 모든 은사에서 혜택을 받은 사람을 달리 상상할 수 없기 때문입니다. 아마도 당시에 생존했던 어떤 사람에게도 뒤지지 않았다고 생각됩니다. 바울은 생래적인 능력 이외에 받을 수 있는 모든 교육을 받았다는 장점을 가지고 있었습니다. 바울은 다소의 대학에서 공부했고, 후에 그 당시 유대 민족에게 지식과 인격의 고결함으로 말할 때 가장 존경받던 인물인 가말리엘의 문하에서 교육을 받았습니다. 그리고 바울은 가능한 받을 수 있는 종교 교육에 관한 모든 이점을 가지고 있었습니다. 그는 바리새인의 자손이요, 자신이 바리새인이며 가장 엄격한 종파 혹은 단체 안에서 교육받았습니다. 바리새파는 다른 단체와 달리 한층 현저한 엄격성을 그 특징으로 하고 있었습니다. 그리고 여기서 바울은 "동년배들보다 훨씬 더 앞섰습니다." 하나님을 기쁘시게 한다고 생각한 사

항에 대해서는 "누구보다도 훨씬 더 열심이었습니다(갈 1:14)." 그리고 "율법의 의에 있어서도 흠 없는 사람이었습니다(빌 3:6)." 그러나 바울은 그것만으로써 단순함과 하나님의 진실함에 도달할 수 없었습니다. "무엇이든지 내게 유익하던 것을 내가 그리스도를 위하여 다 해로 여길 뿐더러 또한 모든 것을 해로 여김은 내 주 그리스도 예수를 아는 지식이 가장 고상하기 때문입니다. 나는 그 밖의 모든 것을 해로 여겼습니다(빌 3:7~8)."

15. 바울이 여기에 도달한 것은 우리 주 "예수 그리스도에 대해 절대적인 가치를 지닌 지식(빌 3:8)", 혹은 거의 같은 의미를 가진 다른 표현을 사용한다면 "하나님의 은혜로 말미암은(롬 3:24)" 방법 이외의 방법은 아니었습니다. "하나님의 은혜"로 말미암아 인간에게는 요구하는 바 없는, 공로 없이 얻은 긍휼로 이해되어야만 합니다. 그것으로 인하여 죄인인 나는 그리스도의 공로로 이제 하나님과 화해한 것입니다. 여기서 그것은 "우리 속에서 활동하셔서 하나님의 기뻐하시는 뜻을 따라 우리에게 의욕을 일으켜 일하게 하시는(빌 2:13)" 성령이신 하나님의 능력을 의미하고 있습니다. 언제나 전자의 의미로서의 하나님의 은혜, 즉 하나님의 용서하시는 사랑이 우리 영혼에 나타나자마자 후자의 의미로서의 하나님의 은혜, 즉 성령의 능력이 그 가운데서 생겨납니다. 그리고 이제는 인간에게 불가능한 일을 하나님에 의하여 실행할 수 있습니다. 이제는 우리가 행동을 바르게 정돈할 수 있습니다. 그리스도로 말미암아 우리를 강하게 하시는 사랑의 빛과 능력으로 모든 것을 할 수 있습니다. 우리는 이제 육의 지혜로써 결코 가질 수 없는, "우리가 세상에서 단순함과 하나님의 진실함으로 행했다"는 "양심의 증거(고후 1:12)"를 가지게 됩니다.

16. 이것이 본래의 의미에서 그리스도인의 즐거움의 기초입니다. 그러므로 우리는 이제 이 증거를 자기 속에 가진 자가 어떻게 언제나 기뻐하는가를 쉽게 이해할 수 있을 것입니다. 그는 말할 수 있습니다. "내 영혼이 주를 찬양하며 내 마음이 하나님 내 구주를 높입니다(눅 1:46~47)." 나는 하나님을 기뻐합니다. 왜냐하면 하나님은 공로 없이 주시는 그 자신의 사랑, 즉 인간에게는 요구하는 바가 없는, 그리고 부드러운 긍휼로 말미암아 하나님의 능력으로써 내가 이제 서 있는 "이 구원의 상태 가운데로 나를 부르셨기(롬 5:2)" 때문입니다.

나는 기뻐합니다. 그것은 성령이 내 영에 대하여 어린 양의 피로 나를 사신 것, 또는 어린 양을 믿음으로써 "내가 그리스도의 지체요 하나님의 자녀요 천국의 상속자(고전 12:27, 롬 8:16~17)"라는 사실을 증거해 주기 때문입니다. 나는 기뻐합니다. 그것은 나에 대한 하나님의 사랑의 의식이 같은 성령으로 인하여 나에게 하나님을 사랑하도록 시키시며, 그래서 하나님을 위하여 모든 사람의 자손, 하나님이 지으신 모든 영혼을 사랑하도록 역사하시기 때문입니다. 나는 기뻐합니다. 그것은 하나님이 내 안에 다음의 사실을 느끼게 하시기 때문입니다. "그리스도 안에 있었던 마음(빌 2:5)", 즉 내 마음속의 모든 움직임에서 하나님만을 바라보는 밝은 눈이라고도 할 만한 단순성, "나를 사랑하사 나를 위하여 자기 몸을 주신(갈 2:20)" 분 위에 내 영혼의 사랑의 눈을 언제나 집중시키는 능력, 내가 생각하고 혹은 말하고 혹은 행동하는 모든 것에서 하나님에게만, 하나님의 빛나는 마음에만 고착시키는 능력을 말합니다. 또 "육체와 함께 그 정욕과 탐심을 십자가에 못 박아 버리고(갈 5:24)", "위의 것을 생각하고 땅의 것을 생각하지 않아(골 3:2)" 하나님 이외의 아무것도 바라지 않는 청결함입니다.

하나님의 형상을 회복, "하나님의 형상대로(창 1:26)" 영혼을 갱신하는 거룩함, 하나님의 영광에 부응하도록 우리의 모든 발언과 행위를 인도하시는 하나님의 성실함, 이런 것들을 하나님은 내 안에서 느끼게 해 주십니다. 나는 또 다음의 사실로써 기뻐하고 있으며 또다시 기뻐할 것입니다. 그것은 내 양심이 성령 안에서 성령이 끊임없이 그 위에 부어 주시는 빛으로 인하여 나에게 증거하고 있기 때문입니다. 내가 "부르심을 받은 그 부르심에 합당하도록 살아가는(엡 4:1)" 일, 마치 뱀의 얼굴에서 도망하는 것처럼 죄에서 도망하여 "모든 종류의 악에서 멀리하는(살전 5:22)" 일, 기회 있는 대로 온갖 종류의 가능한 선을 모든 사람에게 행하는 일, 내 모든 행동에서 주를 따르며 주의 눈에 선하게 보시는 일을 행하는 일을 내 양심이 증거하고 있는 것입니다. 나는 기뻐합니다. 그것은 내가 하나님의 성령의 감화를 통하여 내 모든 행위가 하나님 안에서 되고, 그뿐만 아니라 내 안에서 나의 모든 행위를 하게 하는 이는 실로 하나님이시라는 사실을 알기 때문입니다. 나는 내 마음속에 빛나는 하나님의 빛을 통하여 하나님의 길을 걷는 능력을 가지고 있으며, 그래서 하나님의 은혜로 내가 좌로나 우로 벗어나지 않는다는 사실을 보고 기뻐합니다.

17. 이상이 장성한 그리스도인이 끊임없이 기뻐하는 그 기쁨의 기초이고 본질입니다. 우리는 그 모든 것에서 다음의 사실을 쉽게 추론할 수 있습니다. 첫째, 이것은 자연스러운 기쁨이 아니라는 것입니다. 그것은 어떠한 자연적인 원인으로부터도, 어떠한 쾌활한 기분의 돌연한 흐름으로부터도 발생하지 않습니다. 그러한 것은 일시적인 기쁨의 충동을 줄는지 모릅니다. 그러나 그리스도인은 항상 기뻐하는 것입니다. 그

기쁨은 육체적인 건강, 혹은 안일, 체질의 강인성과 건전성에 의존되는 것이 아닙니다. 왜냐하면 그 기쁨은 질병이나 고통 가운데서도 역시 강하기 때문입니다. 그뿐만 아니라 전보다도 훨씬 강해집니다. 많은 그리스도인은 육체가 고통으로 인하여 거의 지쳐 있고 혹은 초췌하게 하는 병으로 기진해 있을 때 그들의 영혼을 채워 준 것과 비교될 수 있는 어떤 기쁨도 전혀 경험한 적이 없었습니다. 더구나 그 기쁨은 외적인 성공, 사람들의 호의, 혹은 현세 재산의 많음을 원인으로 삼을 수 없습니다. 왜냐하면 그 믿음은 주로 불과 같은 모든 종류의 외적인 불행으로 시련을 겪었을 때 하나님을 기뻐해 왔기 때문입니다. 그들은 보이지 않는 하나님을 실로 말로 할 수 없는 기쁨으로 사랑했습니다. 그리고 다음과 같은 상황 속에 놓인 사람들만큼 기뻐한 사람들은 확실히 존재하지 않았습니다. 그들은 "세상의 더러운 것과 만물의 찌꺼기(고전 4:13)"와 같이 대접을 받았습니다. 모든 것이 부족하여 이리저리 방황했습니다. 굶주리고 떨며 헐벗은 몸으로 방황했습니다. 그들은 "조롱을 받았을" 뿐 아니라 "결박을 당하고 감옥에 갇히기도 했습니다(히 11:36)." 그뿐만 아니라 그들은 마침내 "기쁨으로 자기들의 갈 길을 끝까지 달리고 임무를 다하기만 한다면 자신의 생명조차 조금도 귀한 것으로 여기지 않았습니다(행 20:24)."

18. 둘째, 우리는 상술한 고찰에서 그리스도인의 기쁨이 양심의 무지에서, 선을 악으로부터 분간하지 못하는 데서 비롯된 것이 아님을 추론할 수 있을 것입니다. 그뿐만 아니라, 그는 이해력의 눈이 열리기까지 이 기쁨에 대해 전혀 문외한이었습니다. 영적 선악을 분별하기에 적당한 영적 감각을 가지기까지 그는 그것을 알지 못했던 것입니다. 그런

데 이제 그의 영의 눈이 흐리지 않습니다. 이전에 이처럼 눈의 통찰력이 깊었던 적이 결코 없었습니다. 그는 자연적 인간에게는 정말 놀랄 정도로 작은 것일지라도 재빨리 지각합니다. 티끌이 태양광선 속에서 보이는 것처럼 빛 가운데, 즉 창조되지 않은 태양광선 속을 걷는 자에게는 죄의 모든 티끌이 보입니다. 또 그는 양심의 눈을 더 이상 감지 않습니다. 그 잠은 그에게서 떠나 버렸습니다. 그의 영혼은 언제나 환히 깨어 있습니다. 더 이상 허송세월을 하거나 팔짱을 끼고 쉬는 일이 없습니다. 그는 항시 탑 위에 서서 주께서 자기에게 무엇을 말씀하시는가를 듣고 있습니다. 그리고 언제나 이 사실, 즉 "보이지 않는 그분을 보는(히 11:27)" 것을 기뻐합니다.

19. 셋째, 그리스도인의 기쁨은 양심의 둔감 혹은 경화(硬化)에서 생겨난 것이 아닙니다. 이 사실에서 "분간 없는 마음이 어두움에 빠진(롬 1:21)" 사람들 가운데 그 마음이 경화되어 무감각한, 지각이 둔화된, 따라서 영적 이해력을 가지지 못한 사람들 가운데 일종의 기쁨이 생겨날 수 있다는 것은 사실입니다. 그 지각 없는 무감각한 마음 때문에 그들은 죄를 범하는 일까지 기뻐할 수 있습니다. 그리고 그들은 이것을 아마 자유라고 부를지 모릅니다. 실상 그것은 단지 영혼의 숙취, 영의 완전한 무감각, 마비된 양심의 어리석은 무신경입니다. 이와는 반대로 그리스도인은 이전에는 상상도 할 수 없었던 가장 정교한 감수성을 가지는 것입니다. 하나님의 사랑이 그의 마음을 지배하게 된 이래로 가지게 된 양심의 민감함을 그는 그때까지 가져본 일이 없습니다. 그리고 하나님이 그가 날마다 드리는 기도를 들어주셨다는 사실도 또한 그의 영예요, 기쁨입니다.

아, 나의 부드러운 영혼은
도망치고 싶어라
악이 오싹하게 처음 다가올 때
눈동자처럼 재빨리
아주 가벼운 죄의 접촉도
느껴지도록

20. 결론을 말한다면, 그리스도인의 기쁨은 순종에서 우러나오는 기쁨입니다. 하나님을 사랑하고 그 계명을 지키는 데서 오는 기쁨입니다. 그렇지만 그 계명을 지킴으로써, 마치 행위에 의한 계약의 조건을 성취해야만 하는 것처럼 그것을 지키는 것에서 생기는 기쁨이 아닙니다. 그렇게 되면 우리의 일과 행위 혹은 의로써 하나님께 용서받고 받아들여지기를 조달하는 것이 되어 버립니다. 그렇지 않습니다. 우리는 이미 그리스도 예수로 말미암은 하나님의 긍휼하심을 통하여 용서를 받고 받아들여졌습니다. 우리 자신의 복종에 의하여 생명을, 죄의 죽음에서 생명을 획득해야 하는 것 같은 일이 아닙니다. 우리는 이것 또한 하나님의 은혜로 말미암아 이미 가지고 있습니다.

하나님께서 "죄로 인하여 죽은 우리를 살리셨습니다(엡 2:5)." 그리고 이제 우리는 "우리 주 그리스도 예수와 연합하여 살고 있습니다(롬 6:11)." 우리는 은혜의 계약에 따라 행하는 것을 기뻐하며, 거룩한 사랑과 행복한 복종을 기뻐합니다. 우리는 자신들이 "그리스도의 은혜로 의롭다 함을 얻게(딛 3:7)" 되었으므로 "내게 베푸신 하나님의 은혜는 헛되지 않았다(고전 15:10)"는 사실, 하나님이 인간에게는 아무것도 요구하시지 않으면서(우리가 뜻하는 일 혹은 힘쓰는 일 때문이 아니요, 어린 양의 피로 인하여) 우리를 하나님 자신과 화해시켜 주셨으므로, 하나님이 내려 주신 능력에 의하여 그 계명의 길을 달려가고 있는 것이라는 사실을 알고 기뻐합니다. 하나님은 "나를 전쟁하게 하려고 능력으로 내게 띠 띠워(시 18:39)" 주셨고, 우리는 기쁨으로 "믿음의 선한 싸움을 싸우는(딤전 6:12)" 것입니다. 믿음으로 우리 마음속에 살아 계시는 분으로 인하여 "영원한 생명을 누리는(롬 5:21)" 일을 기뻐합니다. 우리의 기쁨이란 우리의 "아버지께서 지금도 일하시는(요 5:17)" 것처럼 (우리 자신의 힘 혹은 지혜로 인해서가 아니요, 그리스도 예수 안에서 자유롭게 주시는 하나님의 성령의 능력에 의하여) 우리도 또한 하나님의 일을 행하는 것입니다. 하나님께서 그 눈에 합당하게 보시는 것을 다 우리 가운데서 해 주시는 것처럼! 영원토록 그에게 찬양이 있기를 바랍니다!

12

은혜의 수단
The Means of Grace

엡웟의 아버지 무덤 앞에서 설교하는 웨슬리
⟨John Wesley Preaching from His Father's Tomb at Epworth⟩,
George Washington Brownlow, c.1859~1860

너희 조상들의 날로부터 너희가 나의 규례를 떠나 지키지 아니하였도다 (말 3:7)

I

1. 생명과 불멸이 복음의 빛으로 밝혀진 오늘날 무슨 규례가 존재합니까? 기독교적인 섭리의 시대에, 하나님의 은혜의 통상적인 매개로서 하나님께서 정하신 수단이라는 것이 존재하는 것입니까? 이 질문은 사도 시대의 교회에서 자신들을 이교도라고 공공연하게 말한 사람들 이외에는 결코 제기할 수 없었던 것이었습니다. 왜냐하면 그리스도인 전체가 사람들의 영혼 속에 그 은혜를 전달하기 위하여 그리스도께서 어떤 외적 수단을 정하셨다는 것에 의견의 일치를 보고 있었기 때문입니다. 그들의 끊임없는 실천이 이것을 논의할 여지가 없도록 하였습니다. 왜냐하면 "믿는 사람들은 다 함께 지내면서 모든 물건을 서로 통용하고(행 2:44)" 있는 동안 "그들은 사도들의 가르침을 받아 서로 교제하며 함께 떡을 떼며 기도하기만을 힘썼기(행 2:42)" 때문입니다.

2. 그러나 시간이 지남에 따라 "많은 사람의 사랑이 식어졌을(마 24:12)" 때, 어떤 사람들은 수단을 목적으로 잘못 알고 종교를 하나님의 형상을 따라 마음을 새롭게 하는 것으로 생각하기보다는 이러한 외

적 행위를 행하는 것이 종교라고 여기기 시작했습니다. 그들은 모든 "명령이 거짓 없는 믿음"을 동반하는 "깨끗한 마음에서 우러나오는 사랑을 목표로 하며(딤전 1:5)", 주 하나님을 마음을 다해 사랑하며 이웃을 자신들과 같이 사랑하는 일, "하나님의 능력을 믿는 믿음으로(골 2:12)" 교만, 분노, 악한 욕망에서 깨끗해짐을 받는 것이 목표라는 사실을 잊어버리고 말았습니다. 사람들은 다음과 같이 상상하는 것 같습니다. "종교는 주로 이러한 외적 수단으로 성립되지는 않지만 그런 것들 안에는 하나님께서 매우 기뻐하시는 무엇인가가 있다. 그런 것들이 율법의 가장 중요한 사항, 정의와 긍휼, 하나님의 사랑 그 자체는 아닐지라도 하나님 앞에서 볼 때 그것들은 받을 만한 것이다."

3. 이처럼 은혜의 수단을 악용한 사람들에게서 그런 것들이 정해진 목적에 부응하지 못했다는 것은 분명합니다. 그 사람들을 건전하게 하기 위한 것들이 오히려 그들에게 전락의 기회가 된 것입니다. 그들은 거기서 은혜를 받기는커녕 자기들의 머리 위에 오직 저주가 떨어지게 했을 뿐입니다. 마음과 생활에서 전보다 더 신성해지기는커녕 이전보다 두 배나 지옥의 자식들이 되었습니다. 어떤 사람들은 이런 은혜의 수단들이 악마의 자식들에게 하나님의 은혜를 전달하지 못했다는 것을 명백하게 인정하고, 이 특별한 사정에서 일반적인 결론을 끌어내기 시작했습니다. 곧 그런 것들은 하나님의 은혜를 전달하는 수단이 아니라는 것이었습니다.

4. 하나님의 규례를 악용한 사람들의 수가 그것을 경멸한 사람들보다도 훨씬 많았습니다. 그렇지만 마침내 위대한 이해력을 가지고 있을

뿐만 아니라(때때로 이런 사람들은 상당한 학식을 가지고 있습니다), 사랑의 사람들이요, 진정한 내적 종교를 체험적으로 잘 알고 있는 사람들이 생겨난 것입니다. 이러한 사람들 가운데 어떤 이들은 그 당시에 빛을 발하는 유명한 사람들이었습니다. 불신앙의 범람을 몸으로 저지한 공적으로 그리스도의 교회에서 존중을 받던 사람들이었습니다.

이러한 거룩하고 존귀한 사람들은 맨 처음에 외적인 종교가 마음의 종교 없이는 전혀 가치가 없다는 사실을 보여주는 것 그 이상을 의도했다고는 생각할 수 없습니다. 그들이 보이고 싶었던 것은 "하나님은 영이시니 예배하는 자가 신령과 진정으로 예배드려야 한다(요 4:24)"는 것, 그러므로 외적 예배는 하나님께 바쳐진 마음이 아니면 헛수고라는 것, 외적인 하나님의 계율은 내적인 거룩함으로 나아갈 때 크게 유익하지만 그렇지 않을 때는 유익이 없고 공허한 것이며, 헛된 것보다도 더 가벼운 것이라는 사실, 더구나 외적인 하나님의 계율이 내적인 거룩함 대신으로 사용될 때에는 그런 것은 주 하나님께 대하여 전적으로 혐오스러운 것이라는 사실입니다.

5. 그러나 다음과 같은 일이 일어났다고 해도 이상하지는 않습니다. 이러한 사람들 가운데 어떤 사람이, 온 교회에 걸쳐 하나님의 계율을 악용하여 세상에서 참된 종교를 몰아내고 있다고 확신하고 하나님의 영광을 위해, 또 사망에서 영혼을 구원하기 위해 마치 외적 종교는 무조건 없고 그리스도교 안에는 전혀 설 자리가 없는 것처럼 너무나 열심히 말했다고 해도 이상할 것이 없습니다. 그들이 충분한 조심성 없이 그들의 생각을 늘 표현한 것이라 해도 놀랄 일은 아닙니다. 그러므로 조심해서 듣지 않는 사람은 모든 외적 수단은 전혀 무익한 것이며, 하나님께서

인간의 영혼에 하나님의 은혜를 전달하는 통상적인 매개로 삼지 않았다고 비난하는 것처럼 보일지도 모릅니다.

아니, 그뿐만 아니라 이들 거룩한 사람들 가운데 어떤 사람은 결국 이런 오류에 스스로 빠지는 사람이 있습니다. 특히 자기가 택한 것은 아니지만 하나님의 섭리로써 이러한 모든 규례에서 차단되어 버린 사람들이 그러했습니다. 그것은 아마도 이리저리 방황하고 전혀 일정한 주소를 가지지 못하고 땅속의 움막이나 동굴 속에 살고 있었기 때문입니다. 이러한 사람들은 모든 외적 수단을 박탈당했지만 자기들 안에서 하나님의 은혜를 경험하고 있었으므로 의도적으로 외적 수단을 그만둔 사람들에게도 같은 은혜가 주어질 것이라고 추측했는지 모릅니다.

6. 그리고 얼마나 쉽게 이 생각이 퍼지고 사람들의 마음속에 교묘하게 주입되는지를 경험이 보여주고 있습니다. 특히 죽음의 잠에서 철저하게 깨어나서 자기들의 죄의 무거움을 짊어지기에는 너무도 무겁다고 느끼기 시작하는 사람들의 경우가 그렇습니다. 이러한 사람들은 보통 자기들의 현재 상태를 견디지 못하고 거기서 도망칠 모든 방법을 시도하므로 어떤 새로운 것이라도, 어떤 새로운 편안하고 부담 없는 제안이라도 언제나 수용할 용의가 있습니다. 그들은 아마도 일반적인 외적 수단을 시도해 보고 거기서 전혀 안심하지 못했을 것입니다. 그들이 발견한 것은 오히려 점점 더 쌓이는 양심의 가책과 두려움과 슬픔과 유죄판결이었는지 모릅니다. 그러므로 이러한 사람들을 설득시켜서 그러한 외적 수단을 모두 그만두는 것이 좋겠다고 믿게 하는 일은 쉽습니다. 그들은 이미 (그렇게 보이는 것이지만) 쓸데없이 수고하며 불 가운데서 일한 것처럼 지쳐 있습니다. 그러므로 그들은 자기들의 영혼이 기쁨이 없는

상태를 버리고 고통의 싸움을 중지하기 원합니다. 그래서 나태한 무활동 속으로 잠겨버리기 위한 구실이 있으면 어떤 것이든 기꺼이 맞아들이는 것입니다.

II

1. 나는 다음의 논의에서 은혜의 수단이 대체 어떤 것들인지 자세히 검토해 보고자 합니다.

나는 "은혜의 수단(means of grace)"을 하나님이 정하신 외적 표지, 말, 혹은 행동으로 이해합니다. 하나님께서 그것을 정하신 목적은 선행적 은혜, 의롭게 하는 은혜, 혹은 성화하는 은혜를 사람들에게 전달하는 통상적인 통로로 사용하기 위한 것입니다.

내가 "은혜의 수단"이라는 표현을 사용하는 것은 그보다 더 좋은 표현을 모르기 때문이요, 또 오랜 세월에 걸쳐서 그것이 그리스도 교회 안에서 일반적으로 사용되어 왔으며, 특히 영국 국교회에서 사용해 왔기 때문입니다. 특히 우리 교회는 은혜의 수단과 영광의 희망을 인하여 하나님께 찬미하도록 지도하고 있습니다. 그리고 성례전은 "내적인 은혜의 외적 표상이요, 그것을 받는 수단"이라고 가르치고 있습니다.

이 수단의 주된 것은 다음과 같습니다. 은밀한 기도 혹은 대중과 함께하는 기도, 성서 연구(그것은 성서를 읽고, 듣고, 묵상하는 것을 의미합니다), 주님을 기념하기 위하여 떡을 먹고 포도주를 마시며 주님의 성찬을 받는 일입니다. 우리는 이런 것이 하나님께서 그 은혜를 사람들의 영혼에 전달하기 위하여 정하신 통상적인 통로라고 믿습니다.

2. 그러나 은혜의 수단이 지닌 모든 가치는 그것이 실제로 종교의 목적에 부응하는가 하는 여부에 달려 있다고 생각합니다. 따라서 그러한 모든 수단은 목적에서 분리될 때 아무것도 아니거나 헛것이 됩니다. 실제로 하나님의 지식과 사랑에 부응하지 않는다면 하나님의 눈에 좋게 여겨지지 않습니다. 그뿐만 아니라 차라리 하나님 앞에서 혐오할 만한 것이요, 그의 코에 악취가 될 것입니다. 하나님께서는 그것을 참으시는 데 지치셨습니다. 무엇보다 은혜의 수단이 종교의 수단으로 사용되지 않고 종교적 대용물로 사용된다면 실로 난처한 일입니다. 이처럼 하나님께서 정한 은혜의 수단이 하나님께 거슬리며, 그리스도교를 사람들의 마음속에 심어 주기 위해서 제정된 수단으로 인하여 그리스도교가 사람들의 마음 밖으로 밀려난다면, 이것이 얼마나 심히 어리석고 사악한 일인지 이루 말로 다 표현하기 힘들 것입니다.

3. 또 단언컨대, 어떤 외적 수단이 하나님의 영으로부터 분리되었다면 전혀 유익이 없으며, 하나님의 지식 혹은 사랑에 조금도 부응할 수 없습니다. 지상에서 이루어지는 도움은 논쟁의 여지도 없이 모두 하나님이 주시는 것입니다. 전능하신 능력으로써 그 눈에 합당하다고 여기는 것을 우리 가운데서 행하시는 이는 하나님뿐이십니다. 그리고 모든 외적 사물은 하나님이 그것 안에서 또는 그것을 인하여 역사하시지 않는다면 다만 약하고 또 비천한 요소에 불과합니다. 그러므로 어떤 수단이든지 거기에 무슨 고유한 힘이 있다고 상상하는 자는 모두 크게 오류를 범하는 것입니다. 그것은 성서도 모르고 하나님의 능력도 모르는 생각입니다. 기도에서 하는 말, 성서에서 읽는 문자, 들리는 음향, 혹은 주님의 성찬에서 받은 떡과 포도주 안에는 전혀 내재한 힘이 없다는 사

실을 우리는 알고 있습니다. 모든 좋은 선물을 주시는 자는 하나님뿐이시며, 하나님은 모든 은혜의 근원이십니다. 모든 능력은 하나님에게서 나오는 것이요, 그러한 수단을 통하여 하나님의 능력이 우리의 영혼에 전달되는 축복이 존재하는 것입니다. 또 비록 지구상에 전혀 수단이 존재하지 않을지라도 하나님께서는 같은 은혜를 주실 수 있다는 것을 우리는 알고 있습니다. 이런 의미에서 우리는 하나님에 관해 말한다면 수단이라고 할 수 있는 것은 존재하지 않는다고 확언해도 좋습니다. 왜냐하면 하나님께서는 어떤 수단으로도 혹은 수단에 의하지 않고서도 자신이 기뻐하시는 일을 마찬가지로 다 하실 수 있기 때문입니다.

4. 다시 말하지만, 온갖 수단을 다 쓰더라도 그것은 한 가지 죄도 속량하지 못할 것입니다. 죄인은 오직 그리스도의 피로 말미암아 하나님과 화해할 수 있습니다. 우리의 죄를 씻기 위한 다른 속죄제물은 전혀 없으며, 죄와 불결을 씻을 다른 샘물도 전혀 존재하지 않습니다. 그리스도를 믿는 사람은 누구나 그리스도를 신뢰하는 일 이외에 전혀 공적이 없다는 것을 깊이 확신합니다. 자기가 하는 어떤 행위에도, 즉 기도한다든지, 성서를 탐구한다든지, 하나님의 말씀을 듣는다든지, 그 떡을 먹고 그 잔으로 마시는 일 속에도 공적은 없는 것입니다. 그러므로 만일 어떤 사람이 "그리스도께서 은혜의 유일한 수단이다." 하고 말한 표현이 그리스도가 은혜를 받기 위한 유일한 공적이며 원인이라는 것을 뜻한다면, 그것은 하나님의 은혜를 아는 사람에 의하여 부정될 까닭이 없습니다.

5. 그러나 다시 한 번 말하지 않으면 안 되겠습니다. 우울한 사실이지만, 오늘날 그리스도인으로 불리는 많은 사람들이 그 영혼을 파멸

할 정도로 은혜의 수단을 악용하고 있습니다. 의심의 여지 없이 능력은 사라지고 형식만 남은 경건으로 만족하고 있는 실정입니다. 그리스도께서 아직 그들의 마음속에 전혀 계시되어 있지 않으며 하나님의 사랑도 마음속에 부어지지 않았음에도 불구하고, 그들은 이와 같은 일을 하기 때문에 어리석게도 이미 그리스도인이라고 추정합니다. 혹은 이러한 은혜의 수단을 사용하고 있다는 것이 공로가 되어 자기들은 절대로 오류를 범하지 않는 그리스도인이라고 상상하는 것입니다. 수단으로 인하여 조만간(언제일는지는 모르지만) 확실히 거룩하게 될 어떤 종류의 힘이 그 수단 자체 속에 존재한다고 헛되이 꿈꾸고 있거나(아마도 그 일에 대해서는 거의 의식하고 있지 못할 것이지만), 혹은 그러한 수단을 사용하는 것에 일종의 공적이 있어 확실히 하나님을 움직여 그들을 성결하도록 만들거나 혹은 그것 없이 그들을 받아들일 것이라는 헛된 꿈을 꾸고 있습니다.

6. 그들은 "너희가 은혜에 의하여 구원을 받은 것이라(엡 2:8)." 하는 모든 그리스도교적 건축의 위대한 기초를 실상 조금도 이해하고 있지 못합니다. 당신들이 죄에서 구원을 받아 죄의 책임과 권세에서 구원을 얻고 하나님의 호의와 형상에로 회복되는 일은 당신들 자신의 행위, 공적, 혹은 가치에 의존된 것이 아니라, 값없이 주어진 은혜, 곧 하나님의 긍휼하심에 의한 것이요, 하나님의 사랑하시는 독생자의 공적에 의한 것입니다. 당신들이 이처럼 구원을 받은 것은 당신들, 혹은 다른 피조물 가운데 갖추어져 있는 힘, 지혜, 강함으로 인한 것이 아니라, 모든 것에서 모든 것을 이루시는 성령의 은혜와 능력에 의한 것입니다.

7. 그러나 중요한 문제가 남아 있습니다. "이 구원이 하나님의 선물이요 행위라는 것을 우리가 알고 있다면, 어떻게 (그것을 가지고 있지 않다고 확신하는 사람은 말할 것입니다) 나는 거기에 도달할 수 있습니까?" 만일 당신이 "믿으시오, 그리하면 구원을 받을 것입니다." 하고 말한다면 그들은 이렇게 대답할 것입니다. "그러겠습니다. 그러나 어떻게 하면 믿을 수 있는 것입니까?" 그러면 또 당신은 "하나님을 대망하시오."라고 대답합니다. 그러면 사람들은 다음과 같이 말합니다. "옳습니다. 그러나 어떻게 해야 기다리는 것이 됩니까? 은혜의 수단으로입니까, 아니면 그것 없이도 되는 것입니까? 구원을 가져오시는 하나님의 은혜를 그러한 수단을 사용함으로써 대망해야 합니까? 아니면 그것을 놓아두고 대망해야 합니까? 어떤 방법으로 대망해야 합니까?"

8. 하나님의 말씀이 이처럼 중요한 점에 대해서 전혀 방향 제시를 하고 있지 않다는 사실, 혹은 하늘로부터 우리 인간을 위하여, 우리의 구원을 위하여 내려오신 하나님의 독생자가 우리의 구원에 그렇게도 긴밀하게 관련된 문제에 관해서 미해결인 상태로 남겨 두고 가셔야 했다고 상상하기란 어렵습니다.

사실 하나님의 독생자는 미해결의 상태로 남겨 두고 가시지 않았습니다. 그는 우리에게 가야 할 길을 보여주셨습니다. 우리는 오직 하나님의 말씀에서 답을 구하고 거기에 기록되어 있는 것을 탐구해야 합니다. 그리고 우리가 단순히 그 결정을 따른다면 의혹이 남을 가능성은 전혀 없습니다.

III

1. 그러므로 성서의 결정을 따라 하나님의 은혜를 열망하는 사람은 모두 하나님이 정하신 수단에 의하여 대망해야 합니다. 은혜의 수단을 버리지 말고 사용하여 하나님의 은혜를 열망해야 합니다.

첫째, 누구든지 하나님의 은혜를 열망하는 자는 기도로써 대망해야 합니다. 이것은 우리 주님께서 친히 분명하게 말씀하신 지시입니다. 산상수훈에서 종교가 어떻게 성립되는지 상세히 설명하고 그 중요한 부분을 말씀하신 뒤에 주님께서는 더하여 말씀하십니다. "구하라 그리하면 너희에게 주실 것이요 찾으라 그리하면 찾아낼 것이요 문을 두드리라 그리하면 너희에게 열릴 것이니 구하는 이마다 받을 것이요 찾는 이는 찾아낼 것이요 두드리는 이에게는 열릴 것이니라(마 7:7~8)." 여기서 우리는 가장 명백한 방식이 지시되어 있음을 알 수 있지만 매우 값비싼 진주인 하나님의 은혜를 찾아내기 위해 탐구하지 않으면 안 됩니다. 하나님의 나라에 들어가기를 바란다면, 구하고 찾고 문을 두드리는 일을 계속해야만 합니다.

2. 우리 주님은 전혀 의심이 남지 않도록 이 점을 더욱 특이한 방식으로 상세하게 언급하십니다. 그는 한 사람 한 사람의 마음에 호소하십니다. "너희 중에 누가 아들이 떡을 달라 하는데 돌을 주며 생선을 달라 하는데 뱀을 줄 사람이 있겠느냐 너희가 악한 자라도 좋은 것으로 자식에게 줄 줄 알거든", 천사와 인간의 아버지이신 "하늘에 계신 너희 아버지께서 구하는 자에게 좋은 것으로 주시지 않겠느냐(마 7:9~11)." 주님

께서는 다른 곳에서 모든 좋은 것을 한 가지로 요약하여 말씀하십니다. "너희 하늘 아버지께서 구하는 자에게 성령을 주시지 않겠느냐(눅 11:13)." 특히 여기서 주목해야 할 것은, 구하라는 명령을 받은 사람들이 그때까지 성령을 받지 않았다는 사실입니다. 그럼에도 불구하고 우리 주님은 기도를 성령을 받는 수단으로 사용하도록 그들에게 명령하시고 그것이 유효하다고 약속하십니다. 구하면 그 크신 역사 위에 자비를 베푸시는 하나님께 그들은 성령을 받게 될 것이라고 약속하셨습니다.

3. 만일 우리가 하나님께 어떤 선물이라도 받으려고 생각한다면 그 수단을 사용하는 것이 절대적으로 필요하다는 사실은 위의 말씀 바로 전에 나오는 주목할 만한 구절에서 더욱 분명해집니다. "주께서 또 그들에게 말씀하셨습니다." 그들이란 주님이 어떻게 기도할지를 가르쳐 주신 바로 그 사람들입니다. "너희 중에 누가 벗이 있는데 밤중에 그에게 가서 말하기를 '벗이여, 떡 세 덩이를 내게 꾸어 달라.'고 말했을 경우에 그 사람이 안에서 '나를 괴롭게 하지 말라. 내가 지금 일어나 자네의 청을 들어줄 수 없네.' 하고 대답했다고 하자. 내가 너희에게 말하노니 그 사람이 친구라는 이유로서는 일어나서 청을 들어주지 않을는지 모르지만 그 간청으로 인하여 일어나 그 요구대로 주리라 그러므로 내가 너희에게 이르노니 구하라 그러면 너희에게 주실 것이다(눅 11:5, 7~9)." "친구라는 이유로서는 일어나서 청을 들어주지 않을는지 모르지만 극성스럽게 조르면 그것 때문에 일어나서 친구의 청을 들어줄 것이다." 우리가 이 수단으로 끈질기게 구하면, 그렇게 하지 않으면 전혀 주어질 수 없는 것을 하나님께 받을 수 있다는 사실을 주님께서 어떻게 이 이상 더 분명하게 밝힐 수 있겠습니까?

4. 예수께서 제자들에게 "항상 기도하고 낙심하지 말아야 할 것을 가르치시기 위하여 비유"로 말씀하셨습니다(눅 18:1). 이처럼 하게 되면 그들이 어떠한 간구를 해도 하나님께 기도 응답을 받게 되는 것입니다. "어떤 도시에 하나님을 두려워하지 않고 사람을 무시하는 한 재판장이 있는데, 그 도시에 한 과부가 있어 자주 그에게 가서 '내 원수에 대한 나의 원한을 풀어 주소서' 하니, 그가 얼마 동안 듣지 아니하다가 후에 속으로 생각하되, '내가 하나님을 두려워하지 않고 사람을 무시하나 이 과부가 나를 번거롭게 하니 그의 원한을 풀어 주리라. 그렇지 않으면 늘 와서 나를 괴롭게 하리라' 하였느니라(눅 18:1~5)." 우리 주님께서 이것을 친히 실제 상황에 적용하여 말씀하셨습니다. "불의한 재판장이 하는 말을 들으라(눅 18:6)." 과부가 구하는 것을 그치지 않고 거절당해도 단념하지 않으니 나는 그녀의 원한을 풀어주리라 한 것입니다. "하물며 하나님께서 그 밤낮 부르짖는 택하신 자들의 원한을 풀어 주지 아니하시겠느냐. 그들에게 오래 참으시겠느냐. 하나님께서는 속히 그들의 원한을 풀어 주시리라(눅 18:7~8)." 만일 그들이 기도하고 낙심하지 않으면 그렇게 하신다는 말씀입니다.

5. 은밀한 기도에서 하나님의 축복을 대망하라는, 동일하게 상세한 그리고 명백한 지시가 이 수단에 의하여 우리가 입술로 간구하는 것을 획득할 것이라는 적극적인 약속과 함께 주어져 있는데, 우리 주님은 그것을 우리에게 다음의 잘 알려진 말씀 가운데서 주십니다. "너는 기도할 때 골방에 들어가 문을 닫고 은밀한 데 계신 네 아버지께 기도하라. 그리하면 은밀히 보시는 네 아버지께서 네게 갚아 주실 것이다(마 6:6)."

6. 하나님께서 우리에게 사도를 통하여 주신 말씀을 보면 위 말씀의 지시가 더욱 분명해질 수 있습니다. 사도는 공개적으로 하거나 은밀하게 드리는 여러 가지 기도와 거기에 부가된 축복에 관계된 말씀을 주십니다. "너희 중에 누구든지 지혜가 부족하거든 모든 사람에게 후히 주시고 꾸짖지 아니하시는 하나님께 구하라(약 1:5)." (그들이 구한다면 하는 말입니다. 그렇지 않으면 "너희가 얻지 못하는 것은 구하지 아니하기 때문이요[약 4:2]", "하나님은 후히 주시고 꾸짖지 아니하실 것입니다[약 1:5].")

누군가 다음과 같이 반대할 수도 있습니다. "이것은 불신자에게 주는 지시가 전혀 아닙니다. 그들은 하나님의 용서의 은혜를 알지 못합니다. 왜냐하면 사도는 다음과 같이 첨언했기 때문입니다. '오직 믿음으로 구하라(약 1:6).' 그렇지 않으면 '주께로부터 무엇을 받으리라고 생각하지 말라(약 1:7).'" 사도는 마치 이러한 반대를 미리 내다본 것처럼 믿음이라는 말의 뜻을 다음과 같이 말했습니다. "오직 믿음으로 구하고 조금도 의심하지 말라(약 1:6)." "조금도 의심하지 말라."는 말씀은 하나님께서 기도를 들으시고 그 마음의 소원을 성취시켜 주신다는 것을 의심하지 말아야 한다는 뜻입니다.

여기서 말하는 믿음이 충분한 기독교적 의미를 지니고 있다고 생각하는 것이 대단히 불경스럽고 불합리하다는 것은 다음의 사실로 분명해집니다. 그것은 성령이 이 믿음(여기서는 지혜로 불리지만)이 없다고 여기는 사람에게 하나님께 간구하도록 명령합니다. 그 간구와 함께 "그것은 주어질 것이다(약 1:6)." 하는 적극적인 약속이 첨가되어 있습니다. 그리고 그 구절 다음에 그것을 간구하는 자가 믿음이 없다면 그것은 주어지지 않을 것이라는 말씀이 이어집니다. 그러나 누가 이러한 추론을 감당할 수 있겠습니까? 그러므로 이미 인용된 구절들과 이 성서의 말씀에서 우리는 하나님의 은혜를 원하는 자는 모두 기도를 통하여 믿음을 대망할 것이라고 추론해야 합니다.

7. 둘째, 하나님의 은혜를 바라는 자는 누구나 성서를 탐구함으로써 믿음을 대망하여야 합니다. 이 수단의 사용에 관한 우리 주님의 지시도 마찬가지로 간단하고 분명합니다. 그는 불신앙의 유대인들에게 말씀하셨습니다. "성서를 살펴보라. 성서가 내게 대하여 증언하고 있다(요 5:39)." 그들이 주님을 믿도록 하기 위해 주님께서는 그들에게 성서를 살펴보라고 명하셨습니다.

"이것은 명령이 아니라 다만 그들이 성서를 탐구했었다는 사실을 주장하는 데 불과하다"라고 반대하는 것은 뻔뻔하다고 말할 수밖에 없을 정도로 잘못되어 있습니다. 나는 이렇게 반대하는 자들이 "성서를 상고하라"는 말씀 이상으로 그 명령을 더 분명하게 표현할 수 없다는 것을 알기 바랍니다. 이 명령은 많은 말이 필요 없는 단호한 표현입니다.

그리고 이 수단을 사용할 때 하나님께 어떠한 축복이 따라오는가는 베뢰아인들에 관한 기록에서 분명하게 나타납니다. 그들은 성 바울에게 들은 후에 "그것이 사실인가 알아보려고 날마다 성경을 자세히 공부했습니다. 그리하여 그들 가운데 많은 사람이 믿었습니다(행 17:11~12)." 즉 하나님께서 정하신 방법에 따라 하나님의 은혜를 발견한 것입니다.

아마도 "마음으로 말씀을 받아들인(행 17:11)" 사람들 중 어떤 이들은 실제로 바울 사도가 말씀한 것처럼 "믿음은 들음에서 나는 것(롬 10:17)"이어서 성서를 읽음으로써 믿음이 확증되었을 뿐입니다. 그러나 이미 관찰된 바와 같이 성서를 탐구한다는 일반적인 개념 속에는 들기와 읽기 그리고 묵상하기가 포함되어 있습니다.

8. 성서를 탐구하는 일은 하나님께서 우리에게 참된 지혜를 주시게 할 뿐 아니라 한층 굳게 하며 또 더해 주시는 수단이라는 사실을 디모데에게 권면한 바울의 말씀에서 배웁니다. "그대는 어려서부터 성경을 알았나니 성경은 능히 너로 하여금 그리그도 예수 안에 있는 믿음으로 말미암아 구원에 이르는 지혜가 있게 하느니라(딤후 3:15)." 같은 진리가 (즉 이것이 하나님께서 그 다종다양한 은혜를 인간에게 전달하시기 위하여 정하신 위대한 수단이라는 사실) 바로 그 다음에 계속되는 말씀에서 생각할 가장 충분한 방식으로 논해지고 있습니다. "모든 성경은 하나님의 감동으로 된 것이요." 따라서 모든 성서는 무오류하고 진실합니다. 그래서 "교훈과 책망과 바르게 함과 의로 교육하기에 유익하니 이는 하나님의 사람으로 온전하게 하며 모든 선한 일을 행할 능력을 갖추게 하려 함이라(딤후 3:16~17)."

9. 유의해야 할 점은 이 사실이 주로 디모데가 어릴 때부터 알아온 성서에 관하여 직접적으로 말하고 있다는 점입니다. 그것은 구약성서였음이 분명합니다. 왜냐하면 신약성서는 그때 기록되지 않았기 때문입니다. 그러므로 사도 바울이 구약성서를 경시했다는 말은 당치 않은 소리입니다(물론 그는 "저 위대하다는 사도들보다 조금도 못할 것이 없으며[고후 11:5]", 그러므로 나는 현재 세상에 있는 어느 누구보다 조금도 못할 것이 없다고 가정하고 있습니다). 하나님 말씀의 절반을 매우 경시하고 있는 당신들이여, 언젠가 "놀라고 멸망하지(행 13:41)" 않기 위하여 조심하십시오. 당신들은 실로 성령이 다음과 같이 분명히 선언하신 것 가운데 절반을 경시하

고 있는 것입니다. 즉 그것은 "교훈과 책망과 바르게 함과 의로 교육하기에 유익하다"는 말씀이고, 이 사실 때문에 하나님께서 정하신 수단으로 "유익하다"는 것입니다. 그 목적은 "그것으로 하나님의 사람으로 온전하게 하며 모든 선한 일을 행할 능력을 갖추게(딤후 3:16~17)" 하기 위함입니다.

10. 또 성서를 탐구하는 일은 다만 하나님의 사람들을 위해, 이미 하나님의 얼굴빛 가운데서 행하는 사람들을 위해서만 유익한 것이 아닙니다. 어두움 속에서 그들이 알지 못하는 분을 찾고 있는 사람들에게도 유익합니다. 성 베드로는 다음과 같이 말했습니다. "우리에게 더 확실한 예언의 말씀이 있습니다(벧후 1:19)." 문자대로 번역하면, "이리하여 예언의 말씀은 우리에게 더욱 확실한 것이 되었다"는 것입니다. 이 사실은 우리가 "그의 위엄을 친히 본 자들이라(벧후 1:16)"는 사실, 또 "지극히 큰 영광 중에서 이러한 소리가 그에게 났다(벧후 1:17)"는 사실로써 확인되는 것입니다. 이 예언의 말씀-사도는 성서를 그렇게 부르고 있습니다-에 대해서 그는 말합니다. "(예언은) 어두운 데를 비추는 등불과 같으니 날이 새어 샛별이 너희 마음에 떠오르기까지 너희가 이것을 주의하는 것이 옳으니라(벧후 1:19)." 그러므로 마음속에 날이 밝아오기를 바라는 모든 사람은 성서를 탐구함으로써 그것을 대망해야 합니다.

11. 셋째, 하나님의 은혜가 더해지기를 바라는 사람은 누구나 주님의 성찬에 참여함으로써 대망해야 합니다. 왜냐하면 이것도 주님께서 주신 방침이기 때문입니다. "주 예수께서 잡히시던 밤에 떡을 가지사 축사하시고 떼어 이르시되 '이것은 너희를 위하는 내 몸이니 이것을 행하

여 나를 기념하라' 하시고." 이것은 내 몸(My body)에 대한 거룩한 표지(sacred sign)입니다. "똑같이 잔을 가지시고 이 잔은 내 피로 세운 새 언약이니." 즉 이는 새 언약의 신성한 표지입니다. 그리고 "'마실 때마다 나를 기념하라' 하셨습니다. 그러므로 여러분이 이 떡을 먹고 이 잔을 마실 때마다 주의 죽으심을 오실 때까지 전하는 것입니다(고전 11:23~26)." 당신들은 공공연히 하나님과 천사들과 사람들 앞에서 이런 보이는 표지로써 주의 죽으심을 분명히 보여주는 것입니다. 당신들은 주께서 하늘 구름을 타고 오실 때까지 자신들이 주의 죽으심을 엄숙하게 기념하고 있다는 사실을 분명히 나타내는 것입니다. 다만 처음에 "각기 자기를 살피고 그 후에(고전 11:28)" 참여해야 할 것입니다. 그가 이 거룩한 규정의 본질과 목적을 이해하고 있는가 그렇지 않은가, 참으로 그리스도의 죽음에 자신을 순종하는 자로 드리기를 바라고 있는가 그렇지 않은가를 살피고 의심을 없이 한 다음에 "이 떡을 먹고 이 잔을 마셔야 합니다(고전 12:28)."

그러므로 여기서도 우리 주께서 먼저 주신 말씀인 "먹고 마시라"는 지시가 사도에 의하여 명확히 되풀이되어 있습니다(둘 다 명령법입니다). 이러한 말씀은 단순한 허가가 아니라 명백하고 뚜렷한 명령입니다. 이 명령은 믿음으로 이미 평화와 기쁨으로 충만해 있는 사람들에게도, 혹은 "우리의 죄의 기억은 우리에게는 슬픔뿐이요 그 무거운 짐은 견딜 수 없습니다(기도서의 성찬식 순서 중에서 인용)."라고 성실하게 말할 수 있는 사람들에게도 모두 주어지는 것입니다.

12. 그리고 또한 이것이 하나님의 은혜를 받는 일반적으로 정해진 수단이라는 사실은 그 앞장에 있는 사도의 다음과 같은 말에서 명백

해집니다. "우리가 축복하는 바 축복의 잔은 그리스도의 피에 참여함이 (혹은 그리스도의 피와의 사귐[communication]을 가지는 일이) 아닙니까? 우리가 떼는 떡은 그리스도의 몸에 참여하는 것이 아닙니까?(고전 10:16)" 이 떡을 먹고 이 잔을 마시는 일은 외적인, 곧 가시적인 수단이 아닙니까? 그 수단으로써 하나님은 우리의 영혼 속에 모든 영적인 은혜, 의와 평화와 성령 안에서의 기쁨을 전달하시는 것입니다. 이러한 것들은 우리를 위해 한번 찢기신 그리스도의 몸과 한번 흘리신 그리스도의 피로써 얻어지는 것입니다. 그러므로 참으로 하나님의 은혜를 바라는 자는 누구나 이 떡을 먹고 이 잔으로 마셔야 합니다.

IV

1. 하나님께서는 우리가 하나님을 탐구하는 방법을 분명하게 가르치셨지만, 이에 대한 반대는 무수히 많습니다. 스스로 지혜롭다고 하는 자들도 때때로 반대 의사를 표명합니다. 이러한 반대 가운데 몇 가지는 고려할 필요가 있습니다. 그 견해들이 그 자체로 가치가 있어서가 아니라, 그런 것들이 가끔, 특히 근년에 와서 더욱 극성을 부립니다. 이를테면 절름발이를 길에서 내쫓기 위해서, 그뿐 아니라 사탄이 빛의 천사인 것처럼 나타나듯이 잘 달려온 사람들을 괴롭히고 전복시키기 위해서 사용되어 왔기 때문입니다.

이러한 반대 중 가장 중요한 것은 "당신은 은혜의 수단에 대한 신뢰 없이 그것들을 사용할 수는 없다"는 것입니다. 그 말이 성서 어디에 쓰여 있는지 알고 싶습니다. 그 주장에 대한 분명한 성서의 말씀을 내게 보여주시기 바랍니다. 그렇지 않으면 나는 그 주장을 수용할 수 없습니다. 당신들이 하나님보다 현명하다고 인정할 수 없기 때문입니다.

만일 당신의 주장대로라면, 그리스도가 그것을 알고 계셨을 것이 틀림없습니다. 그리고 만일 그리스도가 그것을 알고 계셨다면, 우리에게 확실히 경고를 주셨을 것입니다. 그 사실을 벌써 계시하셨을 것입니다. 그러므로 그리스도께서 그렇게 하지 않으셨기 때문에, 예수 그리스도에 의한 모든 것을 살펴봐도 그 근거가 전혀 없으므로 나는 그리스도의 계시가 하나님께로부터 온 것임을 확신하며 마찬가지로 당신의 주장이 완전히 잘못이라고 확신합니다.

어떤 이들은 "그러나 당신이 그것을 신뢰하고 있는지 아닌지를 보기 위하여 잠시 동안 그런 일을 그만두어 보십시오." 하고 말하기도 합니다. 하나님께 복종하는 행위에 내가 신뢰하고 있는지를 알기 위하여 하나님을 거슬러야 한단 말입니까! 당신은 이 충고를 인정하십니까? 당신은 "선을 이루기 위하여 악을 행하자(롬 3:8)" 하고 고의적으로 가르칩니까? 아, 그렇게 가르치는 자들에 대한 하나님의 심판을 두려워하십시오! 그들은 "정죄 받는 것이 마땅합니다(롬 3:8)."

"아니, 만일 당신이 그런 일을 그만두었을 때 마음에 고민이 생긴다면, 당신은 그런 일에 신뢰를 두고 있었던 것이 분명합니다." 어림없는 이야기입니다. 하나님을 고의로 거슬렀을 때 나의 마음에 고민이 생긴다면, 하나님의 영이 또한 나와 다투고 계신 것이 분명합니다. 그러나 고의로 죄를 범하여도 내가 마음에 고통을 느끼지 않는다면, 타락한 마음의 상태에 빠져 있음이 분명합니다.

"그런 것을 신뢰한다."는 사실은 당신에게 무엇을 의미합니까? 그것으로 하나님의 축복을 구하면서 말입니까? 이 방법에 따라 대망하지 않고는 달리 도달할 수 없다고 믿는 것입니까? 이것이 내가 의미하는 바입니다. 그리고 하나님께서 나의 도움이시기 때문에 나는 내 생명이 끝날 때까지 그 의미를 견지할 것입니다. 하나님의 은혜로 말미암아 죽음에 이르기까지 나는 그러한 의미에서 수단을 신뢰할 것입니다. 즉 하나님께서는 약속하신 바를 모두 충실히 실행하는 분이심을 믿을 것입니다. 그리고 하나님께서는 그러한 방식으로 나를 축복한다고 약속하셨기 때문에, 나는 그것이 하나님의 말씀대로 될 것을 신뢰합니다.

2. 둘째, "그것은 구원을 행위로써 얻으려고 하는 일이다."라는 반대가 있습니다. 당신은 이 표현의 의미를 알고 있습니까? 사도 바울의 편지에는 그것은 모세 율법의 의식적 행위를 지킴으로써 구원을 얻으려 한다거나, 우리 자신의 행위로 맺어지는 의의 공적으로써 구원을 바라는 것을 의미합니다. 그러나 앞에서 언급한 사도 바울의 말씀이 어떻게 내가 하나님께서 정하신 방식에 따른 대망을 포함하거나 하나님께서 그렇게 약속하셨으므로 거기서 나와 만나 주실 것이라는 기대로 볼 수 있겠습니까?

나는 실제로 하나님이 말씀을 성취하실 것이라는 사실, 그 방식에 따라 나와 만나시고 축복해 주실 것이라는 사실을 기대합니다. 그렇지만 내가 한 행위나 나의 의의 공적 때문이 아니라, 다만 하나님의 독생자의 공로와 고난과 사랑에 의해서 나와 만나시고 축복해 주실 것입니다. 독생자는 언제나 하나님께서 정말 기뻐하시는 분입니다.

3. 셋째, "그리스도가 유일한 은혜의 수단"이므로 다른 수단은 필요하지 않다는 반대 주장은 격렬합니다. 나는 이 주장이 단순한 말의 유

희라고 대답합니다. 당신이 설명해 보십시오. 그리하면 그 반대는 사라질 것입니다. "기도는 은혜의 수단이다."라고 말할 때 우리는 기도를 하나님의 은혜가 전달되는 매개라고 이해합니다. "그리스도께서 은혜의 수단이다."라고 말할 때 당신은 그리스도께서 은혜의 유일한 값어치이며 은혜를 피로 사신 분이라고 이해하거나 "그리스도로 말미암지 않고는 아무도 아버지께로 올 사람이 없다(요 14:6)."고 이해하는 것입니다. 그런데 누가 그것을 부정합니까? 그 부정은 전적으로 문제에서 벗어나 있습니다.

4. 넷째 반대는 다음과 같습니다. "성서가 이미 우리로 구원을 대망하도록 인도하지 않았는가?" 다윗은 말하지 않았습니까? "나의 영혼이 잠잠히 하나님만 바람이여, 나의 구원이 그에게서 나오는도다(시 62:1)." 그리고 이사야도 다음과 같이 말할 때 우리에게 같은 사실을 가르쳐 주지 않습니까? "여호와여, 우리가 주를 앙망하나이다(사 33:2)." 이 모든 것을 부정할 수 없습니다. 구원은 하나님의 선물이기 때문에 우리는 틀림없이 하나님을 대망하여야 합니다. 그러나 어떻게 대망하는 것입니까? 만일 하나님 자신이 길을 정하셨다면, 하나님을 대망하는 데 그보다 더 좋은 길을 발견할 수 있습니까? 하나님이 길을 정하신 일과 그 길이 무엇인가는 자세히 밝혀져 있습니다. 당신이 인용한 예언자의 말씀 그 자체가 이 사실을 의심의 여지가 없는 것으로 만들어 줍니다. 왜냐하면 그 글 전체가 다음과 같기 때문입니다. "여호와여 주께서 심판하시는 길에서 (혹은 정하신 길에서) 우리가 주를 기다렸사오며(사 26:8)." 그리고 다윗도 같은 방법으로 대망한 사실이 충분히 증언되고 있습니다. "여호와여 내가 주의 구원을 바라며 주의 계명들을 행하였나이다(시

119:166)." "여호와여 주의 율례들의 도를 내게 가르치소서 내가 끝까지 지키리이다(시 119:33)."

5. 또 어떤 사람은 말합니다. "하나님께서는 주님을 대망하는 또 다른 길을 지정하셨는데, 그것은 바로 '가만히 서서 주의 구원을 보라'는 것입니다."

당신이 인용한 성서의 말씀을 살펴봅시다. 그것이 쓰인 맨 처음 전후의 관계를 살펴보면 다음과 같습니다.

"바로가 가까이 올 때에 이스라엘 자손이 눈을 들어 본즉 애굽 사람들이 자기들 뒤에 이른지라 이스라엘 자손이 심히 두려워하여 여호와께 부르짖고 그들이 또 모세에게 이르되 애굽에 매장지가 없어서 당신이 우리를 이끌어 내어 이 광야에서 죽게 하느냐 어찌하여 당신이 우리를 애굽에서 이끌어 내어 우리에게 이같이 하느냐… 모세가 백성에게 이르되 너희는 두려워하지 말고 가만히 서서 여호와께서 오늘 너희를 위하여 행하시는 구원을 보라 너희가 오늘 본 애굽 사람을 영원히 다시 보지 아니하리라… 여호와께서 모세에게 이르시되 너는 어찌하여 내게 부르짖느냐 이스라엘 자손에게 명령하여 앞으로 나아가게 하고 지팡이를 들고 손을 바다 위로 내밀어 그것이 갈라지게 하라 이스라엘 자손이 바다 가운데서 마른 땅으로 행하리라(출 14:10~11, 13, 15~16)."

이것이 곧 그들이 가만히 서서 본 하나님의 구원이었습니다. 그들은 힘껏 앞으로 나가면서 그것을 본 것입니다.

이런 표현이 나타난 또 하나의 구절은 다음과 같습니다. "어떤 사람이 와서 여호사밧에게 전하여 이르되 큰 무리가 바다 저쪽 아람에서 왕을 치러 오는데 이제 하사손다말 곧 엔게디에 있나이다 하니 여호사밧이 두려워하여 여호와께로 낯을 향하여 간구하고 온 유다 백성에게 금식하라 공포하매 유다 사람이 여호와께 도우심을 구하려 하여 유다 모든 성읍에서 모여와서 여호와께 간구하더라 여호사밧이 여호와의 전 새 뜰 앞에서 유다와 예루살렘의 회중 가운데 서서… 여호와의 영이 회중 가운데에서 레위 사람 야하시엘에게 임하셨으니 그는 아삽 자손 맛다냐의 현손이요 여이엘의 증손이요 브나야의 손자요 스가랴의 아들이더라 야하시엘이 이르되 온 유다와 예루살렘 주민과 여호사밧 왕이여 들을지어다 여호와께서 이같이 너희에게 말씀하시기를 너희는 이 큰 무리로 말미암아 두려워하거나 놀라지 말라 이 전쟁은 너희에게 속한 것이 아니요 하나님께 속한 것이니라 내일 너희는 그들에게로 내려가라 그들이 시스 고개로 올라올 때에 너희가 골짜기 어귀 여루엘 들 앞에서 그들을 만나려니와 이 전쟁에는 너희가 싸울 것이 없나니 대열을 이루고 서서 너희와 함께한 여호와가 구원하는 것을 보라 유다와 예루살렘아 너희는 두려워하지 말며 놀라지 말고 내일 그들을 맞서 나가라 여호와가 너희와 함께하리라 하셨느니라 하매… 이에 백성들이 아침에 일찍이 일어나서 드고아 들로 나가니라 나갈 때에 여호사밧이 서서 이르되 유다와 예루살렘 주민들아 내 말을 들을지어다 너희는 너희 하나님 여호와를 신뢰하라 그리하면 견고히 서리라 그의 선지자들을 신뢰하라 그리하면 형통하리라 하고… 그 노래와 찬송이 시작될 때에 여호와께서 복병을 두어 유다를 치러 온 암몬 자손과 모압과 세일 산 주민들을 치게 하시므로 그들이 패하였으니 곧 암몬과 모압 자손이 일어나 세일 산 주민들을 쳐서 진멸하고 세일 주민들을 멸한 후에는 그들이 서로 쳐죽였더라(대하 20:2~5, 14~17, 20, 22~23)."

 이것이 유다 사람들이 본 구원이었습니다. 그러나 어떻게 이 모든 것이 우리가 하나님의 정하신 수단에 의하여 하나님의 은혜를 대망해서는 안 된다는 것을 입증합니까?

6. 사람들이 제기하는 또 한 가지의 반대에 대하여 언급하겠습니다. 실상 그것은 진정한 의미에서 이 항목에 속하지 않지만 너무도 자주 주장되어 왔기 때문에 그것을 결코 지나칠 수가 없습니다.

"'너희가 그리스도와 함께 죽었거든 어찌하여 세상에 사는 것과 같이 규례에 순종하는가?'(골 2:20)'라고 사도 바울은 말하지 않았는가? 그러므로 그리스도와 함께 죽은 자인 그리스도인은 더 이상 규례를 사용할 필요가 없다."는 것입니다.

그러므로 당신들은 "만일 내가 그리스도인이라면 나는 그리스도의 규례에 얽매여 있지 않다."고 말합니다. 확실히 그것은 불합리한 것이기에 당신은 일견 다음의 사실을 틀림없이 이해할 것입니다. 여기 지적되고 있는 것은 그리스도의 규례가 될 수 없습니다. 그것은 아무래도 유대교의 규례임에 분명합니다. 그리스도인은 그것에 확실히 속박되지 않습니다.

그리고 바로 뒤에 계속되는 말에서도 동일한 사실이 분명하게 제시됩니다. "붙잡지도 말고 맛보지도 말고 만지지도 말라(골 2:21)." 이것은 모두 분명히 유대 율법의 옛 규례에 대해 언급한 것들입니다.

그러므로 이 반대는 여러 반대 의견 중에서도 가장 약한 것입니다. 그리고 이 모든 반대에도 불구하고 저 위대한 진리는 틀림없이 확고하게 존속할 것입니다. 즉 하나님의 은혜를 바라는 사람은 전부 하나님께서 정하신 수단에 의하여 그것을 대망해야 합니다.

V

1. 그러나 하나님의 은혜를 대망하는 사람은 모두 하나님이 정하신 수단에 의하여 그것을 기다려야 한다는 것이 인정되더라도 여전히 다음과 같은 질문을 받게 될지 모릅니다. 그것은 정하신 수단을 사용하는 순서와 방법에 대한 질문입니다.

수단을 사용하는 순서에 관해서 말합시다. 하나님 자신이 죄인을 구원으로 이끌어 오실 때에 그러한 수단을 사용하는 것을 일반적으로 좋게 생각하는 일종의 순서가 있다는 것을 우리는 인정할 수 있습니다. 우둔하고 무감각하며 비천한 인간은 하나님의 일 같은 것을 전혀 심중에 두지 않고 마음대로 자기 자신의 길을 걷습니다. 그때 뜻밖에 하나님이 그를 만나십니다. 아마 각성시키는 설교를 통해, 혹은 행동을 통해, 어떤 두려워할 만한 섭리를 통해, 혹은 전혀 외적 수단에 의하지 않고 하나님 자신이 확신을 주는 영의 직접적인 일격을 가함으로써 하나님은 인간을 만나십니다. 이제는 장차 올 진노를 피하려는 욕구가 있으므로 그는 의도적으로 어떻게 그것이 가능한지 들으러 갑니다. 만일 마음에 호소하는 설교자를 만난다면, 그는 놀라서 실제로 설교자가 말한 대로인가 아닌가 알기 위해 성서를 살피기 시작합니다. 듣고 읽을수록 그는 더욱더 확신합니다. 그리고 밤낮으로 그것에 대해서 깊이 명상합니다. 아마도 그는 성서에서 들었거나 읽었던 것을 설명하고 권장하는 다른 책을 찾아낼 것입니다. 그리고 그런 모든 수단을 통하여 죄의식의 화살이 그의 영혼 속에 더욱 깊이 박힙니다. 그는 그의 생각 속에 언제나 맨 먼저 떠오르는 하나님의 일에 대해서 이야기하기 시작합니다. 그뿐 아니라 하나님과도 이야기하기 시작합니다. 하나님께 기도하기 시작합니다. 물론 두려움과 부끄러움 때문에 거의 무엇을 말하면 좋을지 알지 못하지만 말입니다. 그러나 이야기를 할 수 있든지 없든지 간에, 그것이 단지 "말할 수 없는 탄식(롬 8:26)"일지라도 그는 기도하지 않을 수 없습니다. 그러면서 "지극히 존귀하며 영원히 거하시는 이(사 57:15)"가 이같은 죄인에게 눈길을 돌려주실까 어떨까 의심스러워서 그는 회중 가운데서 하나님을 아는 사람들, 특히 신앙이 깊은 사람들과 함께 기도할 것을 원합니다. 그러나 여기서 그는 다른 사람들이 주님의 성찬에 나아가는 것을 봅니다. 그는 생각합니다. "그리스도는 말씀하셨다. '이대로 행하라.' 나는 왜 이를 행하지 않는가? 나는 너무도 큰 죄인이다. 나는 합당치 않다. 나는 가치가 없는 자다." 이러한 주저하는 마음과 잠시 싸운 뒤에 그는 돌파해 나갑니다. 그리고 그는 하나님이 그 자신의 뜻에 맞는 방식으로 그의 마음에 "네 믿음이 너를 구원했다. 평안히 가라(막 5:34)."고 말씀하시기까지 하나님의 길, 곧 듣고 읽고 명상하고 기도하고 주님의 성찬에 참여하는 일을 계속하는 것입니다.

2. 하나님께서 취하시는 이 순서를 관찰함으로써 우리는 특정한 영혼에 대해서 어떤 수단을 추천하면 좋을지 배울 수 있습니다. 만일 이러한 은혜의 수단 가운데 어리석고 조심성 없는 죄인을 움직이는 것이 있다면, 그것은 아마도 듣는 일, 혹은 대화일 것입니다. 그러므로 구원을 받고 싶다고 조금이라도 생각하는 사람에게 위의 수단을 추천하여도 좋을 것입니다. 자신의 죄 짐을 느끼기 시작하는 사람에게는 다만 하나님의 말씀을 들을 뿐만 아니라 그것을 읽고 또한 다른 교양서적을 읽는 것도 좋을 것입니다. 이것들은 죄의식을 심화시켜 주는 수단이 될 수

지도 모릅니다. 당신은 그에게 읽은 바를 명상하도록 권해도 좋습니다. 그렇게 하면 그의 마음에 읽은 것이 충분한 영향을 미칠는지도 모릅니다. 그뿐 아니라 같은 길을 걷고 있는 사람들 간에 독서에 관해 이야기하고 그러면서 부끄러워하지 않도록 권해도 좋습니다. 고뇌와 비애가 그를 사로잡았을 때 당신은 그에게 그 영혼을 하나님 앞에 쏟아 붓도록 열심히 권면해야 하지 않겠습니까? "항상 기도하고 낙심하지 말도록(눅 18:1)" 권면해야 합니다. 그가 자신이 하는 기도의 무가치함을 느끼고 있을 때, 당신은 하나님과 함께 활동하여 그에게 주의 집으로 나아가서 하나님을 두려워하는 모든 사람과 함께 기도하는 것이 생각나게 해 주어야 합니다. 그리고 만일 그가 그것을 한다면, 주께서 죽음을 앞두고 하신 말씀을 오래지 않아 기억할 것입니다. 이 사실은 이때야말로 우리가 성령의 활동을 모시지 않으면 안 되는 때라는 분명한 암시입니다. 이렇게 해서 우리는 한걸음씩 하나님이 정하신 모든 수단으로 그를 인도할 수 있습니다. 우리 자신의 뜻을 따르지 않고 하나님의 섭리와 영이 앞서가서 열어 주시는 길을 따라서 하는 것입니다.

3. 그렇지만 우리가 성서에서 이 점에 관하여 특정한 순서를 지키라는 명령을 전혀 발견하지 못하는 것과 마찬가지로, 하나님의 섭리와 영도 특정한 순서를 변화 없이 고수하지 않습니다. 그리고 여러 종류의 사람들이 그 가운데로 인도되어 가는 수단-그 수단에서 그들은 하나님의 축복을 발견하는 것이지만-은 천 가지나 다른 형태를 가진 다양한 것이어서 순서도 바뀌고 서로 결합되어 있습니다. 그러면서도 여전히 하나님의 섭리와 그 영의 인도를 따르는 것이 지혜로운 것입니다. 하나님께서 우리를 인도해 주시는 것은 부분적으로 그의 외적 섭리에 의해서(좀 더

특별하게는 우리가 하나님의 은혜를 구하는 수단에 관해서)입니다. 하나님께서는 어떤 때는 이러한 수단을, 어떤 때는 다른 수단을 사용할 기회를 주십니다. 어떤 때는 우리의 경험을 사용하시어 우리를 인도해 주십니다. 바로 우리의 경험을 통해 하나님의 자유로운 영이 우리 마음속에 활동하시는 것을 가장 기뻐할 수 있습니다. 그러는 사이에 하나님의 구원을 탄식하며 간구하는 모든 사람에게 확실한 일반적인 규칙이 드러납니다. 언제나 기회가 주어질 때 하나님이 정하신 모든 수단을 사용해 보십시오. 왜냐하면 하나님께서 대체 어떤 수단을 통해서 구원하시는 은혜로 당신을 만날 것인지 알 수 없기 때문입니다.

4. 그러한 은혜의 수단을 사용하는 방법에 관해서 이야기한다면, 사실 그러한 수단이 사용하는 사람에게 조금이라도 은혜를 전달하는지 어떤지는 전적으로 그것을 사용하는 방법에 달린 것이지만, 첫째로 하나님께서는 모든 수단을 뛰어넘는 분이시라는 사실에 대한 생생한 의식을 언제나 견지할 필요가 있습니다. 그러므로 전능하신 분을 제한하는 일을 그치십시오. 하나님께서는 무슨 일이든 원하시는 때에 하시는 것입니다. 자신이 정하신 수단의 어느 것에 의해서든지 혹은 어떤 수단에도 의하지 않고 하나님은 그 은혜를 전달하실 수 있습니다. 아마도 하나님은 그것을 바라고 계십니다. "누가 주의 마음을 알았느냐? 누가 그의 모사가 되었느냐(롬 11:34)." 그러므로 매 순간 하나님의 나타나심을 구하십시오. 당신이 하나님의 정하신 것을 수단으로 사용하고 있는 때이거나 이전이거나 이후이거나, 혹은 당신이 그것을 사용하는 일을 방해받는 때이더라도, 어쨌든 매 순간 하나님의 나타나심을 구하십시오. 하나님께서는 그런 것들에 구애받지 않으십니다. 하나님께서는 언제나

구원하려고 준비하고 계시며, 언제나 그것을 하실 수 있으며, 언제나 그것을 바라고 계십니다. "이는 여호와시니 선하신 대로 하실 것이니라(삼상 3:18)."

둘째, 당신이 어떤 수단을 사용하기 전에 당신의 영혼에 깊이 명심하게 하십시오. 그 수단에는 아무 힘도 없습니다. 그 자체는 보잘것없고 죽은 것이고 공허한 것입니다. 하나님에게서 떨어지면, 그것은 마른 잎사귀요 그림자입니다. 또 내가 그것을 사용하는 일 중에도 아무 공적이 없습니다. 그것을 사용하는 일 그 자체에 하나님을 기쁘시게 하는 것은 아무것도 없습니다. 그것을 사용했다고 해서 내가 하나님의 손에서 무슨 호의를 받을 이유는 전혀 없는 것입니다. 내 혀를 서늘하게 할 한 방울의 물도 받을 자격이 없습니다. 그러나 하나님이 명하시므로 나는 하는 것입니다. 하나님께서 그 방식으로 대망하도록 나를 인도하시므로 그 방식으로 나는 하나님의 자유로운 은혜를 대망하는 것입니다. 이 자유로운 은혜에서 나의 구원이 오는 것입니다.

당신의 마음속에 이것을 정해 두십시오. 즉 단순히 이루어진 행위 그 자체(opus operatum)는 아무 유익이 없습니다. 하나님의 영 외에는 구원의 힘이란 전혀 없는 것이요, 그리스도의 보혈 외에는 전혀 아무런 공적이 없습니다. 따라서 하나님이 정하신 것일지라도 당신이 하나님만을 신뢰하지 않는다면 영혼에 은혜를 전혀 전달하지 못합니다. 다른 한편 하나님을 참으로 신뢰하고 있는 자는 모든 외적인 은총의 수단에서 끊어져 지구의 중심부에 갇혀버린다 해도 하나님의 은혜가 미치지 못할 곳은 없습니다.

셋째, 모든 은혜의 수단을 사용할 경우에 하나님만을 구하십시오. 모든 외적인 사물에서, 또는 그것을 통하여 다만 전적으로 하나님의 영의 능력과 그 아들의 공로에 눈길을 향하십시오. 그 행위 자체에 집착하지 않도록 조심하십시오. 당신이 그것에 집착하면 모든 것이 헛된 수고가 됩니다. 하나님 이외의 것은 아무것도 당신의 영혼을 만족시킬 수 없습니다. 그러므로 모든 것에서, 모든 것을 통하여, 모든 것 위에, 하나님께만 눈길을 향하십시오.

또한 모든 은혜의 수단을 정해진 수단으로 하여, 즉 그 자체를 위해서가 아니라 당신의 영혼을 의와 참된 거룩함에로 갱신시키기 위하여 사용해야 한다는 것을 기억하십시오.

끝으로, 그 수단들 중 어느 것을 사용한 뒤에 그것에 대한 당신 자신의 평가에 유의하십시오. 어떤 위대한 일을 한 것처럼 지나치게 기뻐하고 있지는 않은지 조심하십시오. 만일 그렇게 기뻐하고 있다면 모든 것이 독으로 바뀌고 맙니다. "하나님께서 여기 역사하시지 않았다면 이것이 무슨 유익이 될 것인가? 나는 죄에 죄를 거듭해 오지 않았는가? 얼마나 오랫동안 기다려야만 하였던가? 주여, 구원하옵소서. 그렇지 않으면 나는 망합니다. 이 죄를 내게 갚아 주시지 마옵소서." 하고 생각하십시오. 만일 하나님께서 거기 계신다면, 만일 하나님의 사랑이 당신의 마음속에 넘친다면, 당신은 이를테면 그 외적 행위(은혜의 수단인 외적 행위)를 잊어버린 것입니다. 하나님께서 만유 안에 만유가 되심을 당신은 봅니다. 당신은 압니다. 당신은 느낍니다. 겸손하십시오. 하나님 앞에서 낮추십시오. 하나님께 모든 찬미를 드리십시오. "그리스도 예수 안에서 영광이 대대로 영원무궁하기를 원하노라(엡 3:21)." 당신의 모든 뼈가 외치게 하십시오. "내가 여호와의 인자하심을 영원히 노래하며 주의 성실하심을 내 입으로 대대에 알게 하리이다(시 89:1)."

13
마음의 할례
The Circumcision of the Heart

아일랜드에서 설교하는 웨슬리
⟨John Wesley preaching in Ireland, 1789⟩, Maria Spilsbury Taylor, 1815

할례는 마음에 할지니 영에 있고 율법 조문에 있지 아니한 것이라 (롬 2:29)

1. 한 저명한 인사의 말이 우리를 우울하게 하는 것이 있습니다. 현재 기독교의 가장 본질적인 의무를 설교하는 자는 대부분의 청중에 의해서 "새 교리의 포교자(행 17:18)"로 평가되는 위험이 있다는 것입니다. 대부분의 사람들은 그들이 한결같이 간직해야 할 종교의 본질에서 매우 멀리 떨어져서 살았으므로 그리스도의 영을 이 세상의 영에서 구별하는 진리가 제시되자마자 이렇게 외칩니다. "네가 어떤 이상한 것을 우리 귀에 들려주니 그 무슨 뜻인지 알고자 하노라(행 17:20)." 그는 그 사람들에게 오직 "예수와 그 부활(행 17:18)"의 필연적인 결과를 설교하고 있을 따름입니다. 그것은 만일 그리스도가 다시 살아나셨다면 당신은 이 세상에 대해서 죽고 전적으로 하나님을 향하여 살아야 한다는 기본적인 설교입니다.

2. 이것은 자연적 인간에게는 알기 어려운 말입니다. 왜냐하면 그는 이 세상에 대해서 살고 있지만, 하나님을 향하여는 죽어 있기 때문에 하나님의 진리를 수용하려는 자세가 되어 있지 않습니다. 그는 하나님의 진리를 무용하고 무의미한 것으로 해석합니다. 그는 단순하고 명백한 의미로 해석된 "하나님의 영"의 말씀을 "받아들이지 않습니다(고전 2:14)." "그것은 그들에게 어리석은 것으로 보이기 때문입니다." 실상은 "영적인

것은 영으로만 이해할 수 있는 것이므로 그들은 그것을 이해하지 못합니다(고전 2:14)." 하나님의 영의 말씀은 영적인 감각으로만 알 수 있는데, 그에게는 아직 그 감각이 깨어나지 않고 있습니다. 그러한 영적 감각이 없으므로 그는 하나님의 지혜도 되고 힘도 되는 것을 인간의 무익한 공상으로 여겨 거절할 수밖에 없습니다.

3. "율법 조문에 의한 것이 아니라 영에 의하여 마음에 받는 할례(롬 2:29)"라는 것은 영적으로만 인식될 수 있는 중요한 진리 가운데 하나입니다. 마음의 할례란, 그리스도의 참된 신봉자이며 하나님에게 받아들여지는 상태에 있는 자의 특색 있는 표지로서 외적인 할례도, 세례도, 어떤 다른 외적 형식도 아니요, 창조자이신 하나님의 형상대로 새롭게 된 혼과 마음과 영의 바른 상태입니다. 이 진리가 영적으로만 인식될 수 있다는 것을 사도 자신이 다음의 말로 암시하고 있습니다. "이런 사람은 사람으로부터가 아니라 하나님으로부터 칭찬을 받습니다(롬 2:29)." 마치 그는 다음과 같이 말하는 것 같습니다. "당신이 누구이든 그처럼 당신의 위대한 주를 따른다면 이 세상 사람들, 곧 주를 따르지 않는 사람들이 '착하고 성실한 종아, 잘하였다(마 25:21)'라고 말해 주기를 기대하지 마십시오. 마음의 할례, 곧 당신이 부르심을 받았다는 일의 징표는 이 세상과 함께 어리석은 것임을 아십시오. 당신은 주님이 나타나시는 그날에 자신이 칭찬받을 것을 바라는 것으로 만족하십시오. 그날에 당신은 인간과 천사들의 거대한 회중 가운데서 하나님을 찬양할 것입니다."
나는 첫째, 이 마음의 할례가 어떻게 성립되었는가를 살펴보고, 둘째, 그러한 탐구에서 자연스럽게 생겨나는 성찰을 언급하고자 합니다.

I

1. 첫째, 나는 하나님의 칭찬을 받을 수 있는 마음의 할례가 어떻게 성립하는지 살펴보겠습니다. 일반적으로 말해서 그것은 성서에서 성결이라고 불리는 영혼의 습관적인 성향입니다. 그리고 그것은 직접적으로 죄에서 깨끗함을 받는 것, "육과 영의 모든 더러움에서(고후 7:1)" 깨끗해지는 것을 의미합니다. 따라서 그리스도 예수 안에 있는 것과 같은 미덕을 부여받는 일, "하늘에 계신 우리 아버지께서 온전하신 것 같이 온전(마 5:48)"할 정도로 "심령이 새로워지는(엡 4:23)" 것을 의미합니다.

2. 더 자세히 말하자면, 마음의 할례는 겸손, 믿음, 소망, 사랑을 의미합니다. 겸손이란 우리 자신에 대한 바른 판단입니다. 그것은 부패한 본성에서 생겨나는 열매인 자신들의 완전에 대한 심한 자만심, 자신들의 재능과 학식에 대한 과도한 평가에서 우리의 마음을 깨끗하게 합니다. 그것은 "나는 부자다, 지혜롭다, 그리고 부족한 것이 아무것도 없다(계 3:17)" 하는 헛된 생각을 완전히 끊어버리고, 우리가 본래 "곤고하고 가련하고 가난하고 눈멀고 벌거벗은 자(계 3:17)"라는 것을 확신하게 합니다. 그것은 최선의 상태에서라도 우리 자신으로는 모두 죄와 공허의 덩어리요, 혼란과 무지와 잘못이 우리의 이해를 지배하고 있으며, 비합리적이고 세속적이며 관능적이고 악마적인 정열이 우리의 의지에 권위를 떨치고 있다는 사실을 우리에게 확신시켜 줍니다. 한마디로 말해서 우리의 영혼 속에는 전혀 온전한 부분이 없으며 우리 본성의 모든 토대가 이탈되었음을 확신하게 합니다.

3. 동시에 우리는 자신만의 힘으로는 자기를 충분히 도울 수가 없음을 확신합니다. 하나님의 영의 도움이 없으면 죄에 죄를 더하는 것 이외에 아무것도 할 수 없습니다. 하나님께서 전능의 힘으로 우리 안에서 활동하여 선을 원한다든지, 선을 행한다든지 하게 하십니다. 왜냐하면 하나님의 영의 초자연적인 도움이 없다면 우리 자신을 창조한다든지 우리의 전 영혼을 의와 참된 거룩함에 다시 새롭게 한다든지 하는 일이 불가능하며 동시에 우리가 하나의 좋은 생각도 할 수 없기 때문입니다.

4. 우리의 본성이 죄악과 무기력에 물들어 있다는 사실에 대한 확실한 판단의 결과는 보통 우리 안에 존재한다고 추정되는 탁월성인 "사람에게서 나오는 영광(요 5:41)"에 대한 경시로 나타납니다. 자신을 알고 있는 사람은 자기가 그럴 만한 가치가 없다고 알고 있는 일에 칭찬을 원하지도 않거니와 이를 존중하지도 않습니다. 그러므로 "사람에게서 받는 판단에 아무 거리낌이 없습니다(고전 4:3)." 그를 칭찬해서 말한 것과 그를 거슬러서 말한 세상의 평가를 자기의 가슴 속에 느끼고 있는 것과 비교함으로써 이 세상의 신은 물론 이 세상도 "처음부터 거짓말쟁이(딛 1:21)"였다고 생각하는 이유를 그는 가지고 있습니다. 마찬가지로 이 세상에 속하지 않은 사람들의 관계까지도 그는 생각하고 있습니다. 물론 그는 이 세상에 속하지 않은 사람들에게 주님의 재산을 지키는 충성된 집사로 인정받는 것이 하나님의 뜻이요, 또 이런 인정이 동료들에게 유익이 된다면 그는 그들에게 인정받는 것을 원할 것입니다. 그러나 인정받으려는 이유가 이런 것이기 때문에 그는 전혀 이것에 매달리지 않습니다. 왜냐하면 그는 하나님님께서 원하시는 바를 행하실 때 어떤 도구

도 필요하지 않다는 것을 확신하고 있기 때문입니다. 하나님은 돌들에서도 자신이 기뻐하시는 일을 할 종들을 일으키실 수 있습니다.

5. 이것이 그리스도의 모범을 따라 그 발자취를 좇는 사람들이 그리스도에게서 배웠던 마음의 겸손입니다. 그리고 그들의 질병에 대한 지식에 의하여 그들은 더욱더 그 질병의 일부인 교만과 허영에서 깨끗해지며, 그 지식은 기쁜 마음으로 마음의 할례가 시사하는 두 번째 의미를 함축하도록 그들을 도와줍니다. 그것은 믿음입니다. 믿음만이 그들을 온전하게 할 수 있으며, 하늘 아래에서 그들의 질병을 고치기 위해 주어진 유일한 의약입니다.

6. 눈 먼 자의 가장 좋은 안내자, 흑암 속에 있는 자들의 가장 확실한 빛, 어리석은 자의 완전한 교사는 믿음입니다. 그러나 이 믿음은 "견고한 성이라도 무너뜨리는 하나님의 강한 무기(고후 10:4)"로서 부패한 이성의 모든 편견, 사람들 사이에서 높임을 받는 모든 그릇된 악한 관습과 습성, "하나님께서 어리석게 만드신 이 세상의 지혜(고전 1:20)", 이 모두를 파괴하는 것입니다. 이것은 "하나님의 지식을 대적하여 일어나는 모든 생각"과 "장애물을 쳐부수고 모든 생각을 사로잡아 그리스도에게 복종시키는(고후 10:5)" 것입니다.

7. 이처럼 "믿는 사람에게는 무엇이든지 가능합니다(막 9:23)." "마음의 눈을 밝혀서(엡 1:18)" 그는 무엇이 자기의 사명인가를 봅니다. 즉 그의 몸과 영혼을 위하여 그처럼 높은 대가로 자기를 속량해 주신 하나님의 영광을 나타내는 일이야말로 그의 소명입니다. 그의 몸과 영

혼은 이제 창조에 있어서는 물론이요, 구속에 있어서도 하나님에게 속한 것입니다. 그는 "하나님의 권능의 크심(엡 1:19)"이 어떠한가를 느낍니다. 하나님께서는 그리스도를 죽은 자 가운데서 다시 살리신 것처럼 죄 가운데서 죽은 우리를 "우리 안에 계신 하나님의 영(고전 3:16)"으로 말미암아 살리실 수 있습니다. "세상을 이기는 이김은 우리의 믿음입니다(요일 5:4)." 이 믿음은 성서에서 하나님께서 계시하신 모든 것에 대한 흔들리지 않는 동의(assent)입니다. 특히 다음의 중요한 진리에 대한 동의입니다. "그리스도 예수께서 죄인을 구원하시려고 세상에 오셨습니다(딤전 1:15)." "그리스도는 나무에 달려 우리 죄를 자기 몸에 친히 지우셨습니다(벧전 2:24)." 그분은 우리의 죄를 대속하기 위한 화해의 제물이며, 우리의 죄뿐만 아니라 "온 세상의 죄를 속하기 위한 제물입니다(요일 2:2)." 그러나 믿음은 동의일 뿐만 아니라 우리의 마음에 보여주시는 그리스도의 계시입니다. 죄인인 나에 대한 그리스도의 사랑, 그 무조건으로 주시는 분수에 넘치는 사랑에 대한 신적인 증거 혹은 확신(conviction)입니다. 성령으로써 우리 가운데 역사하시는 하나님의 용서하시는 긍휼에 대한 확실한 신뢰(confidence)입니다. 이 신뢰로써 참 신자는 누구나 다음과 같이 증거할 수 있습니다. "내가 알기에 나의 구속자가 살아 계십니다(욥 19:25)." "나는 아버지 앞에서 우리를 변호해 주시는 분(요일 2:1)"을 가지고 있습니다. "의로우신 예수 그리스도"께서 나의 주님이시요, "나의 죄를 속하기 위한 화해의 제물이십니다(요일 2:1~2)." 나는 알고 있습니다. 그리스도께서는 "나를 사랑하시고 나를 위하여 자기 몸을 내어 주셨습니다(갈 2:20)." 그리스도께서는 나를, 바로 나를 하나님과 화해시켜 주셨습니다. 나는 "그의 피로 속죄함을 받아 죄의 용서함을 받은 것입니다(엡 1:7)."

8. 이러한 믿음은 영감을 주시는 하나님의 능력을 분명히 보이는 일에 실패할 수 없습니다. 믿음으로 말미암아 하나님께서 그 자녀들을 죄의 멍에에서 해방하시고, "그들의 양심을 깨끗하게 하고 죽은 행실을 일소하시며(히 9:14)", 그들을 굳세게 하사 이제는 죄의 욕망으로 죄에 복종하지 않도록 하십니다. 하나님의 능력은 "지체를 죄에 내어주어 불의의 도구가 되게 하는(롬 6:13)" 대신에 오히려 그들은 이제 "죽은 자들 가운데서 살아난 자로서 자기 자신을" 온전히 "하나님께 바치는(롬 6:13)" 것입니다.

9. 이처럼 믿음으로써 하나님께로부터 난 자들은 또한 소망으로써 강한 위로를 받습니다. 이것이 마음의 할례가 그다음으로 의미하는 사항입니다. 즉 하나님의 영과 함께 그들의 영이 그 마음속에서 그들이 하나님의 자녀라는 것을 증거합니다. 실로 이 동일한 하나님의 영이 그들 속에서 역사하여 그들의 마음이 하나님을 향해서 바로 섰다는 분명하고도 즐거운 확신을 주십니다. 그들이 이제 하나님의 은혜로 하나님의 눈에 합당하게 보이는 일들을 하고 있다는 자신감과 그들이 이제 생명에로 인도하는 길을 걷고 있으며, 하나님의 긍휼로 말미암아 최후까지 그 걸음을 걸어갈 것이라는 훌륭한 확증을 주십니다. 하나님의 손에서 모든 좋은 것을 받는다는 활력 넘치는 기대, 그들을 위해서 영광의 면류관이 하늘에 예비되어 있다는 즐거운 예상을 그들에게 주는 분은 하나님의 영입니다. 그리스도인은 이 닻으로써 괴로움 많은 세상 물결의 한복판에서도 흔들리지 않고, 교만 혹은 절망이라는 저 치명적인 바위 어디에도 부딪치지 않고 모면하는 것입니다. 그는 주 하나님의 엄위하심을 오해함으로써 낙담하지 않으며, 또 "하나님의 풍성한 자비를 대

수롭지 않게 여기지(롬 2:4)" 않습니다. 그는 자기 앞에 놓여 있는 경주의 어려움이 자기의 힘으로 해낼 수 없을 만큼 큰 것이라고 예상하지 않으며, 또한 그 어려움이 자기의 힘을 다 내지 않아도 해낼 수 있을 만큼 작은 것이라고도 기대하지 않습니다. 그는 이미 그리스도인의 전쟁 경험이 있습니다. 그 경험은 만일 그 손이 하려고 찾아낸 것을 모두 "전력을 다하여 힘쓴다면 그 수고한 것이 헛되지 않는다(고전 15:58)."고 보증해 줍니다. 그러므로 그 경험은 그가 다음과 같은 헛된 생각을 받아들이지 못하게 합니다. 전력을 다하지 않아도 유리한 입장을 얻을 수 있다거나, 나약한 마음과 허약한 손에 의해 미덕이 나타나기도 하고 하나님의 칭찬을 받을 수 있다거나, 혹은 놀랄 일이지만 저 위대한 이방인을 위한 사도와 같은 행로를 걷지 않는 사람들 중에도 미덕이 나타난다거나, 그 사람들이 하나님의 칭찬을 얻을 수 있다고 생각하는 헛된 것들입니다. 위대한 사도는 말합니다. 그러므로 "나는 목표가 불분명한 달음질을 하는 것이 아닙니다. 허공을 치는 권투를 하는 것도 아닙니다. 내가 내 몸을 쳐서 복종시키는 것은 내가 남에게 선교하고 나 자신은 버림을 받을까 두려워하기 때문입니다(고전 9:26~27)."

10. 훌륭한 그리스도의 군사는 어려움을 견디기 위하여 변함없는 훈련으로 자신을 단련해야 합니다. 이로써 굳세어지고 강해져서 어두움의 행위만이 아니요, 하나님의 율법에 복종하지 않는 모든 욕망, 모든 애정을 포기할 수 있을 것입니다. 왜냐하면 성 요한도 다음과 같이 말하고 있기 때문입니다. "이 소망을 가진 자마다 그의 깨끗하심과 같이 자기를 깨끗하게 하느니라(요일 3:3)." 그리스도 안에 있는 하나님의 은혜에 의해 그리고 계약의 피를 통하여 이전에 그의 영혼을 소유하고 더럽

혔던 욕망에서 그 영혼의 가장 깊은 구석을 깨끗이 하는 것이 매일의 관심입니다. 불결, 시기, 악의, 분노에서, 육체로 말미암은 본성의 부패에서 발생하거나 혹은 그것을 품은 것 같은 모든 정열과 기질을 깨끗이 하는 것입니다. 그는 또한 하나님의 전인 자신의 몸이 비천하고 불결한 것을 전혀 용납해서는 안 된다는 것과 성결의 영이 거주하기를 바라는 영원한 성결의 집이 되어야 한다는 사실을 알고 있기 때문입니다.

11. 그러나 당신은 깊은 겸손과 확고한 믿음에다 생생한 소망까지 갖추어서 당신의 마음을 타고난 더러움에서 깨끗하게 했음에도 불구하고, 한 가지 부족한 것이 있습니다. 만일 당신이 완전하게 되려고 생각한다면, 이 모든 것에 사랑을 더하십시오. 사랑을 더할 때 당신은 마음의 할례를 가집니다. "사랑은 율법의 완성이요, 계명의 목적입니다(롬 13:10)." 매우 훌륭한 일들이 사랑을 말하고 있습니다. 사랑은 모든 미덕의 본질, 정신, 생명입니다. 사랑은 단지 최초의 위대한 계명이 아니고 모든 계명이 하나가 된 것입니다. "모든 옳은 것과 모든 순결한 것과 모든 사랑스러운 것, 혹은 영예로운 것", 곧 "덕스러운 것과 칭찬할 만한 것들이 있다면(빌 4:8)", 그러한 것은 다 이 사랑이라는 한마디 안에 포함됩니다. 사랑 안에 완전과 영광과 행복이 있습니다. 하늘과 땅에 있는 최고의 율법은 바로 사랑입니다. "네 마음을 다하고 목숨을 다하고 힘을 다하고 생각을 다하여 주 너의 하나님을 사랑하라(눅 10:27)."

12. 이 계명은 우리에게 하나님 이외의 다른 무엇을 사랑할 것을 금한 것이 아닙니다. 그것은 우리가 우리의 형제를 사랑하는 것도 포함합니다. 더구나 그것은 또한 (어떤 사람이 이상하게 생각한 것처럼) 우리가 하

나님 이외의 다른 것에서 즐거움을 취하는 것을 금하지 않습니다. 금했다고 가정하는 것은 성결의 원천이신 하나님께서 직접적으로 죄의 창시자라고 가정하는 일입니다. 왜냐하면 하나님께서는 자신이 우리에게 주신 생명을 유지하기 위해 필요한 여러 피조물을 사용할 때 불가분의 방식으로 기쁨을 첨부하셨기 때문입니다. 그러므로 그것이 하나님의 계명의 의미일 수는 없습니다. 우리의 은혜로우신 주와 사도들이 그 율법의 참된 의미가 무엇인지 매우 자주, 매우 분명하게 우리에게 말씀해 주셨기 때문에 그 점에 대해서 오해가 있을 수 없습니다. 그들은 모두 이 구동성으로 증거합니다. "주 너의 하나님은 오직 하나인 여호와시니(신 6:4)." "너는 나 외에는 다른 신들을 네게 있게 말지니라(출 20:3)." "너는 마음을 다하고 성품을 다하고 힘을 다하여 네 하나님 여호와를 사랑하라(신 6:5)." "너는 여호와를 의뢰할지어다(시 4:5)." "내 영혼이 사모하는 것은 주의 이름이니이다(사 26:8)." 이 구절들의 참된 의미는 다음과 같은 것 이외에 아무것도 아닙니다. 즉 유일하고 완전한 선이 당신의 유일하고 궁극적인 목적이어야 한다는 사실입니다. 당신들은 다만 하나의 사실을 그 자체를 위하여 갈망해야 합니다. 그것은 모든 것 중의 모든 것인 하나님을 기뻐하는 일입니다. 당신들은 자기 영혼에게 단 하나의 행복을 제안하여야 합니다. 자신들의 영혼을 만드신 분과의 일치, "하나님과 또 그 아들 예수 그리스도와의 사귐(요일 1:3)"을 가지는 일, 한 성령 안에서 주 하나님과 결합하는 일입니다. 마지막 때까지 유일한 목적을 추구하여야 합니다. 시간과 영원에 걸쳐서 하나님을 기뻐하는 일입니다. 이 목적을 따르는 한에서 하나님을 기뻐하는 일 이외의 일을 갈망하십시오. 그 일이 창조자에게로 인도한다면 피조물을 사랑하십시오. 당신이 나아가는 한 걸음 한 걸음에서 하나님을 기뻐하는 일이 당신의 눈길이

더듬는 영광스러운 목표가 되도록 하십시오. 모든 애정과 사고와 말과 행위를 거기에 수반되게 하십시오. 당신들이 바라거나 두려워하는 모든 것, 구하거나 피하는 모든 것, 생각하고 말하고 행동하는 모든 것이 하나님 안에서 당신들의 행복이 되도록 하십시오. 하나님은 당신 존재의 본원임은 물론이요, 유일한 목적입니다.

13. 하나님 이외에는 어떠한 목적이나 궁극적 목적도 가지지 마십시오. 우리 주님은 다음과 같이 말씀하셨습니다. "필요한 일은 오직 한 가지뿐이다(눅 10:42)." 그리고 만일 당신의 눈이 단순히 이 하나에 집중되어 있다면 "온몸이 밝을 것입니다(눅 11:34)." 사도 바울은 다음과 같이 말했습니다. "나는 오직 이 한 가지 일을 힘쓰고 있습니다. 즉 그리스도 예수 안에서 하나님께서 위에서 부르신 부름의 상을 얻으려고 목표를 향하여 달려가는 것뿐입니다(빌 3:13~14)." 성 야고보도 말했습니다. "죄인이여, 손을 깨끗이 하시오. 두 마음을 품은 자들이여, 마음을 순결하게 하시오(약 4:8)." 사도 요한은 다음과 같이 말했습니다. "세상이나 세상에 있는 것들을 사랑하지 마십시오. 세상에 있는 모든 것, 곧 육신의 정욕과 안목의 정욕과 이생의 자랑은 아버지께로부터 온 것이 아니라 세상으로부터 온 것이기 때문입니다(요일 2:15~16)." 외적인 감각을 자극함으로써 기분 좋게 얻는 육신의 정욕을, 그 신기성, 위대성, 혹은 아름다움에 의한 안목의 정욕, 공상의 정욕, 당당한 외관, 장엄, 권력이라든가 혹은 그 일반적인 결과인 칭찬과 감탄으로서의 이생의 자랑을 만족시켜 주는 것 가운데서 행복을 구하는 일은 "하나님께로부터 난 것이 아닙니다." 이것들은 모든 영의 아버지이신 하나님께로부터 나온 것이 아니며, 아버지께 속한 것도 아닙니다. 그것은 "세상으로부터 난 것입니

다." 그것은 하나님께 지배받으려고 하지 않는 사람들의 특징적인 표지입니다.

II

1. 이상에서 나는 하나님의 칭찬을 얻을 수 있는 마음의 할례가 무엇인지 살펴보았습니다. 둘째, 나는 그러한 탐구에서 자연스럽게 생겨나는 몇 가지 물음에 대해 성찰하려고 합니다. 이를 통해 하나의 분명한 기준을 얻어서 모든 사람이 자기가 세상으로부터 난 자인가, 하나님으로부터 난 자인가 스스로 판단할 수 있게 할 것입니다.

첫째, 지금까지 이야기해 온 것에서 분명해졌지만 하나님께 칭찬받을 자격이 있는 사람은 다음과 같은 사람이어야 합니다. 그의 마음은 겸손으로 할례를 받지 않으면 안 됩니다. 그는 자기 자신의 눈에 작고 비열하고 상스러운 자가 아니면 안 됩니다. 그는 타고난 "본성의 부패"에 대해 깊이 확신하고 있어야 합니다. 그 본성의 부패로써 "그는 본래적인 의에서 매우 멀리 있으며", 모든 악을 범하기 쉽고, 모든 선을 싫어하고 있으며, 부패했고 혐오스럽습니다. 그는 육신의 생각을 가지고 있는데, 그 "육신의 생각은 하나님을 대적합니다. 즉 그 마음은 하나님의 법에 복종하지 않고 또 복종할 수도 없습니다(롬 8:7)." 그는 끊임없이 그 영혼의 깊은 곳에서 다음의 사실을 느끼고 있어야 합니다. 자기 위에 하나님의 영이 머물러 계시지 않으면 하나님의 눈에 좋은 것, 만족하실 수 있는 것, 즉 생각하거나 원하거나 말하거나 행하거나, 아무것도 할 수 없다는 것입니다.

그래서 하나님에게 칭찬받을 자격이 있는 사람은 모두 다음과 같은 상태에 있는 사람입니다. 그는 자기가 하나님을 필요로 하고 있다고 느끼는 사람입니다. 정말로 그는 다만 "하나님으로부터만 오는 영광(요 12:43)"을 구합니다. 인간에게서 오는 영광은 바라지도 않고 추구하지도 않습니다. 물론 그것이 하나님으로부터 오는 영광으로 향할 경우에 별 문제가 없습니다.

2. 이상의 사실에서 자연히 나오는 또 하나의 진리는 하나님께로부터 나오는 칭찬을 얻는 사람은 모두 다음과 같은 사람이라는 사실입니다. 그의 마음은 믿음, 즉 "하나님의 능력을 믿는 믿음(골 2:12)"으로써 할례를 받아야 합니다. 이제 그는 지각, 욕망, 혹은 격정으로나 이 세상이 그처럼 우상시하고 있는 저 소경의 맹목적 인도자인 자연적 이성으로 인도되기를 거절하고 믿음으로 생활하며 걷습니다. 그는 "보이지 않는 그분을 보는 것 같이(히 11:27)" 한 걸음 한 걸음 걸어갑니다. 그는 "보이는 것이 아니라 보이지 않는 것에 눈길을 돌립니다. 보이는 것은 순간이요, 보이지 않는 것은 영원하기 때문입니다(고후 4:18)." 자기의 모든 욕망, 계획, 사고, 모든 행동과 말을 예수께서 하나님 우편에 앉아 계시는 저 장막 안에 들어간 사람처럼 다스려야 합니다.

3. 바람직한 것은 그들이 이 믿음에 더욱 잘 정통하는 일입니다. 그런데 그들은 많은 시간과 수고를 다른 기초를 놓는 일에 사용하고 있습니다. 그들이 종교의 기초를 놓으려는 것에는 다음과 같은 것들이 있습니다. 사물의 영원한 적합성, 미덕의 고유한 탁월성, 그리고 거기서 흘러나오는 행동의 아름다움, 그들이 그렇게 이름을 붙이는 선악에 대한

도리와 존재 상호 간의 관계가 그것입니다. 기독교적 의무의 기초에 대한 이러한 설명은 성서적인 기초와 일치하든가 그렇지 않으면 불일치하든가 합니다. 만일 일치한다면, 왜 선의의 사람들이 구름 같은 용어들 때문에 당황하며 율법의 가장 중요한 사항에서 멀어져야 하는 것입니까? 이 용어들의 무성함으로 가장 쉬운 진리마저도 모호한 방식으로 설명됩니다. 만일 일치하지 않는다면, 그때에 그들은 누가 이 새로운 교리의 창시자인지를 생각하지 않으면 안 됩니다. 그 창시자는 자칫하면 그리스도 예수의 복음과는 다른 복음을 전파하는 하늘로부터 온 천사와 같은 자일는지 어떤지 모릅니다. 만일 그렇다면, 우리가 아니라 하나님이 다음과 같이 판결을 내리신 것입니다. "그는 저주를 받아 마땅합니다(갈 1:8)."

4. 우리의 복음은 선한 행위의 기초로서 믿음 이외에는 아무것도 모르거나 혹은 믿음의 기초로서 그리스도 이외에는 아무것도 모릅니다. 이 진리는 다음의 사실을 우리에게 분명히 알려줍니다. 우리의 믿음과 행위, 이 둘의 창시자가 그리스도라는 것과 그 영감자와 완성자가 그리스도의 영이라는 것을 우리가 부정한다면 우리는 그리스도의 제자가 아니라는 사실입니다. "그리스도의 영을 가지고 있지 않은 사람은 그리스도의 사람이 아닙니다(롬 8:9)." 그리스도의 영만이 하나님을 향하여 죽어버린 인생을 살리고, 기독교적 생명의 숨결을 그들의 마음속에 불어 넣어 주실 수 있습니다. 그리고 그들의 선량한 욕구를 선량한 결과로 끝나도록 그 은혜를 힘입어 그들 앞에 서고 동반하며 뒤를 따를 수 있습니다. 그리고 "누구든지 하나님의 영으로 인도함을 받는 사람은 곧 하나님의 아들입니다(롬 8:14)." 이것이 참된 종교와 미덕에 대한 하나님

의 짧고도 단순한 설명입니다. 그리고 "아무도 이 기초 외에는 다른 기초를 놓을 수 없습니다(고전 3:11)."

5. 셋째, 이상에 언급한 사실에서 우리는 참으로 "하나님의 영으로 인도함을 받는 사람(롬 8:14)"은 모두 다음과 같은 사람임을 배울 수 있습니다. "그 영이 우리의 영과 함께 그가 하나님의 자녀라는 사실을 증거(롬 8:16)"합니다. 그는 자기 앞에 놓인 상과 면류관을 보고 "하나님의 영광에 함께 참여할 것을 바라면서 기뻐(롬 5:2)"합니다. 하나님을 섬김에서 우리 자신의 행복을 목적으로 해서는 안 된다고 가르친 사람들은 매우 잘못되어 있는 것입니다. 그뿐만 아니라 우리는 하나님에 의하여 종종 그리고 분명하게 "보상을 미리 내다보는(히 11:26)" 것처럼 수고를 "자기 앞에 놓여 있는 기쁨으로(히 12:2)", 이 "가벼운 환란(고후 4:1)"을 "영원하고 큰 영광(고후 4:1)"으로 삼도록 가르침을 받고 있습니다. 그뿐만 아니라 하나님이 "그 크신 자비로 우리를 다시 나게 하셔서 산 소망이 있게 하시며 썩지 않고 더럽지 않고 쇠하지 아니하는 유업을 잇게 하시나니(벧전 1:3~4)", 그때까지 우리는 "약속의 계약에서 제외되어 있어 하나님도 없이 세상에서(엡 2:12)" 사는 사람들이라는 것입니다.

6. 그러나 사실이 그렇다면, 다음과 같은 사람들은 자기들의 영혼을 성실하게 다루기에 지금이 아주 좋은 때입니다. 그들은 자기들 안에 이 계약의 조건을 이행하고 그 약속받은 것을 얻을 것이라는 즐거운 확증이 없으므로 그 계약 자체를 불평하고 그 조건에 불손한 언사를 씁니다. 계약의 조건이 너무도 엄격하여 아무도 그것을 따라 행동한 사람이 아직 없고, 앞으로도 없을 것이라고 불평을 말합니다. 그것이 하나님

을 비난하는 것이 아니라면 무엇입니까? 그 비난에 따르면 하나님은 마치 자기 종들에게 시킬 수 있는 것 이상의 것을 요구하는 무정한 주인과 같습니다. 마치 하나님은 자기 손으로 지으신 무력한 인간들을 조롱하고 그들을 불가능한 일에 묶어 두어, 그들 자신의 힘이나 하나님의 은혜로도 그것을 극복하기에 충분하지 않은 상황에서 극복하라고 명령한 것과 같습니다.

7. 이 불경스런 자들은 반대쪽 극단으로 치우쳐서 전혀 수고하지 않고 하나님의 계명을 성취하려고 바라고 있는 사람들에게 자기들은 죄의 책임이 없다고 상상하도록 잘 설득시킬는지 모릅니다. 아담의 자녀가 먼저 "좁은 문으로 들어가려고(마 7:13)" 노력하지 않고 괴로워함이 없이 그리스도와 하나님의 왕국을 보려고 기대하는 따위는 실로 어리석은 희망입니다. "죄악 중에 잉태되고 출생한 자(시 51:5)", 그 "속에 악독이 가득한 자(눅 11:39)"가 주님의 발자취를 밟고 "날마다 제 십자가를 지는(눅 9:23)" 일을 하지 않고, "자기의 오른손을 찍어 버리고(마 5:30)" "자기의 오른 눈을 빼어 버리는(마 5:29)" 일을 하지 않은 채 "주가 순결하신 것과 같이 자신을 순결하게(요일 3:3)" 하려는 생각을 한 번이라도 마음에 품는 일은 가소로운 소망입니다. 그가 항상 계속해서 자기를 전적으로 부정하려는 경로를 거치지 않고 자기의 옛 의견, 정열, 기질을 제거하여 흠 잡힐 것이 없도록 "영과 혼과 몸을 완전하게 지킨다(살전 5:23)."고 꿈꾸는 것은 어리석은 소망입니다.

8. 위에 인용한 사도 바울의 말씀에서 이 밖의 무엇을 우리가 대체 추정할 수 있습니까? 그는 그리스도를 위하여 "약해지며 모욕을 당

하며 궁핍과 박해와 곤궁을 당하는 것을 기뻐하며(고후 12:10)" 생활했습니다. 그는 "표징과 기사와 여러 가지 기적(히 2:4)"에 충만해지고 "셋째 하늘에까지 끌려 올라갔습니다(고후 12:2)." 그러면서도 그는 뒤의 어느 저자가 그것을 강하게 표현하고 있는 것처럼 이 끊임없는 자기 부정이 없다면 자기의 모든 미덕은 다 무너질 것 같으며 자기의 구원까지도 위험한 지경에 놓일 것이라고 생각했습니다. 사도 바울이 말합니다. "그러므로 나는 달음질하기를 향방 없는 것 같이 아니하고 싸우기를 허공을 치는 것 같이 아니합니다(고전 9:26)." 이로써 사도는 분명히 우리에게 가르치고 있습니다. 이러한 달음질을 하지 않는 자, 이처럼 날마다 자기를 부정하지 않는 자는 목표가 분명하지 않은 달음질을 하며, "허공을 치는 것"과 같이 거의 목적이 없는 권투를 하고 있는 것입니다.

9. (마지막으로, 우리가 이상의 관찰에서 추정할 수 있는 것처럼) 그 마음이 사랑으로 할례받지 않은 사람이 "믿음의 선한 싸움을 싸우는(딤전 6:12)" 일은 거의 목적이 없는 것을 위한 싸움이라는 것, 마치 썩지 않을 면류관을 얻으려고 헛되이 바라는 것과 같습니다. 육신의 정욕도, 안목의 정욕도, 삶의 허영도 끊어버리는 사랑은 전 인간, 곧 육체와 영혼과 정신을 하나의 대상에 대한 불타는 추구 안으로 끌어들입니다. 사랑은 하나님의 자녀에게 매우 본질적인 것이어서 이 사랑이 없으면 살아 있는 사람은 모두 하나님 앞에서 죽은 자로 여겨집니다. "내가 사람의 방언과 천사의 말을 할지라도 사랑이 없으면 소리 나는 구리와 울리는 꽹과리가 됩니다. 내가 예언하는 능력을 가졌다 하더라도, 그리고 산을 옮길 만한 모든 믿음을 가졌다 하더라도 사랑이 없으면 나는 아무것도 아닙니다." 그뿐 아닙니다. "내가 비록 내 모든 소유를 나누어 주었다 하더

라도, 그리고 내 몸을 내주어 불사르게 내줄지라도 사랑이 없으면 내게 아무 유익이 없습니다(고전 13:1~3).”

10. 그러므로 여기 완전한 율법의 총화가 있습니다. 이것이 참된 마음의 할례입니다. 모든 감정의 표현 형태와 함께 영을, 그 영을 주신 하나님께 돌리십시오. "모든 강물이 그 나온 곳으로(전 1:7)" 다시 한 번 흘러 돌아가도록 하십시오. 하나님은 당신이 선택하신 살아 있는 마음의 희생 이외의 다른 희생을 우리에게서 바라지 않습니다. 그 마음의 희생이 거룩한 사랑의 불꽃 속에서 그리스도로 말미암아 하나님께 끊임없이 바쳐지도록 하십시오. 어떤 피조물에 대해서도 하나님께 드릴 사랑을 나누도록 허용해서는 안 됩니다. 왜냐하면 하나님은 질투하시는 하나님이기 때문입니다. 하나님은 자신의 왕좌를 다른 자와 공유하시지 않습니다. 하나님은 경쟁 상대 없이 지배하십니다. 하나님을 궁극적 대상으로 하지 않는 계획이나 욕구를 거기에 조금이라도 개입시켜서는 안 됩니다. 이것이 하나님의 자녀들이 일찍이 걷던 길입니다. 그들은 죽었으나 오히려 우리에게 말하고 있습니다. "하나님의 이름을 찬미하기 위해서가 아니면 살려고 바라지 마십시오. 당신의 모든 사고와 말과 행위를 하나님의 영광에 유용하도록 하십시오. 하나님께 당신의 마음을 굳게 세워 다른 것에게는, 그것이 하나님 안에 있고 하나님에게서 나왔다는 이유로만 당신의 마음을 굳게 하십시오. 당신의 영혼을 하나님에 대한 사랑으로 완전히 채워 버리십시오. 당신이 하나님을 위한다는 이유 이외에 아무것도 사랑할 수 없을 정도로 말입니다." "순수한 의도로 당신의 모든 행동에서 하나님의 영광을 확고히 주시하십시오." 당신의 눈을 당신이 부름 받는 축복된 희망 위에 맞추십시오. 그리고 이 세상의 모든

것을 그것에 봉사하게 하십시오. 왜냐하면 "우리 안에 그리스도 예수의 마음과 같은 마음을 품을(빌 2:5)" 수 있는 것은 다음과 같은 때요, 그 이전은 아니기 때문입니다. 즉 마음의 움직임, 입과 말, 손의 활동, 그 모든 것에서 우리가 "하나님과의 관계 이외에서는, 하나님이 기뻐하시는 일에 따르게 하는 이외의 방식으로는 아무것도 추구하지 않는" 때입니다. 또 우리가 "우리 자신의 뜻"을 이루려고 해서가 아니요, "우리를 보내신 이의 뜻을 찾아(요 5:30)" 생각하고 말하고 행동하는 때입니다. "먹든지 마시든지 무슨 일을 하든지 모든 것을 오직 하나님의 영광을 위하여 하는(고전 10:31)" 때입니다.

14
신생의 표적
The Marks of the New Birth

무어필드에서 설교하는 웨슬리
⟨John Wesley preaching in Moorfields in 1738⟩,
stained glass in St Botolph's, Aldersgate

성령으로 난 사람도 다 그러하니라 (요 3:8)

　　1. 성령으로 난 자, 즉 거듭난 자, 하나님으로부터 난 사람들은 모두 어떻다는 말입니까? 거듭난다, 하나님으로부터 난다, 혹은 성령으로 난다는 말이 무엇을 뜻합니까? 하나님의 아들 혹은 자녀가 되었다, 또는 양자(養子)의 영을 가졌다는 것이 무엇을 의미하는 것입니까? 하나님께서 값없이 주시는 은총에 의하여 얻어지는 이런 특권들은 보통 세례(본문 앞 절에서 우리 주님께서 "물과 성령으로 나야 한다"는 데서 유래한 말)와 관련되어 있음을 우리는 알고 있습니다. 이러한 특권이 무엇인지 알았으면 좋겠습니다. "새로 나는 것(新生)"이 과연 무엇입니까?

　　2. 새로 난다는 말에 대한 정의를 내릴 필요는 없을 듯합니다. 성서도 그런 시도를 하고 있지 않습니다. 그러나 이 질문이 모든 인간에게 가장 깊은 관심거리요, 또 "거듭난 자" 혹은 "성령으로 난 자"가 아니면 하나님의 나라를 볼 수 없는 까닭에, 나는 그 새로 난 자의 표적을 성서에 근거하여 가장 알기 쉬운 말로 설명하려고 합니다.

I

1. 신생의 표적의 첫 번째는 "믿음"입니다. 이것은 다른 표적들의 터전이 되는 것입니다. 사도 바울도 그와 같이 말했습니다. "너희가 다 믿음으로 말미암아 그리스도 예수 안에서 하나님의 아들이 되었느니라(갈 3:26)." 또 사도 요한도 이와 같이 말하고 있습니다. "그 이름을 믿는 사람들에게는 하나님의 자녀가 되는 권세(이 말은 권리 또는 특권으로 번역됨이 더 좋을 듯함.)를 주셨느니라(요 1:12)." 이와 같이 사람이 거듭나는 것은 "혈통으로나 육정으로나" 자연적인 출생에 의하지 않고 사람들이 양자를 삼는 것같이 "사람의 뜻대로 되는 것도 아닙니다." 왜냐하면 이런 사람들은 양자가 되었다고 해도 내적 변화는 없기 때문입니다. 이는 그가 믿을 때 바로 하나님으로부터 새로 나는 것입니다(요 1:13). 요한은 또 그의 서신에서 "예수께서 그리스도이심을 믿는 자마다 하나님께로부터 난 자니(요일 5:1)"라고 하였습니다.

2. 그러나 사도들이 여기서 말하는 믿음은 단순히 관념적이거나 사변적인 믿음이 아닙니다. 믿음이란 "예수는 그리스도이시다."라는 명제에 대한 단순한 동의가 아닙니다. 또한 우리의 신앙 신조나 신·구약성서에 포함되어 있는 명제에 대한 지적 동의도 아닙니다. 또는 어떤 믿을 만한 일들을 믿을 만한 것이라고 동의하는 것도 아닙니다. 만약 믿음이 그런 것이라면, 마귀들도 하나님께로부터 거듭난다고 하게 될 것이 아니겠습니까?(그러나 이런 것을 누가 믿어 주겠습니까.) 왜냐하면 마귀들도 그와 같은 믿음을 가졌으니 말입니다. 사실인즉 마귀들은 두려워 떨면서 예

수님이 그리스도이심을 믿었으며, 하나님이 참되신 것처럼 모든 성경은 영감으로 기록되었기 때문에 역시 진리임을 믿고 있습니다. 이와 같이 믿음이란, 신적 진리에 대한 하나님의 증언이나 혹은 기적의 증거에 대한 단순한 동의가 아닌 것입니다. 그 까닭은, 귀신들도 이미 예수님의 입에서 나오는 말씀을 들었고, 예수님을 미쁘시고 참되신 증언자로 알고 있었기 때문입니다. 저들은 예수께서 보여주신 증거들, 즉 예수님 자신의 증거와 그를 보내신 아버지의 증거들을 받아들이지 않을 수 없었습니다. 저들은 또한 예수께서 행하신 놀라운 일들을 보았습니다. 그렇기 때문에 그들은 예수께서 "하나님께로부터 오신 분임"을 믿었습니다. 그러나 그러한 믿음에도 불구하고 저들은 그 큰 날의 대 심판 아래 두시려고 어두움의 쇠사슬에 여전히 묶어 놓으신 것입니다(유 1:6).

3. 왜냐하면 이 모든 것은 죽은 믿음 이외에 아무것도 아니기 때문입니다. 참된 기독교 신앙, 살아 있는 기독교 신앙은 하나님으로부터 태어나는 것이며, 이는 단순한 동의 곧 이해의 행위만이 아니라, 하나님께서 그 마음 안에 역사하시는 내적 성질(disposition)을 말합니다. 곧 하나님 안에서의 확고한 신뢰와 믿음을 말하는데, 이는 그리스도의 공로를 통하여 그 죄가 용서되며 그가 하나님의 사랑에 화해되는 것을 뜻합니다. 이것은 곧 사람이 먼저 자기를 버리는 것이며, "그리스도 안에서 발견되기 위하여(빌 3:9)", 곧 그리스도를 통하여 받아들여지도록 인간이 그 "육체의 신뢰(빌 3:3~4)"를 남김없이 거부해 버리는 것입니다. 이 참되고 살아 있는 믿음은 값없이 하나님 앞에 나오는 것이니, 곧 자기의 공로나 어떤 종류의 의로움에 의탁하지 않고 단순히 하나의 잃어진 자요, 불쌍한 자이며, 자기 파괴자요, 자기를 정죄하는 자요, 망해 버린 자, 또한

절망에 빠진 죄인으로서 하나님 앞에 나오는 것입니다. 다시 말하여, 그는 마치 입이 완전히 막힌 자요, 하나님 앞에 죄책을 느끼는 자로서 주님 앞에 나오는 것입니다. 이러한 죄의 감각(이를 알지 못하는 자들은 이를 악평하여 "절망"이라고 부릅니다.)은 어떠한 말로도 표현할 수 없는 깊은 확신, 즉 우리의 구원과 그 구원을 사모하는 간절한 염원은 오직 그리스도로부터 나온다는 확신과 함께 살아 있는 믿음, 곧 "자신의 죽으심으로 우리를 위해 속전을 치르셨고 자신의 생애 속에서 율법을 완성하신" 그리스도에 대한 살아 있는 믿음에 선행합니다. 우리가 믿음으로 말미암아 하나님께로 났다고 하는 그 믿음은 단순히 우리의 믿음의 모든 신조들을 시인하는 것뿐만 아니라, 우리 주 예수 그리스도를 통하여 하나님의 자비하심을 진실한 마음으로 확신하는 것입니다.

4. 우리가 하나님께로부터 태어나는 이 믿음의 즉각적이고도 항상 있어야 하는 열매, 곧 믿음과 잠시라도 나눠질 수 없는 이 열매는 바로 죄를 이기는 능력입니다. 첫째, 모든 외적인 죄를 이기는 능력인데, 모든 악한 말과 행실을 이기는 능력입니다. 그리스도의 피가 "죽은 행실로부터 양심을 깨끗하게 하도록(히 9:14)" 어디에서나 역사하기 때문입니다. 다음으로는 내적인 죄를 이기는 능력입니다. 믿음은 모든 불경건한 정욕과 성정(性情)으로부터 마음을 정결하게 하기 때문입니다. 이와 같은 믿음의 열매에 관하여 사도 바울은 로마서 6장에서 여러 번 언급하였습니다. 믿음으로 말미암아 "죄에 대하여 죽은 우리가 어찌 그 가운데 더 살리요(2)… 우리의 옛 사람이 예수와 함께 십자가에 못 박힌 것은 죄의 몸이 죽어 다시는 우리가 죄에게 종 노릇 하지 아니하려 함이니(6)… 이와 같이 너희도 너희 자신을 죄에 대하여는 죽은 자요 그리스도 예수 안

에서 하나님께 대하여는 살아 있는 자로 여길지어다(11)… 그러므로 너희는 죄가 너희 죽을 몸을 지배하지 못하게 하여(12)… 오직 너희 자신을 죽은 자 가운데서 다시 살아난 자 같이 하나님께 드리며(13)… 죄가 너희를 주장하지 못하리니(14)… 하나님께 감사하리로다 너희가 본래 죄의 종이더니(17)… 죄로부터 해방되어(18)." 쉬운 말로 하면, 너희가 과거에는 죄의 종이었으나 이제는 "죄에서 해방되어 의의 종이 되었음"을 하나님께 감사한다는 말입니다.

5. 바울이 말한 것과 똑같이, 하나님의 아들들의 무한한 특권에 대하여 사도 요한도 강하게 역설하였습니다. 특히 믿음의 열매 두 가지 중 전자, 곧 외적 죄를 이기는 힘에 관하여 강조했습니다. 그는 하나님의 풍성한 선하심의 깊이에 놀란 사람처럼 다음과 같이 외쳤습니다. "보라. 아버지께서 어떠한 사랑을 우리에게 주사 하나님의 자녀라 일컬음을 얻게 하셨는고! 사랑하는 자들아, 우리가 지금은 하나님의 자녀라. 장래 어떻게 될 것은 아직 나타나지 아니하였으나 그가 나타내심이 되면 우리가 그와 같을 줄을 아는 것은 그의 계신 그대로 볼 것을 인함이니라(요일 3:1~2)." 그리고 사도 요한은 즉시 이어서, "하나님께로부터 난 자마다 죄를 짓지 아니하나니 이는 하나님의 씨가 그의 속에 거함이요 그도 범죄하지 못하는 것은 하나님께로부터 났음이라(요일 3:9)."고 기록하였습니다. 그러나 어떤 사람은 "그렇습니다. 하나님께로부터 난 자는 누구든지 '습관적으로' 죄를 짓지 않습니다."라고 말합니다. "습관적으로"라니요? 그런 말이 어디에 있습니까? 나는 그런 단어를 읽어보지 못하였습니다. 성서에 기록되어 있지 않기 때문입니다. 하나님께서는 단지 "죄를 짓지 아니한다."고 말씀하셨습니다. 그런데 당신이 "습관적으로"라고

덧붙인 것입니다. 도대체 당신이 누구인데 하나님의 말씀을 고치며 이 성서의 말씀에 덧붙이고 있습니까? 하나님께서 이 책에 기록된 모든 재앙을 더하시지 않도록 조심하십시오. 특별히 덧붙여진 의견이 성서 본문을 완전히 삼켜 버리는 경우, 그리하여 "메토데이아 플라네스(μεθοδία πλάνης)", 즉 교묘한 속임수에 의하여 그 귀한 약속이 완전히 잃어버려지거나 "쿠베이아 안트로폰(κυβεία ἀνθρώπων)", 즉 사람의 교묘한 속임수로 하나님의 말씀이 무효화되는 경우를 더욱더 조심해야 합니다. 이 책의 말씀을 그렇게 취하여 전체적 의미와 정신을 내던져버리고 죽어버린 듯한 부분만 남겨 놓는 여러분이여, 하나님께서 당신들의 이름을 생명책에서 지워버리지 않도록 조심하십시오!

6. 우리가 사도 요한의 해석을 듣되 그의 논의의 전체적인 주지(主旨)에 따라 참을성 있게 들어봅시다. "그가(그리스도) 우리 죄를 없애려고 나타나신 것을 너희가 아나니 그에게는 죄가 없느니라(요일 3:5)."고 적혀 있습니다. 무엇을 뜻합니까? "그 안에 거하는 자마다 범죄하지 아니하나니 범죄하는 자마다 그를 보지도 못하였고 그를 알지도 못하였느니라(요일 3:6)." 이처럼 중요한 교리를 전개함에서 요한은 대단히 중요한 점을 전제로 하였습니다. 즉 "자녀들아 아무도 너희를 미혹하지 못하게 하라(요일 3:7)."는 것입니다. 많은 자들이 여러분을 꾀어 거룩하지 않도록 하며 범죄하도록 하나, 여러분은 하나님의 자녀가 되라는 것입니다. "의를 행하는 사람은 하나님의 의로우심 같이 의롭습니다. 죄를 짓는 사람은 마귀에게 속하여 있습니다. 마귀는 처음부터 죄를 짓고 있기 때문입니다(요일 3:8)." 성서의 말씀은 다음과 같이 계속됩니다. "하나님께로부터 난 자마다 죄를 짓지 아니하나니 이는 하나님의 씨가 그의 속에 거함

이요 그도 범죄하지 못하는 것은 하나님께로부터 났음이라(요일 3:9)." 요한은 덧붙여 말합니다. "여기서 하나님의 자녀와 마귀의 자녀가 밝히 드러납니다(요일 3:10)." 이처럼 명백한 증거(죄를 짓느냐 안 짓느냐)로 말미암아 하나님의 자녀와 마귀의 자녀가 서로 구별되는 것입니다. 5장에 기록된 다음과 같은 말씀도 같은 뜻입니다. "하나님께로부터 난 자는 다 범죄하지 아니하는 줄을 우리가 아노라 하나님께로부터 나신 자가 그를 지키시매 악한 자가 그를 만지지도 못하느니라(요일 5:18)."

7. 살아 있는 믿음의 또 다른 열매는 평안입니다. 믿음으로 의롭게 된 까닭에, 그리고 우리의 죄가 말끔히 씻긴 까닭에 "우리 주 예수 그리스도로 말미암아 우리는 하나님과 화평을 누리고 있습니다(롬 5:1)." 우리 주님께서는 돌아가시기 전날 밤에 친히 제자들에게 분명히 유언하셨으니, "평안을 너희(하나님을 믿고 또 나를 믿는 너희)에게 끼치노니 곧 나의 평안을 너희에게 주노라. 내가 너희에게 주는 것은 세상이 주는 것 같지 아니하니라. 너희는 마음에 근심하지도 말고 두려워하지도 말라(요 14:27)."고 말씀하셨습니다. 또 이르시기를 "이것을 너희에게 이르는 것은 너희로 내 안에서 평안을 누리게 하려 함이라(요 16:33)." 하셨습니다. 이러한 평안은 모든 이해를 초월한 것이요, 자연인으로서는 생각할 수도 없는 것으로, 영혼에서 나오는 진실함이요, 심지어 신령한 사람도 무어라 표현할 수 없는 것입니다. 이 평안은 땅의 권세나 지옥의 세력이 빼앗아 갈 수 없는 것입니다. 파도와 폭풍이 이 평안에 부딪쳐도 결코 흔들리지 않는 평안입니다. 그것은 이 평안이 반석 위에 세워진 까닭입니다. 이 평안은 언제든지 그리고 어느 곳에서든지 하나님의 자녀들의 마음과 생각을 지켜 줍니다. 살기에 편안하거나 고통스럽거나, 병들거나 건

강하거나, 부요하거나 가난하거나, 그들은 하나님 안에서 언제나 행복합니다. 어떤 처지에서든지 그들은 스스로 만족하기를 배웠기 때문입니다. 그렇습니다. 바로 예수 그리스도를 통하여 하나님께 감사드리며 사는 것입니다. "존재하는 것이 무엇이든 그것은 가장 좋은 것이다."라는 말은 존재하는 것을 향한 하나님의 뜻을 드러내기 때문입니다. 그러므로 삶이 변화무쌍해도 하나님의 자녀들의 마음은 주님을 믿는 믿음 안에서 튼튼히 서 있는 것입니다.

II

1. 하나님께로부터 난 사람의 두 번째 성서적 표적은 "소망"입니다. 외국에 흩어져 사는 하나님의 자녀들에게 사도 베드로는 말했습니다. "우리 주 예수 그리스도의 아버지 하나님을 찬송하리로다 그의 많으신 긍휼대로… 우리를 거듭나게 하사 산 소망이 있게 하시며(벧전 1:3)" "생동하는", 또한 "살아 있는" 소망이라고 그는 말하였습니다. 산 믿음에 대하여 죽은 믿음이 있듯이 산 소망에 대하여 죽은 소망이 있으니, 이는 하나님께로부터 나온 것이 아니요, 그 열매가 스스로 밝혀 주듯이 하나님과 인간의 원수로부터 나온 소망이 바로 그것입니다. 그러한 소망은 교만의 자손이기 때문에 모든 악한 언행의 부모이기도 합니다. 그러나 자기 안에 이 산 소망을 가진 사람들은 누구나 거룩합니다. 이는 그를 부르신 분께서 거룩하시기 때문입니다. 그리스도 안에 있는 그의 형제들에게 "사랑하는 이들이여, 우리가 지금은 하나님의 자녀입니다. 그리고 우리는 그분의 계신 모습 그대로 볼 것입니다(요일 3:2)."라고 진실되이 말

할 수 있는 사람들은 누구나 하나님께서 정결하신 것처럼 자기를 정결하게 합니다.

2. 이 소망은(영어 번역으로는 가능한 한 강하게 표현하여도 성서 원어의 뜻보다 뜻이 약하기는 하지만 "신앙의 철저한 확신" 혹은 "소망의 철저한 확신"으로 번역될 수 있을 것 같습니다.) 몇 가지 암시하는 바가 있습니다. 첫째, 우리가 단순하게 그리고 아주 진실하게 살아간다는 우리의 영혼이나 양심의 증거를 뜻하며, 둘째로는 (주로) 하나님의 영의 증거입니다. 하나님께서 우리 영과 더불어 혹은 우리 영에게 우리가 하나님의 자녀임을 증거하십니다. 우리가 자녀라면 상속자가 될 것이며, 하나님의 상속자라면 곧 그리스도와 함께 공동 상속자가 됩니다(롬 8:16~17).

3. 하나님 자신은 하나님의 자녀로서의 이와 같은 영광된 특권에 관련하여 우리에게 어떻게 가르치시는지를 자세히 살펴봅시다. 여기에서 증거하겠다고 나서는 분은 누구입니까? 우리의 영뿐만은 아닙니다. 또 있으시니 곧 하나님의 영이십니다. 우리의 영과 함께 증거하시는 분은 하나님이십니다. 그렇다면 하나님께서는 무엇을 증거하십니까? 우리가 하나님의 자녀라는 사실입니다. 자녀라면 곧 하나님의 상속자이며, 그리스도와 함께 상속할 사람이 됩니다. "만일 우리가 그리스도와 함께 고난을 받으면", 만일 우리가 각각 자기를 부인하면, 만일 우리가 매일 십자가를 진다면, 만일 우리가 그리스도를 위하여 핍박과 능욕을 달게 받으면 우리도 또한 주와 함께 영광을 받게 될 것을 증거하십니다. 그러면 하나님의 영은 누구 안에서 이를 증거하십니까? 모든 하나님의 자녀들 안에서 증거하십니다. 바로 이런 논법으로 바울은 앞 절에서 이 사

실을 증명했습니다. 즉 "무릇 하나님의 영으로 인도함을 받는 그들은 곧 하나님의 아들이라. 너희는 다시 무서워하는 종의 영을 받지 아니하였고 양자의 영을 받았으므로 '아빠 아버지'라 부르짖느니라." 계속하여 "성령이 친히 우리 영으로 더불어 우리가 하나님의 자녀임을 증거하시느니라(롬 8:14~16)."

4. 위의 15절에 있는 말씀을 다시 한 번 고찰해 볼 필요가 있습니다. "여러분은… 아들(자녀, 역자 주)이 되게 하는 영을 받았습니다. 그래서 우리는 그 영에 의하여 하나님을 아빠 아버지라 부르게 되었습니다." 하나님의 아들인 여러분은 아들인 까닭에 똑같은 양자의 영을 받은 것입니다. 이로 인하여 "우리"는 하나님을 아빠 아버지라 부릅니다! "우리" 곧 사도요, 예언자요, 교사인 우리(우리의 의미를 이렇게 제한할 때에 더욱 적절히 이해가 될 것으로 봅니다.)를 통하여 여러분은 믿게 되었습니다만, "우리"란 "그리스도의 일꾼이요 하나님의 비밀을 맡은 자(고전 4:1)"를 말합니다. 우리와 여러분이 한 주님을 모신 것처럼 우리는 한 영을 모셨습니다. 우리가 한 믿음을 가진 것처럼 역시 우리는 한 소망을 가지고 있습니다. 우리와 여러분은 한 "약속의 영(엡 1:13)"으로 인치심을 받았습니다. 곧 여러분과 우리의 상속의 보증으로 인치심을 받은 것입니다. 그 약속의 영은 "우리가 하나님의 자녀임"을 여러분과 우리의 영과 함께 증거하는 동일한 영이십니다.

5. "애통하는 자는 복이 있나니 저희가 위로를 받을 것임이요(마 5:4)."라는 말씀은 이렇게 성취되었습니다. 설사 우리 영과 함께 증거하시는 하나님의 영의 증거보다 슬픔이 앞설지라도(두려움과 하나님의 진노하심에

대한 불안으로 고통하는 동안에는 어느 정도 슬픔이 없을 수 없습니다), 누구든지 이러한 하나님의 영의 증거를 느끼게 될 때 그의 슬픔은 오히려 기쁨이 되는 것입니다. 전에는 그 고통이 어떠한 것이었든지, 때가 오면 그는 하나님께로부터 난 기쁨으로 그 고통을 다시 기억하지 않을 것입니다. 아마도 대다수의 여러분은 이스라엘 나라 밖의 사람이기 때문에 슬퍼할지도 모릅니다. 왜냐하면 이러한 하나님의 영을 가지지 못했음을 자신이 잘 알기 때문입니다. 곧 이 세상에서 소망도 없고 하나님도 없는 자인 까닭에 슬퍼할지도 모른다는 말씀입니다. 그러나 보혜사가 오시면 여러분의 마음은 기뻐하게 될 것입니다. 여러분의 기쁨이 충만할 것이며 또한 그 기쁨을 빼앗을 자가 아무도 없을 것입니다(요 16:22). 여러분은 이렇게 말할 것입니다. "우리는 하나님 안에서 예수 그리스도를 통하여 기뻐합니다. 그리스도로 인하여 우리는 지금 속죄함을 얻었으며 그로 인하여 우리는 이 은혜 안에 들어가게 되었습니다. 곧 이 은혜의 상태, 사랑을 입은 상태, 하나님과 화목한 상태에 들어가게 되었습니다. 우리가 바로 여기에 서 있으며 하나님의 영광을 바라고 즐거워합니다(롬 5:2)."

사도 베드로는 또 이렇게 말했습니다. "하나님의 인도하심을 따라 산 소망을 얻게 된 너희는 구원을 얻기 위하여 하나님의 능력으로 보호하심을 입었느니라. 그러므로 너희가 이제 여러 가지 시험으로 말미암아 잠깐 근심하게 되지 않을 수 없었으나 오히려 크게 기뻐하는도다. 이는 너희 믿음의 확실함은 불로 연단하여도 없어질 금보다 더 귀하여 예수 그리스도께서 나타나실 때에 칭찬과 영광과 존귀를 얻게 할 것이니라. 예수를 너희가 보지 못하였으나 말할 수 없는 기쁨과 충만한 영광으로 그를 기뻐하도다(벧전 1:5~8)."

참으로 말할 수 없는 기쁨입니다. 이 기쁨은 인간의 언어로는 표현할 수 없는 성령 안에서의 기쁨입니다. 이 기쁨은 그것을 받은 사람 외에는 아무도 알지 못하는 감추어진 만나입니다. 이 기쁨은 깊은 환난의 수렁 속에서도 오히려 우리에게 남아 있을 뿐 아니라 흘러넘치고 있습니다. 땅 위의 모든 위로가 사라졌을 때 그의 자녀들에게 주시는 하나님의 위로도 작을까요? 결코 그렇지 않습니다. 환난이 심할 때 성령의 위로하심은 더욱 풍성합니다.

하나님의 아들들은 다가오는 멸망, 곧 궁핍이나 고통이나 지옥이나 무덤을 비웃게 될 것입니다. 왜냐하면 사망과 지옥의 열쇠를 가지고 그 환난들을 무저갱에 던져 넣으실 하나님을 알기 때문입니다. 아니, 그러한 환난 때에도 "보라 하나님의 장막이 사람들과 함께 있으매 하나님이 저희와 함께 거하시리니 저희는 하나님의 백성이 되고 하나님은 친히 저희와 함께 계셔서 모든 눈물을 그 눈에서 씻기시매 다시 사망이 없고 애통하는 것이나 곡하는 것이나 아픈 것이 다시 있지 아니하리니 처음 것들이 다 지나갔음이러라(계 21:3~4)." 하는 하늘 보좌에서부터 오는 큰 음성을 듣기 때문입니다.

III

1. 하나님께로부터 난 사람의 세 번째 성서적 표적은 "사랑"입니다. 이것은 세 가지 표적 중에서 가장 중요한 것입니다. "사람들에게 주신 성령을 통하여 하나님의 사랑이 그들 마음에 부어져 있습니다(롬 5:5)." "너희가 아들이므로 하나님께서 그 아들의 영을 우리 마음 가운데 보내사 아빠 아버지라 부르게 하셨습니다(갈 4:6)." 이 영으로 인하여 하나님을

화평과 사랑의 아버지로 계속하여 바라보면서 사람들은 그들의 일용할 양식, 곧 육체를 위한 것이나 영혼을 위한 것이나 필요한 물건들을 주시기를 간청하는 것입니다. "사람들은 그들이 하나님께 구하는 것을 이미 받은 줄로 알기 때문에(요일 5:15)" 그들의 마음을 계속하여 하나님 앞에 쏟아 놓고 있습니다. 그들의 기쁨이 하나님 안에 있으며, 하나님은 그들의 마음의 즐거움이요, 방패요, 대단히 큰 상급입니다. 영혼의 소원은 하나님을 향하여 있고, 하나님의 뜻을 이루는 이것이 그들의 음식이요, 음료인 것입니다. "골수와 기름진 것을 먹음과 같이 그들은 만족해하며 한편 그들의 입은 기쁜 입술로 주를 찬송합니다(시 63:5)."

2. 이런 의미에서 또한 "내신 이(하나님)를 사랑하는 자마다 그에게서 난 자(예수)를 사랑하는 것입니다(요일 5:1)." 그의 영이 구주 하나님 안에서 기뻐합니다. 그는 주 예수 그리스도를 변함없이 사랑합니다(엡 6:24). 그는 주님과 밀접히 결합되어서 한 영혼이 되었습니다. 그 영혼은 하나님께 매달렸고 그는 만인 위에 뛰어난 사랑으로(아 5:10) 하나님을 선택합니다. 그는 "나의 사랑하는 이는 나에게 속하였고 나는 그에게 속하였다(아 2:16)." 또 "당신(주님)은 인자들보다 아름다우시며 은혜가 입술에 가득하시니 하나님께서 당신에게 영영히 복을 주시나이다(시 45:2)." 하신 뜻이 무엇인지를 알고 있습니다.

3. 이러한 하나님 사랑이 맺는 필연적 열매는 이웃 사랑입니다. 하나님께서 만드신 모든 영혼, 곧 우리의 원수와 우리를 능욕하고 핍박하는 자들을 포함하여 모든 사람을 우리 자신처럼 사랑하는 것입니다. 자기의 영혼을 사랑하는 것처럼 사랑하는 것입니다. 아니, 우리 주님께

서는 더욱 강력히 말씀하셨으니 "내가 너희를 사랑한 것 같이 너희도 서로 사랑하라(요 13:34)."고 가르치셨습니다. 그러므로 하나님을 사랑하는 모든 사람의 마음속에 기록된 계명은 바로 "내가 너희를 사랑했으니 그와 같이 너희도 서로 사랑하라."고 하신 바로 그 말씀입니다. 그러므로 "이제 우리가 하나님의 사랑을 알게 되었으니 이 사랑은 그리스도께서 우리를 위하여 자기 목숨을 버리신 것입니다(요일 3:16)." 요한은 이 말씀에 이어 결론짓기를 "우리도 형제를 위하여 목숨을 버리는 것이 마땅하다."고 하였습니다. 우리가 이와 같이 할 각오가 되어 있다고 확신한다면, 우리의 이웃을 진정으로 사랑해야 합니다. 그러면 우리는 우리 자신이 이미 죽음의 나라에서 생명의 나라로 옮겨간 것을 알게 됩니다. 그것은 우리가 이같이 형제를 사랑하기 때문입니다(요일 3:14). 이것으로 우리는 우리가 하나님께로부터 난 것을 압니다. 우리가 하나님 안에 거하고 있음을 압니다. 하나님께서는 우리에게 그의 사랑의 영을 보내주셨기 때문입니다(요일 4:13). 사랑은 하나님께로부터 나왔습니다. 사랑하는 사람은 누구나 하나님께로부터 났으며 하나님을 압니다(요일 4:7).

4. 그러나 어떤 이들은 "사도가 말하기를 '하나님을 사랑하는 것은 이것이니 곧 그의 계명들을 지키는 것이니라' 하지 않았느냐?"고 물을 것입니다. 그렇습니다. 하나님의 계명들을 지킨다는 것이 하나님을 사랑하는 것이라는 의미는 우리의 이웃을 사랑하는 것이라는 말과 같은 의미입니다. 그렇다면 이 사실에서 우리는 무엇을 생각해 낼 수 있습니까? 보이는 계명들을 지킨다는 것이 바로 "네 마음과 뜻과 목숨과 힘을 다하여 하나님을 사랑하라." 하신 말씀과 "네 이웃을 네 몸과 같이 사랑하라." 하신 말씀이 뜻하는 모든 것을 가리킨다고 할 수 있을까요?

혹은 하나님을 사랑하는 것은 영혼으로부터의 애정이 아니라 단순히 외적으로 나타나는 섬김을 뜻한다고 하겠습니까? 아니면 우리의 이웃을 사랑하는 것이 마음에서 우러나오는 것이 아니고 단지 눈에 보이는 활동들만을 뜻한다고 하겠습니까? 사도 요한의 말씀을 이런 식으로 거칠게 해석한다면 이는 말씀을 전적으로 파괴해 버리는 결과가 됩니다. 이 말씀의 분명한 뜻은, 계명을 지킨다고 하는 것은 하나님을 사랑하는 증거요 표시이니, 우리가 가장 크고 첫째가는 계명을 지킨다는 증거요, 하나님의 다른 계명들도 지킨다는 증거가 된다는 것입니다. 참된 사랑은 그것이 우리의 마음에서 일단 흘러나오게 되면 우리가 하나님의 계명들을 지키지 않을 수 없게 강권하는 까닭입니다. 그리고 마음을 다하여 하나님을 사랑하는 사람은 누구든지 그 힘을 다하여 하나님을 섬기지 않을 수 없는 까닭입니다.

5. 하나님 사랑이 맺는 둘째 열매는 우리가 사랑하는 하나님께 전적으로 순종하는 것이요(순종이 사랑에서 분리될 수 있다고 한다면), 그의 뜻에 일치하는 것입니다. 그것은 내적으로든 외적으로든, 곧 마음으로든 행동으로든 하나님의 모든 계명에 순종하는 것이요, 마음과 생활 모두에서 순종하는 것이며, 모든 성품과 언행으로 순종하는 것입니다. 여기서 뜻하는 가장 분명한 성품 중 하나는 "선한 일을 열심히 하게(딛 2:14)" 되는 것입니다. 모든 사람에게 할 수 있는 대로 선을 행하기 위하여 선에 굶주리고 목마른 사람처럼 되는 것입니다. 다른 사람들을 위하여, 모든 사람을 위하여 자기의 전부를 소비하고 소비되기를 즐거워하는 것입니다. 이 세상에서는 아무런 보상을 생각하지 않으며 오직 의인의 부활로써 만족스러운 보상을 추구하는 것을 말합니다.

IV

1. 나는 앞에서 성서가 말하고 있는 신생의 표적들을 언급했습니다. "하나님께로부터 난다"는 것이 무슨 뜻이냐 하는 중요한 질문에 하나님께서 친히 대답하십니다. 만약 이 대답이 하나님의 말씀에 의하여 설명된 것이라면, 이 대답은 곧 "성령으로 난 모든 사람"을 말합니다. 하나님의 영의 판단으로 보건대 이것이 바로 하나님의 아들 또는 그 자녀가 되는 것입니다. 첫째, 이 말은 곧 그리스도를 통하여 하나님을 믿음으로 죄를 짓지 않게 되고 또 언제나 어디에서나 "모든 지각에 뛰어난 하나님의 평강(빌 4:7)"을 즐거워하게 되는 것입니다. 둘째, 하나님의 사랑하시는 아들을 통하여 하나님을 소망하므로 선한 양심의 증거를 가질 뿐 아니라, 또한 "여러분의 영과 더불어 여러분이 하나님의 자녀임을 증거하시는" 하나님의 영을 갖게 되는 것입니다. 여기서 우리는 우리 죄를 속량하신 하나님 안에서 항상 즐거워하지 않을 수 없게 됩니다. 셋째, 당신들이 남을 사랑할 때 이제까지 체험해 보지 못한 큰 사랑으로 당신들을 사랑하신 하나님을 사랑하게 되므로 모든 사람을 자기 몸과 같이 사랑하도록 강권 받게 된다는 것입니다. 곧 사랑이 마음에서만 불탈 뿐 아니라 그 불이 당신들의 행동과 대화에 불붙어서 당신들의 전 생애를 "사랑의 수고"로 만드는 그 사랑을 가지고 계속하여 다음 계명에 복종하게 되는 것입니다.

"내가 자비하니 너희도 자비하라(눅 6:36)."

"나 곧 너희 하나님이 거룩하니 너희도 거룩하라(벧전 1:16, 레 11:44~45)."

"하늘에 계신 너희 아버지의 온전하심 같이 너희도 온전하라(마 5:48)."

2. 이와 같이 하나님께로부터 난 여러분은 누구입니까? 여러분은 하나님께서 여러분에게 주신 새로운 신분, 곧 하나님의 자녀라는 것을 잘 알고 있습니다. 또 여러분은 "하나님 앞에서 여러분의 마음을 확증할 수 있습니다(요일 3:19)." 여러분 가운데 이 말씀을 음미해 본 사람마다 한 진리를 느끼게 되고 알게 되는데, 그 진리는 바로 지금 이 순간에 자기가 하나님의 자녀인가 아닌가 하는 사실입니다.(사람에게 하지 말고 하나님께 대답하십시오.)

문제는 "당신이 세례를 받음으로 어떻게 되었나?"가 아니라 "지금 당신이 무엇인가?"(책임을 회피하지 마십시오.) 하는 것입니다. "당신을 양자로 삼으신 영이 지금 당신의 마음속에 있습니까?" 이 질문을 당신 마음속 깊은 곳에 던져 보십시오. 나는 여러분이 과거에 물과 성령으로 거듭났느냐고 묻는 것이 아니라, 지금 여러분이 성령께서 거하시는 성전이냐고 묻고 있습니다. 나는 여러분이 그리스도의 할례로 할례받았던 사실을 인정합니다(사도 바울은 세례란 뜻을 강조하여 할례라 하였습니다). 그러나 문제는 그리스도의 영, 영광의 영이 지금 여러분에게 있느냐 하는 것입니다. 그렇지 않으면 여러분의 "할례는 곧 무할례가 됩니다(롬 2:5)."

3. 그러므로 당신의 마음속으로 "내가 한번 세례 받았다. 그러므로 지금도 나는 하나님의 자녀다."라고 말하지 마십시오. 슬프게도 그 결과는 결코 멈추어 있지 않습니다. 세례 받은 탐식자와 주정꾼이 얼마나 많습니까? 세례 받은 거짓말쟁이와 식언자가 얼마나 많으며 또 세례 받

은 욕설가, 험구가는 얼마나 부지기수입니까? 세례 받은 오입쟁이들, 도둑들, 그리고 세례 받은 착취자들은 또 얼마나 많습니까? 여러분은 어떻게 생각하십니까? 그들이 지금도 하나님의 자녀들입니까? 여러분이 누구이든지, 혹은 위에서 말한 세례 받은 타락자들 중 어떤 이들과 닮았든지, 나는 여러분에게 진실로 말합니다. 여러분은 "여러분의 아비 마귀에서 났으니 여러분의 아비의 행한 바를 여러분도 행하고 있습니다(요 8:44)." 나는 다시금 십자가에 못 박힌 분의 이름으로 새롭게 여러분을 부릅니다. 할례받았던 여러분의 선조들에게 하신 주님의 바로 그 말씀으로 새롭게 외칩니다. "너희 뱀들아! 너희 독사의 자식들아! 너희가 어떻게 지옥의 판결을 피하겠느냐?(마 23:33)"

4. 정말로 당신들이 거듭나지 아니하면 어떻게 지옥의 판결을 피할 수 있겠습니까? 왜냐하면 당신들은 지금 죄와 허물로 인해 죽어 있기 때문입니다. 당신들이 중생할 수 없다고 말한다면, 세례에 의하지 않고서는 새로 날 수 없다고 말한다면, 이는 당신들 모두를 소생할 희망도 없는 저주 아래 두는 것이요, 다시 빠져나올 수 없는 지옥에 맡겨 두는 결과가 됩니다. 어떤 이들은 타락한 자들을 지옥에 맡겨 두는 것이 당연하다고 생각할지 모릅니다. 주인이 되시는 하나님을 향한 열심 때문에 그들은 그렇게 말할지도 모릅니다. "물론입니다. 죄인들을 진멸하시오. 아말렉 사람들을 진멸하시오. 기브온 족속을 남김없이 죽입시다. 그들은 그렇게 되어 마땅합니다." 그러나 아니올시다. 나도 그렇게 말할 수 없고 여러분도 그렇게 말할 수 없습니다. 나나 여러분이 받아야 할 응보는 저들이나 마찬가지로 지옥입니다. 그리고 우리가 지금 꺼지지 않는 불에 있지 아니한 것은 순전히 하나님의 자비, 즉 값없이 주시는, 우리가 감히

받을 수도 없는 자비에 의하여 된 것입니다. 혹시 여러분은 "그러나 우리는 씻김을 받았고 물과 성령으로 거듭났지 않았느냐?"라고 반문할 것입니다. 저들 타락자들도 마찬가지였습니다. 그러나 과거에 거듭난 것은 중요하지 않습니다. 당신들이나 그들이나 모두 지금 거듭난 상태가 지속되어야 합니다. 그러나 당신들은 "사람 중에서 높임을 받는 것은 곧 하나님 앞에서 미움을 받는 것(눅 16:15)"임을 잘 알고 있지 않습니까? 사람들에게 높임을 받는 세상의 성도 여러분! 와서 보십시오. 이 불쌍한 사람들, 이 땅 위에서 살 자격도 없는 사람들, 더러운 창녀들과 간음한 자들, 그리고 살인자들에게 "과연 누가 먼저 돌을 던지는가를…(요 8:1~11)."

여러분은 오직 "그 형제를 미워하는 자마다 살인하는 자라(요일 3:15)", "여자를 보고 음욕을 품는 자마다 이미 마음에 간음하였느니라(마 5:28)", 또 "너희 간음한 자들이여 세상과 벗된 것이 하나님과 원수된 것임을 알지 못하느뇨(약 4:4)"라고 하신 말씀들이 무슨 뜻인지를 먼저 배우십시오.

5. 진실로 진실로 나는 여러분에게 말합니다. 당신들도 거듭 나야 합니다. 거듭나지 않고서는 결코 하나님 나라를 볼 수 없습니다. 당신들이 세례에 의하여 거듭났다고 하는, 상한 갈대로 만든 지팡이를 더는 의지하지 마십시오. 당신들이 하나님의 자녀였고 하나님의 나라를 상속받을 자였음을 누가 부인합니까? 그럼에도 불구하고 지금 당신들은 마귀의 자녀들입니다. 그러므로 당신들은 거듭나야 합니다. 거듭나야 한다는 사실이 명백한 때에 사탄이 당신들의 마음을 유혹하지 못하도록 합시다.

하나님의 자녀된 표적이 무엇인지 여러분은 배웠습니다. 세례를 받았거나 안 받았거나 당신들의 영혼에 이 표적들이 없다면 그것들을 받아들여야만 합니다. 그렇지 않으면 의심할 여지도 없이 당신들은 영원히 멸망 받을 것입니다. 만약 당신들이 세례를 받았다면 당신들에게 오직 한 소망이 있습니다. 그것은 세례로 하나님의 자녀가 되었었는데 지금은 마귀의 자식이라면 다시금 하나님의 아들이 되는 능력을 받을 수 있다는 것입니다. 곧 잃어버렸던 양자의 영, 다시 말하여 "아빠 아버지여!" 하고 마음으로 외칠 수 있는 양자의 영을 다시 받을 수 있다는 말씀입니다.

아멘, 주 예수여! 주님의 얼굴을 다시 찾는 준비된 마음을 가진 사람들에게 양자의 영을 다시 받게 하옵소서. 그리하여 "아빠 아버지여!" 하고 부를 수 있게 하옵소서. 그들에게 당신의 이름을 믿을 힘을 주사 하나님의 자녀가 되게 하옵소서. 그리하여 당신의 보혈로 속죄함 곧 죄의 용서까지라도 얻은 것을 느끼고 알게 하옵소서. 그래서 그가 하나님께로부터 났으므로 죄를 짓지 않게 하옵소서. 산 소망을 향하여 다시금 태어날 수 있게 하시고, 주님께서 순수하신 것처럼 그들 스스로 정결케 하도록 하옵소서. 그가 하나님의 자녀이니 사랑과 영광의 영이 그에게 임하시어 영육 간의 모든 더러운 것을 자기에게서 씻어내도록 하시며, "하나님을 경외하는 중에 온전한 성결에 이르도록" 자기 자신을 가르치게 하옵소서!

15
하나님께로부터 난 자의 위대한 특권
The Great Privilege of Those that are Born of God

옥스퍼드에서 웨슬리와 친구들
⟨John Wesley and His Friends at Oxford⟩, Marshall Claxton, 1858

누구든지 하나님께로부터 난 자마다 죄를 짓지 아니하나니 (요일 3:9)

     1. 다음의 사실이 자주 전제되었습니다. 즉 하나님께로부터 난다는 것은 의롭다 여김을 받는 것과 전적으로 같다는 사실, 신생(新生)과 칭의(稱義)는 동일한 사실을 표시하는 다른 표현에 불과한 것입니다. 한편 의롭다 하심을 얻은 사람은 누구든지 또한 하나님께로부터 난 자요, 다른 한편 하나님께로부터 난 자는 누구든지 또한 의롭다 하심을 얻은 자입니다. 실로 하나님의 이 두 가지 선물은 동일한 순간에 모든 신도에게 주어진 것입니다. 한 시점에서 그의 죄는 소멸되고 그는 새롭게 하나님께로부터 태어나는 것입니다.

     2. 그러나 칭의와 신생이 시점에 있어서는 서로 분리할 수 없는 것임을 인정하지만, 양자는 쉽게 구별되는 것입니다. 양자는 동일한 것이 아니라 대단히 다른 성질의 것이기 때문입니다. 칭의는 단지 관계적인 변화를 의미하며 신생은 실제적인 변화를 의미합니다. 우리를 의롭다 하심으로써 하나님은 우리를 위해 무엇인가를 하시지만, 우리를 새로 나게 하심으로써 하나님은 우리 안에서 일을 하십니다. 전자는 우리의 하나님께 대한 외적인 관계를 변화시키고 그로 인하여 원수였던 우리가 자녀들이 되는 것입니다. 후자로 말미암아 우리 영혼의 깊은 내면이 변화되어 그로 인하여 죄인이었던 우리가 성도가 되는 것입니다. 전

자는 하나님의 호의에, 후자는 하나님의 형상으로 우리를 회복시켜 줍니다. 전자는 죄의 책임을 제거하는 일이요, 후자는 죄의 능력을 제거하는 일입니다. 그러므로 양자는 시점에 있어서는 함께 결합되어 있지만, 전혀 별개의 성질을 가진 것입니다.

3. 이 사실을 식별하지 않는 일, 의롭게 되는 일과 새로 나는 일 사이에 있는 그 차이를 인정하지 않는 일이 이 주제를 다루어온 많은 사람들 가운데 대단히 큰 사고의 혼란을 일으켜 왔습니다. 특히 그들이 이 위대한 하나님의 자녀들의 특권을 설명하려고, 즉 어찌 하여 "하나님에게서 난 사람은 누구든지 죄를 범하지 않는다(요일 5:18)."라고 하는가를 보이려고 시도했을 때에 그러했습니다.

4. 이것을 분명히 이해하려면 첫째로, "하나님에게서 난 사람은 누구든지(요일 5:18)"라는 표현의 참된 의미가 무엇인가를 고찰하는 일, 둘째로 어떤 의미에서 그가 "죄를 범하지 않는가(요일 5:18)"를 살펴보는 일이 필요할 것입니다.

I

1. 첫째, 우리는 "하나님에게서 난 사람은 누구인가?"라는 표현의 참된 의미를 고찰해 보아야 합니다. 그리고 일반적으로 이 표현, "하나님에게서 난다."가 포함되어 있는 성서의 모든 구절에서 그것이 단순히 세례를 받는 일, 혹은 어떤 외적 변화를 의미하지 않는다는 사실을 배울

수 있습니다. 차라리 그것은 매우 큰 내적인 변화, 성령의 역사로써 영혼 속에 이루어지는 변화, 우리의 존재 양식 전체의 변화를 의미합니다. 왜냐하면 하나님에게서 나는 순간부터 우리는 이전과는 전혀 다른 방식으로 살기 때문입니다. 이를테면 우리는 다른 세계에 있는 것입니다.

2. 이 표현의 근거와 이유는 쉽게 이해됩니다. 이 위대한 변화를 경험할 때 우리는 새로 탄생한 것이라고 말해도 좋을 것입니다. 왜냐하면 자연적인 탄생과 영적 탄생의 상황 사이에는 매우 가까운 유사점이 있기 때문입니다. 그러므로 자연적인 탄생의 상황을 고찰하는 일이 영적 탄생을 이해하는 가장 쉬운 길입니다.

3. 아직 태어나지 않은 아이도, 모든 생명을 가진 자가 그러하듯이, 실상 공기에 의하여 살고 있습니다. 그러나 그는 그 사실이나 그 밖의 무엇에도 매우 둔하고 느끼지 못합니다. 그 아이는 가령 듣는 일이 있다고 해도 거의 듣지 못합니다. 듣는 기관이 아직 막혀 있기 때문입니다. 그 아이는 아무것도 보지 못합니다. 그 눈은 굳게 닫혀 있으며 전적인 흑암으로 싸여 있기 때문입니다. 그 탄생의 때가 임박했을 때에는 아마도 생명의 어떤 희미한 시작과 그 결과로서의 어떤 운동이 있을지도 모릅니다. 그 사실로 인하여 그것은 단순한 물질의 덩어리에서 구별되는 것이지만, 그것은 전혀 감각을 가지고 있지 않습니다. 이러한 영혼의 모든 통로는 탄생할 때까지 전혀 닫혀 있는 것입니다. 따라서 아직 태어나지 않은 아이는 거의 눈에 보이는 세계와는 교섭을 가지고 있지 못합니다. 또 거기서 생겨나는 사항에 대해서도 거의 아무런 지식도 개념도 관념도 가지고 있지 못합니다.

4. 아직 태어나지 않은 아이가 눈에 보이는 세계에 대해서 전혀 문외한이라는 이유는 눈에 보이는 세계가 멀리 있기 때문은 아닙니다 (그것은 매우 가까이 있는 것입니다. 모든 측면에서 그를 둘러싸고 있는 것입니다). 그 몇 가지 이유는 첫째, 그 아이가 그러한 감각을 가지고 있지 않기 때문입니다. 그러한 감각이 아직 그 영혼 안에 열려 있지 않기 때문입니다. 감각에 의해서만 물질적 세계와 교섭을 가지는 일이 가능한 것입니다. 또 하나는, 매우 두꺼운 장막이 사이에 쳐 있어서 그것을 통해서 그는 아무것도 식별할 수 없기 때문입니다.

5. 그러나 그 아이가 이 세상에 나오자마자 그는 전혀 다른 방식으로 존재합니다. 그는 이제 공기를 느낍니다. 그는 공기에 둘러싸여 있으며 공기는 여러 측면에서 그의 속으로 스며들어 옵니다. 그가 숨을 마시고 내어 쉬는 그 속도를 따라 스며듭니다. 이 공기가 스며들어 오는 사실로 인하여 생명의 불꽃은 지탱을 받습니다. 그리고 그 사실로부터 힘과 운동과 감각의 끊임없는 증가가 생겨납니다. 모든 육체적인 감각이 이제는 눈을 뜨고, 그 적당한 대상이 공급되기 때문입니다.

그의 눈은 이제 빛을 지각하기 위해 열려 있습니다. 빛은 고요히 눈 위로 흘러들어와 단지 그 자체를 나타내 보여줄 뿐만 아니라, 이 전에는 그가 전혀 경험하지 못했던 사물의 무한한 다양성을 보여주는 것입니다. 그의 귀는 열려서 소리가 무한한 다종다양성으로 돌입해 옵니다. 모든 감각이 특히 그것에 적합한 대상에 사용됩니다. 그리고 그러한 입구로 말미암아서 혼은 눈에 보이는 세계와의 자유로운 사귐을 가지면서 감지할 수 있는 사물, 해 아래 있는 모든 사물에 대한 지식을 더욱더 획득합니다.

6. 하나님에게서 난 사람의 경우도 마찬가지입니다. 저 위대한 변화가 수행되기 이전에 그는 하나님으로 인하여 살고 있는 것이지만 -왜냐하면 생명이 있는 것은 다 하나님 안에서 "살고 움직이며 존재하기 때문입니다(행 17:28)."- 하나님을 감지할 수 없습니다. 그는 하나님이 계심을 느끼지 못하며, 그것에 대한 내적인 의식을 가지고 있지 못합니다. 그는 그것이 없었다면 한순간이라도 존재할 수 없는 저 신적인 생명의 숨결을 느끼지 못하며, 또 하나님의 사물에 대해서 전혀 감지하지 못합니다. 그런 것들은 그의 영혼에 전혀 감명을 주지 못합니다. 하나님은 끊임없이 하늘로부터 그를 부르시고 계시지만 그는 듣지 못합니다. 그의 귀는 막혀 있어서, "술사의 홀리는 소리(시 58:5)"는 "능숙한 술객의 요술(시 58:5)"로 그에게는 헛일이 되어 버립니다. 그는 하나님의 영의 사물을 보지 못합니다. 그의 이해력의 눈은 닫혀 있어서 온전한 어두움이 그의 혼 전체를 가리고 그를 모든 측면에서 둘러싸고 있기 때문입니다. 그가 생명의 어떤 어스름한 새벽, 영적 활동의 작은 시작을 가질는지 모른다는 것은 사실입니다. 그러나 아직 그는 영적인 대상을 이해할 수 있는 영적 감각을 가지지 못했으므로, 따라서 그는 "하나님의 영에 속한 것을 이해하지 못합니다. 영적인 것은 영으로만 이해할 수 있는 것이므로 그는 그것을 이해하지 못합니다(고전 2:14)."

7. 이 때문에 그는 눈에 보이지 않는 세계와 거의 교섭을 가지고 있지 못한 것과 같이 그것에 대한 지식도 거의 가지고 있지 못합니다. 그것이 멀리 있기 때문이 아닙니다. 아니 그는 그 복판에 있는 것입니다. 그것은 그의 주위를 둘러싸고 있습니다. 우리는 보통 그렇게 부르는데, 이 다른 세계는 우리 한 사람 한 사람에게서 멀지 않습니다. 그것은 위

에, 아래에, 사방에 있습니다. 다만 자연적 인간만이 그것을 식별하지 못합니다. 그 이유 중 하나는 그가 영적 감각을 가지지 못하였기 때문입니다. 그 영적 감각에 의해서만 우리는 하나님의 사물을 이해할 수 있는 것입니다. 또 하나는 매우 두꺼운 장막이 사이에 있어서 그는 어떻게 꿰뚫어 볼지를 모르기 때문입니다.

8. 그러나 그가 하나님에게서, 그리고 성령으로 태어날 때 그의 존재 방식은 얼마나 변화할 것입니까? 그의 혼 전체가 이제 하나님을 느끼는 것입니다. 그리고 그는 확실한 경험으로써 말할 수 있습니다. "당신은 나의 침상 곁에 또는 나의 길 가까이에 계십니다." 나는 당신을 내가 걷는 길 어디에서나 느낍니다. "당신은 나의 앞뒤를 둘러싸시고 내게 안수하셨나이다(시 139:5)." 하나님의 영 혹은 숨결이 즉시 새로 탄생된 혼속에 불어 넣어져서 호흡하게 됩니다. 하나님에게서 오는 이 같은 숨결이 하나님에게 돌아갑니다. 그것이 부단히 신앙으로 인하여 받아들여지는 것처럼 그것은 부단히 사랑과 기도와 찬미와 감사로 돌려집니다. 사랑과 찬미와 기도라는 것은 참으로 하나님에게서 난 모든 영혼의 숨결이기 때문입니다. 그리고 이 새로운 종류의 영적 호흡으로 인하여 영적 생명은 다만 유지될 뿐만 아니라 영적 능력과 활동과 감각과 함께 날마다 증가합니다. 혼의 모든 감각이 이제 눈을 뜨고 영적 선악을 식별할 수 있기 때문입니다.

9. "그 이해력의 눈"이 이제 "열려서" 그는 "보이지 않는 그분을 보는(히 11:27)" 것입니다. 그는 믿는 자들을 향한 "하나님의 능력"과 그 사랑의 "대단한 위대함(롬 1:16)"이 무엇인지 봅니다. 그는 하나님이 죄인인

자기에게 자비로우시며 자신이 하나님의 사랑하시는 그 독생자로 인하여 화해하고 있음을 봅니다. 그는 하나님의 용서하시는 사랑과 하나님의 모든 "가장 귀하고 큰 약속들(벧후 1:4)"을 다 분명히 느낍니다. "'어두움 속에서 빛이 비치라'고 말씀하신 하나님께서 그리스도의 얼굴에 나타난 하나님의 영광을 아는 지식"으로써 그를 계발하기 위하여 "그의 마음에 비추어 주셨습니다(고후 4:6)." 또 비추어 주고 계십니다. 이제 모든 어두움은 지나갔고 그는 하나님의 얼굴의 빛 속에서 살아가고 있는 것입니다.

10. 그의 귀는 이제 열렸습니다. 그래서 하나님의 음성은 이제까지와 달리 불러도 헛되지 않습니다. 그는 하늘의 부르심을 듣고 복종합니다. 그는 자기 목자의 음성을 알고 있습니다. 영적인 모든 감각이 이제는 깨어나 있으므로, 그는 눈에 보이지 않는 세계와 분명한 교섭을 가지고 있습니다. 그러므로 그는 더욱 "이전에는 마음에 떠오르지도(고전 2:9)" 않았던 일들에 대해서 알게 됩니다. 그는 이제 하나님의 평화란 무엇인가, 성령 안에서의 기쁨이란 무엇인가, 그리스도 예수로 말미암아 하나님을 믿는 사람들의 마음속에 부어지는 하나님의 사랑이란 무엇인가를 알고 있습니다. 이처럼 이전에 하나님의 빛과 음성, 지식과 사랑을 중단시키고 있던 장막이 제거되었으므로 성령으로 난 사람은 사랑 안에 거하며 "하나님 안에 있고 하나님도 그의 안에 계십니다(요일 3:24)."

II

1. "누구든지 하나님께로부터 난 사람은(요일 3:9)"이란 표현의 의

미를 고찰해 왔으므로 둘째, 어떤 의미에서 그는 "죄를 범하지 않는" 것인가를 묻는 일이 남았습니다.

이제 위에서 이미 설명한 것과 같이 그처럼 하나님께로부터 난 자, 끊임없이 그 영혼 속에 하나님으로부터의 생명의 입김, 하나님의 영의 은혜로운 감화를 받고 또 그것을 돌려보내고 있는 자, 그렇게 믿고 또 사랑하고 있는 자, 믿음으로써 그 영혼 위에 내리시는 하나님의 끊임없는 역사를 느끼며 또 일종의 영적 반응으로써 그 받은 은혜를 끊임없는 사랑과 찬미와 기도로써 돌려보내고 있는 자, 이 사람은 자신을 그 상태에 보전하는 동안 단지 죄를 범하지 않을 뿐만 아니라, 이 "씨가 그 사람 속에 있는" 한, "하나님께로부터 났기 때문에 죄를 지을 수 없습니다(요일 3:9)."

2. 죄라는 말에서 나는 여기서 보통 인정되는 뜻을 따라 분명한 외적 죄로 이해하고 있습니다. 그것은 실제적이고 자발적인 율법 위반입니다. 계시되고 기록된 하나님의 율법을 위반하는 것, 하나님의 계명으로 인정되고 있는 하나님의 그 계명을 위반하는 것입니다. 그러나 "하나님께로부터 난 자(요일 3:9)"는 믿음과 사랑에 머물러 있는 한, 기도와 감사의 생각을 갖는 한, 단순히 죄를 범하지 않을 뿐 아니라 그러한 방식으로 죄를 범할 수가 없는 것입니다. 그가 이처럼 그리스도로 말미암아 하나님을 믿고 하나님을 사랑하며 그 마음을 하나님 앞에 쏟아붓는 한, 그는 하나님이 금하셨다고 알고 있는 것을 말하거나 행함으로써 하나님의 어느 계명도 자발적으로 위반할 수가 없습니다. 그 사람 속에 머물러 있는 그 씨가, 사랑하며 기도하며 감사하는 믿음이 하나님의 눈에 혐오될 만한 것이라고 그가 알고 있는 모든 것으로부터 멀리하도록 그를 강요하는 한, 그러한 일은 불가능한 것입니다.

3. 그러나 여기서 즉시 어려움이 나타날 것입니다. 이 어려움은 많은 사람들에게 극복하기 어려운 것으로 보였고, 그에게 사도의 명백한 주장을 부인하게 하며, 하나님의 아들들의 특권을 포기시킨 것입니다.

사실 하나님께로부터 참으로 난 자라는 것을 부정할 수 없는 사람들인 우리가 (하나님의 영이 우리에게 하나님의 말씀 가운데 그들에 대하여 절대로 잘못됨이 없는 증거를 주신 것이므로) 그럼에도 불구하고 단지 죄를 범할 수가 있을 뿐 아니라 실제로 죄를 범한 것이 분명합니다. 더구나 큰 외적 죄를 범한 것입니다. 하나님이 금하셨다고 알고 있는 사실을 말하거나 행하거나 해서 그들은 분명하고 알려져 있는 하나님의 율법을 위반한 것입니다.

4. 이처럼 다윗은 의심 없이 이스라엘을 지배하는 왕이 되기 위해 기름 부음을 받기에 앞서 하나님께로부터 났습니다. 그는 자기가 믿고 있는 분을 알고 있었습니다. "그는 믿는 가운데 굳건해져서 하나님께 영광을 돌렸습니다(롬 4:20)." 그는 말했습니다. 주는 "나의 목자시니 내가 부족함이 없으리로다… 그가 나를 푸른 초장에 누이시며 쉴 만한 물가로 인도하시는도다… 내가 사망의 음침한 골짜기로 다닐지라도 해를 두려워하지 않을 것은 주께서 나와 함께하심이라(시 23:1~4)." 그는 사랑에 충만해 있어서 가끔 이처럼 외치지 않고는 견디지 못할 정도였습니다. "나의 힘이 되신 주여 내가 주를 사랑하나이다 주는 나의 반석이시요 나의 요새시요… 나의 구원의 뿔이시요 나의 산성이시로다(시 18:1~2)." 그는 기도의 사람이어서 생활의 모든 상태에서 하나님 앞에 그의 혼을 쏟아 부었습니다. 또 그는 찬미와 감사로 충만했습니다. 그는 말했습니다. "당신

을 찬미함이 내 입에 계속하리로다(시 34:1)." "주는 나의 하나님이시라 내가 주께 감사하리이다 주는 나의 하나님이시라 내가 주를 높이리이다(시 118:28)." 이러한 하나님의 자녀가 죄를 범할 수 있었으며, 또 실제로 죄를 범했습니다. 실로 간통과 살인의 무서운 죄를 범했습니다.

5. 또한 성령이 좀 더 풍부하게 주어진 뒤에도 "복음을 통하여 생명과 썩지 않음을 밝히 보이신(딤후 1:10)" 뒤에라도, 우리는 역시 의심 없이 우리에게 교훈을 주기 위해 써진 이와 같은 우울한 종류의 실례를 확인할 수 있습니다. 이러한 실례가 사도들로 인하여 "바나바" 곧 "위로의 아들"로 불린(행 4:36) 사람의 경우입니다. (아마도 이 호칭은 그가 가지고 있던 모든 것을 팔아 가난한 형제들을 구제하기 위하여 그 대금을 가져온 데서 붙여졌을 것입니다.) 그는 안디옥에서는 매우 존경을 받았고 모든 제자들 가운데서 사울과 함께 선택되어 유대에 사는 형제들에게 구호품을 가지고 갈 정도였습니다(행 11:29, 30). 그는 유대로부터 돌아오자 성령의 특별한 지시에 따라 엄숙하게 "하나님이 그에게 맡긴 일을 행하기 위하여 다른 예언자들이나 교사들로부터 성별(행 13:1~4)"되었습니다. 즉 이방인 가운데 위대한 사도와 동행하며 모든 곳에서 그의 동역자가 되었습니다. 그럼에도 불구하고 이 바나바가 나중에 사도 바울과 매우 크게 다투어서 자기도 그 활동에서 떠나버릴 정도였던 것입니다(다툰 이유는 사도 바울이 "전에 밤빌리아에서 일행을 떠나 행동을 함께하지 않았던 요한을", 두 번째 그 형제들을 방문하려고 할 때 "데리고 가는 것이 옳지 않다고 생각한[행 15:38]" 일 때문이었습니다). "바나바는 요한을 데리고 구브로로 건너갔던(행 15:39)" 것입니다. 이처럼 바나바는 성령으로써 그처럼 직접적인 방식으로 맺었던 사람을 버린 것입니다.

6. 위의 두 가지보다도 더욱 놀랄 만한 실례는 사도 바울이 갈라디아 사람들에게 보낸 편지에 나타나 있습니다. 늙은 베드로, 열심 있고 사도들 가운데 제 일인자요, 주님께로부터 가장 총애를 받았던 세 사람 중의 하나였던 베드로가 "안디옥에 왔을 때 그가 잘못한 일이 있어서 나는 그를 면박했습니다. 그 사건은 이런 것이었습니다. 그가 이방 사람들과 함께 음식을 먹고 있었는데 야고보가 보낸 사람들이 그리로 왔습니다(갈 2:11~12)." 이방 사람이란 기독교 신앙으로 개종한 이교도를 말합니다. 베드로가 그들과 함께 음식을 먹은 것은 특히 "하나님께서는 사람을 속되게 여기거나 깨끗하지 않게 여기거나 하지 말라고(행 10:28)" 베드로에게 지시하셨기 때문입니다. "그러나 그들이 오자 그는 그 할례 받은 사람들이 두려워서 그 자리를 떠나 물러났습니다. 다른 유대 사람들도 그와 함께 위선을 행했고 마침내 바나바까지도 그들의 위선에 함께 끌려갔던 것입니다. 나는 그들이 복음의 진리대로 똑바로 걷지 않는 것을 보고 많은 사람 앞에서 베드로에게 말했습니다. '당신은 유대 사람인데도' 모세의 의식에 관한 율법을 중히 여기지 않고 이방 사람 같이 살면서 어찌하여 이방 사람들에게는 유대 사람 같이 되라고 강요합니까?(갈 2:12~14)" 여기에도 또 의심 없이 하나님께로부터 난 사람이 행한 분명하고 부정할 수 없는 죄가 있습니다. 그러나 어떻게 해서 이것이 분명한 글자 그대로의 의미로 생각할 때 "누구든지 하나님께로부터 난 사람은 죄를 짓지 않는다(요일 3:9)"는 사도 요한의 주장과 일치할 수가 있습니까?

7. 나는 오랫동안 준수되어온 것은 다음과 같다고 대답합니다. "하나님에게서 나신 분이 그 사람을 지켜 주시는(요일 5:18)" 한, (하나님의

은혜로써 그에게는 그것이 가능하지만) "악한 자가 그를 다치지 못합니다." 그러나 그가 자기를 지키지 않는다면, 즉 믿음 안에 머무르지 않는다면, 그는 다른 사람과 같이 죄를 범할지도 모릅니다.

    그러므로 이러한 하나님의 자녀들 가운데서 누구나 그 견실성에서 흔들렸을지라도 오히려 사도로 말미암아 선언된 하나님의 위대한 진리가 굳게 흔들리지 않은 채 서 있는 것은 무엇 때문인지 쉽게 이해될 수 있습니다. 하나님의 자녀들 가운데서 그 견실성에 동요를 가져올 만한 사람은 그들에게 넉넉한 저 하나님의 은혜로써 "자기를 지키지(요일 5:18)" 못한 것입니다. 먼저 그는 한 걸음 한 걸음 소극적이고 내적인 죄로 떨어져 가고 있었습니다. 그것은 그가 "속에 주어진 하나님의 선물을 불일 듯 일으키지(딤후 1:6)" 않았기 때문이요, "언제나 깨어 기도하지(눅 21:36)" 않고, "하나님께서 위로 향하여 부르신 그 부르심의 상을 얻으려고 목표를 향하여 달려가지(빌 3:14)" 않았기 때문입니다. 그리고 그는 적극적인 내적 죄로 떨어져 나갔습니다. 그것은 자기 마음으로 악에 기울어지며, 어떤 악한 욕구 혹은 기질에 양보하였기 때문입니다. 다음으로 그는 그 믿음을 잃고 용서의 하나님을 잃어버렸습니다. 그래서 결과적으로 약해지고 다른 사람처럼 되어 버려서 그는 외적인 죄까지 범할 수가 있는 것입니다.

    8. 특정한 실례로 이를 설명해 봅시다. 다윗은 하나님께로부터 나서 믿음으로 하나님을 보았습니다. 그는 진실하게 하나님을 사랑했습니다. 그는 참으로 말할 수가 있었습니다. "하늘에서 주 외에 누가 내게 있으리요 땅에서는 주밖에 (사람이거나 물건이거나) 나의 사모할 자 없나이다(시 73:25)." 그러나 아직도 그의 마음속에 모든 악의 씨인 저 본성의 부패가 남아 있었던 것입니다.

"다윗이 왕궁 지붕 위에서 거닐었습니다(삼하 11:2)." 아마도 그 영혼이 사랑하던 하나님을 찬미하고 있었을 것입니다. 그때 그는 아래를 내려다보고 밧세바를 보았습니다. 그는 유혹을, 악을 향하는 생각을 느꼈습니다. 하나님의 영은 그것이 죄라고 그에게 느끼게 하는 일을 게을리하지 않았습니다. 그는 의심 없이 경고의 음성을 듣고 알았습니다. 그러나 그는 다소간 그 생각에 굴복하고 그래서 그 유혹이 그를 이기기 시작했습니다. 이로써 그의 영은 더럽혀졌습니다. 그는 여전히 하나님을 보고 있었습니다. 그러나 이전보다 훨씬 희미해졌습니다. 그는 이전 같은 정도로 하나님을 보고 있지 않았습니다. 같은 힘과 열정으로 하나님을 본 것이 아닙니다. 그렇지만 하나님은 여전히 그를 책망하셨습니다. 물론 하나님의 영은 깊이 슬퍼하고 있는 것이었습니다. 하나님의 음성은 비록 점점 더 약해졌지만 여전히 속삭여 왔습니다. "죄가 문에 엎드려 있다. 나를 쳐다보라, 그리하면 너는 구원을 받으리라(창 4:7)." 그러나 다윗은 들으려고 하지 않았습니다. 그는 다시 보았으나 그것은 하나님 편이 아니고 금지된 대상 쪽이었습니다. 이렇게 해서 마침내 본성이 은혜보다 상위가 되었고, 그의 혼 속에서 욕망을 불태워 일으켰습니다.

그의 마음의 눈은 이제 다시 닫히고 하나님은 그의 시야에서 사라졌습니다. 믿음, 곧 신적이고 초자연적인 하나님과의 사귐과 하나님에 대한 사랑은 함께 멈춰 버렸습니다. 거기서 그는 전투장으로 달려가는 말처럼 돌진하여 그 외적인 죄를 범한 것입니다.

9. 당신은 은혜에서 죄로 가는 확실한 과정을 봅니다. 다음과 같이 그것은 한 걸음 한 걸음 전진하는 것입니다. (1) 하나님께로부터 난 사람 속에는 사랑을 빚어내고 승리하는 믿음의 신적 씨앗이 머물러 있

습니다. 하나님의 은혜로 인하여 "그가 그 자신을 지킴으로(요일 5:18)" "죄를 짓지 않습니다." (2) 유혹이 생깁니다. 이 세상으로부터인가, 육체로부터인가, 혹은 악마로부터인가, 그것은 중요하지 않습니다. (3) 하나님의 영이 그에게 죄가 가까이 있다고 경고하며 더 자주 깨어서 기도하라고 명합니다. (4) 그는 이제 자기에게 즐거움이 되어 가고 있는 유혹에 어느 정도 양보합니다. (5) 성령은 깊이 슬퍼하십니다. 그의 믿음은 약해지고 하나님에 대한 사랑은 냉각됩니다. (6) 성령은 더욱 날카롭게 그를 비난하여 말씀합니다. "이것이 길이다. 그 안에서 걸으라(골 2:9)." (7) 그는 하나님의 고통스러운 음성을 피하여 유혹하는 자의 즐거움을 주는 소리에 귀를 기울입니다. (8) 악한 욕구가 그의 혼 속에서 시작되고 퍼져가서 마침내 신앙과 사랑이 소실됩니다. 그렇게 되면 그는 외적인 죄를 범할 수가 있습니다. 주의 능력이 그에게서 떠나버렸기 때문입니다.

10. 이것을 다른 실례로 설명해 봅시다. 사도 베드로는 믿음과 성령으로 충만해 있었습니다. 믿음과 성령으로 충만한 사람으로 자기를 지키고 있었으므로 그는 하나님과 사람을 향하여 죄 없는 양심을 가지고 있었습니다. 이처럼 단순함과 경건한 성실성 가운데로 걷고 있었으므로 "야고보가 보낸 사람들이 오기까지 그는 이방 사람들과 함께 음식을 먹고 있었습니다(갈 2:12)." 하나님이 깨끗하게 하신 것은 천한 것도 아니요 불결한 것도 아니라는 것을 알고 있었기 때문입니다.

그런데 "그들이 오자" 베드로의 마음에 "그 할례 받은 사람들이 두려워지는" 유혹이 생겨났습니다(할례 받은 사람들이란 유대인 개종자로서 할례와 모세의 율법에 속하는 다른 의식에 열광하던 사람들입니다). 그리고 그 유혹은 베드로에게 하나님의 칭찬보다도 이 사람들의 호의와 칭찬을 얻으라고 한 것입니다.

그는 성령으로 죄가 가까이 있다는 경고를 받았습니다. 그럼에도 불구하고 그는 어느 정도 그것에 양보했습니다. 즉 죄 많은 인간의 두려움에 양보한 것입니다. 그래서 그의 믿음과 사랑은 거기 비례해 약화된 것입니다. 그가 악마에게 굴복한 일 때문에 하나님은 그를 책망하셨습니다. 그래도 그는 자기 목자의 음성을 들으려 하지 않고 자신을 그 노예 근성의 두려움에 맡겨버려, 이로써 성령을 소멸한 것입니다.

그러자 하나님은 사라졌습니다. 믿음과 사랑이 사라져 버렸으므로 그는 외적인 죄를 범했습니다. 똑바로 걷지 않고, 다시 말해서 "복음의 진리대로(갈 2:14)" 걷지 않고, 그는 그리스도인 형제들에게서 "그 자리를 떠나 물러갔던(갈 2:12)" 것입니다. 그렇게 하라고 조언은 하지 않았다 해도 그의 나쁜 실례로 말미암아 "이방 사람들에게 유대 사람 같이 되라고 강요한 것입니다(갈 2:14)." 이방 사람들에게 다시 한 번 "종의 멍에(갈 5:1)"를 메게 한 것입니다. 실은 그 멍에로부터 "그리스도께서는 그들을 해방시켜 주신" 것인데 말입니다.

그러므로 하나님께로부터 난 사람은 자기를 지키고 있으면 죄를 짓지 않으며 지을 수도 없다는 것은 의심할 바 없는 진실입니다. 그렇지만 만일 그가 자기를 지키지 않는다면 그는 게걸스럽게 모든 종류의 죄를 범할는지 모릅니다.

III

1. 이상의 고찰에서 우리는 첫째, 가끔 마음이 성실한 많은 사람들을 당혹시킨 의문에 대해 분명하면서 토론의 여지가 없는 대답을 배

울 수 있습니다. 그 의문이란 다음과 같은 것입니다. "죄는 믿음의 상실에 앞서는 것인가, 그렇지 않으면 뒤따르는 것인가? 하나님의 자녀는 먼저 죄를 범하고 나서 그로 인하여 그 믿음을 잃는 것인가, 혹은 죄를 범할 수 있기 전에 그는 먼저 그 믿음을 잃는 것인가?"

나는 대답합니다. 적어도 어떤 태만의 죄가 필연적으로 믿음의 상실에 앞서 있다는 것입니다. 어떤 내적인 죄가 선행되어야 하는 것입니다. 그러나 믿음의 상실은 외적인 죄를 범하는 일에 앞서 있을 수밖에 없습니다.

모든 신자는 자기의 마음을 검토하면 할수록 다음의 사실을 확신할 것입니다. 사랑으로 활동하는 믿음은 깨어서 기도하는 영혼에서 내적, 외적인 죄를 모두 제거합니다. 그럼에도 불구하고 그때에라도 우리는 특히 쉽게 우리가 빠지기 쉬웠던 죄의 유혹에 걸리기가 쉽습니다. 만일 영혼의 사랑의 눈이 하나님 위에 꽉 박혀 있으면 그 유혹은 얼마 안 되어 사라져 버립니다. 그러나 그렇지 못하면, 즉 만일 우리가 (사도 야고보가 1:14에서 말한 바와 같이) 우리 자신의 욕망을 따라 하나님 밖으로 끌려나가, 즉 현재의 혹은 약속된 쾌락의 유혹으로 꾐을 받는다면, 그때에는 우리가 마음에 품은 그 욕망이 죄를 낳습니다. 그리고 그 내적인 죄로 인하여 우리의 믿음을 멸한 뒤에 그것은 우리를 거꾸로 악마의 함정 속에 던져 버립니다. 그러므로 우리는 어떤 외적인 죄라도 범할 수가 있는 것입니다.

2. 이상에서 말한 사실에서 우리는 둘째, 다음의 사실을 배울 수 있습니다. 신자의 영혼 속에 있는 하나님의 생명이란 무엇인가, 그것은 참된 의미에서 무엇으로 성립되는 것인가, 그 안에 직접적으로 또는 필

연적으로 함축된 바가 무엇인가 하는 것들입니다. 그것은 직접적으로 또는 필연적으로 하나님의 성령의 끊임없는 영감을 의미합니다. 하나님이 영혼 속에 입김을 불어 넣으시는 일, 그리고 영혼이 하나님께로부터 먼저 받은 그 입김을 토해 돌려보내는 일입니다. 영혼 위에 부단히 하나님께서 활동하시고, 영혼이 하나님을 향하여 반응하는 일입니다. 하나님의 끊임없는 임재요, 마음에 나타내시고 믿음으로써 인정되는바, 사랑 있는 용서의 하나님을 의미합니다. 우리가 사랑과 찬미와 기도를 끊임없이 하나님께 돌려보내고, 그리스도 예수로 말미암아 하나님께 받아들여지는 거룩한 희생 제물이 되도록 우리 마음의 모든 생각, 입의 모든 말, 손의 모든 행동, 육체와 영혼과 정신을 모두 바치는 일입니다.

3. 이 사실에서 우리는 셋째, 이 영혼의 반응(그것이 무엇이라 불리든 상관없이)이 영혼 속에서의 하나님의 생명을 존속시키기 위하여 절대로 필요하다고 추정할 수 있습니다. 왜냐하면 분명한 일이라고 생각되지만, 영혼이 하나님께 반응하지 않으면 하나님은 영혼 위에 계속 활동하시지 못하기 때문입니다. 하나님은 당신의 선의 축복으로써 우리에게 선수(先手)를 쓰십니다. 하나님이 먼저 우리를 사랑해 주시고 자신을 우리에게 나타내십니다. 우리가 아직 멀리 있을 때 하나님은 당신에게로 우리를 초대해 주시고 우리의 마음을 비추어 주십니다. 그러나 만일 우리가 우리를 먼저 사랑해 주신 하나님을 그때 사랑하지 않는다면, 만일 우리가 하나님의 음성을 듣지 못한다면, 만일 우리가 눈을 하나님께로부터 돌려서 하나님께서 우리 위에 부으시는 빛에 마음을 담지 않는다면, 하나님의 영은 언제나 애쓰시지만은 않을 것입니다. 하나님의 영은 점차로 후퇴하여 우리를 그 마음의 어두움에 놓아두실 것입니다. 우리의 영

혼이 다시금 하나님을 향하여 숨을 토해 돌려보내지 않으면, 우리의 사랑과 기도와 감사를 -이것이야말로 하나님이 매우 기뻐하시는 희생 제물이지만- 하나님께 돌려보내지 않으면, 우리의 영혼 속에 숨을 계속 불어 넣으시지 않을 것입니다.

    4. 끝으로, 우리는 "교만한 마음을 품을 것이 아니라 도리어 두려워해야 합니다(롬 11:20)."라고 하는 위대한 사도의 지시를 따를 것을 배웁시다. 우리는 죽음이나 지옥 이상으로 죄를 두려워합시다. 우리는 자신들의 기만에 찬 마음에 매달리지 않기 위하여 질투하는 (그러나 아픔은 주지 않는) 두려움을 가집시다. "서 있는 줄로 생각하는 사람은 넘어지지 않도록 조심해야 합니다(고전 10:21)." 이제 하나님의 은혜 가운데, 이 세상을 이기는 믿음 가운데 굳게 서 있는 자라도 내적인 죄 가운데 떨어져 그로 인하여 "믿음이 파선을 당할(딤전 1:19)"는지 모릅니다. 그리고 그렇게 된다면 외적인 죄가 다시 그 위에 지배권을 얻기는 얼마나 쉽겠습니까! 그러므로 하나님의 사람인 당신은 언제나 정신을 차리고 언제나 하나님의 음성을 듣지 않으면 안 됩니다. 당신은 하나님 앞에 자신의 마음을 쏟아부어 언제나 어디서나 끊임없이 기도하도록 유의해야 할 것입니다. 그렇게 하면 당신은 언제나 믿고, 언제나 사랑하며, 그리고 결코 죄를 범하지 않을 것입니다.

16
산상설교 I
Upon our Lord's Sermon on the Mount I

선교선 존 웨슬리의 진수
〈The launch of the Missionary ship The John Wesley. At West Cowes. Isle of Wight, 23 September, 1846〉, J Smith, Ebenezer Landells, 1846

예수께서 무리를 보시고 산에 올라가 앉으시니 제자들이 나아온지라 입을 열어 가르쳐 이르시되 심령이 가난한 자는 복이 있나니 천국이 그들의 것임이요 애통하는 자는 복이 있나니 그들이 위로를 받을 것임이요 (마 5:1~4)

1. 주님께서는 세례 요한이 옥에 갇혔을 즈음(마 4:12) 갈릴리를 두루 다니시면서(마 4:23) 그들의 회당에서 가르치시고 하나님 나라의 복음을 전파하실 뿐 아니라 그들 가운데 모든 병약한 사람들과 온갖 질병에 걸린 사람들을 고쳐 주셨습니다. 그래서 결과적으로 당연하게 갈릴리와 데가볼리와 예루살렘과 유대와 요단강 건너편에서부터 큰 무리가 예수님을 따랐습니다(마 4:25). 예수님은 회당이 품을 수 없을 정도의 큰 무리들을 보시고 가까이에 회당이 있었지만 무리가 다 모일 수 있는 산에 올라가 유대인의 풍습대로 군중 앞에 앉으셨을 때 그의 제자들이 그에게 나왔습니다. 예수님은 입을 열어(이것은 장엄한 연설을 시작할 때에 쓰이는 표현임) 그들을 가르쳐 말씀하셨습니다.

2. 우리는 먼저 그의 말씀을 신중히 듣기 위해 여기서 말씀하시는 이가 어떤 분인지 알아봅시다. 그는 하늘과 땅의 주이시며 만물의 창조자이십니다. 그런 만큼, 그는 창조물에 대한 모든 권한을 가지신 분입니다. 그는 우리의 통치자로서 그의 왕권은 영원하시며, 동시에 그는 입법자로서 그가 제정한 모든 법을 어느 때나 실시하시어 구원도 하시고

멸망시킬 수도 있습니다. 즉 그의 보좌와 그의 권위의 영광으로부터 범법자를 추방하여 영원한 형벌을 내리실 수도 있는 분입니다. 그는 아버지의 영원한 지혜자로서 인간의 근본과 그 내적인 구성과 하나님과의 관계와 인간 상호간의 관계 등을 다 아시며 동시에 하나님이 지으신 만물과의 관계도 아십니다. 그리고 우리가 처해 있는 이 환경 가운데서 그가 제정하신 모든 법칙을 어떻게 적용할지도 아십니다. 그는 또한 모든 사람을 하나같이 사랑하시며, 그의 자비는 모든 창조물에까지 미칩니다. 그는 사랑의 화신으로서 영원한 영광의 자리에서 떠나 자기를 비우셨으며, 하나님께로부터 나와 모든 인간에게 하나님의 뜻을 선포하시고 하나님께로 다시 돌아가신 분입니다. 그가 세상에 오신 것은 소경의 눈을 뜨게 하고, 어두움에 앉은 자들에게 빛을 주기 위함입니다. 그는 하나님의 크신 선지자로서 오래전에 하나님께서 그의 오실 것을 선포하시어 "누구든지 내 이름으로 전하는 내 말을 듣지 아니하는 자는 내게 벌을 받을 것(신 18:19)"이라고 예고하였으며, 사도 베드로도 "누구든지 그 선지자의 말을 듣지 아니하는 자는 백성 중에서 멸망 받으리라(행 3:23)."고 하였습니다.

3. 그러면 그의 가르침은 무엇입니까? 하늘로부터 오신 성자는 우리를 위해 준비하신 그 하늘, 즉 세상이 시작하기 전에 가지셨던 그 영광스러운 하늘 가는 길을 여기서 우리에게 보여주시러 오신 것입니다. 그는 참된 영원한 생명 길, 즉 천국 가는 왕도를 우리에게 가르쳐 주시는 것입니다. 이 길은 참된 유일한 길입니다. 이 길 외에 다른 길은 없으니, 다른 길은 다 멸망으로 인도할 뿐입니다. 이 설교자의 성격으로 보아 그는 하나님의 완전하시고 원만하신 뜻을 전달하시는 분임을 우리는 믿

을 수 있습니다. 그는 아버지에게서 받은 바를 하나도 더하거나 덜하지 않고 우리에게 전해 주셨을 뿐 아니라, 더 나아가 그를 보내신 하나님의 뜻에 어긋나는 것을 전하시지도 않았습니다. 요컨대, 그의 만물에 관한 모든 말씀은 다 진실하며 그릇됨이 없어서 영원히 굳게 설 것입니다.

그의 가르침을 검토해 본다면, 그는 당시에 하나님의 말씀을 왜곡한 유대인 선생들, 즉 바리새인과 서기관들의 그릇된 가르침을 논박하기도 하였거니와, 그리스도교회 내에서 어느 시대에나 일어날 수 있는 구원의 도리에 어긋나는 실제적인 잘못된 가르침에 대하여서도 지적하여 신실하고 참된 가르침을 설명하고 확정하였습니다. 어느 시대, 어느 나라에서나 기독교의 선생이라는 미명 아래 하나님의 말씀을 왜곡시켜 연약한 영혼들을 가르침으로써 그들의 삶을 그르쳐 죽음의 길로 인도하는 자가 없지 않습니다.

4. 그러면 이제 자연스럽게 고찰해 보건대, 그가 여기서 가르치시는 대상은 누구입니까? 이것은 사도들만이 아닙니다. 사도들만이라면 구태여 산에 올라가실 필요는 없었을 것이요, 마태나 다른 제자가 사는 집의 방 하나에서도 열두 제자를 수용하기에는 부족함이 없었을 것입니다. 그리고 제자들이라 할지라도 다만 열두 제자에 국한된 것은 아니었습니다. 본문에서 아무런 무리 없이 표현한 "제자(οἱ μαθηταὶ αὐτοῦ)"는 그에게 나와 가르침을 받고자 하는 무리들을 의미한다고 이해할 수 있습니다. 산상수훈 7장 마지막 절에 "무리들(οἱ ὄχλοι)"이 다시 언급됩니다. "무리들이 그의 가르치심에 놀라니 이는 그 가르치시는 것이 권위 있는 자와 같고 그들의 서기관들과 같지 아니함일러라(마 7:28)." 하였는데, 이 무리들이 곧 그들이었습니다.

그렇다면 예수님이 구원의 길을 가르쳐 주신 것은 당시 그와 함께 산에 있던 무리들뿐인가 하면, 그렇지도 않습니다. 모든 인간, 모든 인종, 아직 태어나지 않은 어린이, 오고 오는 세대와 세상의 끝까지 언젠가 이 생명의 말씀을 들어야 할 사람 전부를 포함하는 것입니다.

5. 그런데 혹자는 예수님의 설교 중 어떤 부분은 누구에게나 적용되는 것이지만, 어떤 부분은 사도들이나 초대 그리스도인이나 또는 기독교 교사들에게만 관계되는 것이요, 일반인을 상대로 하는 것이 아닌 만큼 일반인들과는 관계가 없다고 말합니다.

그러나 이러한 주장을 하는 자는 누구입니까? 만일 이들의 주장대로 예수님의 설교의 어떤 부분이 모든 사람에게 관계된 것이 아니었다면, 틀림없이 예수님은 이 중요한 사실을 우리에게 말씀하셨을 것이요, 이에 대하여 결단코 침묵하지 않으셨을 것입니다. 어디에 그런 말씀을 하셨습니까? 그의 설교 자체입니까? 아닙니다. 그의 설교 중에는 그런 말씀이 한 번도 나오지 않습니다. 그의 제자에게나 무리들에게 이런 말씀을 하신 일이 없습니다. 그러면 그의 사도들이나 또는 성서 기자들 중에 이런 기록을 남긴 분이 있습니까? 없습니다. 성서의 어디를 살펴보아도 이런 말씀을 찾을 수 없습니다. 그렇다면 하나님보다 더 지혜 있는 사람이 누구입니까? 기록된 말씀 이상 발견할 수 있는 지혜가 어디 있습니까?

6. 이렇게 말하는 사람들은 예수님의 설교 자체의 제한성이 그들의 주장을 뒷받침한다고 말합니다. 만일 그렇다면, 여기에는 두 가지 이유가 있을 것입니다. 그 하나는, 만일 예수님의 모든 설교가 다 같이 모

든 사람에게 관계되는 것이 아니라면, 그의 설교 중에는 도저히 일반인에게 다 적용될 수 없는 것이 있어야 한다는 것입니다. 다른 하나는, 어떤 말씀은 성서의 다른 말씀과 모순되는 것이 없지 않을 것이라는 사실입니다. 그러나 우리가 예수님의 설교를 면밀히 검토해 보면, 그의 교훈을 모든 사람에게 적용하더라도 그 어떤 종류의 불합리성을 발견할 수 없을 뿐 아니라, 다른 성경 말씀과의 모순도 찾을 수 없습니다. 그렇다면 이제 남는 문제는 예수님의 교훈의 각 부분은 누구에게나 적용이 되든지 그렇지 않으면 아무에게도 적용이 될 수 없든지, 두 길 중의 하나가 될 것입니다. 왜냐하면 그 모든 말씀은 따로 떨어진 말씀들이 아니라 반원형 성문의 각 돌이 서로 연결되어서 그중의 하나라도 빠지면 전체가 무너질 수밖에 없는 것처럼, 성서의 말씀은 서로 연결되어 있기 때문입니다.

7. 마지막으로, 우리가 깊이 생각할 것은 우리 주님의 설교의 권위 문제입니다. 주님은 언제나 마찬가지로, 특히 산상설교에서 "그들의 율법 학자와는 달리 아주 권위 있게 가르치셨습니다." 즉 그는 옛 성자들보다도 더 권위 있게 가르치셨습니다. 비록 그들도 성령의 감화 아래 말하였지만, 그에게 비할 바가 못 됩니다. 주님은 베드로, 야고보, 요한, 바울보다도 권위 있습니다. 물론 그들도 그리스도의 교회의 지혜로운 지도자들임에는 틀림없으나, 하늘의 지혜에 관하여서는 다만 종일 따름이지 주는 아닙니다. 사실 예수님은 다른 때, 다른 정황 아래에서 말씀하실 때보다도 산상설교에서 더 권위 있게 말씀하셨다고 할 수 있습니다. 복음서를 살펴보면, 예수님은 다른 때 다른 장소에서 그의 종교의 전모(全貌)나 기독교의 내용 전부나, 또는 주님을 볼 수 있는 유일한 조건인

거룩함의 특성을 한꺼번에 서술하신 일은 없습니다. 예수님은 이런 문제들에 대하여 때와 형편을 따라 헤아릴 수 없을 만큼 단편적으로 말씀하셨으나 산상설교에서처럼 다른 곳에서 의식적으로 한꺼번에 문제 전부를 다룬 일은 없습니다. 복음서뿐만 아니라 성서의 다른 곳에도 없습니다. 다만 예외가 하나 있다면, 그것은 하나님께서 시내 산에서 모세에게 거룩함에 대한 개요로 내리신 십계명이 있을 따름입니다. 그러나 이 십계명도 예수님의 산상설교와 비교할 때 하늘과 땅의 차이가 나는데, 그것은 "영광되었던 것이 더 큰 영광으로 말미암아 이에 영광될 것이 없기(고후 3:10)" 때문입니다.

8. 무엇보다 우리가 여기서 주목할 것은, 하나님의 아들께서 아버지의 뜻을 계시하셨는데, 말할 수 없는 놀라운 사랑으로 그들에게 베푸셨다는 사실입니다. 주님은 우리를 다시 "불이 붙는 산과 침침함과 흑암과 폭풍에 싸인(히 12:18)" 산으로 인도하시는 것도 아니요, 하늘에서 번개나 우박이나 불로 말씀하시는 것도 아니요, 고요하고 작은 음성으로 "심령이 가난한 자는 복이 있다."고 말씀하십니다. 애통하는 자는 복이 있습니다. 온유한 자는 복이 있습니다. 의에 주리고 목마른 자는 복이 있습니다. 긍휼히 여기는 자는 복이 있습니다. 마음이 청결한 자는 복이 있습니다. 그들은 이 세상에서와 저 영원한 세상에서 복이 있습니다. 그는 우리에게 "생명을 기뻐하고 좋은 날 보기를 희구하는 자가 누구인가? 보라, 내가 그대들의 영혼이 갈망하는 것을 보이리라. 그대가 오랫동안 헛되이 찾던 그 길, 평온하고 즐겁고 평화로우며, 이 세상이나 천상에서 다 같이 하늘의 즐거움을 누릴 수 있는 그 길을 그대들에게 보이리라."고 말씀하십니다.

9. 동시에 예수님은 놀라운 권위로써 우리에게 가르치십니다. 그의 가르치심은 물론 율법학자와도 다릅니다. 그의 가르치심의 태도와 품위를 보십시오. 그것은 하나님의 종 모세와도 같지 않으며, 하나님의 친구 아브라함과도 같지 않으며, 어느 선지자와도, 어느 다른 사람의 아들들과도 같지 않습니다. 그의 가르치심은 인간 이상이요, 어느 피조물에 비길 수 없습니다. 그의 가르침은 만물의 창조주에 대한 것이요, 하나님의 나타나심입니다. 즉 모든 존재의 존재이신 여호와, 영원한 자존자, 최상자, 만유 위에 계시며 영원히 복되신 하나님에 관한 가르침입니다.

10. 가장 탁월한 방법으로 가르치신 이 신성한 설교는 서로 밀접하게 관련되어 있어서, 앞의 부분은 그 전 부분을 설명합니다. 산상설교는 크게 세 부분으로 나누어지는데 5장은 제 1부요, 6장은 제 2부요, 7장은 제 3부입니다. 제 1부 5장에서는 참된 온 종교의 대요를 여덟 가지 조목으로 진술한 다음, 5장 잔여 부분에서 이에 대해 우리가 가질 수 있는 그릇된 견해를 경계하며, 제 2부 6장에서는 우리의 외적 행동에 수반되는 내적 태도에 대한 신앙적 규범을 말하는데, 여기에는 사욕과 또는 생활 문제에 관한 심려마저도 섞이지 않은 순수한 것이어야 함을 말씀하십니다. 제 3부 7장에서는 종교 생활에 지장을 가져오는 몇 가지 중요한 것들을 지적하고 우리를 경계하며, 이와 동시에 산상설교 전체에 대한 결론으로 실행을 권고하는 말씀으로 끝맺습니다.

I

1. 첫째, 주님은 산상설교에서 참된 온 종교의 대요를 여덟 가지

조목으로 규정하여 말씀하십니다. 그리고 5장의 잔여 부분에서는 이를 해설함과 동시에 우리가 가질 수 있는 그릇된 견해를 경계하십니다.

혹자는 예수님이 산상설교에서 우리 그리스도인이 언약의 땅으로 여행하는 도중에 밟아야 할 단계를 지적하시는 것이라고 말하기도 하고, 또 다른 사람은 여기 제정된 모든 가르침은 그리스도인의 생활의 모든 일에 적용될 원칙이라고 말하기도 합니다. 그러나 우리가 이 두 가지 주장을 다 인정하지 못할 이유는 없습니다. 이 두 가지 주장 사이에 무슨 모순이 있습니까? 말하자면 팔복에 있는 심령의 가난이나 그 밖의 다른 품성이나 덕은 참된 그리스도인이라면 어느 때 누구에게나 다소를 불문하고 가지고 있는 것입니다. 그리고 진정한 기독교는 언제나 가난한 심령에서 출발하여 이 팔복에 기록된 순서대로 향상하고, "완전한 하나님의 사람"의 경지에까지 도달하는 것입니다. 그리하여 하나님의 선물인 이 팔복의 최하 단계에서부터 출발하여 점차 향상하되, 그렇다고 그 이전 단계를 포기하는 것이 아니요, "우리가 어디까지 이르렀든지 그것을 굳게 잡고" 아직 앞에 있는 것을 향하여, 즉 그리스도 예수 안에서 하나님이 주시는 최고의 축복을 얻기 위하여 달려갈 뿐입니다.

2. 모든 그리스도적 삶의 기초는 심령의 가난입니다. 그래서 우리 주님은 "심령이 가난한 사람들은 복이 있나니 천국이 그들의 것이다."라고 하신 것입니다.

자기 앞에 있는 군중들을 둘러보신 주님은, 그들 중에 부자는 별로 없고 가난한 사람들이 대부분임을 아시고, 이 사실을 포착하시어 속세의 문제에서 영적인 문제로 방향을 돌리셨는지 모릅니다. 그래서 그는 "심령이 가난한 사람들은 복이 있다."고 하신 것입니다. 그는 외적으로 물질적으로 가난한 사람이라고 말씀하시지 않았습니다. 왜냐하면 그들 중의 다수는 외적으로는 보좌에 앉은 왕과의 거리가 먼 것처럼 물질적 행복에서 거리가 먼 사람들이었기 때문입니다. 그러나 외적 행복과는 비록 거리가 멀지라도 이 세상과 오는 세상에서 참된 행복의 첫걸음이 되는 심령의 가난만은 얼마든지 가질 수 있습니다.

3. 어떤 사람은 "심령의 가난"은 "빈곤"을 즐기는 사람을 말하는 것이라고 합니다. 즉 탐욕을 멀리하고, 돈을 사랑하는 마음에서 떠난 것을 말하는 것이라고 합니다. 이러한 해석을 하는 사람은 순전히 가난이라는 술어 그 자체의 의미에만 집착하거나, 또는 사도 바울이 말한 "돈을 사랑함이 모든 악의 뿌리"라는 말씀에 의거하여 그러한 해석을 하는 것이 아닌가 생각합니다. 그래서 이런 생각을 하는 많은 사람들은 부 자체뿐 아니라 세상 물건을 다 내던지는 일도 있습니다. 그리고 가톨릭교회의 "빈곤의 서약"이라는 것이 이런 사상에서 유래되었는지도 모릅니다. 그들은 이 가난의 덕이야말로 천국 가는 길에 큰 도움이 된다고 보는 것입니다.

그러나 바울의 근본 사상은 그렇지 않습니다. 첫째, 우리가 바울의 말을 올바로 이해하기 위해서는 약간의 한계를 인정해야 합니다. 그의 말은 진리가 아니기 때문입니다. 왜냐하면 돈을 사랑함이 모든 악의 유일한 뿌리가 아니기 때문입니다. 이 세상에는 유감스럽게도 돈 이외에 무수한 악의 뿌리가 있습니다. 그러므로 사도 바울의 이 말은 "모든 악의 뿌리"라고 할 것이 아니라, "많은 악의 뿌리"라고 함이 타당할 것입니다. 둘째, 위에서 말한 의미의 "심령의 가난"은 우리 주님의 구상, 즉 기독교 전체 구조의 기초가 될 구상과는 합치하지 않는다고 볼 것입니다. 우리 주님의 구상은 기독교의 전체 구조의 기초가 될 것이기 때문에 한 가지 특수한 악을 경계함으로써 전체 구조가 지탱되는 것은 아닙니다. 그러므로 "심령의 가난"은 주님의 전체 구상의 부분적 의미는 될지언정 전부는 될 수 없습니다. 셋째, 저들의 견해는 예수님의 근본 취지와도 다른 것입니다. 만일 "심령의 가난"이 저들의 견해와 같다면, 예수님은 팔복 중 같은 말을 반복하셨다고 할 것이니, 만일 "심령의 가난"이 다만 탐욕이나 돈을 사랑함, 즉 부에 대한 욕망에서의 해방을 의미한다면, 이것은 앞으로 나올 "마음의 청결함(마 5:8)"과 일치하게 될 것이며, 오직 그의 일부가 될 것입니다.

4. 그러면 "심령이 가난한 자"는 무엇을 뜻하는 것입니까? 이것은 의심의 여지없이 겸손한 마음을 뜻합니다. 이것은 자신의 죄를 깨닫고, 그리스도께 대한 믿음을 가지기 전에 반드시 가져야 할 회개하는 심정을 말합니다.

이런 사람은 "나는 부자다. 나는 풍족하고 부족한 것이 조금도 없다(계 3:17)."고 하지 않을 것입니다. 왜냐하면 그는 사실 비참하고, 불쌍하고, 가난하고, 눈멀고, 벌거벗은 것을 알기 때문입니다. 그는 영적으로 가난한 자임을 자인하며, 자기 속에 선한 것이 하나도 없음을 인식합니다. 그는 자기 속에는 악하고 가증스러운 것밖에 없는 자라고 느낍니다. 그는 자신이 모태에서 나올 때부터 한센병 같은 죄를 가지고 나와서 이것이 그의 전 영에 퍼져 있고, 그의 전 기능을 부패케 하였다는 것을 압니다. 이뿐만이 아닙니다. 그 악한 뿌리로부터 돋아나는 악한 성품들을 발견합니다. 즉 자만심과 과대망상증과 사람에게서 오는 칭송을 갈망하는 허영심과 증오심과 시기심과 질투와 복수심과 분노와 악의와 여러 가지 형태로 표현되는 하나님과 인간에 대한 적개심과 속세에 대한 애착심과 아집과 어리석고 파괴적인 여러 가지 욕망 등입니다. 이 외에도 상스럽고 진실되지 못하고 불친절한 언어를 씀으로써 덕을 세우지 못하고, 듣는 자들에게 은혜가 되지 못함으로써 성령을 근심하게 한 것을 또한 인식합니다. 그는 또한 자신의 모든 행사가 자기 보기에도 악하여서 말로써 이를 표현할 수 없을 정도임을 절감합니다.

5. 이러한 모든 죄악으로 인하여 그는 죄책감을 느끼며, 이것은 그의 전적으로 부패한 육체의 욕심 때문만이 아닌 것을 압니다. 그는 악한 생각과 말과 행동 때문에 형벌을 면할 수 없는 존재임을 압니다. 그는 자신이 저지른 죄악의 극소량으로도 벌레도 죽지 않고 영원히 꺼지지 않는 지옥의 저주에 해당한 자임을 조금도 의심하지 않습니다. 그뿐 아니라 하나님의 독생자의 이름을 믿지 않은 죄의 중압감을 느낍니다. 그리하여 그는 "이같이 큰 구원을 소홀히 여기면 어찌 그 보응을 피하리요?(히 2:3)"라고 말하는 것입니다. "믿지 않는 사람은 이미 심판을 받은 것"이며, "하나님의 진노가 그 위에 머물러" 있는 것입니다.

6. 그러면 하나님의 공정무사한 형벌에서 사면 받고 그의 영혼을 구원하기 위하여 할 일은 무엇입니까? "그는 무엇을 가지고 주님 앞에 나아갈 것입니까?" 무엇으로 하나님께 진 빚을 보상할 것입니까? 설사 이 시간부터 하나님의 모든 계명을 완전히 준행한다 할지라도, 이것이 지난날 저지른 한 가지의 죄도 말소할 수 없을 것입니다. 왜냐하면 지금부터 앞으로 영원까지 그가 행할 수 있는 모든 선은 하나님의 도우심에 의해서만 수행될 수 있기 때문입니다. 그러므로 그가 지금 무슨 보상

으로라도 지난날에 저지른 죄과를 변상할 수 없는 것입니다. 이런 상태에서 그는 지난날에 지은 죄과를 속할 아무런 방법도 없음을 자인하지 않을 수 없습니다. 상실한 자신의 영혼을 되찾기 위하여 하나님께 내놓을 수 있는 것은 아무것도 없습니다.

그러나 하나님께서, 만일 그가 앞으로는 다시 범죄하지 아니하고 언제나 전적으로 하나님의 모든 계명을 준수하겠다는 조건 아래 과거의 모든 죄를 용서하여 주신다 할지라도, 이러한 하나님의 약속도 그에게 아무런 도움을 주지 못함을 그는 너무나 잘 알고 있습니다. 왜냐하면 이러한 조건은 인간인 그로서는 도저히 수행할 수 없는 조건이기 때문입니다. 그는 자신의 심정이 죄에 물들어 있고 부패해 있는 이상 하나님의 계명의 하나라도, 비록 겉치레로라도 준행할 수 없는 존재임을 잘 알고 있습니다. 왜냐하면 악한 나무가 좋은 열매를 맺을 수 없기 때문입니다. 인간으로서는 그 악한 마음을 정결케 할 수 없습니다. 사람으로는 이것이 불가능합니다. 그러므로 그는 하나님의 계명을 준수할 수 있는 극히 초보의 지식마저도 갖고 있지 못하기 때문에 한 발자국도 내디디지 못하는 것입니다. 그리하여 죄와 근심과 두려움에 싸여 피할 길을 찾지 못하는 상태에서 그가 부르짖을 수 있는 말은 "주여, 나를 구원하소서. 내가 죽게 되었나이다." 하는 것뿐입니다.

7. 요컨대, "심령의 가난"은 우리 앞에 놓인 경주장을 달리는 데에 제1보인 만큼 이것은 우리가 안팎의 죄를 의식하는 동시에 우리 자신의 무력을 느끼는 마음입니다. 어떤 사람은 이 마음을 "겸손의 덕"이라고 과대평가하여 우리 자신이 저주받아 마땅한 존재임을 아는 것을 자랑스러운 것으로 여기지만, 우리 주님에게 이 마음은 다만 나 자신의 부족과

죄와 정죄 받은 인간임과 가장 불행한 존재임을 인식하는 것을 의미할 뿐입니다.

8. 위대한 사도 바울이 죄인을 하나님께 인도하기 위하여 토로한 말은 예수님의 사상을 뒷받침해 줍니다. 바울은 "하나님의 진노가 불의로 진리를 막는 사람들의 모든 경건하지 않음과 불의에 대하여 하늘로부터 나타납니다(롬 1:18)."라고 하였는데, 이 말은 이교도를 고발하는 말로, 그들의 불의 때문에 하나님의 진노 아래 있다는 사실을 표명하고 있습니다. 그러나 그는 유대인들도 이교도들보다 나은 것이 없기 때문에 그들도 이교도들과 마찬가지로 하나님의 정죄 아래 있다고 하였습니다. 사도 바울이 이같이 이교도들이나 유대인이나 다 같이 하나님의 정죄 아래 있다고 말한 것은, 그들이 겸손의 덕을 가졌다는 사실을 나타내려고 함이 아니라, "그것은 인간들의 변명하는 모든 입을 막고 온 세상으로 하나님의 심판 아래 있게 하려 함(롬 3:19)"이었습니다.

바울은 계속해서 그의 모든 말은 그들이 다 함께 정죄를 받은 인간들일 뿐 아니라 자신의 힘으로 자신들을 구원할 수 없는 무능력자임을 나타내려는 데 그 목적이 있음을 밝혔습니다. 요컨대, "율법의 행위로 하나님 앞에 의롭다 하심을 얻을 육체가 하나도 없는(롬 3:20)" 것입니다. 그러나 이제는 예수 그리스도를 믿음으로 말미암아 율법과는 관계없이 하나님의 의가 나타났다고 바울은 말하였습니다. 이 모든 표현은 결국 한 목표를 지향하는 것입니다. 즉 사람들로 그들의 콧대를 꺾고 굴복시켜, 자기들이 겸비의 덕을 가졌다는 어리석은 생각을 버리게 함과 동시에, 그들이 자기들은 완전한 죄인으로서 정죄를 받은 인간임과 무방비 상태에서 능력이 없는 자임을 자각하게 하여, 자기들이 가진 모든 것을 포기하고, 우리의 의가 되시는 강력하신 구원자 예수 그리스도에게 매달리게 하려는 것입니다.

9. 우리가 여기서 발견하는 것은 이교의 도덕이 끝나는 바로 그 지점에서 기독교는 시작된다는 사실입니다. 즉 마음의 가난, 죄의식, 자기 부정(예수 그리스도의 종교의 제1보가 되는)이나 자신의 의를 인정하지 않는 것 등은 이방인의 종교를 포기함으로써만 얻어지는 것입니다. 이것은 이 세상의 지혜로운 자들에게 숨겨져 있던 사실이니, 로마 제국에서 그렇게도 문화적으로 발전되었던 아우구스투스 황제 시대에도 그 언어에 겸손이라는 뜻의 어휘는 없었습니다. 겸손이라는 말은 그렇듯이 풍부한 어휘를 가진 그리스어에도 없으며, 이것은 위대한 사도 바울에 의하여 비로소 창작되었다고 할 것입니다.

10. 우리는 그리스인이나 로마인마저 발표하지 못했던 사실을 느낄 수 있기를 간절히 바랍니다. 죄인이여, 깰지어다! 그대 자신을 아십시오. 그대는 죄악 중에 지어졌으며, 모친이 죄 중에서 그대를 잉태하였음을 알고 느끼십시오. 그리고 그대가 선악을 분별할 수 있기 전부터 죄 위에 죄를 쌓고 있었다는 사실도 아십시오. 그리고 하나님의 권능의 손에 매달려 영원한 죽음을 면할 수 없는 범죄를 저질렀다는 사실을 인정하고, 그대 자신이 스스로 자신을 구원할 수 있다는 망상을 포기하고, 우리 자신의 죄를 지고 친히 십자가에 달리신 그리스도의 피로 씻음을 받고 전능하신 성령에 의하여서만 새로 태어남을 얻을 것을 전적으로 바라십시오. 그러면 그때 비로소 그대는 "심령이 가난한 사람들은 복이 있다. 하늘나라가 그들의 것이다."라고 증언하게 될 것입니다.

11. 이것이 곧 우리 속에 있는 하늘나라 혹은 하나님 나라로서, "성령 안에 있는 의와 평강과 희락(롬 14:17)"인 것입니다. '의'라는 것은 무엇입니까? 이것은 "인간 영혼 속에 깃들이는 하나님의 생명"이며, "그리스도 예수 안에 있는 마음"이며, 우리를 지으신 하나님의 형상을 따라 새로워지고 마음속에 새겨진 하나님의 형상입니다. 이것은 결국 그 근원을 하나님께 둔 사랑의 나라로서, 모든 인류가 하나님의 영광을 위하여 서로 사랑하는 세계입니다.

그리고 이 '평강'은 하나님의 평강으로서, 우리가 그리스도의 피로 말미암아 하나님께 받는다는 확신 아래 우리 심경이 누리는 즐거운 평정을 뜻하는 것입니다. 이러한 평정에는 하늘 아버지를 거스르지나 않을까 하는 두려움 외에 일체의 다른 두려움은 없습니다.

이러한 내적 천국은 성령 안에서의 희락도 의미합니다. 이 성령은 우리가 지난날 지은 죄를 사유하기 위하여 우리에게 그리스도의 의를 돌림으로써 우리에게 주시는 예수의 구원에 대한 보증도 되는 동시에, 그날에 의로운 재판장이신 주님이 내리실 유산인 면류관의 보증도 됩니다. 우리가 이것을 하늘나라라고도 하는 것은, 우리 심령 속에 하늘이 이미 전개되어 하나님의 보좌로부터 솟아나는 기쁨의 강이 흐르기 때문입니다.

12. "하늘나라가 그들의 것이다." 누구든지 하나님께로부터 "가난한 마음"을 받아서 자신을 비운 상태에 있다고 느끼는 사람은 거짓말하실 수 없는 하나님의 은혜로운 약속에 의하여 하늘나라를 받을 권한이 있습니다. 이것은 어린 양의 피를 대가로 우리가 얻은 것입니다. 이것은 매우 가까이에 있습니다. 당신은 그 천국 문 바로 앞에 서 있음을 아

십시오. 당신은 의와 평화와 기쁨의 왕국에 있습니다. 당신은 전적으로 죄인이라고 생각하십니까? 그러면 당신은 "세상 죄를 지고 가는 하나님의 어린 양을 보십시오." 전적으로 거룩하지 못한 존재라고 보십니까? 그러면 당신은 "아버지 앞에서 우리를 변호해 주시는 의로우신 예수 그리스도를 우러러보십시오." 당신은 당신의 조그만 죄도 속량할 수 없는 존재라고 보십니까? 그리스도는 우리의 모든 죄를 위하여 화해자가 되신 것을 상기하십시오. 다만 주 예수 그리스도만을 믿으십시오. 그러면 당신의 모든 죄는 소멸될 것입니다. 당신이 만일 영육 간에 부정한 존재라고 생각한다면, 여기에 그대의 모든 죄와 부정을 씻어줄 샘이 있습니다. 일어나 그대의 모든 죄를 씻어 버리십시오. 불신앙으로 하나님의 거룩한 약속을 주저하지 마십시오. 하나님께 영광을 돌리며, 용감하게 믿음으로 나아가 부르짖으십시오.

> 마침내 나는 항복하나이다,
> 당신의 피의 소리를 경청하자.
> 내 모든 죄와 함께
> 나 자신을 던지나이다,
> 나의 구속주이신
> 하나님, 당신에게.

13. 그때에 당신은 주님을 배워 마음이 온유하고 겸손한 자가 될 것입니다. 이것이 진정하고 순진한 그리스도인의 겸손인 것이니, 이러한 겸손은 그리스도 예수 안에서 성취된 화해의 선물인 하나님의 사랑의 감각에서 흘러나오는 것입니다. 이러한 의미의 "심령의 가난"은 죄책감

과 하나님의 진노를 느끼는 마음이 사라질 때 비로소 생깁니다. 그리고 이것은 또한 우리가 가진 모든 선한 생각과 말과 행동을 하나님이 분초마다 물을 주고 가꾸어 주시지 않으면 우리 스스로 절대로 가질 수 없다고 생각하여 하나님을 전적으로 신뢰해야 합니다. 그리고 모든 칭송은 하나님께만 귀속됨을 알아 인간의 칭송을 거부하는 태도와도 통합니다. 이러한 태도는 동시에 하나님이 이미 용서해 주신 지난날의 죄과나, 또는 우리가 정죄 받을 만한 큰 죄과는 아닐지라도 우리 마음속에 남아 있는 죄 때문에 하나님 앞에서 가지는 수치감도 포함됩니다. 그러나 이 남아 있는 작은 죄에 대한 느낌은 날이 갈수록 점점 깊어져, 우리가 은혜 아래서 성장할수록 우리 마음의 절망적인 사악성도 더욱 심각하게 느껴집니다. 동시에 우리 주 예수 그리스도를 통하여 하나님께 대한 지식과 사랑이 점점 커질수록(구원에로 인도하는 하나님의 구원의 능력을 모르는 사람에게 나타나는 위대한 신비) 우리 자신이 하나님과 더욱 멀어지고 육체 안에 있는 욕망의 원수를 더욱 식별하기 때문에 우리가 의와 진정으로 성화된 성품으로 완전히 새로워지지 않으면 안 된다는 것을 절실히 느끼게 됩니다.

II

1. 그러나 내적 천국에 대하여 초보의 지식을 가진 사람으로서는 이 사실을 잘 알지 못하며, 그는 평온무사할 때에는 "나는 요동치 아니하리라. 주님, 당신께서 나의 언덕을 참으로 견고하게 해 주셨나이다."라고 자신 있는 고백을 합니다. 그런 상태에서 그는 죄가 완전히 정복된

것으로 여겨, 죄가 조금도 남지 않았다고 믿으며, 유혹도 멀리 떠나 감히 접근하지 못할 것으로 믿습니다. 그는 희열과 사랑의 수레 위에 드높이 앉아 있다고 느끼며, 독수리의 날개를 타고 창공을 나는 것 같은 기쁨에 삽니다. 그러나 주님은 이러한 승리적 상태가 그렇게 오래 가지 못함을 아십니다. 그래서 주님은 "애통하는 자는 복이 있나니 그들이 위로를 받을 것"이라고 하셨습니다.

2. 그러나 예수님의 이 약속은 이 세상에서의 무슨 어려움이나 실망 등, 예컨대 명예의 실추나 친구의 배신이나 재산의 손실 때문에 가지는 고민 같은 것을 의미하는 것은 아닙니다. 다시 말하면, 세상에서 당하는 불행이나 사욕을 충족하지 못하여 고민하는 것 같은 자에게는 예수님의 이 약속이 해당되지 않습니다. 예수님은 이런 사람에 대하여 아무런 관심도 두지 않았습니다. 따라서 이런 사람은 주님께로부터 아무것도 받을 것이 없습니다. 이런 사람이야말로 "진실로… 그림자 같이 다니며 헛된 일로 소란(시 39:6)" 피우는 사람이며, 주님이 "너희가 내 손에서 얻을 것은 이것이라 너희가 고통이 있는 곳에 누우리라(사 50:11)."고 말씀하신 대로 그런 운명에 처할 것입니다.

3. 주님이 말씀하시는 "애통하는 사람"은 이와는 전혀 다른 일 때문입니다. 즉 우리에게 선한 일과 용서의 말씀과 내세의 능력을 맛보게 하심으로써 말할 수 없는 기쁨을 가지게 하신 하나님에 대한 갈망으로 생기는 애통인 것입니다. 그 하나님이 그의 얼굴을 숨기셨기 때문에 우리는 슬퍼할 수밖에 없습니다. 어두운 구름이 가려 우리는 그를 뵐 수 없습니다. 우리에게서 떠난 줄 믿었던 유혹과 죄가 다시 닥쳐오고 우리

를 둘러싸고 있습니다. 그러니 우리의 영혼이 우리 속에서 불안하고 중압감에 고민함은 당연합니다. 우리의 큰 원수는 이러한 기회를 포착하여 우리에게 도전해 옵니다. "그대의 하나님이 어디 계신가? 그대가 말하던 그 축복, 즉 천국은 어디 있는가? 그대가 믿는 그 하나님이 '네 죄가 용서 받았다.'고 말씀했다지! 하나님은 그런 말을 하지 않았을 것이다. 이것은 다만 그대의 환상이요, 상상의 산물일 뿐이다. 그대의 죄가 용서 받았다면 그대는 왜 그 모양인가? 용서 받은 죄인이 그렇게도 거룩하지 못해?" 하고 의심을 부추기는 것입니다. 이런 때에 우리는 즉시 하나님께 호소하지 않고 우리보다 지혜로운 그 유혹자와 상의합니다. 그러나 우리의 고민과 영혼의 중압감은 여전히 남아 있습니다. 하나님은 우리의 영혼에 다시 광명을 비추어, 하나님의 자비에 대한 모든 의심을 제거해 주십니다. 그러나 믿음이 연약한 만큼 닥쳐올 시험과 난관을 예상하면서, 무엇보다 머리 숙였던 마음속의 죄가 되살아나 우리를 넘어뜨리려 달려들 때 우리는 이렇게 부르짖을지도 모릅니다.

나는 죄의 공포에 떨고 있네.
내 삶의 마지막 올을
다 자았을 때,
이 바닷가에서 숨을 거둘까 봐.
나는 신앙의 난파를 당하지 말아야겠기에
나의 마지막 상태가 처음보다도 더 비참해지면 안 되니까
나의 생명의 빵이 다하지 않도록
나는 변함없이 지옥에 굴러떨어질까 두려울 뿐일세!

4. 이러한 고난은 현재에는 즐거움이 아니요 근심스러운 일입니다. 그러나 이로 말미암아 연단을 받은 자에게는 마지막에 안심입명(安心立命)의 축복이 오는 것입니다. 그러므로 주의 찾아오심이 더디다고 방심하여 탈선적 행위를 하거나 세상의 환락에 도취하지 말고, 세상 모든 죄악에서 누리는 기쁨과 어리석음과 허영과 우리 영혼을 마비시키는 향락생활을 단연코 버리십시오. 이런 사람의 애통에는 반드시 주님의 축복이 있을 것입니다. 그리고 주를 알기에만 전심하고 세상의 다른 위로를 거부한다면, 이런 사람에게는 성령으로 말미암은 하나님의 사랑이 그의 마음속에 새롭게 부각되고, 사랑의 주님께서 그대를 다시 받아 또다시 철회하시지 않으리라는 확증을 얻어, 성령의 참된 위안을 받을 것입니다. 이러한 확고부동한 믿음의 확증은 모든 회의와 공포를 추방하고, 영원한 기업의 소망과 은혜로 말미암은 참된 위로를 하나님께로부터 받을 것입니다. 이리하여 "한번 빛을 받고… 성령에 참여한(히 6:4)" 사람들이 다시 타락할 수 있을까 하는 문제에 대해서는, 그들 위에 하나님의 능력이 머물러 있는 만큼, "누가 그리스도의 사랑에서 끊으리요?… 내가 확신하노니 사망이나 생명이나… 현재 일이나 장래 일이나 능력이나… 다른 어떤 피조물이라도 우리를 우리 주 예수 그리스도 안에 있는 하나님의 사랑에서 끊을 수 없으리라(롬 8:35~39)."는 말씀이 충분한 대답이 되는 것입니다.

5. 하나님의 부재(不在)로 인한 애통과 그의 현존(現存)으로 인한 기쁨의 회복은 예수님이 고난 받으시기 전날 밤, 사도들에게 주신 말씀 중에 암시되었다고 볼 수 있습니다. 예수님은 "조금 있으면 나를 보지 못하겠고 또 조금 있으면 나를 보리라."고 하신 말에 제자들이 의문을 품

는 것을 아시고 이렇게 말씀하십니다. "너희가 그 말을 가지고 서로 문의하느냐? 내가 진실로 진실로 너희에게 이르노니 너희가 나를 보지 못함으로 '너희는 곡하고 애통하겠으나 세상은 기뻐하리라.' 그들은 너희들에게 재기의 희망이 끊어진 줄 알고 승리감에 도취될 것이다. 너희는 회의와 공포와 시험과 강렬한 욕구 때문에 슬퍼할 것이다. 그러나 너희의… 그 슬픔이 기쁨으로 변할 것이다. 여자가 해산하게 되면 그 때가 이르렀기에 근심하나 아기를 낳으면 세상에 사람 난 기쁨으로 말미암아 그 고통을 다시 기억하지 아니하느니라. 지금은 너희가 근심하나 내가 다시 너희를 보리니 너희 마음이 기쁠 것이요, 너희 기쁨을 빼앗을 자가 없으리라(요 16:19~22)."

6. 이같이 위로자, 즉 보혜사가 다시 오심으로써 애통이 그치고 성스러운 기쁨으로 대체되지만, 하나님의 자녀들에게는 다른 종류의 애통이 있습니다. 이 애통은 말하자면 복된 애통이라고도 할 수 있으니, 이것은 인류의 죄와 불행 때문에 애통하는 것입니다. 그들은 우는 자와 함께 우는 것입니다. 죄에서 어느 정도 구원을 받을지라도 믿음이 연약하고 불성실한 신도들을 위하여서도 그들은 애통합니다. 누가 약해지면 그들이 약해지지 않겠으며, 누가 넘어지면 그들이 애타지 않겠습니까? 그들은 죄인들이 천지의 주재이신 하나님께 끊임없이 저지르는 범죄 때문에 마음 아파하는 것입니다. 그들은 수많은 인간을 이미 삼켰고 앞으로도 삼킬, 밑도 없고 끝도 없는 영원한 구렁텅이를 그들의 영안(靈眼)으로 보기 때문에 말할 수 없는 근심 중에 고민하는 것입니다. 그들은 한 편으로는 저 하늘의 영원한 하나님의 집을 보는 동시에 다른 한 편으로는 열린 지옥과 멸망의 함정을 보는 것입니다. 그러므로 이들에게는 주

어진 한 순간, 한 번 가면 다시 오지 않는 이 순간, 이 기회가 천금보다 귀한 것입니다.

7. 그러나 하나님의 이런 지혜가 세상 사람들에게는 어리석은 것으로밖에 보이지 않습니다. 위에서 말한 '애통'이나 '심령의 가난'에 대한 말은 그들에게는 잠꼬대 같은 소리에 지나지 않습니다. 하나님을 알지 못하는 사람들이 이런 판단을 내리는 것은 당연할 것입니다. 가령 두 사람이 길을 가다가 그중 한 사람이 두려움과 놀람으로 갑자기 걸음을 멈추고 부르짖어 말하기를, "아차, 큰일 날 뻔했구나. 우리는 지금 위험한 낭떠러지에 서 있다. 한 발자국만 내디뎠다면 천길만길 위험한 낭떠러지로 굴러떨어져 뼈도 못 추릴 뻔했다. 멈춰라, 더 나가면 안 돼."라고 합니다. 그러나 다른 한 사람은 자기로서는 온전한 시력을 가진 줄로 믿기 때문에, 자기 앞에 도사리고 있는 아무런 위험도 보지 못합니다. 따라서 그는 동행한 친구가 도리어 정신이 나갔거나 무엇이 잘못되었다고 생각하고, 그의 지나친 경건이 그를 미치광이로 만들었다고 할 것입니다.

8. 그러나 하나님의 자녀이며 시온에서 애통하는 자들이여! 이런 유혹에 빠지지 마십시오. 빛을 받아 눈이 환해진 여러분은 흑암 중에 사는 사람들의 말에 근심할 필요가 없습니다. 여러분은 헛된 환영 가운데서 살고 있지 않습니다. 하나님과 영원은 헛된 것이 아니라 진실된 실재입니다. 하늘과 지옥은 여러분 앞에 엄연히 존재하며, 한 걸음 앞에는 큰 구렁텅이가 놓여 있는 것입니다. 이것은 이미 무수한 나라들과 민족들을 삼키고, 그리고 그들이 보든지 보지 못하든지 상관하지 않고 앞으로도 불행한 인간들을 더 많이 삼킬 것입니다. 큰소리로 외치십시오! 그

리고 시간과 영원을 지배하는 하나님께 당신과 당신의 형제를 위하여 소리 높여 부르짖으십시오! 태풍처럼 엄습하는 멸망을 피하기에 부족함이 없는 인간이 되어 모든 풍랑을 헤치고 안락한 저편 언덕에 도달하게 해 주시기를 간구하십시오! 형제자매들이여, 주님이 여러분의 눈에서 눈물을 씻겨 주시기까지 우십시오! 그리고 주님이 오시어 이 땅 위에서 모든 불행과 죄악을 제거하시고, 모든 사람의 얼굴에서 눈물을 씻겨 주시고, 물이 바다를 덮음같이 하나님을 아는 지식이 이 세상에 두루두루 가득 찰 때까지 이 땅 위에 임할 불행을 위해 우십시오.

17

산상설교 II
Upon our Lord's Sermon on the Mount II

성 폴 예배당의 웨슬리 동상
Statue of John Wesley, St Paul's Churchyard

온유한 자는 복이 있나니 그들이 땅을 기업으로 받을 것임이요, 의에 주리고 목마른 사람은 복이 있나니 그들이 배부를 것임이요, 긍휼히 여기는 자는 복이 있나니 그들이 긍휼히 여김을 받을 것임이요 (마 5:5~7)

I

1. "겨울은 지나고", 새들이 "노래할 때가 이르렀고", "바다거북의 우는 소리가 우리 땅에 들리는" 때, 그리고 애통하는 자를 위로할 자가 우리와 함께하기 위하여 돌아오셨을 때, 또한 주님의 임재와 함께 구름이 흩어지고, 의심과 무지의 짙은 안개가 걷히고, 두려움과 근심의 물결이 잠자고, 우리의 심령이 우리 구주 하나님 안에서 다시 환희에 넘칠 때, 오늘의 본문 말씀은 이루어져 하나님의 위로를 받은 자의 입에서 "온유한 자는 복이 있나니 그들이 땅을 기업으로 받을 것임이요."라고 증언할 수 있을 것입니다.

2. 그러면 "온유한 사람"은 어떤 사람입니까? 온유한 사람이란 세상 물정을 몰라서 악에 대하여 무감각하고 선악을 분별하지 못하기 때문에 아무런 근심도 없는 사람을 말함이 아닙니다. 그리고 또 신경이 둔해서 밀어닥치는 생의 충격에도 무감각하고 목석처럼 저항을 느낄 줄

모르는 사람을 말함도 아닙니다. 이성을 무시하는 철학자들 역시 이런 경향이 있습니다. 이런 무감동(Apathy)은 온유와는 거리가 멉니다. 우리는 역사적으로 교회가 좀 더 순수한 상태에 있을 때 특히 교회 교부들 가운데서 이교를 추천하고, 이러한 불건전한 철학을 진정한 기독교의 한 분파처럼 보았다는 것은 이해하기 곤란합니다.

3. 기독교적 온유는 하나님께 대하여 아무런 열정도 품지 않는 태도를 의미하는 것도 아닙니다. 이것은 무엇에나 극단을 피하는 마음자리입니다. 이것은 인간 정서의 균형을 잃지 않는 상태입니다. 자연계를 섭리하시는 하나님은 그의 은혜로써 인간의 정서를 제거하시는 것이 아니라 이를 다만 규제하시는 것입니다. 온유의 덕은 우리 마음의 평정을 유지하여 생의 어떤 조건 아래에서도 분노와 근심이나 두려움 같은 정서에 평형을 유지하게 하여 좌로나 우로 치우치지 않게 하는 마음입니다.

4. 이 온유의 덕은 우리 자신이 지니는 것이지만, 우리는 이것을 하나님께로나 이웃에게 향하게 됩니다. 이 마음씨를 하나님께로 향할 때 우리는 이것을 보통 인종(忍從)이라 할 수 있습니다. 그래서 우리에 대한 하나님의 뜻이 무엇이든지, 비록 이것이 내 마음에 즐거운 것이 아닐지라도, 조용히 묵종(默從)하면서 "주님의 뜻이오니 그의 기쁘신 뜻대로 이루어지이다." 할 뿐입니다. 이것을 다시 나와의 관계에서 생각해 본다면, 우리는 이것을 "인내"라거나 안분(安分), 혹 "자족하는 마음"이라고도 할 수 있으며, 타인을 대할 때에는 선한 일에 대하여 부드러운 태도를 가지는 것은 물론이고 악에 대하여서도 역시 온화한 태도를 가지는 것입니다.

5. 진정으로 온유한 자는 악에 극히 민감하여 무엇이 악인지를 분명하게 분별하며 이를 감내할 수도 있습니다. 그러나 그는 고삐를 당겨 이를 제압하고 시정하기를 꺼리지 않습니다. 그는 또한 만유의 주님께 지극히 열성적이지만 그 열성은 지식에 의해 인도되고, 사상과 말과 행동이 하나님 사랑과 사람 사랑에 의해 잘 조절되고 있습니다. 그는 또한 하나님께서 인간 생활의 유익을 위하여 품부(稟賦)하신 여러 가지 욕정들을 애써 소멸시키려 하지 않고, 이것들을 잘 제어함과 동시에 이것들을 선한 목적을 위하여 선용합니다. 그리하여 비록 격렬하고 바람직하지 못한 감정일지라도 고상한 목적의 달성을 위하여 이를 사용하며, 증오나 분노나 공포의 정서도 죄를 대항하는 데 쓰고, 신앙과 사랑에 의해 규율합니다. 그리하면 이것들은 영혼의 성벽이 되어 악한 자가 감히 침범할 수 없을 것입니다.

6. 이 성스러운 온유의 덕은 우리에게 영원히 함께할 덕이지만 세상에 사는 동안에는 단련을 통하여 날마다 더욱 자라납니다. 그러므로 우리에게는 인내가 필요하니 이는 우리가 하나님의 뜻을 행한 후에 약속을 받기 위함인 것입니다(히 10:36). 우리에게는 또한 인종(忍從)이 필요합니다. 이는 우리가 어떤 상황 아래서도 "내 뜻대로 마옵시고 당신의 뜻대로 하옵소서." 하는 태도를 가져야 하기 때문입니다. 그리고 우리는 모든 사람에게, 특히 악한 사람과 은혜를 모르는 사람에게도 언제나 온정을 나타내야 합니다. 그렇지 않으면 악을 선으로 극복하기보다는 극복을 당할 염려가 있기 때문입니다.

7. 온유의 덕은 옛날 율법학자나 바리새파 사람들처럼 바깥 행동

에만 국한되어서는 안 됩니다. 우리 주님은 온유의 덕이 외적 행동에만 그치는 것이 되어서는 안 된다는 것을 보이시기 위하여 아래와 같이 말씀하셨습니다. "살인하지 말라. 누구든지 살인하면 재판을 받아야 한다고 옛사람들에게 하신 말씀을 너희는 들었다. 그러나 나는 너희에게 말한다. 형제를 향하여 이유 없이 성내는 사람은 누구든지 재판을 받게 되고, 형제를 향하여 미련한 놈이라고 말하면 의회에 끌려가게 될 것이다. 또 형제더러 바보라고 말하는 사람은 불붙는 게헨나에 들어가게 될 것이다(마 5:21~22)." 이 말씀에서 우리는 온유의 덕이 우리 생활에서 어느 경지에까지 미쳐야 하는지를 알 수 있습니다.

8. 주님은 살인 문제에서, 이것이 외부 행동으로 실행되지 않고 다만 마음속에서 일어나는 분노일지라도, 비록 그것이 외적으로 거친 말이나 격분된 언사로 표시되지 않았을지라도, 살인으로 간주하셨습니다. 그리하여 주님은 "형제를 향하여 성내는 사람은 누구든지"라고 하셨습니다. 우리는 다 형제인 만큼 이 세상의 어떤 사람에게나 사랑에 위배되는 심정으로 정당하고 충분한 이유 없이 악의를 품으면 하나님의 공정 무사한 재판을 받을 것이라 하셨습니다.

그러나 우리 가운데 어떤 이는 "'이유 없이'라는 어구가 없는 것이 좋지 않겠는가?" 하고 생각하는 사람도 있을 것입니다. 그러나 이것은 다만 피상적인 사고방식입니다. 사람에게 분노함이 사랑에 위배되는 것이라면, 하나님 앞에 인정받을 만한 정당한 이유가 어디에 있을 것입니까?

그러나 분노가 정당화될 경우가 없지 않으니, 그것은 죄에 대한 분노입니다. 우리가 죄에 대하여 분노하여도 이것이 죄는 아닙니다. 우리 주님도 이런 분노를 품으신 적이 있었습니다. 마가복음 3장 5절을 보면 "예수께서 노하여 그들을 둘러보시고 그들의 마음이 완악함을 탄식하셨다."라는 말이 있습니다. 그는 죄인들에 대하여 걱정하시는 동시에 죄에 대하여는 분노하셨는데, 이것은 하나님 앞에 조금도 잘못된 것이 없습니다.

9. "형제더러 바보(라가)라고 말하는 사람은…(마 5:22)." 이것은 즉 "누구나 분노하여 모욕적인 언사를 발하는 사람은…"이라는 뜻입니다. 주석가들은 "라가"라는 말은 수리아 말인데, 공허하다, 무익하다, 미련하다는 뜻이라고 합니다. 이 말은 내가 좋아하지 않는 사람에게 쓸 수 있는 비교적 경미한 욕설에 지나지 않습니다. 그러나 주님은 이러한 말이라도 쓰는 사람은 의회에 끌려가게 될 것이요, 세상의 재판장이신 하나님의 엄정한 판결을 받을 것이라고 하셨습니다.

또 "누구든지 형제더러 미련한 놈이라 말하면…", 즉 누구나 악마의 지배를 받아 형제에게 욕설과 모욕적인 언사를 발하면 지옥의 형벌, 즉 최고의 정죄를 면하지 못할 것이라고 하였습니다. 우리 주님은 이 모든 일이 다 극형에 해당한다고 말씀하셨습니다.

10. 우리는 흔히 우리가 수행할 어떤 의무나 책임을 완수만 하면 혹 다른 면에서 좀 부족해도 이를 눈감아 주실 것이라는 망상을 가질 수도 있습니다. 그러나 우리 주님은 이런 망상을 떨쳐버릴 것을 말씀하십니다. 그래서 한 가지 의무를 수행했다면 다른 것은 못했어도 관계가 없다든지, 한두 가지를 이행했으면 그 전체를 이행한 것이나 다름없이 여기신다든지 하는 것은 없습니다. 그리하여 우리가 하나님께 할 일

을 다 했다고 해서 우리 이웃에게 할 것은 안 해도 괜찮다고 할 수는 없다고 주님은 우리에게 경고하셨습니다. 그리하여 우리가 종교적 행사를 완수했더라도 우리 이웃에게 해야 할 선행을 무시했다면 하나님은 이를 용서하지 않으실 뿐 아니라, 우리의 모든 종교적 행사도 도리어 하나님께 가증한 것이 될 것입니다.

"그러므로 네가 제단에 예물을 드리려다가 거기서 네 형제에게 원망 들을 만한 일이 있는 것이 생각나거든…", 즉 그대가 형제에게 "라가"라든가 "미련한 놈"이라고 했다든가 불친절한 언동을 했을 경우에 이로 인하여 그대의 양심이 거리낌이 되는 한, 그대가 드리는 제물이 그대의 죄과를 속량해 주거나 하나님 앞에 받으심이 되리라고 오산해서는 안 될 것입니다. 그러므로 "너는 그 예물을 제단 앞에 두고 먼저 가서 형제와 화목하고 그 후에 와서 예물을 드리라(마 5:23~24)."고 말씀하셨습니다.

11. 이것은 당신의 영혼에 관계되는 일인 만큼 지체하지 말 것입니다. "너를 고발하는 사람과… 길에서 얼른… 화해하라." 그가 어디로 가기 전에 화해할 것입니다. "그렇지 않으면 고발하는 사람이 너를 재판장에게, 또는 재판장의 재판장이신 하나님에게" 넘겨주고, 재판장은 형리에게, 혹은 하나님의 진노의 실행자인 사탄에게 내어주어 감옥 또는 끝날 대심판을 위해 준비해 두신 지옥에 던져짐이 될 것입니다. "내가 진정으로 너희에게 말한다. 너희가 마지막 한 코드란트까지 다 갚기 전에는 결코 거기서 나오지 못할 것이다." 그러나 이것을 당신이 수행한다는 것은 절대 불가능한 일입니다. 당신에게는 이를 지불할 아무것도 없습니다. 그러므로 당신이 일단 옥에 들어가게 된다면, 당신의 고난의 독한 연기

는 영원히 타오를 것임을 명심해야 할 것입니다.

  12. "온유한 자는 복이 있나니 그들이 땅을 기업으로 받을 것이다." 예수님의 이 말씀이야말로 인간적인 견지에서 볼 때 지극히 어리석은 것입니다. 이 세상의 지혜자는 거듭 경고합니다. 우리가 세상에서 살아나갈 때 우리를 향한 푸대접에 대하여 항거하지 아니하고 저들의 이용물만 된다면 우리는 이 세상에서 살아갈 수 없을 것이며, 매일 매일의 생활필수품조차 얻지 못할 것이며, 우리가 가지고 있던 소유물까지도 보존하지 못할 것이며, 평화롭고도 안전한 생활이나, 더구나 생을 즐긴다는 것은 꿈도 꿀 수 없을 것이라고 합니다.

  만일 하나님이 안 계셔서 그의 자녀들에게 관심을 가지시지 않는다면, 그들의 말은 사실일지 모릅니다. 하나님은 엄연히 계셔서 심판석에 좌정하시어 세상을 심판하시며, 온유한 자들을 도우시며, 인간의 지혜자들에 대하여 냉소하시고 견책하시는 동시에, 그들의 잔인성도 도리어 하나님께 돌리는 영광으로 변모하게 하십니다. 그는 온유한 자들에게 그들의 생활과 경건에 필요한 모든 것을 풍성히 조달하시고, 인간의 폭력과 거짓과 악의에도 불구하고 이를 지켜 주시며, 이를 즐기게 하십니다. 그러므로 이것은 다소를 불문하고 그들에게 기쁨이 되는 것입니다. 그들은 인내로써 자신들의 영혼을 보존함과 같이 하나님의 모든 선물도 향유하고 유지합니다. 그들은 자기들이 가진 것에 대하여 항상 자족하며 하나님과 함께 이를 즐깁니다. 요컨대, 그들의 마음과 욕망과 그들의 기쁨이 하늘에 있는 만큼 그들이야말로 참된 의미에서 "땅을 차지한다"고 볼 것입니다.

13. "땅을 받을 것이다"라는 어구에는 더 깊은 뜻이 있으니 여기에는 그들이 장차 "의가 거하는 새 땅"에서 더 높은 자리, 즉 사도 요한이 요한계시록 20장에 서술한 기업의 계승도 포함됩니다. 여기에 대하여 요한은 아래와 같이 말하였습니다. "나는 또 한 천사가⋯ 하늘로부터 내려오고 있는 것을 보았습니다. 그는 늙은 뱀 곧 악마요 사탄인 그 용을 잡아 천 년 동안 결박하여⋯ 천 년이 끝나기까지는 나라들을 미혹하지 못하게 했습니다⋯ 또 나는 예수의 증거와 하나님의 말씀 때문에 목 베임을 당한 사람들의 영혼과 짐승이나 그 우상에게 예배하지 않고 그들의 이마와 손에 짐승의 낙인을 받지 않은 사람들을 보았습니다. 그들은 살아나서 그리스도와 함께 천 년 동안 왕 노릇했습니다⋯." 이것이 첫째 부활입니다. 이 첫째 부활에 참여하는 사람은 복이 있고 거룩합니다. 이 사람들에게는 둘째 사망이 어떤 세력도 부리지 못합니다. 이 사람들은 하나님과 그리스도의 제사장들이 되어 천 년 동안 그와 함께 왕 노릇할 것입니다.

II

1. 우리 주님은 이제까지 참된 종교의 방해물을 제거하는 데에 더 신경을 쓰셨습니다. 즉 모든 종교 생활에 가장 큰 장애물이 되는 교만에 대하여 말씀하셨는데, 이것은 "마음의 가난"으로 극복할 수 있을 것입니다. 그 다음에는 우리의 믿음이 영혼 속에 깊이 뿌리박지 못하게 하는 경솔과 사려깊지 못함을 지적하셨는데, 이것은 성스러운 애통으로 제거할 수 있을 것입니다. 그 다음의 장애물은 분노와 조급한 마음과 불

만 등인데, 이런 것들은 기독교적 온유로 시정할 수 있을 것입니다. 영혼의 병원체로서 우리 속에서 끊임없이 불건전한 욕망을 자극하고 일으키며 병적인 욕심만 부풀게 하는 이 모든 장애물을 제거한다면, 하나님이 심어 주신 가장 자연스럽고 순결한 욕망이 다시 솟아나 의에 주리고 목마른 자가 될 것이니, 이런 사람들은 복이 있습니다. "그들이 배부를 것"이기 때문입니다.

2. 위에서 우리가 본 바와 같이 '의'는 다름 아닌 하나님의 형상이며 그리스도 예수 안에 있는 마음입니다. 이것은 모든 성스럽고 숭고한 덕의 총화로서, 우리의 아버지이시며 구주이신 하나님을 사랑함과 이웃을 사랑함으로 시종일관하는 것입니다.

3. "의에 주리고 목마른 자는 복이 있다." 하였는데 우리는 이 말씀을 이해하기 위하여 첫째, 주리고 목마른 것은 인간의 모든 육체적 욕구 중에 가장 강력한 것임을 알아야 합니다. 육체의 주리고 목마름과 마찬가지로 하나님의 형상을 사모하는 의에 대한 영혼의 주리고 목마름은 모든 영적 욕망 중에 가장 강렬한 것으로, 이 욕망이 우리 가슴 속에서 일단 싹트면 우리를 지으신 하나님의 형상대로 새로 지음을 받으려는 일념에 다른 모든 욕망을 삼켜 버립니다. 둘째, 우리가 한번 굶주림을 느끼기 시작하면 이 느낌은 더욱더 증대하여 음식물을 구해 배불리 먹을 때까지 가만히 있지 않든지, 그렇지 않으면 죽든지 두 길 중의 하나일 것입니다. 이와 마찬가지로 우리가 그리스도 안에 있는 마음을 사모하는 마음이 일단 생기기 시작했다면, 이 영적 욕구에 대한 열의는 식지 않고 더욱 가열되어, 이 욕구가 충족되기까지 멈추지 않을 것입니다. 셋째, 배고

프고 목마른 자에게는 음식 외에 다른 것은 아무것도 필요하지 않습니다. 배고프고 목마른 자에게 음식 이외에 화려한 의복과 금은보석이나 높은 영예나 모든 좋은 것을 줄지라도 이것들은 그에게 대수롭지 않습니다. "이것들은 내가 원하는 것이 아니다. 나에게 먹을 것을 달라. 내가 죽겠으니!" 할 것입니다. 의에 대하여 배고프고 목마른 자도 마찬가지입니다. 그에게 있어 '의' 이외에는 다른 아무것도 만족을 주지 못합니다. 부귀영화를 다 준다 해도 그는 "이런 것들은 내가 원하는 것이 아니오. 나에게 사랑을 주시오. 그렇지 않으면 죽을 수밖에 없소." 할 것입니다.

4. 이런 사람, 즉 살아 계신 하나님을 갈구하는 사람에게 세상에서 일반적으로 종교라고 하는 것이나 행복이라는 것을 주는 것으로 만족할 수 없습니다. 세상 종교에는 세 가지 요소가 포함됩니다. (1) 남에게 해를 끼치지 않는 것, 즉 외적 죄를 범하지 않는 것입니다. 남을 비방하거나 도둑질을 하거나 맹세를 하거나 주색에 탐닉하는 일 등입니다. (2) 자선 사업, 즉 빈민 구제와 불행한 사람을 돕는 일 등입니다. (3) 은혜의 방법을 준수하는 일입니다. 예배에 성실히 참석한다든가, 성찬을 엄수하는 일 등입니다. 이런 일들을 잘 지키는 사람을 세상에서는 "종교적 인물"이라고 합니다. 그러나 이런 것들이 하나님을 갈망하는 사람에게 만족을 줄 것입니까? 아닙니다. 이런 것들은 그의 영을 위한 참된 식물이 아닙니다. 그는 더 고상하고 심오한 종교를 원하는 것입니다. 이런 천박하고 형식적이고 변변치 않은 것들로 만족을 얻으려는 것은 마치 "동풍으로 배를 채우려는 것"이나 다름없습니다. 이런 것들, 즉 악은 모양이라도 버린다든지, 열심히 선행을 한다든지, 하나님의 여러 가지 법도를 준수한다든지 하는 것은 그 자체로서 반대할 이유는 없으나 이런 것들이

그의 참된 욕구를 만족시켜 줄 수는 없습니다. 이런 것들은 그가 참으로 희구하는 종교의 껍데기에 불과한 것입니다. 그가 참으로 요구하는 것은 그리스도 예수 안에 있는 하나님의 지식이며, 하나님 안에 그리스도와 함께 숨겨진 생명이며, 주님과 하나로 연합한 존재가 되는 것이며, 아버지와 아들의 사귐을 가지는 것이며, 하나님이 빛 가운데 계신 것과 같이 빛 가운데 행하는 것이며, 하나님의 순결하심과 같이 순결하게 되는 것입니다. 이것이 참된 종교이며, 의를 갈망하는 자의 의의 내용입니다. 이런 사람에게는 하나님 안에서 쉼을 얻기까지는 참된 안식이 없습니다.

5. 이와 같이 "의에 주리고 목마른 자는 복이 있나니 그들이 배부를 것임이요." 그들은 그들이 진실로 갈망하는 의와 참된 거룩함으로 채워질 것입니다. 하나님께서는 그의 지복(至福)과 택한 자에게 내리시는 은혜를 베푸실 것이며, 하늘의 떡과 그의 사랑의 만나로 먹이실 것이며, 하나님의 희락의 강에서 한번 마시면 다시 목마르지 않는 생명의 물을 영원토록 마시게 하실 것입니다. 그러나 이 주리고 목마름은 영원히 남아 있을 것입니다. 그리하여

   타는 목마름과 다함이 없는 욕망
   당신의 즐거운 오심으로 사라질 수 있으리라
   그러나 나의 온 영혼은
   당신의 영원한 사랑
   그지없이 그리워하고
   그대로 온통 차지하고 싶소.

6. 그러므로 누구를 막론하고 하나님께로부터 의에 대한 갈망을 받았다면, 그 보배로운 선물을 얻기 위하여 그에게 호소하십시오. 만일 누가 당신을 비난하고 침묵을 강요할지라도 이를 무시하고 더욱 호소하십시오. "주 예수님, 나를 긍휼히 여기소서. 나로 하여금 당신의 거룩하심과 같이 거룩한 삶을 가지게 하옵소서." 그대는 "어찌하여 양식 아닌 것을 위하여 은을 달아 주며 배부르게 못할 것을 위하여 수고합니까?(사 55:2)" 당신은 흙에서 행복을 바라며, 세상 물건에서 이를 찾고자 합니까? 당신은 예수 그리스도에 대한 지식의 우월성과 하나님의 형상대로 지음을 받은 당신 영혼의 전적인 재생을 위하여 세상의 향락과 모든 부귀영화를 분토같이 버리십시오. 그리고 우리의 마음에 아무런 변화도 가져오지 못하는 형식적 종교로 당신의 마음속에 있는 복된 의의 기갈을 소멸시키지 마십시오. 그뿐 아니라 경건의 능력과 영과 생명의 종교, 즉 그대가 하나님 안에, 하나님이 그대 안에 거하시는 것 외에 다른 데서 만족을 구하지 마십시오. 그래야 그대는 영원한 저 나라의 시민이 될 것이며, 보혈의 뿌림을 받아 휘장 안에 들어가 그리스도 예수와 함께 하늘 보좌에 앉을 것입니다.

III

1. 그리스도인은 하나님의 생명으로 충만하게 될수록 이 세상에서 여전히 하나님 없이 살고, 죄와 허물로 죽은 자들에 대하여 더 큰 관심을 기울이게 될 것입니다. 하나님께서는 이렇게 다른 사람에게 관심을 가지는 자에게 상을 베푸실 것입니다. 그래서 예수님은 "긍휼히 여기

는 자는 복이 있나니 그들이 긍휼히 여김을 받을 것임이요(마 5:7)."라고 말씀하셨습니다.

여기에 주님이 쓰신 "긍휼"이라는 낱말은 불쌍히 여기는 마음과 부드러운 마음씨를 말합니다. 이런 마음씨를 가진 사람은 하나님을 사모하는 마음이 결여된 사람에게도 경멸 대신 깊은 동정과 염려를 나타냅니다.

이 긍휼이라는 독특한 덕은 형제애의 다른 말로서 다른 모든 덕의 대표라 할 수 있습니다. 그리하여 긍휼의 말뜻은 이웃을 자기 몸처럼 사랑하는 것이라는 데서 충분히 표현됩니다.

2. 이 긍휼, 즉 사랑이 이렇듯 중요한 만큼 하나님은 사도 바울을 통하여 사랑의 내용을 충분히 나타내셨습니다. 우리는 이로써 긍휼을 얻을 사람은 어떤 사람인가를 알 수 있습니다. 사랑이 이렇게 중요한 만큼 "내가 사람의 방언과 천사의 말을 할지라도 사랑이 없으면 나는 울리는 징과 요란한 꽹과리가 되며", "내가 예언의 능력을 가졌다 하더라도, 모든 신비를 깨달았다 하더라도, 그리고 산을 옮길 만한 모든 믿음을 가졌다 하더라도 사랑이 없으면 나는 아무것도 아니며", "내가 비록 내 모든 소유를 나누어 주었다 하더라도, 그리고 내 몸을 내주어 불사르게 한다 하더라도 사랑이 없으면 내게는 유익이 없는" 것이라고 하였습니다.

3. 이 사랑(이 낱말은 긍휼보다 더 분명하고 덜 모호합니다), 즉 그리스도께서 우리를 사랑하신 것과 같은 사랑으로 이웃을 사랑할 때, 오래 참는 것입니다. 모든 사람을 향하여 그들의 약함, 무지, 과오, 취약성, 연약한 믿음을 용인하며, 그들의 사악에 대해서도 참습니다. 참되 일시적

으로만이 아니라 끝까지 참는 것입니다. 그리고 원수라도 그들이 주릴 때 먹을 것을, 목마를 때 마실 것을 줌으로써 그들의 머리 위에 사랑의 숯불을 계속하여 놓는 것입니다.

4. 사랑의 사람은 이러한 숭고한 목적을 목표로 하여 "선으로써 악을 이깁니다." 그러므로 "사랑은 친절합니다." 이것은 부드럽고 온화하며 다정합니다. 그리하여 사랑은 무뚝뚝하거나 차갑지 않으며, 특히 수난자에게는 극진한 애정과 관심으로 머뭇거림 없이 위로하고 보살펴 줍니다.

5. 따라서 "사랑은 시기하지 않습니다." 사랑은 그 못된 성품인 시기심과 상반된 덕성입니다. 그러므로 이러한 사랑의 사람은 하나님이 만든 인간에게 세상의 복과 영적 은혜가 함께 내리기를 바라며, 이 세상과 오는 세상에 모든 좋은 선물이 주어지기를 간원합니다. 자신이 이런 축복을 받았다면 다른 사람도 역시 같은 축복을 받기를 바라며, 비록 자신은 그런 은사를 받지 못했을지라도 다른 사람은 받아서 자기보다 더 행복하기를 기원하는 것입니다. 이런 사람은 그의 사랑이 클수록 모든 사람이 다 함께 하나님의 축복을 누리는 것을 즐거워하며, 그들이 받는 축복에 대하여 털끝만큼의 시기심도 갖지 않는 것입니다.

6. "사랑은 자랑하지 않습니다." 사랑은 남을 성급하게 판단하지 않으며, 쉽사리 정죄하지도 않습니다. 이것은 남이 하는 일을 언뜻 한번 보고서는 가혹한 판단을 내리는 일이 없고, 모든 물증을 확인한 후에 가부를 말합니다. 특히 피소자에게 유리한 증언에 더욱 그렇게 합니다. 이

웃을 참으로 사랑하는 자는 일반인들과 달리 "조금만 보고 크게 추측하여 결론을 내리는 법은 없습니다." 사랑의 사람은 조심성 있게 사건의 전말을 하나하나 검토하여 옛 이교도가 "나는 한 사람이 다른 사람에게 하는 험담을 경솔히 믿지 않을 것이며, 자기 자신에 대하여 하는 말이라도 쉽게 믿지 않을 것이다. 나는 그에게 항상 재고를 권할 것이며, 조언도 불사할 것이다."라고 말한 대로 다른 사람을 판단하는 데 신중을 기합니다.

7. 사랑은 또한 "교만하지 않습니다." 사랑의 사람은 "분수에 넘치는 생각을" 하지 않으며 항상 자기 분수에 맞게 생각합니다. 그는 언제나 자신을 낮춥니다. 그는 교만한 마음을 일으키는 모든 생각을 자기 속에서 몰아내고, 자신은 아무것도 아니며, 지극히 작은 자이며, 낮은 자이며, 모든 사람의 종이라는 겸허한 생각을 가집니다. 그리하여 형제적 사랑으로 얽힌 사람들 사이에는 뜻을 같이 하며, 서로 존경하고, 각각 자기보다 남을 더 귀중히 여깁니다.

8. 그 다음으로 사랑은 "무례히 행하지 않습니다." 사랑은 난폭하지 않으며, 고의로 남을 괴롭히지 않습니다. 이것은 우리에게 우리의 의무를 감당하게 하고, 두려워할 자를 두려워하게 하고, 존경할 자를 존경하게 하며, 모든 사람에게 예의와 친절과 자애로 대하게 합니다. 근일에 어떤 문필가는 선량한 교양, 즉 "예절 바른 태도"를 "모든 행동에서 남을 기쁘게 해 주려는 마음씨"라고 풀이한 것을 보았습니다. 만일 그의 말대로라면, 모든 사람을 다 사랑하는 그리스도인만큼 좋은 교양을 가진 사람은 없을 것입니다.

그리스도인은 항상 모든 사람의 건덕을 위하여 모든 사람을 기쁘게 해 주기를 열망하는 것입니다. 그의 이 열망은 감출 수 없어 누구와 접촉하든지 자연히 표시됩니다. 사랑의 사람에게는 가식이 없어 그 사랑은 말과 행동에 자연적으로 나타나는 것입니다. 그리하여 그는 아무 꾸밈없이 "여러 사람에게 여러 가지 모양으로(고전 9:22)" 나타나게 되는데, 이것은 "어떻게 해서든지… 다만 몇 사람이라도 구원하려는" 생각 때문에 그런 것입니다.

9. 이와 같이 여러 사람에게 "여러 모양이 되고자" 할 때 "자기 이익을 구하지 않는" 것이 중요합니다. 모든 사람을 기쁘게 하는 일에서 사랑의 사람은 자신의 세속적 이익에 대하여 관심을 가지지 않습니다. 다른 사람의 은금이나 의복을 탐내지 않으며, 다만 그들의 영혼의 구원 이외에 다른 것을 원하지 않습니다. 어느 의미에서 이 사랑의 사람은 세상의 물질적 이익만이 아니라 자신의 영적 이익마저도 도외시하고, 그들의 영혼을 죽음에서 구원하고자 합니다. 그는 하나님의 영광을 나타내기 위하여 자신을 잊어버림과 동시에 인간애가 극에 달할 때 자신의 영과 육을 함께 포기하는 것도 사양하지 않습니다. 그는 모세가 범죄한 동족의 죄의 용서를 하나님께 간구하여 "이 백성이… 큰 죄를 범하였나이다. 그러나 합의하시면 이제 그들의 죄를 사하시옵소서. 그렇지 않사오면 원하건대 주의 기록하신 책에서 내 이름을 지워 버려 주옵소서(출 32:31~32)."라고 한 것처럼, 또는 사도 바울이 "나는 내 동족인 형제를 위하여 나 자신이 저주를 받아 그리스도에게서 끊어질지라도 오히려 나는 한이 없겠습니다(롬 9:3)."라고 말한 것처럼 그런 심정을 가지는 것입니다.

10. 이런 사랑의 사람은 "성내지 않습니다." 혹 자기에 대한 불친절에 대하여서도 성내지 않습니다. 어떤 때는 분노할 때도 있을 것입니다. 그러나 사랑의 사람은 분노에 말려들지 않고 이를 극복하는 것입니다. 모든 당면한 시련에서도 그는 예수를 우러러보며, 그의 사랑 안에서 이기고도 남는 자가 됩니다.

11. "사랑은 남의 악을 기억하지 않습니다." 그렇기 때문에 성낼 만한 원인을 제거하는 것입니다. 물론 사랑의 사람은 사람들의 악한 것을 모르지 않습니다. 그는 인간의 악한 일을 날마다 보고 듣습니다. 따라서 이것을 인정하지 않을 수 없습니다. 가령 어떤 사람이 그 이웃을 구타하는 것을 본다든지, 하나님을 모욕하는 말을 들을 때 어떻게 이 사실들을 모른다고 할 수 있을 것이며, 그 일들이 악하다고 말하지 않을 것입니까? 그러나 사랑의 사람은 이를 마음속에 품어 두거나 생각하지 않습니다. 이 말은 의식적으로 남의 악을 품어 두고 생각하지 않는다는 말입니다. 그리고 나타나지 않은 악을 짐작으로 그러려니 하거나, 우리가 보지 못하는 것을 추측으로 어떤 결론을 내리는 일 같은 것을 아니합니다. 사랑은 이런 일을 절대로 아니합니다. 우리가 알지 못하는 것을 상상해서 이렇다 저렇다 하는 일은 없습니다. 요컨대, 사랑은 모든 질투와 악한 추측을 하지 않으며, 남의 악을 쉽게 믿지 않으며, 의심하지 않습니다. 그리고 악을 도모하지 않는 것은 물론이요, 악을 두려워하지도 않습니다.

12. 사랑은 "불의를 기뻐하지 않습니다." 그리스도인이라 하는 사람들 가운데서도 원수가 고난이나 과오나 죄에 빠질 때 쾌재를 부르는 사람이 적지 않은 것을 봅니다. 내 반대편에서 누가 그런 일을 당할 때

더더구나 그렇습니다. 그래서 우리가 반대편 가운데서 혹은 사실적으로나 짐작으로나 그들의 정책이나 행동에 무슨 잘못이 있는 것을 발견한다든지, 반대편의 무슨 실책이 우리 편의 정책에 도움이 될 경우에 기뻐하지 않는다는 것은 참으로 어렵습니다. 이것은 오직 사랑의 사람만이 가능한 것입니다. 사랑의 사람만이 내 원수가 죄를 저지르거나 우매한 행동을 했을 때 이를 슬퍼하며, 그런 일을 들은 것조차 마음 아파하며, 이를 생각조차 하려 하지 않으며, 이것을 영원히 잊어버렸으면 합니다.

13. 사랑의 사람은 (남의) 불의를 기뻐하지 않는 만큼 또한 "진리와 함께 즐거워"합니다. 그 진리가 어디에서 발견되든지 이를 환영하며 즐거워합니다. 이 진리는 경건에 속한 진리로서, 마음의 성결과 함께 우리의 행동에서 성결의 열매를 맺습니다. 그는 비록 내 반대자에게서라도 그의 의견이나 행동에서 진리를 발견하면 이를 기뻐하며, 그를 하나님을 사랑하는 사람이라고 생각하며, 비록 자기의 반대자라도 어떤 면에서는 책망할 것이 없는 자라고 생각합니다. 그리고 그들에게서 무슨 잘하는 일을 들으면 이를 기뻐할 뿐 아니라, 될 수 있는 대로 이것을 진리와 정의와 연결 지으려고 합니다. 그리고 어디에서나 누구에게서나 선이 발견되면 이것을 그의 기쁨의 원천과 영광으로 여깁니다. 실상 그는 세계 시민의 하나로서 이 땅 위에 사는 사람들의 행복을 자기의 행복으로 여기며, 무엇에나 하나님께 영광을 돌리는 것을 기뻐하며, 인간 세상에 평화와 선의를 고취하기를 힘씁니다.

14. 사랑은 "모든 것을 덮어" 줍니다. 사랑의 사람은 남의 불의를 기뻐하지 않기 때문에 이것을 잘 발설하지도 않으며, 누구에게서 무슨

악을 보거나 듣거나 알더라도 자신이 그 악에 동참하지 않음은 물론, 이를 될 수 있는 대로 덮어 줍니다. 그리고 누구에게서나 자신이 찬성할 수 없는 행동을 볼지라도, 그 형제를 얻기 위하여 본인에게 직접 말하는 경우가 아니라면 입 밖에 내지 않으며, 또 형제의 과오나 실수라도 그것을 좋게 말하지 않는다면 화제로 삼지도 않습니다. 사랑의 사람은 남의 잘못을 고자질하는 자나 험담을 하는 자나 쑥덕공론을 하는 자들은 다 살인자로 여깁니다. 이와 같이 이웃의 명예를 훼손하는 자는 오래지 않아 그의 목에 칼을 꽂을 수도 있을 것이며, 화살과 횃불과 죽음(험담, 모략, 중상 등)을 살포하는 자는 오래지 않아 그 이웃집에 불을 놓을 생각도 할 것이며, 그러면서 "나는 스포츠를 즐긴다."고 할 수도 있을 것입니다.

  사랑의 사람은 형제의 모든 허물을 덮어 주되 한 가지 예외가 있습니다. 즉 다른 사람의 악을 공개함으로써 하나님의 영광을 나타냄이 되거나 이웃의 유익이 되는 경우입니다. 이런 경우에 무고한 자에게 손해가 나지 않게 하기 위하여 범법자의 죄상을 폭로하여 그의 잘못을 지적할 수밖에 없습니다. 그러나 이런 경우에라도 (1) 그 범법자에 대한 사랑이 동기가 아니면 절대로 입 밖에 내지 않습니다. (2) 막연한 선의로나 또는 하나님께 영광이 될 것이라는 관념에서가 아니라 실제적으로 피해자를 그가 당하는 어떤 위해나 손실에서 보호하려는 의도에서 합니다. (3) 그럴지라도 사랑의 사람은 이런 방법 이외에 다른 효율적인 방법이 없다고 완전히 확신하기 전에는 말하지 않습니다. (4) 그런 판단이 선 후에라도 그는 이를 최후의 수단으로, 독으로 독을 제거한다는 생각으로 마지못해 사용합니다. 따라서 (5) 그는 이런 방법을 부득이한 경우 이외에는 쓰지 않으며, 이런 방법을 쓸 경우라도 그는 '차라리 말하지 않는 편이 낫지 않을까?' 하는 생각으로 가능한 한 조심스럽게 합니다.

15. 사랑은 "모든 것을 믿습니다." 사랑의 사람은 언제나 무엇에서나 가장 좋은 점을 발견하려 하며, 무엇이나 선의로 해석하려 합니다. 그는 언제나 다른 사람이 덕을 세우는 일에 유익한 것을 믿으려 하며, 남의 무죄와 진실에 편들며, 혹시 잘못이 있을지라도 그가 진심으로 회개하기를 바라고 또 그렇게 믿습니다. 그리하여 남의 허물을 용서하기를 좋아하며, 범죄자를 정죄하되 될 수 있는 대로 가볍게 하며, 하나님의 정의와 진리에 어긋나지 않는 한도 내에서 인간의 무능력을 인정하고 용납합니다.

16. 그러나 더 믿을 수 없는 경우에는 "모든 것을 바랍니다." 만일 어떤 사람에게 무슨 잘못이 있다고 인정되더라도, 사랑의 사람은 그것이 그렇지 않기를 바라며, 그런 범죄가 그에게 있었을 까닭이 없을 것이라고 생각하는 것입니다. 그리고 "그것이 참일까? 아마 진상은 좀 다를 거야!" 이렇게 생각해서 그 범죄 사실을 인정한다고 할지라도, 될 수 있는 대로 과소평가하려는 태도를 가지며 실상 그렇기를 희망합니다. 그리고 허물을 저지른 사실이 확실한 경우에는 사랑은 "그것은 고의적인 것이 아니었을 거야."라고 생각합니다. 만일 계획적인 악의에 의한 과오라고 여겨지더라도, 그는 그것은 그의 본성이 나빠서라기보다 일시적 감정의 폭발이거나 어떤 강력한 시험에 들어서 그 사람이 거기에 휩쓸렸을지도 모른다고 생각하는 것입니다. 그러나 이것저것 다 시인할 수밖에 없는 경우, 즉 그의 행동이나 의도나 성격 등이 다 악했다 하더라도, 사랑의 사람은 하나님께서 그의 손을 내미시어 그를 구원하심으로 하늘에서 회개할 것이 없는 의인보다 이 한 죄인의 회개를 더 기뻐할 그 날이 오기를 바라는 것입니다.

17. 마지막으로, 사랑은 "모든 것을 견딥니다." 이로써 진실로 긍휼한 자의 성품이 완성됩니다. 그는 서너 가지나, 여러 가지나, 거의 다 정도만 견디는 것이 아니라, 모든 것을 전부 견딥니다. 아무리 불공평하고 악랄하고 잔인한 일을 당한다 해도, 그는 이를 능히 견딥니다. 그에게는 이것은 정말 참을 수 없다고 할 일이 세상에 없습니다. 무슨 어려운 일이, 또 모욕적인 대우라도 그에게 능력을 주시는 그리스도의 도우심에 의하여 참고 견디어 내는 것입니다. 그가 당하는 고초가 그의 사랑의 열을 조금이라도 감소시키거나 손상하지 못합니다. 사랑이야말로 방수제, 방화제의 역할을 합니다. 이 사랑이야말로 지심(地心)에서 솟구치는 불에 비길 것입니다. 많은 물이 이 사랑의 불을 끌 수 없을 것이요, 큰 홍수가 이것을 소멸시키지 못할 것입니다. 사랑은 모든 것의 승리자이며, 현실에서나 영겁에 영존할 것입니다. 그리하여 어느 시인이 읊은 대로 사랑은 오직 하늘의 명령에 순종할 뿐으로, 지식도 폐하고 예언도 그칠 것이나 오직 사랑만은 영속할 것입니다. 이것은 시간에 얽매임도 없고 썩어질 운명도 당함이 없이 언제나 선을 뿌리며, 영원한 찬양을 누리면서 승리의 행복함 속에 무궁한 세계에 빛날 것입니다.

그리하여 "긍휼히 여기는 자는 긍휼히 여김을 받을 것입니다." 하나님의 축복만이 그의 하는 모든 일에 임하고, 그가 그의 형제를 사랑한 그 사랑의 몇 천만 배 되는 하나님의 사랑의 보상을 받을 뿐 아니라, 그들을 위하여 "창세 때부터 준비된 나라에서" "영원히 넘치고 빛나는 영광"을 누릴 것입니다.

18. 그러나 사랑의 사람은 말할 것입니다. "메섹에 머물며 게달의 장막 중에 머무는 것이 내게 화로다(시 120:5)"라고. 사랑의 사람은 이

땅 위에 진실하고 순전한 사랑이 결핍되어 있음을 슬퍼합니다. 사랑의 사람의 눈에 비친 그리스도인은 어떻습니까? 그들은 서로 사랑하고 있습니까? 이른바 기독교 국가들이 서로 살육을 기탄없이 하며, 총검으로 서로 치며, 수천수만의 군대를 동원하여 다른 기독교 국가를 침범합니다. 그들은 국내에서도 이 파와 저 파 사이에 불꽃 튀기는 열전을 벌이기도 합니다. 기독교 도시 안에서도 거짓과 속임과 압제와 비행과 살인과 강도가 여기저기에서 성행합니다. 그뿐입니까? 기독교 가정들에서도 시기와 질투와 분노와 가정불화가 끊임없이 일어납니다. 무엇보다 통탄할 일은, 평화의 왕인 그리스도의 이름을 지닌 교회가 끊임없이 서로 싸우고 있어서 죄인을 구원하기는커녕 그들을 지옥으로 인도하며, 교회가 성도의 피에 취해 있다는 사실입니다. 이 달갑지 않은 영예가 "땅의 음녀들과 가증한 물건들의 어미, 큰 바벨론(계 17:5)"에게만 해당한 것입니까? 아닙니다. 이른바 개혁교회들이 그 발자취를 밟고 있습니다. 그뿐 아니라, 개신교들 역시 그들의 손에 권력이 쥐어졌을 때 피 흘리기까지 박해를 합니다. 그리고 그들은 서로 저주와 악담을 하며, 기독교의 큰 가르침에는 별로 다른 것이 없고 다만 지엽적인 문제에서 서로 의견이 다를 뿐임에도 불구하고, 서로 분노와 분쟁과 악의와 신랄한 언동으로 충돌하고 적대 관계를 만들고 있습니다. 평화의 길을 모색하고 서로 간에 건덕의 방법을 추구하는 자는 누구입니까? 오, 하나님! 주님은 언제까지 기다리시렵니까? 당신의 약속은 실패할 것입니까? 두려워 마십시오, 소자들이여! 소망이 없는 곳에서 믿음 안에 소망을 가지십시오. 이 세상을 새롭게 하는 것은 하늘에 계신 당신 아버지의 기쁘신 뜻입니다. 이 땅 위의 모든 불의가 자취를 감추고, 그 주민들이 의를 배울 때가 올 것입니다. 나라와 나라 사이에 검으로 맞서지 않고, 전쟁을 알지 못할 것입니다. 여호와의 집의 산이 모든 산들의 꼭대기에 설 것이요, 세상 나라들이 우리 하나님의 나라들이 될 것입니다. 그들은 하나님의 거룩한 산에서 서로 상하거나 파괴하지 않을 것이요, 그들은 그들의 성을 "구원의 성"이라, 그들의 문을 "구원의 문"이라 할 것입니다. 그들은 점도 없고 흠도 없을 것이며, 그리스도께서 우리를 사랑하신 것처럼 서로 사랑할 것입니다. 그들은 처음 익은 열매의 한 부분이 될 것입니다. 그들은 그들의 이웃을 자기 몸처럼 사랑할 것이며, 하나님께서는 그들의 마음에 사랑을 채워 주시어, 그 이웃을 위하여 생명을 버리는 것도 사양하지 않을 것입니다. 그들의 영혼은 사랑으로 흘러넘쳐 냉랭하고 거룩하지 못한 성정은 이 사랑의 열화 속에 사라질 것이며, 그들은 사랑의 세계에서 영원무궁토록 다스릴 것입니다!

18
산상설교 III
Upon our Lord's Sermon on the Mount III

애즈베리 신학대학의 웨슬리 동상
Life-size statue of John Wesley on the campus of Asbury Theological Seminary in Wilmore, Kentucky

마음이 청결한 자는 복이 있나니 그들이 하나님을 볼 것임이요 화평하게 하는 자는 복이 있나니 그들이 하나님의 아들이라 일컬음을 받을 것임이요 의를 위하여 박해를 받은 자는 복이 있나니 천국이 그들의 것임이라 나로 말미암아 너희를 욕하고 박해하고 거짓으로 너희를 거슬러 모든 악한 말을 할 때에는 너희에게 복이 있나니 기뻐하고 즐거워하라 하늘에서 너희의 상이 큼이라 너희 전에 있던 선지자들도 이같이 박해하였느니라 (마 5:8~12)

I

1. 이웃 사랑에 대하여 예수님은 온갖 찬사를 아끼지 않으셨습니다. 이것은 율법의 완성이며, 계명의 완결입니다. 사랑 없이는 우리가 가진 모든 것, 하는 모든 일, 받는 모든 고난도 하나님 앞에서 무가치합니다. 이웃 사랑은 하나님 사랑에서 솟아납니다. 만일 그렇지 않다면 이것은 무가치합니다. 그러므로 우리는 우리의 이웃 사랑의 근거가 무엇인지 살펴보아야 할 것입니다. 이것이 하나님의 사랑에 근거를 둔 것인지, 또는 하나님이 우리를 먼저 사랑했기 때문에 우리도 그를 사랑하는 것인지, 그리고 우리는 마음이 청결한지 검토해야 합니다. 왜냐하면 이것이야말로 영원히 흔들리지 않는 기초이기 때문입니다. 마음이 청결한 사람들은 복이 있습니다. 그들이 하나님을 볼 것입니다.

2. 마음이 청결한 사람들은 어떤 사람이냐 하면, 하나님께서 그의 청결하심과 같이 그 마음을 청결하게 해 주신 사람입니다. 즉 예수님의 피에 대한 믿음으로 말미암아 모든 거룩하지 못한 성정과 또는 육과 영의 모든 더러운 것에서 씻음을 받아 하나님께 대한 사랑과 두려움으로 완전한 성화에 이른 자입니다. 이런 사람들은 하나님의 은혜의 능력에 의하여, 그리고 마음의 가난으로 말미암아 모든 교만에서 깨끗함을 받은 자입니다. 그는 분노의 난폭한 성정에서 벗어나 온유하고 부드러우며 하나님을 기쁘시게 하고 그를 즐거워하는 것 이외에 다른 욕망을 가지지 않으며, 의에 주리고 목마름이 그의 영혼 전체를 지배하여 날이 갈수록 하나님을 더욱더 알고 사랑하게 됩니다. 그리하여 마음과 뜻과 정성과 힘을 다하여 하나님을 사랑합니다.

3. 그러나 모든 세대의 거짓 선지자들은 이 마음의 청결을 그리 중요시하지 않았습니다. 그들은 다만 하나님의 명령 중에서 몇 가지 외적 부정에 대하여서만 금기할 것을 가르쳤을 뿐, 내적 부정에 관하여서는 중요시하지 않았습니다.

예수님의 가르치심 가운데 이 문제에 관한 좋은 실례가 있습니다. "간음하지 말라고 하신 말씀을 너희가 들었다."는 말씀입니다(마 5:27). 이 간음 문제에 관하여 소경으로서 소경을 인도하는 스승들은 다만 간음의 행동만을 금했을 뿐입니다. 그러나 예수님은 "나는 너희에게 말한다. 여인을 보고 음욕을 품는 사람은 누구든지 이미 마음으로 그 여인과 간음한 것이다(마 5:28)."라고 말씀하셨습니다. 하나님은 내면의 진실을 요구하십니다. 그는 마음을 감찰하시며 지배하십니다. 그러므로 우리가 만일 마음으로 불의에 기울어지고 있다면 하나님은 우리의 부르짖음을 듣지 않으실 것입니다.

4. 하나님께서는 우리를 부정하게 만드는 그 무엇도 용납하지 않으십니다. 그래서 "네 오른 눈이 너를 범죄하게 하거든 빼어 버리라. 신체의 한 부분을 잃더라도 온몸이 게헨나에 던져지지 않는 것이 낫다(마 5:29)."고 하셨습니다. 만일 우리의 오른 눈처럼 아끼는 사람이라도 우리로 하나님을 거슬러서 우리의 마음속에 불결한 욕정을 일으키게 한다면, 그것을 단연코 끊어버려야 합니다. 예수님은 또 말씀하셨습니다. "또 오른손이 너를 범죄하게 하거든 찍어 버리라. 신체의 한 부분을 잃더라도 온몸이 게헨나에 던져지지 않는 것이 낫다(마 5:30)." 이와 마찬가지로 우리의 오른손처럼 우리에게 필요한 사람이 우리에게 불결한 생각을 가지게 하여 범죄의 원인이 된다면, 비록 그 생각이 행동화되지 않았더라도 가차 없이 단교하여야 합니다. 이런 처사야말로 그 손해가 세상 쾌락이든지 물질이든지 친구이든지 간에, 그것은 우리의 영혼을 잃는 것보다 훨씬 나을 것입니다.

우리가 이러한 최후적 결단을 내리는 데에 두어 가지 고려할 점이 있습니다. 하나는 우리가 금식과 기도를 통해서나, 또는 우리로 범죄의 기회가 되게 하는 말이나 행동이나 태도를 버림으로써 그러한 불결한 생각을 제거할 수 있을까 함이요, 다른 하나는 만일 우리가 이런 방법으로도 도움을 얻지 못한다면 우리 영혼의 감독자의 도움을 청하든지, 그렇지 않으면 이런 일에 대한 경험자에게 범죄의 원인이 되는 그 사람과의 단교의 시기와 방법 등을 문의할 것입니다. 그러나 일반 비 신앙인에게 이런 문제를 상의하는 것은 현명하지 않으니 그것은 우리가 도리어 옳지 못한 지도를 받기 쉬운 까닭입니다.

5. 마음의 청결 문제와 관련하여 신성한 결혼 문제를 생각해 봄

시다. 결혼은 신성하고 존중할 만한 사회 제도인 만큼 우리는 이것을 인간 욕정의 방종의 기회로 삼아서는 안 될 것이며, 이런 관점에서 결혼과 이혼을 가볍게 해서는 안 될 것입니다. 그래서 예수님은 "누구든지 아내를 버리려면 그에게 이혼 증서를 써주라고 율법에 기록되어 있다. 그러나 나는 너희에게 말한다. 누구든지 음행 이외의 다른 이유로 아내를 버리는 사람은 그 여인을 간음하게 하는 것이요, 또 누구든지 그 버림받은 여인과 결혼하면 간음을 행하는 것이다." 하셨는데, 여기서 예수님은 이혼의 유일한 조건으로 간음을 지적하셨습니다. 여기에는 그 외에 아내를 좋아하지 않고 다른 여자를 더 좋아한다는 이유만으로 이혼해서는 안 된다는 것을 내포합니다.

    이 말씀에서 우리는 주님께서 모든 일부다처주의를 엄금하신 사실을 볼 수 있습니다. 여기에서 주님은 남편을 가진 여자가 딴 남자와 결혼을 하면 이것은 간음이라 하셨습니다. 같은 논리로 비록 이혼을 하였을지라도 이혼한 여자가 살아 있는 한, 남자가 재혼을 하면 역시 간음죄를 범하는 것이 된다고 볼 것입니다. 다만 여자가 간음을 한 이유 때문에 이혼을 했다면 재혼도 무방합니다. 이 경우에 재혼을 금한 성서의 말씀은 없습니다.

    6. 이러한 청결이야말로 하나님이 요구하시는 것이며, 그의 아들을 믿는 사람이 가져야 할 태도입니다. 이렇게 "마음이 청결한 사람들은 복이 있습니다." 이는 "그들이 하나님을 볼 것"이기 때문입니다. 이런 사람들에게는 이 세상 사람들에게만이 아니라, 그를 믿는 다른 자녀들에게도 좀처럼 나타내 보이시지 않는 하나님 자신을 나타내 보이십니다. 하나님께서는 성령을 통하여 아버지 자신과 성자와의 가장 긴밀한 친교

를 가질 수 있는 축복을 이런 사람들에게 내리시고 항상 동행하시며 그의 얼굴의 광채를 비추실 것입니다. 이런 사람들은 끊임없이 "주여, 간구하오니 당신의 영광을 보여주소서."라는 기도를 올립니다. 따라서 이들은 믿음으로 하나님을 봅니다. 육체의 장막과 물질은 그들에게 투명하게 변합니다. 그리하여 그는 하나님이 만드신 미물에서뿐 아니라 만물과 그를 둘러싼 모든 것을 통하여 하나님을 봅니다. 높은 곳에서나 낮은 곳에서나 어디에서나 하나님의 충만하신 모습을 볼 수 있습니다. 그리하여 마음이 청결한 사람은 세상 모든 것에서 하나님을 봅니다. 저 천공에 떠 있는 달의 광명에서 그를 보며, 해에서도 "그 길을 달리기를 기뻐하는 장사" 같은 하나님을 봅니다. 그들은 또한 "구름으로 자기 수레를 삼으시고 바람 날개로 다니시는(시 104:3)" 하나님과, "땅을 위하여 비를 예비하시며, 수확이 풍성하게 하시며, 가축을 위한 물과 사람의 소용을 위한 채소를 자라게 하시는(시 104:14)" 하나님을 봅니다. 그리하여 마음이 청결한 사람은 만물의 창조주가 그의 지혜로 만물을 다스리시고 그 말씀의 능력으로 만물을 유지, 보존하심을 봅니다. "우리의 통치자이신 주님, 이 땅 위에서 당신의 이름은 얼마나 존귀하십니까!"

7. 마음이 청결한 사람은 그들 자신 안에서, 즉 자신들의 영혼과 육체와 관계된 주님의 섭리 안에서 특별히 하나님을 봅니다. 그들은 하나님의 권능의 손이 그들 자신 위에 계시어 그들로 선한 일을 하게 하심을 보며, 그들의 신장과 체중의 유지를 위해서도 필요한 것들을 주시는 것을 느끼며, 그들의 머리카락 수까지 세시는 분임을 보며, 그들 자신과 그들의 소유물 보호를 위해서까지 관심을 가지심과 그들의 제반 생활환경을 위해서도 그의 깊은 지혜와 자비를 베푸시는 것을 봅니다.

8. 그러나 무엇보다도 그들은 하나님을 섬기는 제반 행사에서 특히 하나님을 봅니다. 큰 회중과 함께 그의 이름에 합당한 존귀를 드리며 거룩한 분위기에 싸여 예배드릴 때나, 은밀한 골방에 들어가 은밀한 중에 계신 아버지 앞에 그들의 마음을 쏟아 기도드릴 때나, 하나님의 말씀을 상고할 때나, 그리스도의 사신들이 구원의 복음을 선포하는 것을 들을 때나, 그리스도가 하늘 구름을 타고 다시 오실 때까지 그의 죽음을 나타내는 빵을 먹고 잔을 마실 때 등, 모든 기회를 통해 그들은 형언하기 어려운 하나님의 임재를 느낍니다. 그들은 하나님과 얼굴과 얼굴을 대하여 보며, 사람이 그 친구와 이야기하는 것같이 대화합니다. 이러한 만남이야말로 그들이 장차 저 천상 세계에서 하나님의 참모습을 볼 준비라 할 것입니다.

9. 그러나 하나님을 보기 어려운 사람들이 있는데, 그들은 맹세에 대한 올바른 견해를 가지고 있지 못한 사람들입니다. 예수님은 "'거짓 맹세를 하지 말고 네가 주께 맹세한 것은 다 지키라'고 옛사람들에게 하신 말씀을 너희는 들었다(마 5:33)."고 말씀하셨습니다. 이 말씀을 바꾸어 말하면, "너희는 맹세를 하지 말라. 그러나 주 여호와의 이름으로 맹세했을 때에는 그 맹세를 주께 지켜야 한다. 그러나 다른 맹세는 주님이 상관하시지 않는다."라는 것입니다.

바리새파 사람들은 일상적인 대화에서 비록 사소한 것으로 맹세하는 것도 유효하게 생각하였습니다. 그래서 하나님의 이름으로까지 맹세할 필요도 없었습니다. 그러나 주님은 거짓 맹세와 함께 모든 맹세를 엄금하셨습니다. 크나 작거나 간에 무엇으로 맹세하든지 이것은 악한 것이라고 가르치셨습니다. 만물은 하나님의 것이며, 하나님은 어디에나,

무엇에나 그리고 모든 것 위에 계십니다. 그러므로 예수님은 말씀하셨습니다. "나는 너희에게 말한다. 도무지 맹세하지 말라. 하늘을 두고도 맹세하지 말라. 이것은 하나님의 보좌이기 때문이다(마 5:34)." 즉 이것은 하늘 보좌에 앉으신 하나님을 두고 맹세하는 것과 같은 것이 되는 까닭입니다. "땅을 두고도 맹세하지 말라. 그것은 하나님께서 디디시는 발판이기 때문이다(마 5:35)." 즉 하나님은 땅에도 하늘에서와 같이 임재해 계신 것입니다. "예루살렘을 두고도 맹세하지 말라. 그것은 큰 임금의 도성이기 때문이다." 하나님은 큰 성과 큰 궁전에도 계시며, 거기에서도 잘 알려지신 분이라는 것입니다. "네 머리를 두고도 맹세하지 말라. 너는 머리카락 하나도 희게 하거나 검게 할 수 없기 때문이라." 하였습니다(마 5:36). 사실상 머리카락 하나도 내 것이 아니요, 천지의 주재이신 하나님의 것입니다. "그러므로 우리의 대화"나 행동이나 담론에서는 "'예' 할 것은 '예' 하고 '아니요' 할 것은 '아니요'"라고만 하라. 꾸밈없고 진지한 긍정과 부정이 있을 뿐입니다. "여기서 지나치는 것은 악에서 나오는 것(마 5:37)"이라 하셨습니다. 즉 마귀에게서 나오는 것이요, 그 자녀들의 표지라는 말씀입니다.

10. 그러나 주님은 법관이나 관리의 요구에 의한 선서나 또는 진실된 맹세를 금하지 않으셨으니, 이 아래의 사실들이 이를 나타냅니다. (1) 맹세의 남용을 경계하는 교훈 중에 거짓 맹세와 또는 일상 담화에서 하는 맹세를 금하셨으나 법관 앞에서 하는 맹세는 문제 삼지 않으신 것. (2) 이 교훈의 결론에 "너희는 그저 '예' 할 것은 '예' 하고 '아니요' 할 것은 '아니요'라고만 하라" 하신 말씀. (3) 예수께서 대제사장이 맹세와 함께 그에게 물어온 질문에 대하여 대답하신 것, 즉 대제사장이 "내가 살

아 계신 하나님께 맹세하고 그대에게 명령하니 대답하시오. 그대가 하나님의 아들 그리스도요?"라고 물었을 때 예수님은 그 물음에 대하여 긍정적인 대답을 하시면서 "네 말대로다. 그러나 내가 이것을 네게 일러둔다. 이제로부터 너희는 인자가 전능하신 이의 오른편에 앉아 있는 것과 또 그가 하늘 구름을 타고 오는 것을 볼 것이다(마 26:63~64)" 하신 것. (4) 하나님이 하시는 일의 예증으로, 히브리서 6장 17절에 "하나님께서는 그 약속을 이어받을 사람들에게 그의 계획의 불변성을 더욱 밝히 나타내 보이시기 위하여 맹세로 보증하신 것입니다" 한 것. (5) 사도 바울의 예증으로, 바울은 성령을 받은 분이며, 그가 섬기는 그리스도의 마음을 가장 잘 안 사람인데 그는 로마서에 "내가 그 아들의 복음을 전하는 데 있어서 내 영으로 섬기고 있는 하나님이 내 증인이 되십니다(롬 1:9)" 하였고, 고린도 교인들에게는 "… 하나님을 증인으로 모시고 나는 지금 이 말을 하는 것입니다(고후 1:23)" 하였으며, 빌립보 교인들에게는 "내가 그리스도 예수의 심정으로 여러분 모두를 얼마나 사모하고 있는가에 대해서는 하나님께서 증거하십니다(빌 1:8)" 한 것입니다. 만일 바울 사도가 주님 말씀의 뜻을 올바로 이해했다면, 그가 이해한 대로 예수님의 말씀은 중대한 사건에 관해 서로 맹세하는 것을 금하시지 않은 것으로 볼 것입니다. 더구나 법관 앞에서는 더욱 그렇습니다. (6) 마지막으로 히브리서 기자도 엄숙한 맹세에 대해 "사람들은 자기보다 위대한 이를 두고 맹세합니다. 그리고 맹세는 사람들의 모든 논쟁을 끝내고 확증을 지어줍니다(히 6:16)" 하였는데, 만일 그가 섬기는 주님이 맹세를 전혀 금하셨다면 그런 말을 아무 거리낌 없이 하지 않았을 것입니다.

11. 이 말씀을 통하여 우리의 복된 주님이 우리에게 거듭 강조하

시는 교훈의 요점은 이것입니다. 즉 하나님은 만물 중에 계시다는 것과 우리는 모든 피조물을 통해서 창조주를 볼 수 있다는 것과 또 우리는 어떤 사물이든 하나님을 떠나서 사용하거나 관찰해서는 안 된다는 사실입니다. 만일 우리가 하나님을 떠나서 무엇을 한다면 그야말로 실천적 무신론(practical atheism)이라 할 것입니다. 우리는 하늘과 땅과 만물을 관찰할 때 이것들은 하나님의 손 안에 있는 것으로서, 그가 친히 그 가운데 계시어 유지하고 보존하시며 그 속에서 그것들을 동작하게 하시고 계신 까닭으로 하나님은 참된 의미에서 우주의 영이심을 인정해야 할 것입니다.

II

1. 지금까지 주님은 마음의 종교에 대하여 가르치시고 그리스도인은 어떤 사람이 되어야 할까를 말씀하셨는데, 이제는 그리스도인의 할 일에 대하여 가르치십니다. 즉 우리의 내적 성결이 어떻게 외적 행동으로 표현될까 하는 문제입니다. 그래서 그는 "화평하게 하는 자는 복이 있나니 그들이 하나님의 아들이라 일컬음을 받을 것(마 5:9)"이라 하셨습니다.

2. "화평(평화)을 위해 일하는 사람들(The peace-makers, οἱ εἰρηνοποιοί)"의 이 "평화(εἰρήνη)"는 성서에서 모든 좋은 것을 의미합니다. 이것은 우리의 영육 간, 현세에서나 영원한 세계에서의 복락을 말합니다. 따라서 사도 바울이 로마서와 고린도서의 첫머리에서 은혜와 평안(평화)이 그들에게 있기를 기원했는데, 그 내용을 부연하여 설명한다면 이렇게

말할 수 있을 것입니다. "하나님께서 아낌없이 거저 내리시는 사랑과 은총으로 말미암아 여러분이 신령한 복과 세상의 복과 아울러 하나님께서 자기를 사랑하는 자를 위하여 준비하신 모든 좋은 것을 누리기를 바랍니다."

3. 이렇게 볼 때 이 "평화를 위해 일하는 사람들"이란 어구는 광범한 의미를 가지고 있다고 이해하여야 합니다. 그 어구의 직접적 의미는 하나님과 인간을 사랑하는 사람들은 모든 분쟁과 폭력과 논쟁과 싸움을 극도로 싫어하고 혐오하여 이 지옥의 불이 붙지 않도록 전력을 다하며, 일단 붙었다면 이것이 붙어 올라 확대되지 않도록 최선을 다한다는 말입니다. 이들은 분쟁 당사자들의 과열된 정신과 흥분된 감정을 가라앉히기를 힘씀과 동시에 대립된 각 진영 사람들의 격앙된 마음을 누그러뜨리고자 노력합니다. 그들은 갖은 수단 방법과 역량을 총동원하여 평화가 있는 곳에서는 이를 유지하고자 하며, 평화가 없는 곳에서는 이를 회복하고자 노력합니다. 그들이 사람들 가운데서 비록 미미하더라도 그들 사이에 선의를 강화하고 증대시키는 것을 최상의 기쁨으로 삼습니다. 특히 하나님의 자녀들 가운데서 이렇게 되는 것을 더욱 기뻐합니다. 하나님의 자녀들이야말로 "한 주님 한 믿음"을 가졌으며 "부르심을 받은… 그 부르심에 따르는 희망"도 하나이기 때문입니다.

4. 그러나 넓은 의미에서 "평화를 위해 일하는 사람들(peace-maker)"은 기회 있는 대로 모든 사람에게 선을 행하는 사람입니다. 하나님 사랑과 인류 사랑으로 가득한 사람이라면 그 사람은 다만 자기 가족이나 친구나 친지나 진영이나 또는 의견이 서로 같은 사람이나 신앙의

노선이 같은 사람에게만이 아니라, 이 좁은 울타리를 초월하여 이웃이나 모르는 사람이나 원수에게까지도 사랑을 나타낼 것입니다. 그는 모든 기회를 이용하여, 모든 사람의 유익을 위하여 선을 행하기를 힘씁니다. 한 가지 특정의 선만이 아니라, 모든 가능한 방법과 그의 전 재능과 전심전력을 총동원하고, 그뿐만 아니라 그의 행복과 관심과 명예를 걸고 선을 행하는 것입니다. 그가 다만 바라는 것은 주님이 오셔서 "착하고 신실한 종아, 잘하였다." 하시는 칭찬을 듣고자 하는 것뿐입니다.

5. 이 사람은 자신의 전 능력을 기울여 선을 행하되, 모든 사람의 몸의 요구에 대하여서도 등한시하지 않습니다. 굶주린 자에게 먹을 것을 주고, 헐벗은 자에게 입을 것을 주며, 나그네를 영접하여 환대하며, 환자와 감옥에 갇힌 자를 방문하고 도와줍니다. 이런 모든 선은 사람을 상대로 하는 것이 아니라, "너희가 여기 내 형제 중에 지극히 보잘것없는 사람 하나에게 한 것이 곧 내게 한 것"이라는 말씀을 기억하고 주님에게 하는 심정으로 하는 것입니다.

6. "평화를 위해 일하는 사람들"은 사람의 몸을 위해 하는 선행도 기뻐하지만 영을 위해 행하는 것을 더 기뻐합니다. 그러나 인간의 영에 대해 주는 영향력은 오직 하나님만이 가능합니다. 따라서 인간의 마음의 변혁도 오직 하나님만이 하십니다. 이 마음의 변화는 다른 무엇에 비길 수 없이 중요한 것입니다. 세상의 모든 일은 다 하나님께서 하시는 것이지만, 그는 특히 인간을 통하여 다른 인간에게 도움을 주시며, 그의 능력을 베푸시며, 복과 사랑을 내리시는 것을 즐거워하십니다. 그러므로 이 땅 위에서 인간에 대한 봉사는 그것이 결국 하나님이 하시는 일

임에 틀림없으나 그렇다고 우리는 하나님이 으레 하시려니 생각하고 포도원 밖에서 우두커니 서 있는 사람처럼 해서는 안 됩니다. 평화를 위해 일하는 자는 절대로 그렇게 할 수 없습니다. 우리는 하나님의 손에 잡힌 도구로서 주의 쓰심에 합당하도록 정지 작업도 하고, 천국의 씨를 뿌리기도 하며, 물도 주면서 하나님께서 성장하게 해 주시기를 기다려야 합니다. 우리는 하나님께로 받은 은혜의 분량대로 부지런히 죄인을 권면하고, 멸망의 넓은 길로 달리는 사람을 선도하고, 어두움에 앉아 지식이 없어 죽음의 길로 나가는 사람에게 빛을 던져주며, 약한 자는 붙들어 주어 무력한 팔과 다리를 자유롭게 활동하게 하며, 저는 자를 잘 고쳐 잘 걸을 수 있게 해야 합니다. 우리는 또한 이미 좁은 문으로 들어가려고 노력하는 사람을 도와 더욱더 정진하게 하며, 달리는 힘이 약한 사람을 도와 "우리 앞에 놓인 경주의 길을 견디며 달려"가게 하기에 힘쓰며, 자기들이 믿고 있는 대상을 이미 아는 사람들도 "가장 거룩한 믿음의 터 위에 서도록 하며, 그들 속에 있는 하나님의 은사를 북돋우도록 격려하여, 은혜 안에서 점점 자라 우리의 주님과 구주가 되신 예수 그리스도의 영원하신 나라에 들어갈 수 있도록 지도하기를 힘써야 할 것"입니다.

7. 이와 같이 "믿음의 행위"와 "사랑의 수고"를 꾸준히 하는 사람들은 "복"이 있습니다. 그들은 하나님의 자녀라고 일컬어질 것이기 때문입니다. 하나님께서는 양자의 영을 그들의 마음속에 풍성히 내리실 것이며, 그의 자녀들이 받을 모든 복을 아끼시지 않을 것입니다. 그리하여 그들은 모든 천사와 사람 앞에서 자녀라 일컬음을 받을 것입니다. 자녀란, 하나님의 상속자로서 그리스도와 함께 상속할 사람이 되는 것입니다.

Ⅲ

1. 위에 서술한 바와 같은 사람, 즉 그처럼 지극히 겸손하고, 그처럼 사심이 없고, 인간을 사랑하는 사람들은 모든 사람에게 사랑을 받을 것입니다. 그러나 우리 주님은 이 세상 사람들의 마음씨를 잘 아셨습니다. 그래서 주님은 비록 하나님의 사람이라도 이 악한 세상에서는 어떤 푸대접을 받을 것인지 아셨으므로 팔복의 약속으로 끝맺으셨습니다. 즉 "의를 위하여 박해를 받은 자는 복이 있나니 천국이 그들의 것임이라(마 5:10)." 하신 것입니다.

2. 이 말씀을 완전히 이해하기 위하여 첫째, 우리는 박해를 받는 자는 어떤 사람인지 알아야 합니다. 사도 바울은 "… 그때 육을 따라 난 사람이 영을 따라 난 사람을 박해한 것과 같이 지금도 그러합니다(갈 4:29)." 하였고, 그는 또 "참으로 그리스도 예수 안에서 경건하게 살려고 하는 사람들은 모두 박해를 받을 것입니다(딤후 3:12)." 하였습니다. 이와 같이 사도 요한도 "형제들이여, 세상이 여러분을 미워해도 이상히 여기지 마시오. 우리는 이미 죽음의 나라에서 생명의 나라로 옮겨간 것을 압니다. 사랑하지 않는 사람은 죽음의 나라에 그대로 있습니다(요일 3:13~14)."라고 하여, 그리스도인은 죽음에서 나와 생명의 나라로 옮긴 사람 이외의 사람들에게서 사랑을 받을 수 없다고 말씀하였습니다. 무엇보다 우리 주님은 여기에 대하여 누구보다도 분명히 말씀하셨습니다. 그는 "세상이 너희를 미워하거든 세상이 너희보다 먼저 나를 미워했다는 것을 알라. 너희가 세상에 속했더라면 세상이 너희를 자기 사람이

라고 하여 사랑했을 것이다. 그러나 너희가 세상에 속하지 않고 도리어 내가 너희를 세상에서 택해냈기 때문에 세상이 너희를 미워하는 것이다. 내가 너희에게 '종이 주인보다 높지 못하다'고 한 말을 기억하라. 사람들이 나를 박해했으면 너희를 또한 박해할 것이다(요 15:18)."라고 하셨습니다.

이런 말씀들을 통하여 우리는 박해받는 자들은 어떤 사람인가를 알 수 있으니, 그들은 의로운 사람들입니다. 즉 영으로 난 사람들, 그리스도 예수 안에서 경건하게 살고자 하는 사람들, 죽음에서 나와 영생으로 옮긴 사람들, 이 세상에 속하지 않은 사람들, 그리고 마음이 온유하고 겸손한 사람들, 하나님 앞에 애통하는 사람들, 의에 주리고 목마른 사람들, 하나님과 사람을 사랑하는 사람들, 그리하여 기회 있는 대로 모든 사람에게 선을 행하는 사람들입니다.

3. 만일 그렇다면 그 다음으로 생각할 둘째 문제는 그들이 왜 박해를 받는가 하는 것입니다. 여기에 대한 대답도 자명하니, 그것은 의를 위하여 박해를 받는 것입니다. 그들은 의롭기 때문에, 영을 따라 태어났기 때문에, 그리스도 예수 안에서 경건하게 살기 때문에, 그들은 세상에 속하지 않았기 때문에 박해를 받는 것입니다. 이러한 이유들 때문에 박해를 받는 것인데, 만일 그렇지 않다면 세상은 그들을 사랑했을 것입니다. 그들은 마음이 가난하기 때문에 박해를 받는 것입니다. 세상은 그 사람들에 대해 생각이 졸렬하고 비열하고 비겁하고 아무 쓰잘머리 없는 인간이라고 말할 것입니다. 그들은 또 "애통하는 사람"이기 때문에 박해를 받습니다. 그들은 멍청하고 우둔하고 우울해서 누구나 이런 사람을 보면 역시 기분을 잡치게 된다고 생각합니다. 이런 사람들은 악의 없

는 환락에 찬물을 끼얹고, 그들이 가는 곳에 흥이 깨진다고 생각합니다. 그들은 또 온유하기 때문에 박해를 받습니다. 사람들은 이런 사람을 줏대 없는 사람이요, 못난이라고들 합니다. 그들은 또 의에 주리고 목말라 하기 때문에 박해를 받습니다. 사람들은 이런 사람을 열띤 광신자들이요, 허깨비에 홀린 사람들이요, 이성적 종교에 만족하지 않고 정신적 황홀경과 감정의 흥분 상태를 갈망하여 이를 추구한다고 평가합니다. 그들이 또 박해당하는 이유는 긍휼의 사람들이기 때문입니다. 그들은 악한 자나 감사하는 마음이 없는 사람이나 한결같이 사랑하기 때문입니다. 세상 사람들은 이런 사람들에 대해 사람을 부추겨 모든 악을 행하도록 격려하는 자들이라 하며, 그보다도 죄 받을 사람을 두둔함으로 도리어 사회에 위해를 끼치도록 만든다고 합니다. 그리고 이 의인들은 마음이 청결하기 때문에 비난을 받습니다. 사람들은 이들이 무자비한 인간들로서 세상을 해롭게 하며, 신성을 모독하는 악한 자들로서 자기들의 무죄를 가장하며, 하나님을 거짓말쟁이로 만든다고 합니다. 무엇보다도 이들은 평화를 위하여 일하는 사람들이기 때문에 박해를 받습니다. 즉 이들은 모든 기회를 이용하여 사람들에게 선을 행하도록 힘쓰는 사람들이기 때문에 박해를 받습니다. 다른 여러 가지 이유보다도 이것이 그들이 모든 세대를 통하여 박해를 받는 최대의 이유인데, 이것은 앞으로도 만물을 회복하실 때까지 그럴 것입니다. 박해자들은 말합니다. "이들 평화를 위해 일하는 자들이 만일 자기들이 신봉하는 종교를 자기들만이 가지고 있다면 우리가 충분히 관용할 수 있을 것이다. 그러나 이들이 자기들의 오류를 전파해서 다른 사람까지 물들게 하여 해독을 끼치는 것을 좌시할 수 없다."고 합니다. 그들은 또 말합니다. "이 사람들은 더러 잘하는 일도 없지는 않다. 간혹 가난한 사람들을 구제도 한다. 그러나 이것은 자기들의 동조자를 더 얻고자 하기 때문인 만큼, 결과적으로는 세상에 더 큰 해독을 끼치는 인간들이다."라고 말합니다. 그리하여 천국이라는 것이 확장될수록, 그리하여 그 평화 추구자들이 온유와 겸손과 그 밖의 다른 덕성들을 다른 여러 사람들에게 전파할수록 그 결과로 세상은 더 불행하게 된다고 악평합니다. 그리하여 그들이 평화를 위하여 일하는 자들에 대하여 악의를 가질수록 이들에 대한 박해는 가중됩니다.

4. 셋째, 그러면 박해자들은 누구입니까? 사도 바울은 이 물음에 대하여 이렇게 대답하였습니다. 즉 육체를 따라 난 사람, 곧 성령을 따라 나지 않은 사람과 이런 의욕조차 가지지 않은 사람들이며, 그리스도 예수 안에서 경건하게 살고자 하지 않는 사람, 또는 죽음에서 생명으로 옮기지 못한 사람들이며, 따라서 형제를 사랑하지 않는 사람들이며, 우리 주님의 말씀대로 "세상 사람", 즉 "나를 보내신 이를 알지 못하는 사람"들이며, 성령의 가르치심을 따라 사랑과 용서의 하나님을 알지 못하는 사람들입니다.

그러면 그들이 박해하는 이유는 무엇입니까? 그것은 분명합니다. 즉 이 세상의 영은 하나님께로부터 오는 영과 정반대의 입장이기 때문입니다. 그런 만큼 세상에 속한 사람은 하나님께로부터 난 사람과 일치할 수 없습니다. 서로의 의견과 요구와 의도와 성정은 극과 극의 대립이라 할 것입니다. 표범과 양이 한 울타리 안에 평화롭게 동거할 수 없는 것과 같습니다. 교만한 자는 교만하기 때문에 겸손한 자를 박해하는 것이며, 가볍고 경박한 자는 애통하는 자를 그렇게 박해합니다. 다른 점에서도 마찬가지입니다. 그리하여 서로 다른 기질의 상이함, 이것이 양자의 적대 관계의 근본 원인일 것입니다. 그러므로 마귀의 종들은 하나님의 자녀들을 박해하는 것입니다.

　　5. 넷째, 그러면 박해자들은 어떤 방법으로 박해합니까? 이 물음에 대하여 한마디로 대답한다면, 만물의 섭리자이신 하나님이 그의 영광을 나타냄에 도움이 되도록, 그의 자녀들이 은혜 안에서 자라는 데에 유익함이 되도록, 그리고 하나님의 나라가 확장되게 하는 방법과 정도로 하는 것입니다. 이 점이야말로 하나님의 세상 통치에 있어서 가장 경탄할 만한 일입니다. 하나님은 박해자가 위협하고 공갈하는 소리와 박해를 받는 사람의 부르짖음에 귀가 어둡지 않으시며 그의 눈은 언제나 감시를 게을리하지 아니하십니다. 그의 섭리의 손길은 이 우주의 가장 세미한 환경에까지 미치십니다. 폭풍이 일어날 때 그것의 강도와 방향과 종결까지 그의 착오 없는 지혜로 결정하십니다. 요컨대, 하나님은 불경건자들을 당신의 도구로 언제든지 필요에 따라 쓰십니다. 그러나 그의 목적이 달성되었을 때 이들은 불에 던져집니다.

　　기독교사를 살펴보면 기독교가 처음 발생했을 때라든지, 이것이 이 세상에 말하자면 뿌리를 내리려 할 때, 우리나라(영국)의 경우로 보자면 복음이 처음 우리나라에 전파되었을 때, 하나님께서는 큰 박해가 있게 하셨으며, 신도들은 피를 흘리기까지 믿음을 굳게 지켰습니다. 사도들의 수난도 그 테두리 안에서의 박해였습니다. 그러나 교회사를 살펴볼 때 주후 2, 3세기에 있었던 박해는 다른 이유가 있었으니, 그것은 그 당시에는 "불법의 비밀"이 강력하게 작용하여, 교회 안에서마저도 막을 수 없었던 부패가 만연하였습니다. 그래서 하나님은 이를 묵인하시지 않고 징계의 채찍을 드시는 한편 준엄하게 임재하시어 그 환부를 과감히 수술하고자 하셨던 것입니다.

돌이켜 보건대 지난날 우리나라(영국)에 있었던 박해에 대해서도 같은 판단을 내릴 수 있습니다. 하나님은 우리나라에 여러 가지 축복을 내리셨습니다. 하나님은 우리에게 국내외로 평화를 주셨고, 지혜롭고 선량한 군주를 주셨고, 무엇보다도 복음의 밝은 빛을 비추어 주셨습니다. 그러나 하나님께서 이 백성들에게 받으신 보답은 무엇이었습니까? 하나님은 공의를 바라셨건만 그 대신 압박과 부정과 탐욕과 거짓과 악을 도모하는 일들만이 하나님의 귀에 메아리쳤을 뿐입니다. 불꽃 속에 숨겨진 영들의 울부짖음이 만군의 주님의 귀에 들어갔습니다. 그때 하나님은 진리를 불의로 막는 사람들에게 당신의 뜻을 세우시기 위하여 분연히 일어나셨던 것입니다. 그리하여 하나님은 그 행악자들을 박해자의 손에 내어주셨습니다. 그러나 그 심판에는 자비가 병존하였고, 그 형벌에는 배반자를 치료하시는 양약이 함께 따랐던 것입니다.

6. 그러나 하나님의 징계는 심한 고문이나 죽음이나 구금이나 투옥 이상은 아니었습니다. 하나님께서는 그 자녀에게 경미한 박해를 주셨던 것이니, 그중에는 그들의 막역한 친척이나 친구들로부터의 격리로 그쳤습니다. 이러한 일을 당할 때 주님이 "너희는 내가 세상에 평화를 주려고 온 줄 생각하느냐? 내가 너희에게 말한다. 그렇지 않다. 도리어 분열을 일으키러 왔다(눅 13:51)." 하신 말씀이 그들에게 응하였음을 우리는 경험합니다. 이와 동시에 그들은 직업과 재산도 잃어버렸습니다. 그러나 이 모든 것은 다 하나님의 지혜로운 섭리 아래 수행되는 것으로서, 하나님은 각 사람에게 가장 필요한 만큼의 징계를 베푸셨던 것입니다.

7. 하나님의 자녀들이 당하는 박해는 주님의 다음 말씀에 잘 설명됩니다. "나를 위하여 모욕을 당하고 박해를 받고 터무니없는 말로 갖은 비난을 받으면 너희가 복이 있다(마 5:11)." 이것은 그리스도의 제자로서 지닐 '표'이며 당할 '운명'인 것입니다. 만일 우리에게 이것이 없다면 우리는 사생아요, 참 자녀가 아닙니다. 천국 가는 길에는 호평만이 아니라 악평도 따르는 것입니다. 동지들에게는 온유한 자나 겸손한 자나 하나님과 사람을 사랑하는 자라는 호평을 받되, 세상 사람들에게는 "세상의 폐물 같고 인간의 찌꺼기 같은(고전 4:13)" 대우를 받는 것입니다.

8. 어떤 사람은 이방인의 수가 차기 전에 십자가에 대한 비방이 종식될 것이요, 하나님께서는 그리스도인이 아직 죄 중에 있는 사람에게 존경과 사랑을 받게 하실 것이라고 생각합니다. 사실은 지금도 하나님께서는 그리스도인이 받는 모멸과 학대를 중지시키시어 그가 그의 원수와 일시 화해하게 하시고, 심한 박해자로부터 선대도 받게 하시는 일이 있습니다. 그러나 이런 특수한 예를 제외한다면 십자가에 대한 비방은 아직도 중단되지 않고 있습니다. 그리하여 오늘도 진실된 그리스도인은 "내가 사람들의 환심을 사려고 한다면 그리스도의 종이 아니다(갈 1:10)."라고 말할 수밖에 없는 것입니다. 그러므로 우리는 "나쁜 사람들은 다만 겉으로만 선인을 미워하고 모멸하는 체하나 마음으로는 사랑하고 존경한다."는 감언이설에 현혹되어서는 안 됩니다. 절대로 그렇지 않습니다. 악인들은 선인을 간혹 고용하기도 합니다. 그러나 이것은 그들에게 이익이 될 때뿐입니다. 또 그들은 선인들이 다른 세상 사람들과 같지 않기 때문에 그들을 신임하기도 합니다. 그러나 성령이 그들의 마음속에서 감동하시지 않는 한, 그들은 선인을 마음으로 사랑하지 않

습니다. 여기에 대하여 우리 주님은 "너희가 세상에 속했더라면 세상이 너희를… 사랑했을 것이다. 그러나 너희가 세상에 속하지 않았기 때문에 세상이 너희를 미워하는 것이다(요 15:19)." 하였습니다. 그리하여 세상은 우리의 주님을 미워하는 것처럼 우리를 진정으로 미워하는 것입니다.

9. 이제 남은 문제는 하나님의 자녀들이 박해를 당할 때 어떻게 대처할까 하는 것입니다. 첫째, 그리스도인은 박해를 의식적으로나 계획적으로 자초할 필요는 없습니다. 박해를 자초한다는 것은 우리의 주님이나 사도들의 모범이나 가르침에 어긋납니다. 주님이나 사도들은 우리가 박해를 스스로 자초하지 않을 것은 물론, 될 수 있는 대로 회피하되 양심의 자책이나 생명을 던져서라도 의로움을 사수해야 할 경우가 아니라면 피하는 것이 바람직하다는 것입니다. 주님도 분명히 "이 도시에서 너희를 박해하거든 저 도시로 피하라(마 10:23)."고 말씀하셨습니다. 이 방법이야말로 박해를 피하는 데 가장 좋은 방법입니다.

10. 그러나 우리는 언제나 이런 방법 저런 방법으로 박해를 피할 수 있을 줄로 생각해서는 안 됩니다. 우리는 이런 안이한 생각을 가져서는 안 됩니다. 예수님은 이렇게 말씀하셨습니다. "내가 너희에게 '종이 주인보다 높지 못하다'고 한 말을 기억하라. 사람들이 나를 박해했으면 너희를 또한 박해할 것이요(요 15:20)." 그리고 주님은 또한 "너희는 뱀같이 슬기롭고 비둘기같이 온순하라(마 10:16)." 하셨습니다. 그러면 우리가 이렇게 지혜롭고 온순한 자가 된다고 하여 박해에서 벗어날 수 있는 것입니까? 천만의 말씀입니다. 우리가 주님보다 더 지혜롭고 하나님의 어

린 양보다 더 순결무구하다면 모르되, 그렇지 않다면 우리에게 닥쳐오는 박해를 모면할 수는 없을 것입니다.

그리스도인은 박해를 전혀 모면하려고 생각해서는 안 됩니다. 만일 우리가 박해를 애써 모면한다면 우리는 하나님의 자녀가 아닙니다. 여러분이 만일 박해를 피한다면, 의를 위해 받는 박해를 통해 오는 축복을 받지 못할 것이며, 의를 위하여 박해를 받지 않는다면 여러분은 천국에 들어갈 수 없을 것입니다. "우리가 그와 함께 고난을 받으면 그와 함께 왕노릇할 것이요, 우리가 그를 모른다고 하면 그도 우리를 모른다고 하실 것입니다(딤후 2:11)."

11. 아니, 우리는 도리어 주를 위하여 모욕을 당하고, 박해를 받고, 터무니없는 말로 갖은 비난을 받을 때 도리어 "기뻐하고 즐거워"할 것입니다. 위에 나타난 험구와 모욕과 비난은 모든 박해자의 상투 수단입니다. 그러면서 그들은 "그대들보다 먼저 온 예언자들도 이와 같이 박해를 받았다."고 뻔뻔스럽게 말할 것입니다. 그 선지자들이야말로 마음과 생활이 아울러 성스러운 인물들이었습니다. 마음과 생활의 거룩함, 이것은 선지자들의 표지라고 할 것인데, 우리도 이런 표지를 가졌다면 "하늘에서 받을 상이 클 것"인만큼 마땅히 "기뻐하고 즐거워"할 것입니다. 이상은 언약의 피로 사서, 우리가 얼마나 고난을 받았는가, 또는 얼마나 우리의 마음과 생활이 성결한가에 따라서 우리에게 무상으로 은혜를 베푸시는 것입니다. 그러므로 우리는 "지금 우리가 당하고 있는 일시적인 가벼운 환난과 비교할 수 없을 정도로 영원하고 큰 영광을 우리에게 가져"올 것을 믿고 크게 기뻐하고 즐거워할 것입니다.

12. 그러나 우리는 박해를 받을 때라도 온유와 겸손, 사랑과 긍휼을 버려서는 안 됩니다. 예수님은 이에 대하여 이렇게 말씀하셨습니다. "눈은 눈으로 이는 이로 갚으라고 하신 말씀을 너희는 들었다(마 5:38)." 지난날의 미숙한 스승들은 악을 악으로 갚으라고 복수의 정신을 넣어 주었습니다. 그러나 주님은 "나는 너희에게 말한다. 너희에게 악을 행하는 사람에게 보복하지 말라." "'눈은 눈으로, 이는 이로' 식으로 하지 말라. 차라리 누가 네 오른편 뺨을 치거든 왼편 뺨을 돌려대고, 누가 너를 걸어 고소하여 네 속옷을 가지려고 하거든 겉옷까지도 주라. 누가 너더러 억지로 오리를 가자고 하거든 십리를 같이 가주라." 하셨습니다.

여러분의 온유를 이렇듯이 철저하게, 그리고 여러분의 사랑을 또한 이 온유의 덕과 함께 베푸십시오. 그리하여 "네게 구하는 사람에게는 주고 꾸려고 하는 사람에게는 거절하지 마십시오(마 5:42)." 그러나 다른 사람의 것을 줘서는 물론 안 될 것입니다. 그러므로 (1) "아무에게도 빚을 지지 말(롬 13:8)" 것입니다. 왜냐하면 진 빚은 내 것이 아니요, 다른 사람의 것이기 때문입니다. (2) 가족 부양의 책임을 잊지 말 것입니다. 이것은 하나님의 요구이니 그들의 생활과 신앙을 위한 보급은 우리의 당연한 의무로서 이것도 내 것이 아닌 것입니다. 그리고 (3) 여유가 있다면 다른 사람을 늘 도울 것입니다. 그러나 세상 모든 사람을 다 도울 수는 없으므로 믿음의 식구들을 먼저 기억하여 도울 것입니다.

13. 우리가 가져야 할 온유와 사랑, 우리를 박해하는 자에 대한 친절에 대해 주님은 다음의 말씀으로 더 부연하셨으니, 우리는 이 말씀을 우리 마음의 육비에 깊이 새겨 두어야 할 것입니다. "'네 이웃을 사랑하고 원수를 미워하라.'고 하신 말씀을 너희가 들었다(마 5:43)." 하나님

께서는 참으로 "네 이웃을 사랑하라."는 말씀만 하셨습니다(레 19:18). 그러나 마귀의 자식들이 "원수를 미워하라."는 말을 첨가하였습니다. 그러나 주님은 "나는 너희에게 말한다. (1) 원수를 사랑하라."고 하셨습니다. 즉 우리를 몹시 미워하는 사람에게도 선의를 가지라고 하셨습니다. (2) 그리고 "너희를 저주하는 사람들을 위하여 축복하라."고 하셨습니다. 즉 우리에 대한 불붙는 증오가 터져 나와 우리 앞에서 온갖 악담과 험구를 하고, 등 뒤에서 갖은 흉을 보는 사람에게라도 그와 대화할 때 그를 축복하는 심정으로 부드럽고 온유한 말을 쓸 것이며, 그를 좋은 말로 타일러 권고하되 절대로 탈선적인 언동이 없도록 주의해야 합니다. (3) 우리를 미워하는 사람에게도 도리어 선심을 써야 합니다. 그래서 그가 나를 미워하여도 나는 그에게 참된 사랑으로 대해야 할 것입니다. 우리는 그런 사람에게 악을 선으로 갚아야 합니다. (4) 이렇게 저렇게도 할 수 없는 경우라면 우리를 모욕하고 박해하는 사람을 위하여 최소한 기도할 것입니다. 이것조차 할 수 있는 능력이 없는 것은 아니잖습니까? 상대자가 아무리 악하고 포학하더라도 그것이 우리의 기도를 막을 수는 없습니다. 정성을 다해 하나님께 기도하되 지금 그런 악의를 가지고 있는 사람만이 아니라, 회개자 즉 마음을 돌이킨 사람을 위해서도 기도해야 합니다. 주님은 "그가 네게 하루 일곱 번 죄를 짓고 일곱 번 네게 돌아와 잘못했다고 하면 너는 그를 용서해야 한다(눅 17:4)."고 말씀하시지 않았습니까? 이 말씀은 내 형제가 여러 차례 잘못을 하고, 내게 와서 자기가 진심으로 개심하였다고 말하고 또 그의 말이 진실되다고 여겨지면, 그를 용서하여 그를 포용하고, 그가 아무 잘못도 없었던 것처럼 생각하라는 말입니다. 그리고 개심하지 않고 여전히 우리를 모욕하고 박해하는 사람을 위해서도 간절히 기도해야 합니다. 마음으로 용서를 하되 주님의 말씀대로 "일곱 번만이 아니라 일곱 번을 일흔 번까지라도(마 18:22)" 할 것입니다. 그리하여 내 형제가 회개하든지 아니하든지, 그의 마음이 점점 굳어질지라도 우리는 친절을 나타내야 합니다. 그리하면 우리는 하늘에 계신 아버지의 참된 자녀가 될 것입니다. 하나님은 가장 악질적인 죄인에게도 그의 사랑을 나타내시며, 악한 사람에게나 선한 사람에게나 똑같이 해를 비추어 주시고, 의로운 사람에게나 불의한 사람에게나 똑같이 비를 내려 주시지 않습니까? "너희가 너희를 사랑하는 사람들만 사랑하면 무슨 보상을 받겠느냐?" 종교 생활이 없고 하나님을 만나지 못했다고 보는 "세리들도 그만큼은 하지 않느냐?(마 5:45~46)" 그리고 "너희가 형제들에게만", 즉 그대의 친구나 친척들에게만 말로나 행동으로 친절을 나타낸다면, 종교를 가지지 못한 "남보다 나을 것이 무엇이냐? 이방 사람들도 그만큼 하지 않느냐?(마 5:47)"고 주님은 말씀하셨습니다. 그러므로 우리는 그들보다 나아야 할 것입니다. 가장 악질적인 박해자에게도 인내와 오래 참음과 자비와 인애로 대하여 그리스도인된 우리는 "하늘에 계신… 아버지께서 완전하신 것 같이 완전하여야(마 5:48)" 합니다. 아버지 하나님처럼 완전의 정도(in degree)에서는 아닐지라도 완전의 본질(in kind)에서는 그래야 합니다.

IV

기독교의 위대한 창시자이신 예수께서 전해 주신 이 종교의 원래 모습을 보십시오! 이것이 예수 그리스도의 진정한 종교입니다. 예수 그리스도께서는 눈이 열린 자에게 바로 이 종교를 제시하십니다. 인간이 본받을 수 있는 하나님의 그림을 보십시오! 이것은 하나님이 직접 손으로 그린 그림입니다. "그리스도의 복음을 경멸하는 자들이여, 이 그림을 보고, 놀라고 그리고 여러분의 태도를 버리십시오!" 그렇지 않으면 놀라고 경배하십시오! 아니 이렇게 외치십시오. "이것이 내가 박해하던 나사렛 예수의 종교인가? 나로 하여금 다시는 하나님을 적대시하지 않게 하옵소서. 주여, 당신은 나를 어찌하시렵니까?"

그의 말씀 전체는 얼마나 아름답습니까! 얼마나 적정하게 균형 잡힌 말씀입니까! 복음의 모든 부분이 얼마나 정확한 비율로 배열되어 있습니까! 여기 말한 행복은 얼마나 매력적입니까! 여기 성결은 얼마나 존경할 만하고 사랑스럽습니까! 이것이야말로 참 종교의 정신이며 진수입니다. 이것이야말로 실로 기독교의 근본입니다. 우리는 다만 자기 얼굴을 거울 속으로 보고 가서 곧 잊어버리는 사람처럼 듣기만 하는 사람이 되어서는 안 됩니다. 우리는 자유의 완전한 율법을 끊임없이 살펴보고 또 들여다보아야 합니다. 우리는 이 말씀의 한 줄 한 줄이 우리 마음속에 깊이 새겨지기까지 쉬어서는 안 됩니다. 그 말씀을 바라보고, 기도하고, 믿고, 그리고 사랑하고 말씀의 모든 부분이 하나님의 손가락에 의하여 우리의 영혼 안에 새겨지고 나타나 체현될 때까지 추구해야 합니다. 우리를 부르신 하나님의 거룩하심과 같이 거룩하게 되고, 하늘에 계신 아버지의 완전하심 같이 완전하게 되기까지 정진해야 합니다.

19
산상설교 IV
Upon our Lord's Sermon on the Mount IV

웨슬리 초상화
⟨Portrait of John Wesley⟩, George Romney, 1789

너희는 세상의 소금이니 소금이 만일 그 맛을 잃으면 무엇으로 짜게 하리요 후에는 아무 쓸 데 없어 다만 밖에 버려져 사람에게 밟힐 뿐이니라 너희는 세상의 빛이라 산 위에 있는 동네가 숨겨지지 못할 것이요 사람이 등불을 켜서 말 아래에 두지 아니하고 등경 위에 두나니 이러므로 집 안 모든 사람에게 비치느니라 이같이 너희 빛이 사람 앞에 비치게 하여 그들로 너희 착한 행실을 보고 하늘에 계신 너희 아버지께 영광을 돌리게 하라 (마 5:13~16)

1. 하나님의 형상대로 새로워진 자의 마음속에 자리 잡은 거룩한 아름다움은 하나님께서 열어 주신 모든 사람의 눈, 곧 모든 계몽된 지성을 명중합니다. 온유와 겸손과 사랑의 미덕은 적어도 영적 선악을 식별할 수 있는 능력을 다소간이라도 가진 모든 사람의 찬동을 불러일으킬 것입니다. 인간이 무지몽매한 미개인의 세계가 덮고 있는 어둠에서 벗어나기 시작한 때부터 그들은 인간이 우리를 창조하신 하나님의 형상으로 변화를 받는 것이 얼마나 바람직한 일인지 잘 알았습니다. 내적인 종교는 하나님의 형상을 새로 난 인간의 심령 속에 뚜렷이 각인했기 때문에 영혼이 그의 신적 기원을 의심할 때에 영혼은 살과 피 속에 전적으로 잠겨야만 합니다. 우리는 이것에 대해 이차적인 의미에서 하나님 자신의 아들이라고 말할 수 있습니다. 인간 예수는 하나님의 아들로서 "하나님의 영광의 광채시요, 그 본체의 완전한 표현이시며(히 1:3)", 하나님의 영원한 영광의 비침이십니다. 그러나 너무도 서민적이요, 따라서 친근감이 있기 때문에 일반 범인도 그와 가까이 할 수 있습니다. 우리는 그분에게

서 하나님을 볼 수 있으며, 생존할 수 있습니다. 이분은 하나님의 특성이며 도장이요, 살아 있는 인상이며, 미와 사랑의 근원이시며, 모든 탁월함과 완전함의 근원적 원천이 되시는 분입니다.

2. 종교(기독교)가 만일 이렇기만 하다면 여기에 무슨 문제점이나 거리낌이 있을 것이며, 따라서 이런 종교에 대하여 심혼을 기울여 신봉함에 무슨 후회됨이 있을 것이냐고 사람들은 말합니다. 이것으로 족한데 왜 여기에 다른 이물을 섞느냐면서, 왜 '행위'라든가 '수난'의 필요성을 운운하느냐고 합니다. 그리하여 이런 문제가 영혼의 활기를 꺾고 용기를 땅바닥에 떨어뜨리는 요인이 됩니다. 그들은 또 말합니다. "우리가 다만 사랑의 날개를 타고 높이 오르기 위해 자선을 베푸는 것으로 충분하지 않느냐? 그리고 세상 사물에 얽매이거나 괘념함 없이 우리의 심령으로 영이신 하나님을 경배하고 깊은 명상에 잠기며, 외면적으로 부침하는 세상일들에 대해 마음 쓸 필요 없이 내 심령 속에서 오로지 하나님과의 교통을 가지는 것이 더 좋지 않으며 이것으로 족하지 않느냐?"고 합니다.

3. 저명한 인사들 중에도 이런 말을 하는 사람들이 많습니다. 그들은 우리에게 모든 외부적 행동을 중단하고, 우리의 육체를 무시하고, 모든 감각적인 사물에 대한 주의를 돌리고, 동시에 종교의 외부적인 문제에 대한 관심을 버린 후에 우리의 의지 속에서 모든 덕을 활동하게 함이 우리 영혼의 완성에 더 유익하고 좋은 방법이 되며 하나님께서 더 기뻐하시는 바가 아니겠는가 하고 말합니다.

4. 사탄은 그의 사자들을 통하여 위에 말한 바와 같은 세속적인 지혜의 담론으로 주님을 따르는 자들을 올바른 길에서 빗나가게 하였으며, 하나님의 진리를 훼손하여 될 수만 있으면 믿음과 사랑을 고수하는 선택받은 자를 꾀어내려고 안간힘을 씁니다. 아니, 지금까지 무수한 선량한 사람들이 그 궤계에 빠져 헤어나지 못하고 있습니다.

5. 그러나 우리 주님은 여기에 대하여 속수무책이었습니까? 아닙니다. 주님은 이러한 감언이설에 대하여 우리에게 충분한 주의를 주셨습니다. 주님은 우리에게 "사탄도 때로는 광명한 천사로 변장한다."고 말씀하시어 경계하셨습니다. 그리고 오늘의 본문에서와 같이 가장 명백하게 그리고 강력하게 행동과 인내의 종교에 대하여 말씀하시면서 사탄의 계책을 봉쇄하셨습니다. 오늘의 성서 말씀이야말로 그리스도인이 가져야 할 행위와 수난에 대한 가장 적절한 교훈입니다. "너희는 세상의 소금이다. 소금이 맛을 잃으면 무엇으로 다시 짜게 하겠느냐?… 너희는 세상의 빛이다. 산 위에 있는 도시는 숨겨질 수 없다. 또 등불은 켜서 말 아래 두지 않고 등경 위에 둔다. 이와 같이 너희 빛을 사람 앞에 비치게 하여 사람들이 너희 착한 행실을 보고 하늘에 계신 너희 아버지께 영광을 돌리게 하라(마 5:13~16)."고 하셨습니다.

이 중요한 말씀을 설명하고 강조하기 위하여 나는 첫째, 기독교는 근본적으로 사회적 종교로서, 만일 이것을 사회와 고립된 종교로 만들 때 이것은 사라지고 말 것이라는 사실, 둘째, 이 종교를 은폐한다는 것은 불가능할 뿐 아니라 그 창시자인 그리스도의 본의가 아니라는 점, 셋째, 이 종교를 은폐하려는 데 대한 반대론 몇 가지를 제시하고, 마지막으로 기독교의 실천적 적용을 전체 속에서 생각하면서 결론을 지으려고 합니다.

I

1. 첫째, 나는 기독교는 본질적으로 사회적 종교(social religion)이며, 따라서 이것을 고독한 종교로 전환할 때 참으로 기독교를 파괴한다는 점을 보여주고자 합니다.

기독교는 예수 그리스도에 의하여 인간에게 계시된 하나님에 대한 경배를 가르쳐 주는 종교입니다. 그러나 이 종교는 본질적으로 사회적 종교이므로 사회를 떠나서는, 즉 다른 사람과 같이 살고 행동함이 없이는 잘 유지되지 못할 뿐 아니라 전혀 존재할 수 없는 것입니다. 이 사실을 증명하고자 나는 오늘의 본문 내용 검토에서 일어나는 제반 문제에 관하여서만 다루고자 하는데, 이것이 증명된다면 내가 논증하려 하는 것, 즉 사회 없이 종교는 존립할 수 없다는 사실이 자명하게 될 것입니다.

그러나 고독이나 일시적 은거를 무익하다고 하는 것은 아닙니다. 그것은 용인될 수 있을 뿐 아니라, 또 필요합니다. 일상생활에서 우리가 경험하는 바와 같이 참된 그리스도인의 생활을 하려 할 때, 우리는 이런 시간을 가지는 것이 필요합니다. 우리는 날이면 날마다 온종일 사람과 접촉만 할 수는 없습니다. 이렇게 할 때 우리의 신앙생활에도 손해가 있을 것이요, 따라서 성령을 근심하게 하는 결과를 가져올 것입니다. 그러므로 우리는 조석으로 세상에서 물러나 은밀한 중에 계신 아버지와 막힘없는 대화와 사귐을 가져야 합니다. 한 걸음 더 나아가, 체험의 사람은 때때로 우리의 생업이나 직장 생활에 지장이 되지 않는 한도 안에서 장기간 종교적 퇴수회를 가지는 것도 유익합니다. 세상의 생업은 하나님의 섭리가 우리에게 임하는 장소입니다.

2. 그러나 이러한 은거가 우리의 전 시간을 차지해서는 안 될 것입니다. 이렇게 한다면 이것은 우리의 믿음생활을 증진시키기는커녕 도리어 후퇴시킬 것입니다. 우리 주님이 오늘 본문에서 말씀하신 종교생활이 사회를 떠나서, 즉 다른 사람과 같이 살고 대화함이 없이는 존립할 수 없다는 사실은, 앞으로 다룰 기독교의 가장 중요한 덕이 사회생활을 떠나서는 고려될 수 없다는 사실에 의해 증명될 것입니다.

3. 예컨대, 기독교에서 온유의 덕보다 더 귀중한 것은 없다고 하겠는데, 이 온유의 덕이 일방으로는 하나님께 대한 절대 '신복'이요, 그리고 모든 고난과 고독을 감수하고 인내하는 것이라는 점에서는 인적이 없는 사막이나 수도원 깊은 곳에서도 가질 수 있을 것입니다. 그러나 이것이 사람에 대한 유하고 부드러운 태도나 참고 바라보는 정신을 나타내는 것이라고 본다면, 사회생활 없이는 존립할 수 없을 것입니다. 그러므로 이 온유의 덕은 사회적 관계를 떠날 때 소멸되고 말 것입니다.

4. 평화를 위한 노력(peace-making)도 마찬가지입니다. 이 덕도 역시 예수 종교의 다른 덕과 함께 없어서는 안 될 덕입니다. 기독교에서 이 덕을 제거한다는 것은 기독교의 존립에 역시 치명적입니다. 그런데 이것 역시 다른 덕과 함께 사회생활 없이 생각할 수 없습니다. 그럼에도 불구하고 은둔주의자들은 사회생활을 부인함으로써 결과적으로 이 중요한 덕의 존립근거를 무시하고 있습니다. 이 얼마나 어리석은 일입니까? 이로써 우리는 평화를 위한 노력도 사회생활 없이는 불가능하다는 것을 명백히 알 수 있습니다.

5. 그러나 반대자들은, "우리는 선량한 사람, 즉 온유하고 자비하고 마음과 생활이 거룩한 사람들과만 사귀는 것이 좋지 않으냐, 그렇지 않은 사람들, 즉 예수 그리스도의 복음을 믿지 않고 순종치 않는 사람들과는 대화를 삼가는 것이 바람직하지 않겠느냐?"고 말합니다. 여기에 대하여는 사도 바울의 권고가 타당한 듯이 보입니다. 그는 "내가 여러분에게 쓴 편지 가운데 음란한 사람들과 사귀지 말라고 했다(고전 5:9)."고 하였습니다. 이 말에 의해 생각해 본다면, 그리스도인이 음란한 자나 그 밖의 범죄자와 친분을 맺는다는 것은 권장할 일이 못 되며, 결과적으로 돌이킬 수 없는 위해와 헤어날 수 없는 함정에 빠질 수도 있을 것입니다.

그러나 사도 바울은 하나님을 알지 못하는 자들과의 교제를 전혀 금한 것은 아닙니다. "그렇게 하려면 여러분은 이 세상 밖으로 나가야 할 것(고전 5:11)"이라 하였는데, 그는 이것을 권장하지는 않았습니다. "그러나 내가 쓴 것은, 만일 형제라는 사람으로서 음란하거나 욕심을 부리거나 우상을 숭배하거나 사람을 중상하거나 술 취하거나 약탈하거나 하는 자가 있다면, 그런 사람과는 사귀지 말고 식사도 같이하지 말라(고전 5:11)."고 하였습니다. 이 말은 물론 그리스도인 중에 그런 사람이 있으면 친분과 교제를 맺지 말라는 것임에 틀림없으나, 바울은 다른 곳(살후 3:15)에서 "그러나 그를 원수처럼 여기지 말고 형제처럼 타이르라."고 하였는데, 이 말은 위에 진술한 바와 같은 사람이라도 절교를 하라는 말은 아닙니다. 이로써 보면 사도 바울의 교훈에는 악인과는 전혀 교제하지 말라는 권고는 없다고 할 것입니다.

6. 더욱이 예수님의 말씀을 본다면, 세상과의 모든 인연을 끊으라는 권고는 없습니다. 만일 그렇게 한다면, 우리는 절대로 그리스도인

이 될 수 없다고 보신 것입니다. 그의 교훈을 보면, 불경건하고 거룩하지 못한 사람들과의 교제는 천국에 들어가는 길이라고 가르치신 미덕들, 이를테면 마음의 가난이라든가 애통하는 마음이라든가 그 밖에 기독교의 본질상 필요한 덕 등을 충분히 발휘하는 데 있어서 없어서는 안 될 요건입니다. 좀 더 구체적으로 말한다면, 가령 온유의 덕은 "눈은 눈으로, 이는 이로"라는 복수 대신에 악한 자를 대적하지 않는 것으로 오른편 뺨을 치면 왼편 뺨을 돌려대는 것이며, "자비"의 덕은 우리가 원수를 사랑하고 우리를 저주하는 자들을 위해 기도하는 것이며, 그리고 사랑과 그 밖의 모든 성스러운 성품은 의를 위한 수난을 통하여 이룩되는 것임을 생각할 때, 이런 모든 덕은 우리가 일반 사회생활을 떠나서 다만 진실한 그리스도인끼리의 사귐만으로 이루어지지 않는다는 것을 알고도 남음이 있습니다.

7. 그리고 만일 우리가 세상 죄인들과 떨어져 따로 산다면, 우리는 어떻게 주님이 오늘 본문에서 말씀하신 책임을 감당할 수 있겠습니까? 예수님은 "너희는(온유하고 겸손하고 의에 주리고 목마르고 하나님과 인간을 사랑하고 모든 사람에게 선을 행하고 부당한 대우를 감내하는 그리스도인들) 세상의 소금이다." 하셨는데 이 말씀은 그리스도인은 성질상 그 주위에 있는 것이 무엇이든 맛을 내야 한다는 뜻이 아닙니까? 우리 속에 있는 하나님의 향기를 우리가 접촉하는 모든 것에, 우리가 섞여 사는 사회에 발산해야 하지 않겠습니까? 이것이 하나님께서 우리를 세상에 두시고 다른 사람들과 섞여 살게 하신 본의입니다. 이렇게 해서 우리가 하나님께 받은 은혜를 다른 사람들에게 전달하고, 우리의 거룩한 성품이나 말이나 일이 다른 사람에게 영향을 주게 하기 위한 것입니다. 그리고 이런

방법으로 이 세상의 부패를 일부라도 막고 건져 거룩하고 순결한 것으로 하나님께 드리게 하고자 하심입니다.

8. 우리가 가진 거룩하고 천상적인 성품으로 더욱더 열심히 이 사회에 힘써 맛을 내기 위하여 주님은 우리가 받은 종교를 다른 사람에게 전달하지 않고 그대로 묻어만 둘 때 그 결과가 얼마나 비참한지를 실감 나게 가르쳐 주셨습니다. 주님은 "소금이 맛을 잃으면 무엇으로 다시 짜게 하겠느냐? 아무 데도 쓸데없어 밖에 버려져 사람들에게 밟힐 것이다." 하셨습니다. 만일 여러분이 기왕에 거룩하고 선량한 심성을 소유하였고 선한 일에 열심이었다고 하더라도 지금에는 그렇지 못하고, 따라서 다른 사람에게 아무런 좋은 감화도 주지 못한다면, 만일 여러분이 아무 맛도 없고 영혼이 사멸 상태에 있어서 여러분의 영혼이나 남의 영혼에 무관심한 인간이 되고 있다면, 무엇으로 짠맛을 회복할 것입니까? 불가능합니다. 맛을 잃은 소금은 길에 버려져 지나가는 사람들에게 밟힐 뿐입니다. 여러분이 만일 처음부터 주님을 몰랐었다면 도리어 소망이 있을 것이나, 현 상태 하에 있는 여러분이 만일 주님이 맛 잃은 소금에 대하여 말씀하신 것 같은 준엄한 말씀, 즉 "내게 붙은 가지로서 열매를 맺지 못하는 가지는 아버지께서 다 찍어 버리신다. 사람이 내 안에 있고 내가 그 안에 있으면 그는 열매를 많이 맺을 것이다. 사람이 내 안에 있지 않으면 그는 내 버려진 가지처럼 말라 버린다. 사람들은 그것을 모아 불에 던져 태운다(요 15:2, 5~6)."는 말씀을 듣는다면 여러분은 무슨 말로 답변할 것입니까?

9. 하나님은 복음의 말씀을 도무지 듣지 못한 사람에 대하여 연

민의 정과 긍휼을 베푸실 것입니다. 그러나 주님의 은혜를 맛보고서도 자기에게 주어진 거룩한 계명에서 이탈한 자에게는 공의의 심판이 있을 따름입니다. 왜냐하면 "한번 빛을 받은 사람들(히 6:4)", 즉 예수 그리스도의 얼굴에 나타난 하나님의 영광에 대한 지식의 빛이 일단 그 마음에 조명되었던 사람들과 또는 그리스도의 피에 의한 구원의 "하늘 선물", 즉 죄의 용서를 받은 사람들, 그리고 하나님과 인간에 대한 사랑과 온유와 겸손 등의 성령의 열매도 맺어 성령 강림의 체험까지 한 사람들이 타락한다면, 그들이 다시 회개하고 새로워질 수는 없을 것입니다. 왜냐하면 "그들 자신이 하나님의 아들을 십자가에 다시 달아 욕을 보이는 것이 되기 때문"입니다(히 6:6).

그러나 우리는 이 준엄한 말씀에 대하여 오해를 가져서는 안 됩니다. 여기에 다시 회개하고 새로워질 수 없다는 사람들은 어떤 사람들입니까? 그들은 한번 빛을 받은 사람들, 또는 하늘의 선물을 맛 본 사람들, 그리고 성령과 함께한 사람들, 이런 사람들뿐입니다. 그러므로 이런 경험을 가지지 못한 사람들은 여기에서 제외됩니다. 여기에 타락한다는 말은 무슨 뜻입니까? 이것은 전적 배신을 말하는 것입니다. 신자는 일시 미끄러질 수 있으나 아주 타락하지 않는 것입니다. 그는 일시 미끄러졌다가도 다시 일어날 수 있습니다. 일시 미끄러져 죄를 범했을 경우, 비록 이것이 위험천만이기는 하지만 절망적인 것은 아닙니다. 왜냐하면 "만일 누가 죄를 지으면 아버지 앞에서 우리를 위해 변호해 주시는 분이 계시기" 때문입니다. 그는 의로우시며 "우리의 죄를 속하기 위한 화해의 제물(요일 2:1~2)"이십니다. 그러므로 우리 가운데서는 "아무도 죄의 유혹에 빠져 완고하게 되는 일이 없도록(히 3장)" 늘 주의하여야 하며, 또는 점점 뒤로 물러가 완전히 타락하여 맛 잃은 소금처럼 되지 않도록 극히 경계

해야 합니다. 우리가 만일 진리를 깨닫고 체험하고 나서 짐짓 죄를 범하면 이런 범죄를 위한 속죄의 방법은 없으며, 그에게는 다만 하나님의 엄위한 진노와 두려운 심판과 최후의 멸망밖에 없다는 사실을 잊어서는 안 될 것입니다.

II

1. 그러나 어떤 사람은 이렇게 말합니다. 우리는 세상 사람들과 따로 떨어져 살 수 없으며, 따라서 하나님께서 우리 마음속에 심어 주신 종교로 그들에게 감화를 주어야 한다고 할지라도 우리는 이것을 남이 모르게 할 수는 없는가? 그리하여 소금이 소리 없이 눈에 보이지 않게 음식을 저리거나 맛을 내는 것처럼, 은연중에 우리 주위의 사람에게 영향을 줄 수는 없는가? 그렇게 한다면 우리는 세상과 관계를 끊지 않고 세상에 섞여서 혼자 종교 생활을 하면서도 다른 사람에게 무슨 거리낌이 되지 않게 소금의 역할을 하게 될 것이 아닌가 하고 말합니다.

2. 그러나 이렇게 그럴듯한 이론에 대하여 우리 주님도 모르시지 않고, 이제 내가 설명하려는 말씀을 통하여 그 이론의 부당성을 나타내셨습니다. 예수님의 이 말씀을 설명하기에 앞서 결론부터 말한다면, 우리가 참된 종교를 우리 속에 가지고 있다면 이것은 필연적으로 외부에 나타나지 않을 수 없으며, 만일 나타나지 않는다면 이것은 하나님의 근본 목적에 어긋나는 것입니다.

첫째, 예수 그리스도의 종교를 가진 자는 이를 숨길 수 없습니다.

예수님은 이 진리를 이중적 비유로 밝히셨으니, 그는 "너희는 세상의 빛이다. 산 위에 있는 도시는 숨겨질 수 없다(마 5:14)." 하셨습니다. 그리스도인을 빛이라 일컬은 것은 그의 그리스도적 품격과 생활을 아울러 의미한 것입니다. 그리스도인이 가진 거룩함은 하늘에 있는 해처럼 드러나게 될 것입니다. 이같이 이 세상에 사는 그리스도인은 그가 가진 덕성도 자연적으로 함께 표시될 것입니다. 그 밖에 온유와 겸손이라든가 하늘에 계신 아버지의 거룩하심같이 거룩하게 되는 미덕도 자연히 밖으로 나타나게 될 것입니다. 사랑도 그러하여 이 사랑이 우리 속에 있는 한 이것은 빛처럼 나타날 것이며, 더구나 이것이 사랑의 수고와 남을 도우려는 선의의 행동으로 나타날 때 어떻게 숨겨질 수 있겠습니까? 그리하여 산 위에 세운 도시가 은폐될 수 없는 것처럼 진실된 그리스도인의 진지하고 성스러운 하나님 사랑과 인간에 대한 사랑은 드러나게 마련입니다.

3. 빛보다 어두움을 더 좋아하는 사람들은 자기들의 행위가 악하기 때문에 그리스도인이 가진 빛이 어두움이라고 힘써 증명하려 할 것입니다. 그들은 그리스도인의 선을 왜곡 선전하여 그리스도인의 생각과 행동을 비방하고 중상모략할 것입니다. 그러나 이러한 모함과 중상모략에도 의기소침하지 않고, 인내로 꾸준히 선을 행하며, 주를 위하여 온유와 겸손으로 그들을 대하며, 모든 박해 중에서도 침착하게 기쁨으로 악을 선으로 극복하여 나간다면, 어느 때엔가는 그리스도인의 참모습이 반드시 드러날 것입니다.

4. 그러므로 켜져 있는 불을 끄기 전에는 그 빛이 자연히 비치는 것처럼 우리가 가진 종교를 버리기 전에는 이것이 자연히 밖에 나타날

것입니다. 숨겨질 수 있는 종교는 예수 그리스도의 종교, 즉 기독교가 아닙니다. 그리스도인이 만일 숨겨진다면, 그는 세상 사람이 다 볼 수 있는 산 위에 세운 도성이나 하늘에서 비치는 해에 비길 수는 없습니다. 그러므로 하나님의 거듭나게 하시는 은혜를 받은 그리스도인들은 자기가 가진 복음의 빛을 숨길 수 있으리라고 생각해서는 안 됩니다. 거듭 말하거니와 참된 기독교는 숨길 수 없으며, 이것은 교회의 주인이신 그리스도의 본의도 절대 아닙니다.

5. 이것은 예수님의 "등불은 켜서 말 아래 두지 않는다."는 말씀에서도 밝히 드러납니다. 이 말씀을 좀 더 부연해서 말한다면, 사람이 등불을 켜서 무엇으로 덮어 가려 두지 않는 것처럼 하나님께서도 누구에게나 그의 영광스러운 지식과 사랑의 빛을 비추어 주시는 목적은 그가 이것을 용기 부족이나 부끄러움 때문이나 지나친 겸손으로 숨겨 두거나 가려 두게 하시려 함이 아니라는 것입니다. 주님은 계속하여 말씀하셨습니다. 등불은 켜서 말 아래 두지 않고 "등경 위에 둔다. 그래야 집 안에 있는 모든 사람에게 빛을 비출 것이다." 이같이 그리스도인에 대한 하나님의 뜻도 이 세상에서 그리스도의 복음의 빛을 나타냄에 있는 것입니다.

6. 그리하여 하나님께서는 모든 세대를 통하여 혹은 말씀으로나 혹은 시범으로 자신을 세상에 선포하셨습니다. 하나님께서는 복음이 전파된 모든 나라 가운데서 "자신을 알려주시지" 않은 것이 아니고, 다만 몇 사람이라도 선택하시어 손수 그들이 자기들의 생활과 말씀으로 하나님의 진리를 증거하게 하셨습니다. 이런 사람들이야말로 어두움 속

에서 비치는 한 줄기 빛이었으니 이들로 말미암아 비록 소수나마 빛의 비침을 받을 수 있었고, 남은 자를 모아 보전할 수 있었고, 그들을 통하여 대대에 주를 전하는(시 22:30) 귀한 씨가 되게 하셨습니다. 이들은 이 어두운 세상에서 몇 마리의 미미한 양을 무시하지 않고 건져내어 평화로운 안전지대로 인도했습니다.

7. 종교가 사회적이 되어야 한다는 것에 대하여 성서와 인간의 이성이 이렇듯 명백히 증거하는데도 불구하고 그 반대자는 그럴듯한 이유로 그리스도인이 사회와 접촉을 끊고 은둔적 생활을 해야 한다고 합니다. 이렇게 생각하는 사람이야말로 기독교의 사회성을 파괴하려는 사탄의 흉계를 알지 못하는 자입니다. 기독교의 사회성을 부인하는 이론은 다양할 뿐 아니라 또한 철저하기 때문에 우리는 성령의 지혜로 이를 간파해야 하며, 하나님의 능력으로 이를 타파해야 합니다.

III

1. 나는 이제 기독교의 사회성을 반대하는 이론을 하나하나 검토해 보고자 합니다. 그들이 사회적 종교를 반대하는 첫째 이유는 이것입니다. 즉 그들은 "종교는 외적 행동에 있는 것이 아니요, 인간의 내심에 자리 잡은 것으로서, 이것은 인간의 영혼이 하나님과 합일하는 것이며 인간 영혼에 깃들이는 하나님의 생명인 것이다. 그러므로 종교의 외부적 사실들은 무가치하다. 하나님은 번제를 기뻐하지 않으시며 형식과 의식을 원치 않으시고 다만 정결하고 거룩한 심정의 제사를 멸시하

지 않으실 것이다."라고 하는 것입니다. 물론 종교의 뿌리는 인간 심령 깊은 곳에 있으며 하나님과의 합일이며, 인간 영혼 속에 자리 잡은 하나님의 생명임에는 틀림없습니다. 그러나 종교의 뿌리가 인간 심령 속에 자리 잡는 것이라면, 이것은 자연히 가지를 뻗을 것이며 이 가지들은 또한 뿌리와 같은 성질을 가질 것이니, 그렇다면 이 동질성은 그 종교의 표지인 동시에 본질적 내용입니다.

물론 인간 심령 속에 뿌리를 박지 않은 종교의 형식은 무가치한 것임에 틀림없습니다. 하나님도 이런 형식적 의식만은 기뻐하지 않으시고, 진실되고 거룩한 심정의 제사를 언제나 기뻐하십니다. 그러나 하나님은 동시에 마음의 뿌리에서 돋아나는 외적 의식들, 즉 공적이고 사적인 기도와 제사, 감사와 찬송이나 물질의 헌납이나, 사도 바울의 권면대로 우리의 몸으로 하나님이 받으실 만한 산 제사를 드리는 것은 즐거이 받으십니다.

2. 그들의 또 하나의 반대 이론은 위의 이론과 비슷한데, 즉 "사랑은 모든 덕의 총화라 할 수 있다. 이것은 율법의 완성이며 하나님의 모든 계명의 종결이다. 우리가 무엇을 하거나 무슨 고난을 받더라도 사랑이 없으면 무익하다. 그러므로 사도 바울도 '사랑을 따라 구하라.' 하였고 이것을 '더 귀중한 은혜의 선물(고전 12:31)'이라 하였다."는 것입니다.

여기에 대하여 나는 이렇게 대답합니다. 거짓이 없는 믿음에서 우러나는 사랑은 모든 덕의 총화이며, 온 율법을 완성하는 것이며, 하나님의 모든 계명의 종결이라 할 것입니다. 그리하여 "이것 없이 하는 우리의 모든 행위나 수난은 무익하다. 그러나 이 사랑이 믿음이나 선행을 떠나서 존재하는 것은 아니다. 사랑은 율법을 완성하되 우리를 율법에서 해방하는 것이 아니라 이것을 준수하도록 편달하는 것이다. 모든 계명은 사랑이 그 최종 목표요, 또 사랑을 중심하여 성립되는 것이다. 그러나 사랑 없이 하는 무엇이나 그 받는 고난이 무익하다면, 이 사랑이 다만 말에만 그칠 것이 아니라 이 사랑으로 그리스도를 위하여 작은 고난이라도 받으며 그의 이름으로 물 한 잔이라도 주는 행동으로 표시될 때에만 결단코 상을 잃지 않을 것이다."라고 말씀한 것입니다.

3. 그러나 반대론자는 말하길, 사도 바울은 "사랑을 따라 구하라(고전 14:1)."고 하였고, 이것이 "더 좋은 길(은사)이라 하지 않았는가?" 하고 말합니다. 그러나 그는 사랑을 따라 구하되 이것만 구하라고 하지 않았습니다. 그는 사랑을 따라 구하되 "신령한 은사(고전 14:1)"도 구하라고 하였습니다. 즉 우리 자신을 드려 형제에게 봉사하고 기회가 있는 대로 모든 사람에게 선을 행하라고 권고하였습니다. 같은 절(고전 12:31)에서 사도 바울은 "사랑의 길"을 "더 좋은 길"이라 하고 "이 길 이외에 다른 은사들도 구하되 열심히 사모하라."고 하였습니다. "더 좋은 길"이라 하였는데, 무엇보다 더 좋은 길입니까? 그것은 병 고치는 은사나 방언과 방언의 통역 등 이미 언급한 것들보다 더 좋은 은사라는 말입니다. 그러나 이 더 좋은 길이 순종보다 더 좋은 것이라고 할 수는 없습니다. 물론 사도 바울이 여기서 순종에 대하여 언급한 바는 없으며, 종교의 외적 사건에 대하여 언급한 바도 없습니다. 그러니만큼 이 구절이 내포한 의미는 광범위한 것입니다.

그러나 설사 바울 선생이 여기서 종교의 외적 문제나 내적 문제를 둘 다 언급하고 이 둘을 비교한 후에 종교의 외적 문제보다 내적 문제를 더 중요시하였다고 할지라도, 다시 말해서 외부적 행동 문제보다도 사랑하는 마음 자체를 더 중요시했다 할지라도, 우리는 이 둘 중의 어느 것을 택하고 어느 것을 버릴 필요는 없습니다. 하나님은 창세 때부터 이 둘을 결합시키신 만큼 아무도 이것을 나누어서는 안 됩니다.

4. 그러나 반대자들은 또 "하나님은 영이시다. 그러므로 그에게 예배드리는 사람들은 영과 진리로 예배를 드려야 한다(요 4:24). 그러면 이것으로 족하지 않은가? 우리의 정성과 힘을 다하여 경배하면 되지 않는가? 외적인 여러 가지 사건에 관여하는 것이 우리 영혼을 얽어매어서 우리가 깊은 명상에 잠겨 하나님께로 올라가게 하는 데 방해가 되지 않는가? 이런 외부적 사건들은 자연적으로 우리의 마음을 얽어매고 흐트러지게 하지 않는가? 사도 바울도 우리가 걱정 근심에 눌려 살지 않기를(고전 7:32) 바랐고, '마음에 헛갈림이 없기(고전 7:35)'를 원하지 않았던가?"라고 합니다.

여기에 대하여 나는 이렇게 대답합니다. 물론 하나님은 영이시므로 그를 경배하는 자가 영과 진리로, 그리고 정성과 힘을 다하여 예배하여야 합니다. 그러나 신이신 하나님을 영과 진리로 예배한다는 것은 무슨 뜻입니까? 이것은 인간의 영이, 오직 영만이 가질 수 있는 방법에 의하여 그를 예배함을 말합니다. 이것은 동시에 하나님을 지혜롭고 공의롭고 거룩하며 죄악보다 순결을 더 즐거워하시는 분으로, 또는 자비하시고 은혜로우시며 오래 참으시며 죄와 허물을 용서하시며 우리의 죄를 보시지 않고 우리를 그의 사랑하시는 자(그리스도) 안에서 받으시는 분으로 믿는 것을 의미합니다. 그리고 이것(예배)은 또한 우리의 마음과 뜻과 목숨과 힘을 다하여 하나님을 사랑하고 기뻐하고 바라는 것을 말하며, 그뿐만 아니라 우리가 사랑하는 그를 본받아 그의 순결하심과 같이 우리 자신을 정결케 하며, 우리가 사랑하고 믿는 그에게 생각과 말과 행동으로 순종함을 뜻합니다. 그러므로 영과 진리로 하나님을 경배한다는 것의 일면은 그의 외적 계명을 준수하는 것도 포함됩니다. 즉 이것은 우리의 영과 육으로 아울러 그를 영화롭게 함이며, 정성으로 그의 기뻐하시는 일들을 하는 것이며, 우리의 직업이 하나님께 드리는 제사가 되며, 먹고 마시는 일이나 사고파는 일이 다 하나님께 영광을 돌리는 일이 되게 하는 일입니다. 이것이 하나님을 영과 진리로 예배하는 것이며, 빈들에서 홀로 기도하는 것과 마찬가지로 중요한 것입니다.

5. 그렇다면 명상과 기도는 하나님을 영과 진리로 예배하는 방법의 하나일 뿐입니다. 그러므로 하나님을 예배하는 데에 이 방법에만 의존하는 것은 그 밖의 다른 방법들, 즉 다 하나님께서 받으실 만하고 다 유익하고 해가 없는 다른 여러 가지 방법을 버리는 것이 됩니다. 하나님께서는 우리에게 종교의 외적 행동도 명령하신 만큼 이것이 우리 그리스도인에게 방해물이 되고 무형하신 하나님을 뵙는 데 지장이 된다고 생각하는 것은 큰 잘못입니다. 이것은 그리스도인의 사고나 지성을 손상하거나 얽어매거나 혼란하게 함이 없으며, 그리고 우리가 무슨 일을 하든지, 말에나 일에나 예수 그리스도의 이름으로 주를 섬기는 마음으로 하고, 우리의 눈을 하나님께만 고정시켜 모든 일을 한다면, 종교의 외적 행동이 하나님을 섬기는 데에 우리의 주의를 분산시킬 염려는 없습니다. 그러므로 가련한 은둔자들이여, 여러분은 다른 사람을 여러분의 표준에 의해 판단하지 말고, 무엇보다 당신들의 빈약한 믿음을 탓할 것입니다. 그리고 당신들은 아래 시의 참뜻을 배우시기 바랍니다.

오! 주님, 당신은

당신은 부드러운 사랑으로

내 모든 짐을 져 주시고

위에 있는 것을 향해 내 마음을 드시고

늘 거기에 두셨나이다

세상의 소란한 바퀴를 고요하게 하시고

분주한 군중 속에서도 홀로

당신의 발 곁에 앉아 향기롭게 기다리노니

당신의 모든 뜻이 이루어질 때까지

참아 기다리게 하소서.

6. 그러나 또 한 가지 큰 반대론이 남아 있습니다. 반대론자들은 "우리는 경험에 호소한다."고 말합니다. 그들은 "우리가 경험에 의해 깨달은 바는, 우리는 여러 해 동안 외적인 행동과 일을 실행해 왔다. 그러나 이것들은 무익하였다. 우리는 모든 외적 의식의 규율들을 잘 지켜 왔다. 그러나 이렇게 함으로써 우리가 전보다 더 향상된 것이 없고 아무도 유익을 받은 바 없다. 그보다도 우리는 전보다 더 후퇴하였다. 우리는 기독교의 참뜻을 몰랐을 때 그런 것들을 열심히 실행하는 사람이 참 그리스도인인 줄 잘못 알았었다."는 것입니다.

반대론자들의 이 말은 인정할 수 있습니다. 그러나 반대론자들과 그 밖의 많은 사람들은 수단 방법을 목적 자체로 오인하고, 이런 것을 실행함이 예수 그리스도의 종교요, 하나님께 받으심이 되리라고 생각하여 하나님의 모든 의식과 규율을 잘못 쓰는 데 문제가 있습니다. 우리가 외부적 의식 등을 잘못 쓰지 않고 이를 다만 목적 달성을 위한 수단으로만 쓴다면, 이런 것들은 우리에게 유익을 줄지언정 해가 되지 않습니다. 이제 여러분은 모든 외적 의식을 사용하되, 의와 참된 거룩함 속에서 끊임없이 당신 영혼의 갱신을 얻으려는 목적의 수단으로 삼아 사용하십시오.

7. 반대론자들은 이것이 전부가 아니라고 말합니다. "우리의 경험으로 선행은 다만 노력의 낭비임을 깨달았다. 영원한 불에 빠질 인간이라면 우리가 그의 육체를 먹이고 입힐 필요가 무엇인가? 그리고 우리가 그들의 영혼에 무슨 영향을 줄 수 있는가? 영혼을 변화시킬 수 있는 것은 오직 하나님뿐이다. 그뿐 아니라 모든 사람은 선량하거나 적어도 선량해지기를 원하거나, 그렇지 않으면 악하다. 그런데 만일 선량한 인간이라면 우리의 도움이 더 필요 없을 것이고, 악한 사람이라면 우리가 그를 어찌하지 못할 것이다. 주님은 '진주를 돼지에게 던지지 말라.'고 말씀하시지 않았는가?"라고 말합니다.

이 일에 대하여 나는 이렇게 대답합니다. (1) 주님은 우리에게 그들이 최후에 멸망하든지 구원을 받든지 관계없이, 그들이 배고플 때 먹이고, 헐벗었을 때 입히라고 명령하셨습니다. 만일 우리가 이것을 할 수 있는데도 하지 않는다면 그들이 나중에 어떻게 되든지 관계없이 우리는 영원한 불에 던져질 것입니다. (2) 인간의 마음을 변화시키는 것은 오직 하나님이십니다. 그러나 일반적으로 하나님은 인간을 통하여 하십니다. 그러므로 우리는 우리의 최선을 기울여 행하되 마치 우리 인간이 인간의 마음을 변화시킬 수 있는 것처럼 생각하고 할 것입니다. 그리고 그 결과는 하나님께 맡길 뿐입니다. (3) 하나님은 인간들의 기도에 응답하시어 서로가 좋은 선물을 주고받음으로써 그들을 유지하십니다. 즉 한 몸의 각 지체가 서로 돕고 붙들어 줌으로써 강하게 되고 성장하는 것과 같습니다. 그리하여 눈이 손에게 "너는 나에게 소용이 없다."고 말할 수 없으며, 머리가 발에게 "너는 나에게 소용이 없다."고 말할 수 없는 것과 같습니다. (4) 마지막으로 우리는 우리 앞에 있는 사람이 개인지 돼지인지 어떻게 압니까? 우리는 사람을 함부로 판단해서는 안 됩니다. "우리가 그 형제를 구원할지 못할지 어떻게 알 수 있습니까?" 그 형제가 만일 우리의 사랑을 차버리고 우리의 충언을 모독한다면, 우리는 그 형제를 다만 하나님께 맡길 뿐입니다.

8. 그들은 또 말합니다. "우리는 죄인들을 회개시켜 보려고 힘도 써 보았다. 그러나 무슨 효과가 있었던가? 많은 경우에는 아무런 감화도 없었으며, 혹 일시적 변화가 있었다 해도 아침 이슬처럼 잠깐뿐이요, 그들은 다시 전과 같이 악해졌고 더욱더 악화되었다. 그리하여 결과적으로는 그들뿐 아니라 우리도 손해를 입었다. 우리 자신도 사랑은커녕 도리어 격분하게 되고 불유쾌한 심정만 격발되었을 뿐이다. 그러므로 우리나 잘 믿으면 그만이다."라고 말합니다.

그들의 이러한 말도 일리는 있습니다. 그들이 힘을 써 보았어도 성공하지 못했고, 그리고 좀 돌이켰던 사람들도 다시 뒤로 물러가 그들의 나중 상태가 처음보다 더 악화된 것도 사실입니다. 우리는 그것을 이상하게 생각할 필요가 없습니다. 종(우리)이 주인(예수)보다 낫겠습니까? 예수님도 죄인들을 구원하기 위하여 얼마나 애쓰셨습니까? 그러나 그들은 듣지 않았습니다. 그들은 예수님을 잠시 따랐으나 다시 물러갔습니다. 마치 개가 자기가 토한 것을 다시 먹듯이 말입니다. 그러나 예수님은 중단하시지 않았습니다. 그렇다면 우리가 성공이 없다고 어찌 중단

할 수 있겠습니까? 우리는 주님의 명령을 따라 일할 뿐이요, 그 결과는 하나님께 맡길 뿐입니다. 그 결과는 우리의 책임이 아니라, 모든 일을 잘 처리하시는 하나님께 속합니다. 전도자는 말하지 않았습니까? "너는 아침에 씨를 뿌리고 저녁에도 손을 거두지 말라. 이것이 잘될는지 저것이 잘될는지 혹 둘이 다 잘될는지 알지 못함이라(전 11:6)."

당신들은 인간의 영혼을 건지려는 시도가 그렇게 쉽사리 성공하지 않는다고 조급한 마음에 조바심 내고 있을지 모릅니다. 그리고 또 이런 심정은 당신들이 하는 일에 다른 사람 아닌 당신들만이 최후의 책임자라고 생각하기 때문인지도 모릅니다. 그뿐 아니라 당신들이 당신들의 영에 관하여서도 충분한 경계 태세를 가지고 있지 못한 탓인지도 모르겠습니다. 그러나 이런 조건들이 하나님을 불순종할 이유는 되지 못합니다. 마음을 가다듬고 다시 시도해 보십시오(용서하는 일처럼). 일곱 번뿐 아니라 일곱 번씩 일흔 번이라도 다시 시도해 보십시오. 그러나 당신들의 경험을 살려 전보다 더 지혜롭게, 전보다 더 신중하게 하십시오. 그리고 하나님 앞에 겸비한 태도로 "내 힘으로는 아무것도 할 수 없다."는 마음으로 하십시오. 그리고 당신들의 영혼에 대해서도 좀 더 각성하고 좀 더 기도하는 중에 깨어서 믿음을 지키십시오. "너는 네 떡을 물 위에 던져라. 여러 날 후에 도로 찾으리라(전 11:1)."는 말씀을 기억하시기 바랍니다.

IV

1. 여러분은 여러분의 빛을 가리는 여러 가지 그럴듯한 핑계에도 불구하고, 여러분이 가진 그 빛을 사람 앞에 비추어 사람들이 "여러

분의 착한 행실을 보고 하늘에 계신 아버지께 영광을 돌리게 하십시오 (마 5:16)." 이것이야말로 우리 주님이 앞에서 말씀하신 교훈에 대한 실제적 응용 방법입니다.

"너희 빛을 사람 앞에 비추라." 즉 여러분의 겸비한 마음, 유순함, 온유함, 그리고 영원한 세계에 관한 여러분의 진지하고 깊은 관심, 참된 거룩함의 추구, 하나님 안에서의 참된 행복, 모든 인류에 대한 최고선의 축복자에 대한 지극한 사랑 등을 나타내 보이십시오. 하나님이 여러분의 영혼에 비추어 주신 이 빛들을 숨기지 말고 이를 여러분과 만나고 대화하는 사람들에게 비추십시오. 이 빛을 특히 여러분의 행동으로, 또는 모든 사람에게 베푸는 선행으로, 그리고 의를 위하여 받는 고난으로 나타내십시오. 여러분은 하늘에서 받을 상이 크다는 것을 기억하고 "기뻐하고 즐거워하십시오."

2. "이같이 여러분의 빛을 사람 앞에 비추어 사람들이 여러분의 착한 행실을 보게" 하십시오. 그리스도인은 그 가진 종교를 가리거나 가리고자 해서는 안 됩니다. 반대로 그리스도인은 등불을 켜서 말 아래 두지 않고 등경 위에 두어 집 안에 있는 모든 사람에게 비추어야 합니다. 그렇게 하되 무슨 명예를 바라거나 영광을 받으려 해서는 안 됩니다. 우리의 유일한 목적은 "사람들이 우리의 착한 행실을 보고 하늘에 계신 우리 아버지께 영광을 돌리게" 하는 일입니다.

3. 그리고 여러분의 최종 목표로 삼을 것은 거짓이 없는 사랑을 가지는 것입니다. 여러분의 입술에 거짓이 없게 하고, 여러분의 말이 여러분의 진심의 발로가 되게 하고, 여러분의 담화에 숨기는 것이나 행동

에 가식이 없게 하십시오. 이런 위장술은 빛을 나타내지 못하는 인간들에게 양보하십시오. 여러분은 모든 사람에게 허식을 버리고 안과 밖이 같은 인간이 되어 그들로 하여금 여러분에게서 하나님의 은혜를 직감하게 하십시오. 그들 중에서 더러는 마음이 더 완강해질는지도 모릅니다. 그러나 다른 사람들은 여러분이 예수와 함께 있었다는 사실을 앎에 따라 그들의 영혼의 대감독에게로 돌아와 "하늘에 계신 아버지께 영광을 돌릴" 것입니다.

4. 이 한 가지 목적, 즉 하나님이 여러분 안에서 영광을 받으시도록 그의 이름 아래 그의 능력의 권세를 가지고 전진하십시오. 때로는 홀로 외롭게 싸워야 할지도 모릅니다. 그러나 부끄러워하거나 좌절하지 말고 나아가십시오. 이것은 지난날 하나님을 따른 자들의 운명이었습니다. 특히 당신들이 가진 빛을 당신들의 선한 행실, 즉 경건과 자선적 활동으로 나타내도록 힘쓰십시오. 이 목적의 달성을 위해 당신들은 모든 불요불급(不要不急)한 사물을 제거하십시오. 의식주와 가구 등에서 불필요한 사치성을 물리치고, 하나님이 주신 모든 선물을 가치 있게 활용하는 선한 재산 관리인이 되십시오. 그리고 시간과 노력의 낭비를 막고 무슨 일에나 최선을 다하십시오. 한마디로 말하면, 믿음과 사랑으로 충만하여 선을 행하고 고난을 참으며 굳세게 서서 흔들리지 말고 주의 일에 진력하십시오. 주 안에서 하는 여러분의 수고가 헛되지 않을 것입니다.

20
산상설교 V
Upon our Lord's Sermon on the Mount V

멜버른 웨슬리 교회의 동상
Statue of Wesley outside Wesley Church in Melbourne, Australia

내가 율법이나 선지자를 폐하러 온 줄로 생각하지 말라 폐하러 온 것이 아니요 완전하게 하려 함이라 진실로 너희에게 이르노니 천지가 없어지기 전에는 율법의 일점일획도 결코 없어지지 아니하고 다 이루리라 그러므로 누구든지 이 계명 중의 지극히 작은 것 하나라도 버리고 또 그같이 사람을 가르치는 자는 천국에서 지극히 작다 일컬음을 받을 것이요 누구든지 이를 행하며 가르치는 자는 천국에서 크다 일컬음을 받으리라 내가 너희에게 이르노니 너희 의가 서기관과 바리새인보다 더 낫지 못하면 결코 천국에 들어가지 못하리라 (마 5:17~20)

1. 예수님이 많은 사람들에게 멸시와 반대를 받고 조소를 당하신 이유 중의 하나는 그가 새로운 것을 가르치시고 새 종교를 소개하셨기 때문입니다. 예수님의 가르치심 가운데 적지 않은 부분이 당시 유대인들에게는 새로운 것이었으며, 또 그들에게 익숙한 것이었다 하더라도 같은 의미로 써지지 않았고 그들의 것보다 더 강한 의미를 지녔다는 것을 감안할 때, 유대인들이 예수님의 교훈에 대해 어떤 이질감을 느꼈을 것이라고 어렵지 않게 추측할 수 있습니다. 더욱이 예수님이 하나님을 영과 진리로 예배하여야 한다는 것을 가르치셨을 때, 형식적 예배와 경건의 모양만 아는 그들에게 "새 종교"로 인식되었을 것입니다.

2. 그들 중에는 예수님이 옛 종교를 폐지하고 다른 교훈, 즉 천국 가는 길에 더 수월한 방법을 가르쳐 주시기를 희망한 사람도 없지 않았을 것입니다. 그러나 주님은 오늘의 본문에서 이런 희망을 가진 사람들

이나 또 근거 없는 부당한 비난을 하는 사람들을 다 공격하셨습니다. 나는 본문에 나타난 사상을 거기에 기록된 순서대로 하나하나 검토하면서 생각해 보려고 합니다.

I

1. 첫째로 생각할 것은, "내가 율법이나 선지자를 폐하러 온 줄로 생각하지 말라 폐하러 온 것이 아니요 완전하게 하려 함이라(마 5:17)."는 말씀입니다.

모세가 이스라엘 백성에게 전한 법, 즉 성전에서 드리는 제사와 예배에 관한 여러 가지 의식 절차에 관한 법은 예수님이 오심과 함께 폐기되었습니다. 사도들도 여기에 동조하였습니다. 특히 바울과 바나바는 이방 그리스도인들도 모세의 율법을 지켜야 한다는 주장에 강력히 반대하였으며, 성 베드로도 모세의 율법을 지키는 것은 하나님을 시험하는 것이며 우리의 조상들이나 우리가 다 감당하지 못했던 멍에라고 말하였습니다. 그리하여 사도들과 장로들과 온 교회가 함께 모여 이에 대하여 결의하고 성명서를 발표하여, 신도들에게 모세의 율법을 지키라고 하는 것은 그들의 영혼을 얽어매는 것이므로 그들에게 다른 짐을 더 지우지 않는 것이 성령의 뜻(행 5:28)이라고 하였습니다. 우리 주님은 이러한 여러 가지 불리한 조항이 적힌 증서를 말소하시고 이를 십자가에 못박아 버리셨습니다(골 2:14).

2. 그러나 십계명에 포함되어 있으며 선지자들에 의해 다시 강조

된 도덕법만은 주님이 폐기하지 않으셨습니다. 주님이 오신 목적은 이 도덕법의 어느 일부라도 폐지하시려는 것이 아닙니다. 이것은 변할 수 없는 하늘의 원리로서 영원히 파기할 수 없는 법칙입니다. 이것은 하나님께 불순종하는 고집스러운 인간들을 일시적으로 제지하기 위하여 만든 의식과 제도에 관한 법과는 다른 차원에 속하는 법으로, 창세부터 창조주 하나님이 돌로 만든 비석이 아니라 모든 인간의 자녀들이 하나님의 손에서 나왔을 때 그들의 마음에 친히 새기신 법입니다. 이것이 인간의 죄로 말미암아 많이 파손되었다 하더라도, 인간의 마음속에 악에 대한 관념이 엄연히 존재하는 한 폐기될 수 없는 법이며, 어느 시대, 어떤 장소, 어떤 환경에서든지 하나님과 인간의 본성에 자리 잡고 있는 것인 만큼 변함없이 지속될 것입니다.

3. "내가… 폐하러 온 줄로 생각하지 말라 폐하러 온 것이 아니요 완전하게 하려 함이라." 이 말씀에 대하여 어떤 사람은, 주님이 "나는 이 법을 전적으로 준수함으로써 이를 완성하러 왔다."고 의미하는 것으로 풀이하기도 합니다. 물론 주님은 율법의 모든 점을 준수하여 완성하신 것이 사실입니다. 그러나 이 말씀의 위아래 문맥을 살펴본다면 그런 뜻은 아닌 듯합니다. 이 말씀의 진의는 인간들의 모든 부조리에도 불구하고 예수님은 율법의 전모를 확립하러 왔으므로 여기에 무슨 모호한 것이나 불충분한 점이 있다면 이를 해명하고 보충하며 그 각 부분의 진의를 천명하여 그 순수성과 정신적 가치를 나타내고 밝히 드러냄에 있다고 풀이하는 것이 더 타당합니다.

4. 주님은 이 사실을 산상설교의 말씀 전후에 충분히 표시하셨

습니다. 거기에 나타난 바는, 예수님은 이 세상에 새 종교를 도입하신 것이 아니요, 태초부터 있던 종교, 즉 창조와 함께 인간이 산 영혼이 되었을 때부터 하나님께로부터 나와 인간과 그 기원을 같이 한다는 것입니다. 이 종교는 그 후에 율법과 선지자가 함께 증거하기도 하였으나, 이 종교의 창시자인 주님 자신이 친히 오시어 그 본질과 내용 전부를 충분히 해명하시기까지는 그 각 부분의 진수를 이해하지 못하였으며, 이것이 영원불변의 진리인 것도 몰랐던 것입니다.

II

1. "진실로 너희에게 이르노니 천지가 없어지기 전에는 율법의 일점일획도 결코 없어지지 아니하고 다 이루리라(마 5:18)." "진실로 너희에게 이르노니" 이 말씀은 그 중요성과 확실성을 표시하는 머리말입니다.

"일점일획"이라는 표현은 격언적인 표현으로서 도덕법에 대하여는 아무리 미미한 조항이라도 폐기될 수 없다는 뜻을 표시하는 것입니다.

"결코 없어지지 아니하고"는 이 말씀을 하신 분의 절대적 의지와 능력을 표시하는 권위적인 어구입니다. 그의 말씀은 천지의 공도(公道)로 영원히 지속되는 것입니다.

"천지가 없어지는 일이 있더라도… 일점일획도 결코 없어지지 아니하고 다 이루어질 것이다." 이 절의 원문은 "천지가 없어지기 전에 율법의 일점일획도 반드시 없어지지 아니하고 다 이루리라."로 되어 있습니다. 여기에 "모든 것이 완성되기까지"를 어떤 사람은 "율법 전체가 완성되기까지 그중의 한 조문도 폐기되지 않을 것이다. 그러나 이 율법은 그리스도에 의하여 완성되었다. 그러므로 이제는 복음이 확립되기 위하여 율법은 폐기되어야 할 것이다."라고 해석합니다. 그렇지 않습니다. 여기에 "모든 것"은 율법 전체를 말함이 아니라 세상 만물을 가리킨 것입니다. 따라서 "모든 것이 완성되기까지"라는 그 완성은 율법에 대해 말하는 것이 아니고 천지 만물을 지칭하는 것입니다.

2. 이 모든 점을 보아 우리는 율법과 복음 간에는 아무런 모순도 없는 것을 알 수 있습니다. 복음의 수립을 위해 율법이 폐기되어야 할 필요는 없습니다. 복음이 존립하기 위하여 율법이 폐기되든가, 율법이 존립하기 위하여 복음이 폐기되어야 할 이유는 없고 이 둘은 잘 조화됩니다. 같은 어구가 한 면에서 보면 율법이요, 다른 면에서 보면 복음이 됩니다. 실례로 "네 마음을 다하고… 힘을 다하여 주 너희 하나님을 사랑하라"고 하신 말씀은 계명으로 보면 율법에 속하나, 약속으로 보면 복음의 핵심입니다. 복음이란 약속의 형식으로 표시된 율법의 명령에 지나지 않는 것입니다. 따라서 심령의 가난이나 마음의 순결 등 어느 것이나 하나님의 거룩한 법으로 명령한 것이라면, 그것은 복음의 빛 아래에서 볼 때 다 복되고 보배로운 약속일 것입니다.

3. 그러므로 율법과 복음 간에는 긴밀한 관계가 있습니다. 그 다음에 율법은 복음의 선구가 되며 복음을 지향하는 동시에 다른 일면으로 복음은 율법을 더 잘 지키도록 도와줍니다. 예컨대, 율법은 우리에게 하나님과 사람을 사랑하고 온유하고 겸손하며 거룩한 자가 되라고 요구합니다. 그러나 우리는 이 요구에 완전히 부응하지 못합니다. 예수님의 말씀대로 사람으로는 불가능합니다. 그러나 하나님은 우리에게 사랑할

수 있고 온유하고 겸손하며 거룩하게 될 수 있는 능력을 주기로 약속하셨습니다. 따라서 우리는 믿음으로 이 약속의 복음을 받아 이를 완성할 수 있는 것입니다. 즉 그리스도 예수께 대한 믿음을 통하여 율법의 의를 완수할 수 있는 것입니다.

성서에 기록된 모든 명령은 변모된 약속(즉 형식은 율법이지만 내용은 약속의 성격을 가진 것)입니다. 하나님께서는 그의 장엄하신 성명, 즉 "그날 후에 내가 이스라엘 집에 세운 언약은 이러하니 곧 내가 나의 법을 그들의 속에 두며 그 마음에 기록하리라(렘 31:33)."는 성명을 통하여 그가 명령하신 바를 주기로 약속하셨습니다. 그가 "쉬지 말고 기도하라." "항상 기뻐하라 내가 거룩하니 너희도 거룩하라."고 명령하셨다면, 하나님은 우리 속에서 역사하시어 이 명령들을 성취하실 것입니다.

4. 이러한 것들이 사실이라면 우리는 교회의 모든 역사에서 성령의 지시라고 하면서 하나님의 명령을 변경하거나 다른 것으로 대체한 자들에 대하여 당혹하지 않을 수 없습니다. 그리스도께서는 여기에서 우리에게 영원불변의 법칙을 주시어, 이런 거짓된 명령을 판단하게 하셨습니다. 기독교는 명령으로나 혹은 약속으로 우리에게 내리신 하나님의 모든 도덕적 법칙을 포함하고 있는 것으로, 우리가 하나님의 계획을 듣는다면 이 말씀은 모든 세대의 마지막임을 알 수 있습니다. 이후에 또 다른 무엇은 있지 않을 것입니다. 이것은 만물이 완성될 때까지 견디어야만 합니다. 그러므로 그 밖의 다른 새 계시라는 것은 사탄에게서 나오는 것이요, 하나님에게서 오는 것은 아닙니다. 따라서 더 완전한 하나님의 다른 세대가 있다는 거짓은 필히 실패로 돌아가고 말 것입니다. "천지는 없어지더라도" 이 말씀은 "없어지지 아니할 것입니다."

III

1. 그러므로 "누구든지 이 계명 중에 가장 작은 것 하나라도 어기거나, 어기도록 사람을 가르치면 하늘나라에서 그를 가장 작은 사람이라고 할 것이요, 또 누구든지 계명을 지키고 남에게 그렇게 가르치면 하늘나라에서 그를 가장 큰 사람이라고 할 것입니다(마 5:19)."

그러면 율법을 가르치는 일을 치욕으로 여기는 사람은 어떤 사람입니까? 그 사람은 그 치욕이 마침내 자기 머리 위에 떨어질 것임을 기억해야 합니다. 그러므로 율법을 가르친다고 해서 그를 경멸하면 그를 보내신 자를 경멸하는 것이 됩니다. 예수님은 세상을 구원하러 오셨지 정죄하러 오시지 않았는데, 그처럼 율법을 가르친 자가 있습니까? 예수님은 복음을 통하여 생명과 영생을 드러내셨습니다. 어느 누가 그리스도께서 율법을 가르치신 것보다 더 표현적이며 더 엄격하게 가르칠 수 있습니까? 말씀을 수정할 수 있는 자가 누구입니까? 설교하는 하나님의 아들을 교육할 자가 누구입니까? 누가 예수님이 아버지로부터 받은 메시지를 전함보다 나은 방법으로 가르칠 수 있겠습니까?

2. "누구든지 이 계명 중에 가장 작은 것 하나라도 어기거나"라는 말씀에서 '계명'이라는 말은 주님이 '율법' 또는 '율법과 선지자'라는 말과 같이 쓰셨습니다. 율법과 선지자를 병용하신 것은 이 둘이 실제에서 서로 다른 바가 없기 때문입니다. 선지자들은 율법에다 더한 것이 없고 성령의 인도에 따라 다만 이를 선포하고 설명하고 강조했을 뿐입니다.

"누구든지 이 계명 중에 가장 작은 것 하나라도 어기는 자는"이란 말씀은 정말 일부러 어기는 것을 말하는 것입니다. 주님은 특히 "하나라도"에 중점을 두셨습니다. 사도 야고보는 "누구든지 온 율법을 지키다 그 하나를 범하면 모두 범한 자(약 2:10)"가 된다고 하였습니다. 즉 이 사람에게는 모든 계명을 다 범한 것처럼 하나님의 진노가 그 위에 임할 것이라는 말입니다. 그러므로 우리가 한 가지 정욕이나 한 우상이나 그 밖에 다른 한 죄라도 품어 둔다면 이것은 용납될 수 없으며 오로지 죄에 빠져 들어가는 길입니다. 하나님은 우리의 전적 순종을 원하십니다. 우리는 하나님의 모든 계명을 주목해야 합니다. 그렇지 않으면 우리가 다른 여러 가지 계명들을 다 지켰다 하여도 무익하며, 우리의 영혼은 영원한 불행 가운데 있을 것입니다. "가장 작은 것 하나라도", 즉 '이 계명들 중 작은 것 중의 하나라도'라는 말씀은 우리가 찾을 수 있는 또 한 가지의 구실을 미리 봉쇄하는 말씀입니다. 즉 많은 사람들이 "이까짓 잘못이야 뭐! 하나님이 이만한 것이야 눈감아 주시지 않겠느냐? 큰 범죄도 아닌데, 이런 것까지 그렇게 신경을 쓰지 않으실 것이다."라고 구실을 댑니다. 이렇게 사람들은 하나님은 속이지 못하나 자신을 속이는 것입니다. 그러나 이것은 오산입니다. 인간적 입장에서는 큰 죄다, 작은 죄다 하지만, 하나님께는 그렇지 않습니다. 엄격히 말하면, 모든 죄는 그것이 작거나 크거나 간에, 거룩하고 완전한 율법을 침해하는 것이요, 하늘에 계신 대 주재에 대해 모독하는 것입니다.

3. 또한 오늘 본문에서 "그같이 사람을 가르치는 자는"이라는 말씀은, 어느 의미에서 공개적으로 계명을 어기는 사람은 다른 사람도 똑같은 것을 하라고 가르치는 것이나 다름없다는 것입니다. 왜냐하면 많은 경우에 시범이 계율보다도 목소리가 더 크다는 것을 의미하는 것입

니다. 이런 의미에서 술주정뱅이는 술 마시기를 가르치는 사람이요, 안식일을 지키지 않는 사람은 그 이웃에게 주의 날을 더럽히도록 가르치고 있는 사람이라 할 것입니다. 그뿐 아니라 상습적 범법자는 자기만이 범법을 하는 데 그치지 않고 말로나 시범으로 다른 사람을 교사하는 자라 할 것입니다. 이런 사람은 자신의 범죄를 합리화하고, 어떤 구실을 붙여 변호하려 듭니다. 결과적으로는 자신이 범하는 죄를 가르치는 것이 됩니다. 특별히 자기 목을 곧게 하고 책망받기를 싫어할 때에 더욱 그렇습니다. 이런 사람은 죄를 대언하는 역할을 하며 자신이 지은 죄를 변호하고 합리화합니다. 이렇게 함으로써 자신이 떠나지 않으려는 죄를 면죄받으려고 하는 것이며 자신이 범한 모든 죄를 실질적으로 가르치는 셈이 됩니다.

"하늘나라에서 그를 가장 작은 사람이라고 할 것이요." 이 말씀은 하늘나라에서 아무런 자리도 차지하지 못할 것이라는 말입니다. 그는 지상에 있는 천국에서 이방인입니다. 그는 아무런 분깃도 받지 못할 것이며, 성령 안에서 의와 평화와 희열도 누리지 못할 것입니다. 따라서 그는 장차 나타날 영광에도 참여할 수 없을 것입니다.

4. 만일 이와 같이 "이 계명 중에 가장 작은 것 하나라도 어기거나 또 어기도록 사람을 가르치면 하늘나라에서 그를 가장 작은 사람이라고 할 것"이라면, 또 이런 사람들이 바깥 어두운 곳에 내쫓기어 슬피 울며 이를 갈게 될 것이라면, 주님의 말씀 중에 지적한 이 사람들, 즉 하나님께로부터 보냄을 받은 스승들로서 그의 계명을 어기고, 다른 사람들을 어기도록 가르치며, 그 생활과 가르치는 도리가 불건전한 사람들은 어떤 사람들입니까?

5. 이런 사람들 중에는 여러 종류가 있습니다. 첫째는 의식적, 상습적 범죄자입니다. 일반 범죄자가 그의 범죄 행동으로 다른 사람이 죄를 짓도록 하는 것이라면, 남을 지도하는 목사의 범죄야말로 그 영향력이 얼마나 크겠습니까? 그가 설사 자신의 범죄를 은폐하거나 변호하거나 작게 보지 않는다 할지라도, 그 영향력은 대단히 큽니다. 만약 그가 번연히 범죄를 하면서 이를 애써 변호하거나 숨기거나 과소평가한다면, 그는 회중의 살인자입니다. 그는 그들을 사지로 인도하는 자이며, 암흑가 왕자의 심부름꾼이라 할 것입니다. 지옥으로 갈 때에 지옥의 사자가 그를 맞이하러 올 것이요, 자기만이 아니라 많은 사람을 함께 데리고 가는 자가 될 것입니다.

6. 그 다음 부류의 사람들은 무사태평하고 무해 무익하게 사는 선량한 성격을 가진 호인들입니다. 그들은 외적 죄에 대해서 고민하지 않고 내적 성결에 대하여도 큰 관심이 없는 자들입니다. 이런 사람들은 이편도 아니고 저편도 아니며, 어느 편으로도 그렇게 두드러진 사람이 아닙니다. 종교 생활에 그렇게 적극성을 띤 것도 아니며, 그렇다고 아주 소극적인 것도 아닙니다. 공사 간의 모든 일에 꽤 규칙적이지만, 남보다 다르거나 유별나게 행동하지 않는 자들입니다. 이런 부류의 목사들은 하나님의 계명 중에 지극히 작은 것 한두 가지만을 범하는 것이 아니라, 크고 중요한 계명들, 즉 경건의 능력에 관한 계명들, 우리의 나그네 길을 두려움으로 지내기를 요구하는 것들, 두렵고 떨림으로 우리의 허리를 동이고 불을 항상 켜서 준비하고 있어야 한다고 권하는 계명들, 좁은 문으로 들어갈 것을 가르치는 계명들을 범합니다. 이런 사람은 자신의 생활 태도와 양식과 그의 설교 전체가 풍기는 사상의 흐름과 함께 자

기들은 그리스도인이라고 자처하지만 실상은 아닌 사람들로, 허황한 꿈에 안주하게 하며, 그의 지도를 받는 사람들을 깊은 잠 속에서 취생몽사하게 만듭니다. 이런 사람이야말로 그의 추종자들과 함께 깊은 잠 속에서 깨어날 때 영원한 불 속에 있는 자기들을 발견하게 될 것이라는 사실에 조금도 이상할 것이 없습니다.

7. 그러나 이런 사람들보다도 최고의 복음의 원수는 노골적이며 공개적으로 율법을 비판하고 비방하며 한두 가지 율법만이 아니라 크고 작은 율법 전체를 폐기하라고 가르치는 자들입니다. 그들은 말합니다. "주님은 율법을 폐지하셨다. 우리의 할 일은 오직 한 가지인데 그것은 믿는 일뿐이다. 모든 계명은 오늘 우리에게 맞지 않는다. 우리는 율법의 어떤 조항이라도 지켜야 할 의무가 없고, 조금이라도 따를 필요도 없다."고 주장합니다. 이런 망언이야말로 율법에 대한 가장 신랄한 발언이요, 주님에게 "당신은 복음 전달의 묘안을 전혀 알지 못하는 분입니다."라고 정면으로 도전하는 자들입니다. "오 주님, 이 죄를 저들에게 돌리지 마옵소서. 아버지, 저들을 용서하옵소서. 저들은 자기들의 하는 일을 알지 못하고 그러는 것입니다."

8. 이러한 망상에 사로잡힌 자들에 대하여 놀랄 만한 일은, 그들은 자기들이 실상은 하나님의 율법과 그의 교훈을 파괴하면서도 그것이 그리스도를 높이는 일이요, 그의 사업을 확장시키는 일이라고 믿는다는 것입니다. 그러나 실상은 그들이 주님을 높인다는 일은 마치 유다가 예수께 와서 "랍비여." 하고 입을 맞춘 것과 같다 할 것입니다. 이런 사람들에게는 주님이 유다에게 하신 말씀대로 "너는 입맞춤으로 인자를 넘

겨주려 하느냐?" 하실 것입니다. 이런 사람들이야말로 입맞춤으로 주님을 파는 자, 주님의 피를 내세워 그의 면류관을 벗기는 자, 복음을 확장한다는 구실 아래 그리스도의 율법을 파괴하는 자들이 아니겠습니까? 이와 동시에 믿음을 주장하여 직·간접으로 복음 순종을 무시한다든지, 그리스도를 전하면서 하나님의 계명 중 지극히 작은 것 하나라도 폐기하거나 약화시키는 자도 마찬가지로 율법 파괴자라는 지탄을 면할 수 없을 것입니다.

9. 우리는 하나님의 선택을 받은 자의 믿음을 귀중히 생각하며 이를 높이 평가합니다. 그리고 우리는 "은혜를 인하여 믿음으로 말미암아 구원을 얻었으며 선행으로 말미암지 않았나니 이는 누구든지 자랑치 못하게 함이라(엡 2:8)."고 선언해야 합니다. 우리가 모든 회개하는 죄인에게 외칠 것은 "주 예수 그리스도를 믿으라 그리하면 구원을 얻으리라." 하는 것입니다. 그러나 동시에 우리가 모든 사람에게 알게 해야 할 것은 우리는 믿음을 존중히 여기되 "사랑으로 행하는 믿음(갈 5:6)"을 존중히 여기는 일입니다. 우리가 죄의 권세와 범죄 행위에서 구원받지 못하면 믿음만으로는 구원받지 못한다는 것을 잊어서는 안 됩니다. "믿으라. 그리하면 구원을 받으리라." 하였다면, 그것은 "믿으라. 그리하면 거룩하게 됨이 없이도 죄에서 직접 하늘로 올라갈 것이다. 믿음은 성화를 대체할 것이다."라는 말이 아닙니다. 이 말의 뜻은 "믿으라. 그리하면 그대는 거룩한 자가 될 것이다. 주 예수를 믿으라. 그리하면 그대는 마음의 평화와 능력을 함께 받을 것이며, 능력을 받아 죄를 극복할 것이며, 그대의 주 하나님을 전심으로 사랑할 수 있을 것이며, 그를 전적으로 섬길 수 있을 것이며, 참음으로 선행을 계속하여 영광과 존귀와 영생을 얻을

수 있을 것이며, 하나님의 크고 작은 계명을 실행하고 가르칠 수 있을 것이며, 그대의 생활과 말로 가르쳐 천국에서 제일 큰 자라는 부름을 들을 것이라."는 내용이 포함되는 것임을 기억해야 합니다.

IV

1. 이 밖에 다른 방법으로 그것이 믿음이라거나, 다른 무슨 이름으로 불리든지 간에, 우리가 천국이나 영광이나 존귀나 영생에 들어갈 수 있다고 가르친다면, 그것은 실상 멸망으로 인도하는 것입니다. 이것은 마지막에 우리에게 평화를 가져다주지 못할 것입니다. 그래서 주님은 "너희 의가 율법학자들과 바리새파 사람들의 의보다 낫지 아니하면 결코 하늘나라에 들어가지 못할 것이다(마 5:20)."라고 말씀하신 것입니다.

신약성서에 자주 나오는 자들로 우리 주님을 항상 강력히 반대하던 율법학자들은 우리가 보통 생각하는 것처럼 사무를 보는 사람들이거나 무슨 글 쓰는 일만을 하는 사람들이 아닙니다. 그리고 우리가 율법학자(νόμικοί)라고 번역은 하였지만, 그들은 오늘날 우리가 생각하는 것과 같은 법률을 다루는 사람들도 아닙니다. 그들은 하나님의 율법에 통달한 자들이지, 인간 사회의 율법에 통달한 자들은 아니었습니다. 유대인의 회당에서 율법과 선지자들의 글을 읽고 해석하는 것이 그들의 전문적인 독특한 임무였습니다. 말하자면, 그들은 유대인의 설교자들이었습니다. 그리하여 그 명사의 근본 뜻은 오늘의 신학자 혹은 성직자인 것입니다. 그들은 당시 유대 사회에서 위대한 가르침을 베푸는 학자였습니다.

2. 바리새파 사람들은 유대인 가운데 역사가 오랜 종파 혹은 집단입니다. 히브리어의 원뜻은 '분리한다', '나눈다'는 의미입니다. 그것은 유대의 국교에서 분리하였거나 나뉘었기 때문이 아니라, 그들의 생활 방식이 다른 사람들보다 뛰어나게 엄격하였고 그들의 대화가 좀 더 엄정하였기 때문입니다. 그들은 율법의 지극히 세밀한 데까지 관심과 열의를 가졌었고, 박하와 회향과 근채의 십일조까지 드림으로써 일반 민중의 존경을 받았고 성자라는 칭송까지 얻었습니다.

서기관들의 다수는 바리새파에 속하였습니다. 사도 바울 자신도 처음에는 다소에 있는 대학에서, 그 다음에는 예루살렘에서 당시의 대율법학자요 박사의 한 사람인 가말리엘의 문하에서 율법학자의 교육을 받았습니다. 그는 의회원들 앞에서 "나는 바리새파 사람이며 바리새파 사람의 아들입니다(행 23:6)."라 하였고, 아그립바 왕 앞에서는 "내가 우리 종교의 가장 엄격한 파에 속하며 바리새파 사람의 생활을 했다는 것을 그들이 증언할 수 있을 것입니다(행 26:5)." 하였습니다. 율법학자들은 보통으로 바리새파 사람들을 존경하고 항상 그들과 행동을 같이하였습니다. 그래서 주님은 보통 "바리새인과 서기관"이라고 통틀어 말씀하신 것을 볼 수 있습니다. 그들은 다 함께 탁월한 종교학자들인데, 서기관들은 주로 현자로, 바리새파 사람들은 거룩한 자로 인정받았습니다.

3. 서기관과 바리새인들의 "의"라는 것이 무엇이었는지 정의하는 것은 어렵지 않습니다. 주님께서 남기신 담화(눅 18:9~12) 중의 한 가지는 바리새파 사람이 자화자찬하는 모습을 보여주는데, 거기에 그들은 자신의 "의"의 내용을 잘 나타냈습니다. 거기에 보면, 한 바리새파 사람이 성전에 기도하러 올라갔는데 그는 자기의 자랑을 늘어놓기에 여념이 없었

기 때문에 성전에 간 목적, 즉 기도하는 것도 잊었습니다. 말하자면, 그는 실제로 기도는 아니하고 하나님께 자신이 얼마나 지혜로웠고 선량하였는지만을 이야기하였습니다. 그는 "하나님, 나는 다른 사람들같이 욕심이 많거나 불의하거나 간음하는 사람이 아니며, 또 이 세리와 같은 사람도 아닌 것을 감사합니다. 나는 한 주간에 두 번씩 금식하고 있으며, 내가 얻은 것의 십일조를 드립니다(눅 18:11~12)." 하였습니다. 이때 그가 말한 그의 "의"를 살펴보면 세 부분으로 나눌 수 있습니다. (1) "나는 다른 사람들과… 같지 않다"는 것, 다른 사람들같이 욕심이 많거나 불의하거나 간음하는 사람이 아니며, 또 세리와도 같지 않다는 것, (2) 한 주간에 두 번씩 금식한다는 것, (3) 내가 얻은 것의 십일조를 드린다는 것들입니다.

"나는 다른 사람들과 같지 않다." 이것은 중요한 내용을 가진 말로서 누구나 이런 고백을 가볍게 하지는 못합니다. 이것을 좀 더 풀이해 말한다면, "나는 이 시대의 거센 탁류나 풍습에 휩쓸려 살지 않는다. 나는 시대 풍조에 따라 살지 않고 이성의 지시를 받으며, 세상 사람들의 본을 따라 살지 않고 하나님의 말씀을 따라 산다. 나는 다른 사람을 착취하거나 불공평한 처사를 하거나 간음을 하지 않는다(여기의 착취는 법적인 불공평한 수탈을 의미하는 것으로서, 다른 사람의 무지를 악용하여 그의 생존에 필요한 것들을 탈취하는 것을 말합니다. 이런 수탈은 오늘날 도처에서 자행되고 있습니다), 나는 저 세리와도 같지 않아, 무슨 파렴치한 범죄를 서슴지 않고 하지도 않는 공정하고 정직하고 삶과 행동에 흠이 없는 사람이다."라는 내용입니다.

4. "나는 한 주간에 두 번씩 금식한다." 여기에도 함축된 내용이 많습니다. 모든 독실한 바리새파 사람들은 일주일에 두 번, 매 월요일과

목요일에 금식을 합니다. 월요 금식은 그들의 전설에 따라 모세가 하나님이 친히 기록하셨다는 두 돌비를 받은 것을 기념하는 뜻에서 하는 것이요, 목요 금식은 모세가 그 백성이 금송아지 주위에서 춤추고 있는 것을 보고 그가 받은 돌비를 던진 것을 기념하는 뜻에서 하는 것이었다고 합니다. 이 금식일에는 오후 3시에 성전에서 저녁 제사를 드리기 시작하는 시간까지 아무것도 먹지 않는 것입니다. 그리고 그 시간까지 성전 안 혹은 성전 한 모퉁이나 어느 한 처소나 혹은 성전 뜰에서 대기하고 있다가 제사를 돕기도 하며 모든 공식 기도에 참가하기도 합니다. 그리고 대기하는 동안에는 기도도 하고 성경도 상고하며 율법서와 예언서를 읽기도 하며 대화와 명상도 합니다. 이와 같이 한 주간에 두 번씩 금식한다는 그들의 "의"의 둘째 조항에는 함축된 바가 많습니다.

5. "내가 얻은 것의 십일조를 드린다." 바리새파 사람들은 십일조를 가장 엄격히 드렸습니다. 그들은 박하와 회향과 근채 같은 작은 것뿐 아니라, 그들이 하나님께 속했다고 믿는 것은 아주 적은 부분이라도 자기 차지로 만들지 않았습니다. 그리고 무엇이든지 전 수입이나 이익의 완전한 십일조를 드렸습니다.

그리고 더 엄격한 바리새파 사람들은, 고대 유대 문헌 연구가에 의해 밝혀진 것처럼, 그 수익의 십일조를 제사장이나 레위족에게 헌납할 뿐만 아니라, 또 다른 십일조를(결국 십이조가 됩니다) 하나님께 늘 드려 가난한 사람의 구제에 썼습니다. 이 외에도 자기들이 직접 구제 사업으로 십일조만한 일정한 액수를 어김없이 썼습니다. 그 동기는 하나님의 것은 하나님께 돌린다는 것이었습니다. 결국 그들은 매해 그들 소유의 5할을 썼습니다.

6. 이것이 율법학자와 바리새파 사람들의 "의"였는데, 그들의 의라는 것은 일반이 생각하는 것보다도 훨씬 더 지나친 것이었습니다. 혹 우리는 그들이 위선자들이었으므로 그들의 의라는 것은 거짓이요, 가식이었다고 생각합니다. 물론 그들 중의 더러는 위선자임에 틀림없었습니다. 그들에게는 믿음도 없었고, 하나님을 두려워함과 그를 기쁘게 하려 함도 없었으며, 하나님께로부터의 영광보다도 사람의 칭송을 더 좋아했던 것도 사실입니다. 주님이 그렇게 신랄히 책망하고 정죄한 자들은 바로 이런 부류의 바리새파 사람들이었습니다. 그러나 우리는 많은 숫자가 그러했다고, 그들 전부가 그러했다고 생각하여서는 안 됩니다. 그리고 위선과 가식이 반드시 바리새파 사람들의 본색도 아니며 두드러진 표지도 아닙니다. 주님이 말씀하신 대로 본다면 그들은 자신들이 의롭다고 자신함과 동시에 다른 사람들을 멸시하였습니다. 이것이 그들의 본질적인 표지입니다. 그러나 이런 것을 가지고 그들을 위선자라고 할 수는 없습니다. 상식적으로 볼 때 그들은 진실된 자들이라고 할 수 있습니다. 그렇지 않다면 그들이 의롭다고 생각할 수 없을 것입니다. 하나님 앞에 자신들을 추천한 그들은 의심 없이 자기들이 의롭다고 믿었습니다. 따라서 그들은 위선자가 아니요, 그들 스스로 불성실성을 의식하지도 않았습니다. 그들은 자기네들이 생각하는 그대로 하나님께 전달하였는데, 그 생각이란 곧 자기들은 다른 사람들보다 나은 사람들이라는 것입니다.

사도 바울의 실례는 바리새파 사람들의 본색을 우리에게 잘 설명해 줍니다. 그는 "나도 그들 못지않게 언제나 하나님과 사람들 앞에서 거리낌 없는 양심을 가지려고 스스로 단련하고 있다(행 24:16)."고 하였습니다. 그러나 그가 바리새파 사람으로 있을 때 자신에 대한 회고, 즉 "형제들이여, 나는 이날까지 하나님 앞에서 오로지 바른 양심을 가지고 살아왔다(행 23:1)."는 말을 가지고 보아도 그는 바리새파 사람으로 있을 때나 그리스도인이 된 후에도 마찬가지로 성실한 인간이었다는 것이 나타납니다. 그는 교회를 박해하던 그때에도 자기가 박해하던 그 복음을 전할 때와 다름없이 위선자는 아니었던 것입니다. 그러므로 우리는 이 점, 즉 그들이 자신들을 의롭다고 믿고 있었다는 점과 그들이 하나님을 성심껏 섬기고 있었다는 점을 무시해서는 안 될 것입니다.

7. 그러나 주님은 "너희 의가 율법학자와 바리새파 사람들보다 낫지 않으면 결코 천국에 들어갈 수 없을 것"이라고 말씀하셨는데, 이 말씀은 과연 우리 그리스도인이 심사숙고해야 할 엄숙하고 무게 있는 선언입니다. 그러나 우리는 우리의 의가 어떻게 저들보다 나아질 수 있을까 생각하기에 앞서 현재 우리는 그들의 의의 표준에 도달하고 있는가를 살펴볼 필요가 있습니다.

첫째, 바리새파 사람들은 다른 사람들과 같지 않았다고 하였습니다. 그렇다면 우리도 그렇습니까? 우리도 그들처럼 그렇게 탈속하였습니까? 우리는 세상 물결 따라 헤엄치고 있는 자들은 아닙니까? 우리는 세상 사람들에게 두드러지게 보이지 않기 위하여 신앙과 이성을 다 무시하는 때가 많지는 않습니까? 우리는 구원의 길에 뒤떨어지고 있다는 것보다 시류에 뒤떨어지고 있다는 것을 더 꺼리고 있지는 않습니까? 우리는 시류에 역행할 용기와 세상과 싸울 기개와 사람보다 하나님을 순종할 기백을 가지고 있습니까? 만일 그렇지 못하다면 우리는 바리새파 사람들에게 이 첫째 조건에서 뒤지고 있는 것입니다. 이 점에서 우리는 그들을 뒤따를 필요가 있습니다. 한 걸음 더 나아가 생각해 봅시다. 그들이 하나님께 대하여 내세우는 첫 번째 간구, 즉 "나는 무슨 손해를 다른 사람에게 끼치지 않으며, 외적 범죄를 짓지 않으며, 내 양심에 어긋나는 일을 하지 않습니다."라는 내용의 고백을 당신도 할 수 있습니까? 당신은 양심에 거리끼는 일을 하지 않습니까? 당신은 간음죄인이 아니며 말로나 행동으로 부정하지 않아도 불의하지 않습니까? 정의와 자비의 대원칙인 "너희가 남에게 대접을 받고자 하는 대로 너희도 남을 대접하라"는 대로 생활하고 있습니까? 우리 자신이 원치 않는 것을 다른 사람에게 하는 일은 없습니까? 우리는 다른 사람의 무지나 절박한 형편을 이용하여 매매하는 데 이득을 취하고 착취하는 일은 없습니까? 가령 우리가 무슨 물건을 판매할 때 정당한 가격 이상의 것을 요구하고 받지 않습니까? 어리숙한 사람이나 철모르는 아이들에게 부당한 가격을 요구하거나 받지 않습니까? 만일 이런 것들 중의 하나라도 우리가 범한다면 어찌 우리의 마음에 거리낌이 없다 하겠습니까? 당신은 뻔뻔스러운 착취자입니다. 당신은 절박한 요구가 있는 사람에게 당신만 가지고 있는 상품에 대하여 꼭 받아야 할 보통의 가격 이상을 요구하지 않았습니까? 만일 그렇게 한다면 이것도 역시 노골적인 착취이며 당신은 참으로 바리새파 사람들의 의의 표준에 미치지 못한 자입니다.

8. 둘째, 바리새파 사람은 모든 은혜의 수단을 부지런히 사용했습니다. 그들은 매주 두 번씩 금식하는 동시에 모든 제사에도 정성을 다해 부지런히 참석하였습니다. 그들은 공적 기도와 사적 기도를 늘 했으며 성경을 읽고 들었습니다. 그러면 당신은 이들처럼 기도를 하며 금식을 합니까? 아마 그렇게 하지 않을 것입니다. 두 번은 그만두고라도 매주 금요일에 한 번은 금식합니까? (우리 교회-영국 교회-는 사순절을 금식 기간

으로 정하고 모든 신도에게 규정에 따라 금식하도록 하였습니다.) 당신은 일 년에 두 번은 금식합니까? 아마 우리 가운데 어떤 사람은 그것도 아니할 것입니다. 당신은 기독교 예배(성만찬)에 부지런히 참석합니까? 그리스도인이라 하는 사람들 중에도 다수가 여러 달 혹은 여러 해 동안 주의 성찬을 가볍게 여겨서 받지 않습니다. 당신은 매일 성경 낭독하는 것을 듣거나 혼자서 읽고, 이를 명상합니까? 당신은 기회 있는 대로 대회중과 함께 기도하며 특히 성일(주일)에 그렇게 합니까? 당신은 "우리가 주의 집으로 가자." 할 때에 기뻐합니까? 당신은 개인 기도를 열심히 부지런히 합니까? 기도하지 않는 날은 없습니까? 당신은 하루 한 시간이나 혹은 일주일에 한 시간, 또는 한 달에 한 시간쯤 은밀한 중에 계신 하나님께 기도하고 있습니까? 혹은 평생에 한 번, 한 시간쯤 기도에 시간을 썼습니까? 가련한 그리스도인들이여! 바리새파 사람들이 심판 때에 일어나 당신들을 정죄할 것입니다. 그들의 의를 당신들의 의와 비교할 때 하늘과 땅의 차이라 할 것입니다.

9. 셋째, 바리새인들은 십일조를 바쳤고 그들의 소유로 구제하였습니다. 그들은 구제하는 데 인색하지 않았습니다. 그들은 선한 사업을 많이 했습니다. 그러면 여러분은 그들만합니까? 우리 중에 누가 그들의 선행을 따를 수 있습니까? 누가 수입과 전 재산의 5분의 1을 희사할 것입니까? 우리 중에 누가 가령 100파운드에서 20파운드를, 50파운드에서 10파운드를 하나님과 가난한 사람들을 위해 씁니까? 우리가 모든 은혜의 방법을 지키는 일이나, 하나님의 뜻을 준행하는 데나, 악을 피하고 선을 행하는 일에서 율법학자나 바리새파 사람들을 감히 따른다 할 수 있습니까?

10. 그러나 그리스도인 된 우리가 다만 그들과 같이 한다 하여 그것으로 만족할 것입니까? 예수님은 "너희 의가 율법학자들과 바리새파 사람들의 의보다 낫지 못하면 너희는 결코 하늘나라에 들어가지 못할 것이다." 하시지 않았습니까? 그러면 어떻게 우리의 의가 저들의 의보다 나을 수 있겠습니까? 그리스도인의 의는, 첫째로 그 범위에 있어서 그들보다 낫습니다. 대다수의 바리새파 사람들은 여러 가지 율법 조항을 엄격히 실행하였습니다. 그러나 장로들의 유전을 더 중시하여 율법의 어떤 조항들은 장로들이 전해 준 조항들과 똑같이 중요한데도 이를 무시하였습니다. 예컨대, 그들은 제4계명을 엄수하여, 안식일에는 밀 이삭을 비벼 먹는 일도 하지 않았습니다. 그러나 제3계명은 엄수하지 않았습니다. 그리하여 그들은 (하나님의 이름으로) 가벼운 맹세 혹은 거짓 맹세도 감행하였습니다. 결과적으로 그들의 율법 엄수는 부분적이었을 따름입니다. 그러나 그리스도인은 전반적입니다. 그리스도인은 어느 한두 가지나 어느 부분만을 지키고 나머지는 무시하는 것이 아니라, 모든 계명을 다 지키고 중히 여기며 금은보화보다 존중히 여깁니다.

11. 사실은 율법학자나 바리새파 사람 중에도 율법 전체를 엄수하기에 노력하는 사람들이 많았습니다. 그런 점에서 율법의 의에 관하여서는, 다시 말하면 율법의 문자적인 준행에 관하여서는 흠이 없었다고 할 것입니다. 그러나 그리스도인의 의가 저들의 의보다 우월한 것은, 그리스도인은 문자적 또는 외적 준수에 그치지 않고 한 걸음 더 나아가 그 율법의 문자뿐 아니라 정신을, 외적 순종만이 아니라 내적 순종도 하는 것입니다. 이 점에서, 율법의 영성에서 저들과 비교할 수 없는 점이 드러납니다. 주님의 교훈을 전반적으로 살펴보면 그는 특히 이 점을 강조

하셨던 것을 볼 수 있습니다. 저들의 의는 다만 외면적이고 형식적이었을 따름이지만, 그리스도인의 의는 내면적이며 속사람 안에 살아 있습니다. 바리새파 사람들은 잔과 주발 등의 거죽만 씻었으나 그리스도인들은 속마음을 씻는 것입니다. 저들은 선한 생활로 하나님께 드리기를 힘썼으나, 그리스도인들은 거룩한 마음 드리기를 힘씁니다. 저들은 죄의 가지, 잎새, 혹은 열매를 떨쳐버리기를 힘썼으나, 그리스도인은 뿌리에다 도끼를 댑니다. 그리하여 그리스도인은 그 생활이 마음에서 우러나오고 성령의 감화와 하나님의 구원의 능력이 인간 내심의 깊은 영혼 속에서 체험되지 않으면 만족하지 않습니다.

그리하여 바리새파 사람들이 지키는, 남을 해롭게 하지 않는 일이나 선행이나 하나님의 제반 규례를 지키는 것 등은 다 외면적인 것이지만, 반면에 마음의 가난, 애통, 온유, 의의 기갈, 이웃 사랑, 청결한 마음 등은 그리스도인의 의로서 이것들은 내면적인 것입니다. 그리고 평화를 위한 노력이나 의를 위한 수난 등의 선행도 그것이 위에서 말한 내면적인 의의 성격을 지니고 또 거기에서 우러나오고, 그런 동기에서 실천되고 확인되는 때에라야만 그것이 축복이라고 할 수 있습니다. 요컨대, 율법학자와 바리새파 사람의 의는 오로지 외면적일 뿐인 반면에, 그리스도인의 의는 어떤 의미에서 다만 내면적일 뿐이라는 것입니다. 그리하여 우리의 모든 행동이나 고난은 하나님의 저울에 달아 볼 때 순수한 심정에서 우러나오지 않는 한, 그 자체로만은 무가치한 것입니다.

12. 그러므로 첫째, 그리스도인이란 이름을 가진 여러분은 누구를 막론하고 우리의 의가 율법학자와 바리새파 사람들의 의에 못 미치지 않는가 항상 살필 것입니다. 여러분은 "다른 사람과 같이 되려고 애

쓰지 말라. 홀로 서라." "다른 사람을 구태여 본받으려 하지 말고 단독으로라도 선을 추구하라." "당신들이 대중을 따르면 이것은 악을 따르는 것과 다를 바가 없다." 세상 풍습이나 유행이 그대의 인도자가 되게 하지 말고, 이성과 종교로 그대의 인도자를 삼아야 합니다. 다른 사람의 행동은 당신에게 아무 관계가 없습니다. 모든 사람은 "각각 자기 자신의 일을 하나님께 사실대로 고백할 수밖에 없을 것(롬 14:12)"이기 때문입니다. 여러분이 만일 다른 사람의 영혼을 구원할 능력이 있다면 구원하십시오. 그러나 할 수 없다면 당신 하나만이라도 구원하도록 힘쓰십시오. 길이 넓고 안일하다고 죽음의 길을 걷지 마십시오. 많은 사람들은 이 길을 걷습니다. 당신들이 만일 지금 넓고 사람들이 많이 다니고 시류에 맞는 길을 걷고 있다면, 틀림없이 멸망의 길을 걷고 있음을 아십시오. 여러분은 대중을 따라 살지 마십시오. 악을 떠나고 뱀을 본 것처럼 죄를 멀리하십시오. 최소한 남을 해치지 마십시오. "죄를 짓는 자는 마귀에게 속해 있는" 것입니다(요일 3:8). 당신들은 이런 부류에 속한 자가 되지 않아야 합니다. 외적 범죄는 하나님이 늘 내리고 계시는 풍족한 은혜에 의하여 이를 넉넉히 극복할 수 있을 것입니다. 그러나 그보다도 모든 일에 하나님과 사람 앞에서 비방을 받을 만한 일이 없는 양심을 갖기 위해 당신 자신을 실험하면서 사십시오.

둘째, 여러분은 하나님의 제반 명령을 준행함에서 여러분의 의가 율법학자와 바리새파 사람들보다 못하지 않도록 힘써야 할 것입니다. 금식할 때 여러분의 체력이나 형편에서 매주 2회를 실행할 수 없거든 힘이 미치는 대로 금식하십시오. 공적 기도나 사적 기도로써 여러분의 심혼을 하나님께 향하는 기회를 놓치지 말 것이며, 그리스도의 몸과 피와의 사귐을 가지는 성찬을 중히 여겨 부지런히 받도록 힘쓰십시오. 성서를 부지런히 읽고 연구하고 주야로 명상하십시오. 그리스도인의 사신이요, 하나님의 비밀을 맡은 일꾼들이 전하는 화해의 말씀을 들을 모든 기회를 즐거이 맞이하십시오. 그리하여 모든 하나님의 은혜의 수단과 그의 모든 율례를 적어도 저 율법학자와 바리새파 사람들의 "의"에 미치고도 오히려 남음이 있도록 힘쓰십시오.

셋째, 선을 행함에서 바리새파 사람들에게 뒤지지 말아야 할 것입니다. 당신들의 재물로 남을 구제하십시오. 이웃에 굶주린 자나 헐벗은 자나 도움을 필요로 하는 자가 있다면, 그들을 먹이고 옷을 주고 도와주십시오. 그리하여 여러분이 세상 재물이 있다면 가난한 자를 힘껏 도우십시오. 그리스도인이 바리새인보다 뒤질 이유가 어디 있겠습니까? 당신들은 기회가 있을 때 당신들의 "불의의 재물로 친구를 사귀십시오. 그리하면 없어질 그때," 즉 당신들의 육신의 장막이 해체될 때에 "그들이 당신들을 영원한 집으로 영접할 것"입니다.

13. 그러나 여기에 만족해서는 안 됩니다. 여러분의 의가 율법학자와 바리새파 사람들보다 뛰어나야 합니다. 모든 율법을 다 지키고 다만 한 가지만이라도 어기면 그것은 안 될 것입니다. 모든 계명을 엄수함과 동시에 불법을 철저히 배격하십시오. 하나님의 모든 명령을 온 마음과 온 힘을 다해 준행하십시오. 하나님의 도움 없이는 아무것도 할 수 없지만, 능력 주시는 이 안에서 모든 것을 할 수 있는 것입니다.

무엇보다 당신의 의가 순결성과 정신적(영적)인 면에서 **빼어나도록** 힘쓰십시오. 그대에게 가장 알찬 종교의 형식, 즉 가장 완전한 외부적 의도 무시해서는 안 되겠지만, 여기에 그치지 않고 더 높이, 더 깊이 올라가고 들어가야 합니다. 당신의 종교를 마음의 종교(religion of the heart)가 되게 하십시오. 마음을 가난하게 가지십시오. 당신은 지극히 작고 바닥이고 비천하고 못난 존재임을 스스로 인정하십시오. 그리고 그리스도 예수 안에 나타난 하나님의 사랑에 머리 숙이고 자신을 티끌 같은 존재로 여겨 겸비하십시오. 긴장감을 가지십시오. 당신은 지금 당신과 또는 모든 사람이 높은 벼랑에 서 있어서 한 걸음만 내디디면 영원한 영광으로, 빛나는 복지로 옮겨지거나 영원히 불붙는 곳으로 떨어질 것이라는 심정을 품고 당신의 생각과 말과 행동이 가장 깊은 확신에서 흘러나오는 물줄기가 되게 하십시오. 온유하고 겸손하십시오. 그리고 당신의 영혼이 모든 사람을 대하여 온유와 유순함과 인내와 오래 참음으로 채워지도록 하십시오. 동시에 당신 안에 있는 모든 것이 하나님, 곧 살아 계신 하나님을 목말라하며 그의 형상으로 변화하기 위해 항상 깨어 있으며 하나님의 형상으로 만족하십시오. 이러한 정신 아래에서 모든 것을 행하고 모든 것을 통감(痛感)하십시오. 그리하여 당신은 서기관들과 바리새파 사람들의 의를 능가하십시오. 그리하면 당신은 하늘나라에서 위대하다 일컬음을 받을 것입니다.

21
산상설교 VI
Upon our Lord's Sermon on the Mount VI

〈Portrait of John Wesley〉, William Hamilton, 1788

사람에게 보이려고 그들 앞에서 너희 의를 행하지 않도록 주의하라 그리하지 아니하면 하늘에 계신 너희 아버지께 상을 받지 못하느니라
그러므로 구제할 때에 외식하는 자가 사람에게서 영광을 받으려고 회당과 거리에서 하는 것 같이 너희 앞에 나팔을 불지 말라 진실로 너희에게 이르노니 그들은 자기 상을 이미 받았느니라 너는 구제할 때에 오른손이 하는 것을 왼손이 모르게 하여 네 구제함을 은밀하게 하라 은밀한 중에 보시는 너의 아버지께서 갚으시리라
또 너희는 기도할 때에 외식하는 자와 같이 하지 말라 그들은 사람에게 보이려고 회당과 큰 거리 어귀에 서서 기도하기를 좋아하느니라 내가 진실로 너희에게 이르노니 그들은 자기 상을 이미 받았느니라
너는 기도할 때에 네 골방에 들어가 문을 닫고 은밀한 중에 계신 네 아버지께 기도하라 은밀한 중에 보시는 네 아버지께서 갚으시리라 또 기도할 때에 이방인과 같이 중언부언하지 말라 그들은 말을 많이 하여야 들으실 줄 생각하느니라 그러므로 그들을 본받지 말라 구하기 전에 너희에게 있어야 할 것을 하나님 너희 아버지께서 아시느니라
그러므로 너희는 이렇게 기도하라
하늘에 계신 우리 아버지여 이름이 거룩히 여김을 받으시오며 나라가 임하시오며 뜻이 하늘에서 이루어진 것 같이 땅에서도 이루어지이다 오늘 우리에게 일용할 양식을 주시옵고 우리가 우리에게 죄 지은 자를 사하여 준 것 같이 우리 죄를 사하여 주시옵고 우리를 시험에 들게 하지 마시옵고 다만 악에서 구하시옵소서 (나라와 권세와 영광이 아버지께 영원히 있사옵나이다 아멘)
너희가 사람의 잘못을 용서하면 너희 하늘 아버지께서도 너희 잘못을 용서하시려니와 너희가 사람의 잘못을 용서하지 아니하면 너희 아버지께서도 너희 잘못을 용서하지 아니하시리라 (마 6:1~15)

1. 앞장 마태복음 5장에서는 주님이 내적 종교에 대하여 여러 부문으로 풀이해 주셨습니다. 거기에서 주님은 참된 기독교를 이룩하는 데 필요한 여러 가지 영혼의 성품들(dispositions)에 대하여 우리에게 가르치셨습니다. 무엇보다 우리 성품을 거룩하게 만드는 데 필요한 여러 가지 내적 기질들(tempers)은 우리가 하나님을 보려고 하는 데 없어서는 안 될 자질입니다. 그리고 그는 또 우리가 가져야 할 여러 가지 정서(affections)도 말씀하셨는데, 이 정서들은 그리스도 예수로 말미암은 하나님께 대한 산 믿음의 고유한 근원에서 흘러나오는 것이며, 본질적으로 선하고 아름다운 것으로 하나님이 받으시기에 합당한 요소들입니다. 본 장에서는 마찬가지로 우리의 모든 행동에 관하여, 비록 그 행동 자체는 중립적일지라도 행동하는 자가 가지는 순수하고 거룩한 의도나 동기에 따라 거룩하고 선하고 하나님이 받으실 만한 것이 된다는 것입니다.

그러므로 어떠한 행동이든지 이런 의도나 동기가 없으면 하나님 앞에 무가치한 것이라고 예수님은 말씀하셨습니다. 반면에 밖으로 드러나는 어떠한 행동이든지 하나님께 헌신하는 거룩한 심정으로 한다면 그것은 하나님 보시기에 칭찬받을 만한 것입니다.

2. 주님은 의도의 순결성이 기필코 이행되어야 한다는 점에 관하여 두 분야로 말씀하십니다. 첫째, 올바른 의도를 가지고 통상 이행되는 종교적 행동이 있습니다. 이것들 중에는 보통 '경건의 일(works of piety)'이라고 말하는 것이 있고, 둘째는 '사랑과 자비의 일(works of charity of mercy)'입니다. 후자에게 특별히 자선이라는 이름이 붙었고, 전자의 행동은 기도와 금식에 관한 것입니다. 그러나 이 두 가지 행동에 관한 가르치심의 방향은 그것이 자선이든 자비든 인간 생활의 모든 일에 동등하게 적용됩니다.

I

1. 첫째, 주님은 자비의 행위에 대하여 가르치셨습니다. 예수님은 "사람에게 보이려고 그들 앞에서 너희 의를 행하지 않도록 주의하라. 그리하지 아니하면 하늘에 계신 너희 아버지께 상을 받지 못하느니라(마 6:1)."고 하였습니다. "남들이 보는 앞에서 선행을 하는 일이 없도록 하십시오."

여기에서 주님은 다만 자선 혹은 구제만을 말씀하셨으나, 이것은 우리가 다른 사람의 유익, 즉 육체나 영혼을 위하여 하는 모든 일, 즉 말과 행동 전부를 포함합니다. 굶주린 자를 먹이는 일, 헐벗은 자에게 옷을 입히는 일, 나그네를 환대하고 돕는 일, 병자나 감옥에 갇힌 자를 방문하는 일, 고난받는 자를 위로하는 일, 무식한 자를 교육하는 일, 악인을 훈계하는 일, 선행자를 격려하고 고무하는 일, 그 밖에 모든 자비의 일이 다 여기에 포함됩니다.

2. "사람에게 보이려고 그들 앞에서 너희 의를 행하지 않도록 주의하라." 여기서 예수님이 경계하신 것은 단순히 다른 사람들이 우리가 하는 선행을 보는 것을 말함이 아닙니다. 우리가 하는 일의 환경 그 자체는 선한 것도 악한 것도 아닙니다. 그가 경계하신 것은 "남에게 보이려는" 동기를 가지고 "구제하는 일"을 말합니다. 남이 본다는 것은 문제가 되지 않습니다. 어떤 때에는 남에게 보이려는 의도 아래 행동할 때도 있습니다. 즉 우리가 우리의 선행을 나타냄으로써 이를 통하여 하늘에 계신 하나님께 영광을 돌리는 일이 된다면 비록 남에게 보이기 위해 한다 해도 이런 행동은 하나님께서 받으실 만한 것입니다. 그러나 조금이

라도 나의 영광을 위하여 한다면 이것은 무가치하며, 하나님께서 받으시지 않을 뿐 아니라 "하늘에 계신… 아버지로부터 아무런 상도 받지 못할" 것입니다.

3. "그러므로 구제할 때에 외식하는 자가 사람에게서 영광을 받으려고 회당과 거리에서 하는 것 같이 너희 앞에 나팔을 불지 말라."고 주님은 말씀하셨습니다. 여기의 "회당"은 예배 처소를 의미하는 것이 아니라 시장이나 물건을 교역하는 장소로, 사람들의 회집 장소를 말합니다. 유대인 특히 바리새파 사람들 중에 재산이 많은 사람들은 구제할 때에 사람들이 많이 모이는 광장에서 나팔을 불게 하였습니다. 이렇게 하는 목적은 빈민들에게 이를 알려서 모여 오도록 함이었으나, 실상은 사람들의 칭송을 받으려는 의도가 있었습니다. 그래서 주님은 이런 사람들처럼 사람들 앞에서 나팔을 불어 우리의 선행을 다른 사람에게 과시하려 해서는 안 된다고 하였습니다. 우리는 하나님께로부터 오는 칭찬만을 목표로 해야 합니다. 인간들의 칭찬을 바라고 선행을 한다면 인간들에게서 상은 받을 것이지만 하나님의 상은 받지 못할 것입니다.

4. "너는 구제할 때에 오른손이 하는 것을 왼손이 모르게 하여 네 구제함을 은밀하게 하라." 이 말은 격언입니다. 그 뜻은 될 수 있는 대로 은밀히 하라는 뜻입니다. 그러나 남이 볼까 두려워하라는 뜻은 아닙니다. 남이 보나 안 보나 기회를 놓치지 말고 선을 행하되, 가장 효과를 나타낼 수 있도록 해야 할 것입니다. 그러나 여기에도 예외가 있으니, 즉 내가 하는 선행을 숨기지 않고 나타냄으로써 자신이 좀 더 격려를 받아 선을 더 행할 의욕이 고취될 수 있다고 생각하든지, 다른 사람을 자극

하여 그로 하여금 선을 행하도록 만들 수 있을 경우에는, 우리의 "빛을 사람 앞에 비추어 사람들이" 우리의 "착한 행실을 보고 하늘에 계신" 우리 "아버지께 영광을 돌리게" 할 것입니다. 그러나 하나님의 영광이 드러나지 않거나 사람에게 유익이 되지 않는다면 남이 모르게 행할 것입니다. "그러면 은밀히 보시는 네 아버지께서 네게 갚아 주실 것입니다."

하나님이 현세에서 갚아 주신 예를 역사상 많이 볼 수 있습니다. 그러나 그렇지 못할지라도 내세에서는 사람들과 천사들이 전부 모인 집회에서 반드시 갚아 주실 것입니다.

II

1. 예수님은 "사랑의 행위"에 관한 가르침으로부터 "경건의 행위"라는 이름으로 행하는 사람들에게 나아가 가르치셨습니다. 예수님은 "너희는 기도할 때에 외식하는 자와 같이 하지 말라. 그들은 사람에게 보이려고 회당과 큰 거리 어귀에 서서 기도하기를 좋아하느니라."고 말씀하셨습니다.

"외식하는 자와 같이 하지 마시오."라는 말씀에서 외식 혹은 불성실은 우리가 기도할 때에 가장 경계하여야 할 사항입니다. 우리는 기도할 때에 무의미한 말을 되풀이해서는 안 됩니다. 우리의 기도는 우리의 마음을 하나님께 들어 올리는 것입니다. 그렇지 않다면 모든 기도 말은 위선입니다. 그러므로 우리는 기도할 때에 하나님과의 사귐을 유일한 목적으로 삼아, 우리의 마음을 하나님께 들어 올려 그분 앞에 마음을 쏟아 부어야 합니다. 저 위선자들이 회당이나 시장이나 교역소나 거리 모퉁이 등 사람이 많이 모이는 곳에서 사람들에게 보이려는 의도와 목적 아래 기도하기를 좋아하는 것처럼 하여서는 안 될 것입니다. "나는 진실로 말합니다. 그들은 받을 상을 벌써 다 받았습니다." 그들은 하늘에 계신 아버지에게서 아무것도 기대할 것이 없습니다.

2. 그러나 경건의 행동이든 자비의 행동이든 사람의 칭송을 받으려는 것은 우리에게 하나님의 상을 받지 못하게 할 뿐 아니라, 이것은 우리 의도의 순수성(Purity of intention)을 파괴하는 결과를 가져옵니다. 우리가 이런 심정으로, 즉 무슨 이득을 위하여 기도나 자선 사업 등을 한다면 이것 역시 우리가 인간의 칭송을 목적으로 하는 것과 똑같이 하나님께서 조금도 받아들이지 않을 것입니다. 그러므로 현세에서 우리가 하나님의 영광과 인간의 행복을 위하는 것이 아닌 다른 야욕을 가지고 종교적인 행동이나 자선 사업 등을 한다면, 우리의 하는 일이 아무리 훌륭하게 보일지라도 하나님께는 가증한 일이 될 것입니다.

3. "너는 기도할 때에 네 골방에 들어가 문을 닫고 은밀한 중에 계신 네 아버지께 기도하라." 우리는 공공연히 많은 회중 앞에서 하나님께 영광을 돌리고 기도를 하고 찬송할 때가 있습니다. 그러나 우리의 간절한 요구를 특별히 또는 좀 더 은밀히 하나님 앞에 전달하고자 할 때는 밤이나 아침이나 어느 때든지 "골방에 들어가 문을 닫고", 될 수 있는 대로 남이 보지 않는 곳에서 기도할 것입니다(그러나 가령 이런 조건이 갖추어져 있지 않다 할지라도 오직 하나님만이 아실 장소와 때에 하나님께 기도하기를 힘쓸 것입니다). 은밀한 중에 계신 아버지께 당신의 마음을 쏟아부어 기도하십시오. 그리하면 "은밀한 중에 보시는 아버지께서 다 들어 주실 것"입니다.

4. 그러나 우리가 "기도할 때 이방인과 같이 중언부언하지 말" 것입니다. 무의미한 말을 수없이 늘어놓거나, 같은 말을 자꾸 되풀이하지 말 것입니다. 저 이방인들처럼 기도를 길게 하여야 무슨 열매가 맺힐 것으로 알아서는 안 됩니다. 그들은 말을 많이 하여야 하나님께서 들으시리라 생각합니다.

여기에 주님께서 훈계하신 요점은 기도의 길고 짧은 것이 문제가 아닙니다. 그가 첫째로 훈계하신 것은 의미 없는 말을 많이 하고 길게 늘어놓는 것입니다. 반복하는 것은 문제가 아닙니다. 주님도 겟세마네 동산에서 같은 말을 세 번이나 반복하셨습니다. 다만 "빈말"을 되풀이하는 것을 훈계하신 것입니다. 이방인들은 그들의 신의 이름을 수없이 반복하는데, 그리스도인이라는 사람들 가운데도, 교황당(가톨릭 신도)들처럼, 기도의 내용에 아무런 느낌이 없이 다만 염주를 굴리며 기도를 드리는 것은 무의미합니다. 다음으로, 우리가 기도할 때 말을 많이 한 가장 긴 기도를 하나님께서 기뻐하시고 또 들어 주신다고 생각하는 것을 훈계하신 것입니다. 우리는 그리스도의 이름으로 행해지는 미신적이고 어리석은 생각을 완전히 버리고, 저 복음의 영광스러운 빛이 비추어지지 않는 이방인들을 본받지 말아야 할 것입니다.

5. "그러므로 그들을 본받지 말라." 그리스도 예수 안에 있는 하나님의 은혜를 맛본 자에게 "너희가 구하기 전에 너희에게 있어야 할 것을 하나님 너희 아버지께서 아시느니라."고 말씀하셨기 때문입니다. 그러므로 기도의 목적은 우리의 소원을 하나님이 모르고 계신 것처럼 여겨 그것을 하나님께 알리려 함이 아니요, 사실은 나 자신이 나의 참된 요구를 절실히 깨닫고, 그것을 깊이 인식하는 한편, 하나님만이 그 요구를

채워 주실 수 있다는 신념 아래 그만을 꾸준히 신뢰하는 태도를 갖는 것입니다. 그러므로 우리의 기도 목적은 우리가 구하기 전에 벌써 우리에게 주시려고 준비하고 계신 하나님을 움직여 설득시키려는 태도가 아니라, 도리어 우리 마음을 움직여 하나님께서 우리를 위하여 준비하신 좋은 것들을 기꺼이 기쁘게 받을 준비를 갖추는 것입니다.

III

1. 주님은 기도의 본질과 목적을 가르쳐 보이신 후에, 기도의 본보기로 주기도문을 제시하였습니다. 이것은 주로 예수님이 기도의 모델과 표준으로 우리에게 주신 것이라 볼 수 있습니다. 그래서 그는 "그러므로 너희는 이렇게 기도하라(마 6:9)"고 했습니다. 이 말은 "이런 방법으로"라는 뜻입니다. 그러나 다른 곳(눅 11:2)에는 "이렇게 기도하라"의 뜻으로 되어 있습니다.

2. 이 기도문에서 우리가 발견하는 것은 첫째, 여기에는 우리가 아무 거리낌 없이 올바로 기도할 수 있는 모든 것이 다 포괄적인 형식으로 포함되어 있습니다. 그리하여 여기에는 우리에게 필요한 모든 요건과 마음에 거리낌 없이 구할 수 있는 것은 하나도 빠진 것이 없습니다. 둘째, 이 기도문에는 합리적이며 순진무구하게 요구하는 모든 것이, 하나님의 영광을 위하여서나 나 자신과 천지간의 피조물 전체에게 필요하고 유익한 모든 것이 다 포함되어 있습니다. 참된 기도에는 우리의 참된 욕구가 담기는 것이며 또 그래야 합니다. 그러므로 기도에 포함되어서는

안 될 것들을 우리가 구해서도 안 됩니다. 셋째, 주기도문에는 인간과 하나님께 대한 우리의 의무가 포함되어 있습니다. 순결하고 거룩한 모든 것, 하나님이 우리 인간에게 요구하시는 모든 것, 하나님이 받으실 만한 모든 것, 그리고 우리 이웃에게 덕을 끼칠 만한 모든 것, 표현된 것이든 함축된 것이든, 모든 것이 다 여기에 포함되어 있습니다.

3. 주기도문은 세 부분으로 되어 있습니다. 즉 머리말과 기도와 송영 혹은 맺는말입니다. 머리말, 즉 "하늘에 계신 우리 아버지"는 기도의 기초입니다. 이것은 우리가 기도할 때 먼저 기도의 대상이신 하나님을 인식하여야 할 것을 보여줍니다. 이것은 동시에 우리가 하나님 앞에 나아갈 때 우리의 기도나 생활이 하나님께서 받으실 만한 것이 되기 위해서 마땅히 가져야 할 태도를 보여줍니다. 하나님이 우리의 기도와 우리의 삶을 받아주시기 원한다면, 이런 태도는 가장 본질적이고 필수적입니다.

4. "우리 아버지." 하나님이 우리의 아버지시라면 그의 자녀에게 선하시고, 그의 자녀를 사랑하실 것입니다. 이것이 기도의 첫째 되는 제일 큰 근거입니다. 하나님은 우리에게 복 주기를 원하십니다. 그러므로 우리는 그의 복을 기원합시다. "우리 아버지", 이 말은 하나님이 우리의 창조주시고 존재의 근원이 되심을 뜻합니다. 그가 우리를 흙으로 빚으시고 생기를 불어 넣으셔서 우리는 생령이 되었습니다. 그가 우리를 지으셨기 때문에 그가 지으신 만물 중에서 좋은 것을 우리에게 주기를 거절하시지 않을 것입니다. "우리 아버지", 이는 하나님이 우리의 보전자(保全者)시라는 뜻도 됩니다. 그는 날마다 그가 주신 생명을 지속시켜 주시

며, 그의 끊임없는 사랑으로 지금과 모든 순간에 생명과 호흡과 모든 것을 주십니다. 그러므로 우리는 더욱 담대히 그에게 나아가 필요할 때마다 자비와 은혜와 도움을 얻을 것입니다. 그 밖에 하나님은 우리 주 예수 그리스도와 그를 믿는 모든 사람의 아버지가 되십니다. 그리스도는 "예수 안에 있는 구원을 통하여 값없이" 우리를 의롭다 하시고, 우리의 모든 죄를 완전히 없애시고, 우리의 모든 연약함을 고치시고, 그의 은혜로 우리를 양자 삼아 그의 자녀로 삼으셨습니다. 그리고 우리는 하나님의 자녀이므로 그의 아들의 영을 우리 마음에 보내시어, 우리로 하나님을 아버지라 부르게 하셨고, 우리를 썩지 않을 씨에 의하여 다시 나게 하사 그리스도 예수 안에서 새로 지으셨습니다. 그러므로 우리는 하나님께서 우리의 기도를 언제나 들어주신다는 것을 압니다. 그 까닭에 우리는 언제나 쉬지 않고 기도드리는 것입니다. 우리는 하나님을 사랑하기 때문에 그에게 기도하는 것입니다. 물론 우리의 하나님 사랑은 하나님이 먼저 우리를 사랑하셨기 때문에 사랑하는 것입니다.

5. "우리 아버지." 지금 기도드릴 수 있는 하나님은 단지 나의 하나님만이 아니요, 가장 광범위한 의미에서 우리의 하나님인 것입니다. 모든 육체를 가진 영의 하나님이고 아버지시요, 천사와 인간의 아버지이십니다. 이방인들도 그를 "인간과 신들의 하느님, 제우스(πατὴρ ἀνδρῶν τε θεῶν τε)"로 알고 있습니다. 그는 온 우주의 그리고 하늘과 땅의 모든 족속들의 아버지이십니다. 그러므로 그는 모든 인간을 차별하지 않으시고 그가 만드신 모든 인간을 다 사랑하십니다. 그의 자비는 그의 모든 창조물에 골고루 미칩니다. 그는 자기를 두려워하는 자와, 그의 자비를 신뢰하는 자와, 그리스도 안에서만 받아들여진다는 사실을 알고 그의 아들을 통하여 자

신을 믿고 의지하는 자를 기뻐하십니다. 이같이 하나님이 우리를 그토록 사랑하셨다면 우리 역시 서로 사랑함이 마땅합니다. 그리고 모든 인간을 사랑해야 합니다. 하나님이 세상을 이처럼 사랑하사 독생자를 주시어 죽게 하심으로써 우리로 멸망치 않고 영생을 얻게 하셨음을 알지 않습니까?

6. "하늘에 계신" 하나님은 만물 위에 높이 들린 곳에 계셔서 영원히 복된 자이십니다. 그는 하늘들의 중심에 앉아계셔 하늘과 땅에 있는 모든 것을 살펴보고 계십니다. 그의 눈은 창조물 전체를 꿰뚫어 보십니다. 그는 모든 창조물의 처음과 마지막을 영원 전부터 영원까지 아십니다. 그는 천상계와 인간계를 모두 다스리심으로 모든 창조물은 그의 지혜와 능력에 압도되어 "깊도다, 하나님의 지혜와 지식의 부요함이여!"라고 찬탄의 소리를 노래하지 않을 수 없습니다. "하늘에 계신", 이 말은 하나님이 만유의 주시요 통치자이시며, 만유를 주관하시고 운행하시는 분이심을 뜻합니다. 이것은 또한 그는 만왕의 왕이시며, 만주의 주시며, 가장 복되시고, 능력 많으신 분이심을 의미합니다. 그는 또한 능력이 한정 없으사 하고자 하시는 것은 무엇이나 하실 수 있으며, 언제나 하시고자 할 때 하실 수 있음을 나타냅니다. "하늘에"는 그의 보좌가 있는 곳으로, 특히 그의 존귀와 영광이 머물러 있는 장소입니다. 그러나 거기에만 계신 것은 아니니, 그는 하늘과 땅에 충만하시어 모든 공간 속에 계시지 않는 곳이 없습니다. "당신의 영광이 하늘과 땅에 가득하니이다. 영광이 당신에게 있을지어다. 지극히 높이 계신 주님이시여!"

그러므로 우리는 주님을 두려움으로 섬기며, 존경함으로 그를 기뻐합니다. 우리는 주님이시며 왕이신 하나님의 직접적 임재의 눈길 앞에

잇대어 있는 것처럼 생각하고 말하고 행동해야 합니다.

7. "이름이 거룩히 여김을 받으시오며." 이것은 주기도문의 여섯 가지 기원의 첫 번째 기도입니다. 하나님의 이름은 곧 하나님 자신이시며, 인간에게 알려진 하나님의 성품입니다. 그러므로 여기에는 그의 존재와 속성과 완전성이 다 내포되어 있습니다. 이것은 그의 영원성, 특히 위대하고 소통 불가능한 '여호와(JEHOVAH)'라는 기표로 표시된 이름입니다. 사도 요한은 이 이름을 "알파와 오메가요, 처음과 나중이요, 지금도 계시고, 전에도 계셨고, 장차 오실 이"라고 번역하였습니다. 그의 존재의 충만성은 다른 큰 이름, "나는 스스로 있는 자(출 3:14)"라는 이름으로도 나타났습니다. 그는 어디나 계시지 않는 곳이 없다는 편재로도 표시됩니다. 그는 전능자로서, 물질세계의 유일한 활동의 동인이십니다. 모든 물질은 본질적으로 무감각하고 피동적이어서 하나님의 손가락에 의하여 움직여질 뿐입니다. 그는 보이는 것들과 보이지 않는 것들의 활동의 원천입니다. 이것들은 끊임없이 부여되는 하나님의 전능하신 능력과 활동력 없이는 존재할 수도, 활동할 수도 없습니다. 이 이름에는 또한 그의 지혜가 함축되어 있습니다. 그 지혜는 보이는 만물을 통하여서, 또는 잘 정돈된 우주의 질서에 의하여 볼 수 있습니다. 우리는 또한 이 이름에서 삼위일체의 진리를 봅니다. 단일성 안에서 삼위를 보며, 삼위 안에서 단일성을 봅니다. 삼위일체 하나님은 창세기 1장 1절 "하나님이 창조하셨다"는 히브리어에서 발견되는데, 이를 문자적으로 번역하면 "신들이 창조했다(the Gods created)"입니다. 이것은 복수형의 명사에 단수형 동사 "창조하다(created)"가 결합된 형태입니다. 이 이름 자체의 구조가 삼위일체의 진리를 표시합니다. 이 진리는 또한 후대에 그의 거룩한

선지자들과 사도들의 말로 주어진 모든 계시의 곳곳에 나타났습니다. 여기에는 하나님의 본질적인 순결성과 거룩함, 그리고 무엇보다도 영광의 광채인 그의 지극한 사랑이 표시되어 있습니다.

우리가 하나님의 이름을 거룩히 받들고 영광을 돌리기 위해 기도할 때, 우리는 동시에 하나님을 알 수 있는 모든 이지적 존재자가 다 하나님의 참모습을 아는 것과 함께 이 지식에 어울리는 정서도 가질 수 있게 되기를 간구합니다. 이와 함께 하나님께서 하늘 위에 있는 것들과 땅 아래 있는 모든 것에 의해, 그리고 모든 인간과 천사들에 의하여 정당하게 영광을 받고, 경외되고, 사랑받게 되는 것은 그분을 영원토록 알고 사랑하게 하기 위한 목적에서입니다.

8. "나라가 임하시오며." 이 기도는 바로 전의 기도, "아버지여 이름이 거룩히 여김을 받으시오며"와 밀접한 관계가 있습니다. 하나님의 이름이 거룩히 여김을 받기 위해서는 하나님의 나라, 그리스도의 나라가 임하기를 기도해야 합니다. 그런데 이 나라는 "회개하고 복음을 믿는" 사람, 그리고 하나님과 그리스도와 그의 십자가의 죽음을 이해하는 사람에게 임하는 것입니다. 성서는 "영생이란 유일하신 참 하나님과 그가 보내신 자 예수 그리스도를 아는 것"이라고 하였는데, 이로써 본다면 천국은 이 땅 위에서부터 시작되어 믿는 자의 마음속에 형성되는 것입니다. 우리가 예수 그리스도를 통하여 전능자이신 주 하나님을 알 때 그는 우리를 통치하십니다. 그는 권능으로 만물이 그 발아래 복종하게 하시며, 무엇보다 인간의 심령을 정복하심으로써 마침내 그들의 모든 생각을 사로잡아 그리스도에게 복종하게 하실 것입니다.

그러므로 하나님이 그의 아들에게 이방인을 상속으로 땅끝까지 이르는 온 세계를 그의 소유로 주셔서, 모든 나라가 그 앞에 무릎을 꿇고 모든 민족이 그를 섬기게 될 때, 그리고 주님의 집에 있는 산, 즉 그리스도의 교회가 모든 산의 정상에 세워질 때, 또한 모든 이방인이 들어와 그 수가 꽉 차고 "온 이스라엘이 구원을 얻게 될" 때가 되면, 주님은 왕권을 가지시고 영광스러운 옷을 입으시며, 모든 영혼에게 만왕의 왕, 만유의 주로 나타나실 것입니다. 그렇게 되면 그의 나타나심을 사모하는 모든 사람은, 주께서 이러한 때를 재촉하시어 그의 은혜의 왕국이 속히 임하고, 땅 위의 모든 나라가 그의 은혜의 통치권 아래 들어가, 모든 인류가 그를 왕으로 모시고, 참으로 그의 이름을 믿어, 의와 평화와 즐거움과 거룩함과 행복으로 충만하게 되어, 모두가 하늘나라 백성이 되어 그로 더불어 영원히 통치하게 되기를 기도할 것입니다.

"나라가 임하시오며"라는 이 기도는 또한 땅 위에 있는 은혜의 나라가 연속되고 완성된 영원한 나라, 하늘에 있는 영광의 나라가 도래할 것에 대한 기도도 포함합니다. 결과적으로 이 기도는 그 이전의 기도와 함께 전체 지성적 창조를 위해 드리는 기도입니다. 그들은 모두 이 위대한 사건, 즉 최종적 만물의 혁신에 관심을 두고 하나님께서 모든 불행과 죄악과 연약함과 죽음에 종지부를 찍으시고 만유를 그의 팔 아래에 두시어 만세에 지속될 나라가 세워지기를 바라고 간구합니다.

9. "뜻이 하늘에서 이루어진 것 같이 땅에서도 이루어지이다." 이 기도는 하나님의 나라가 임하고, 믿음으로 하나님이 인간 심령 속에 거하고, 마음속에 그리스도가 사랑으로 통치하시는 곳에는 어디든지 즉각적이고 필연적으로 오는 결과입니다

일반적으로 많은 사람들은 이 기도가 우리를 향한 하나님의 뜻

이 무엇이든지 그것을 감당할 준비가 되어 있으며 수동적으로 체념하는 우리 태도의 표현이요 기원이라고 생각하기 쉽습니다. 물론 이런 태도는 성스럽고 훌륭한 성품이며, 그 자체로 가장 값진 하나님의 선물이라 할 것입니다. 그러나 이 자세는 이 기도가 의미하는 바가 아닙니다. 설사 그런 자세가 최소한 있다 하더라도 그것이 이 기도에서 제일 중요한 의미가 아닙니다. 가장 중요한 의미는, 수동적인 태도에 있는 것이 아니라 우리가 우리의 뜻을 하나님의 뜻에 상응케 하는 능동적인 태도에 있습니다.

하늘의 천사들, 즉 하나님의 보좌를 기쁨으로 호위하는 천사들의 태도는 어떻습니까? 그들은 하나님의 뜻을 기껍게 수행하며, 그의 계명을 애호하며, 그의 말씀을 기쁘게 경청합니다. 천사들에게는 하나님의 뜻을 준행함이 그들의 음식이요 최상의 영광이며 기쁨입니다. 그들은 언제나 그의 뜻을 실행하며, 하나님 섬김을 그치는 적이 없습니다. 그들은 밤과 낮으로 모든 시간(이것은 인간적인 견지에서 말하는 것입니다. 왜냐하면 저 영원한 세계에는 시간이 없기 때문입니다.)을 하나님의 명령과 계획과 거룩한 뜻을 이루기 위해 사용합니다. 그들은 이것들을 완전하게 행합니다. 그들의 마음에는 죄와 결함이 없기 때문입니다. 하늘의 저 밝게 빛나는 별들도, 심지어 하나님 앞에서 노래하는 아침의 아름다운 새벽 별도 하나님 앞에서는 순결하지 않은 것이 진실입니다. 천사들도 그가 보시기에 순수하지 않습니다. 그렇다고 천사들 자신이 순수하지 않다고 말하는 것은 아닙니다. 그들에게 흠도 없고 티도 없다는 것은 의심할 바 아닙니다. 그들은 오직 하나님의 뜻에 헌신하고 모든 일에서 완전하게 순종하려고 마음을 다 바칩니다.

10. 그러므로 우리가 "뜻이 하늘에서 이루어진 것 같이 땅에서도 이루어지이다." 하고 기도할 때 그 의미는 지구에 있는 모든 사람, 인류의 모든 족속이, 하늘의 거룩한 천사들이 하나님의 뜻을 수행하며 그를 섬기는 것처럼, 기쁜 마음으로 하늘에 계신 아버지의 뜻을 행하게 해 달라는 것입니다. 이 일은 지속적으로 행해져야 하며 즐거운 마음으로 중단 없이 완전하게 이루어져야 합니다. 평화의 하나님이 영원한 언약의 피를 통하여, 인간들에게 하나님의 선한 일 안에서 모든 일을 행하게 하시고, 그가 보는 앞에서 즐거운 것을 우리 삶 속에 이루시기를 기원하는 것입니다.

요컨대, 우리와 모든 사람이 모든 일에서 하나님의 뜻 전체를 실행하기를 바라며, 거룩하고 받아들일 만한 하나님의 뜻 외에 다른 것을 하지 않기를 바라는 기도입니다. 하나님이 원하시기 때문에 그가 기뻐하시는 방법으로 하나님의 뜻 전체를 행하기를 기도하는 것입니다. 그리고 마지막으로 우리는 그것이 하나님의 뜻이기 때문에 기도하는 것입니다. 하나님의 뜻이 이루어지는 것이 우리가 기도드리는 오직 하나의 이유와 근거이며, 우리의 생각이나 말이나 행동 전부의 유일한 동기가 되기를 기원하는 것입니다.

11. "오늘 우리에게 일용할 양식을 주시옵고." 위의 세 가지 기원은 모든 인류를 위한 기원입니다. 이제 우리 기도는 좀 더 특수하게 우리 자신의 필요를 공급하기 위한 욕망에 관한 것입니다. 이것은 우리의 기도가 다만 전부 우리 자신에게만 국한되어야 한다는 것이 아닙니다. 아래에서 드리는 우리의 기도는 우리 자신에 대한 것이라도 땅 위의 전체 그리스도의 교회를 위해 사용되어야 합니다.

여기에서 "양식"이라는 것은 우리의 영과 육의 모든 욕구, 즉 생명과 경건에 속한 모든 욕구를 포함합니다. 이것은 예수님이 말씀하신 "썩어질 양식"만을 말하는 것이 아니라, 신령한 양식, 하나님의 은혜, 영생을 지탱할 수 있는 양식을 의미합니다. 이 "양식"은 또한 옛 교부들이 생각한 대로 초대의 모든 교회가 귀중히 여겨 매일 받던 성찬의 빵을 의미하기도 합니다. 이 성찬이야말로 하나님이 그의 자녀들에게 성령의 은혜를 전달하는 통로였습니다.

"오늘 우리에게 일용한 양식"의 기원에서 "오늘"의 의미에 대하여 성서학자는 여러 가지로 해석했으나, 가장 알기 쉽고 자연스러운 해석은 고금의 해석이 거의 그렇게 해석했듯이 "오늘 충분할 만큼"의 뜻이라고 봅니다. 그리하여 그러한 "오늘"의 연속을 의미한다고 볼 것입니다.

12. 양식을 "우리에게 주시옵고." 우리는 당연한 권리로 하나님께 무엇을 요구할 수 없고, 다만 그의 값없이 주시는 자비를 바랄 뿐이라는 뜻입니다. 우리가 호흡하는 공기, 우리가 살고 있는 땅, 우리 위에서 비추는 태양, 이 모든 것이 다 하나님의 선물일 뿐입니다. 우리에게 해당된 것은 오직 지옥뿐입니다. 그러나 하나님은 우리를 사랑하시어 우리에게 모든 것을 값없이 주셨습니다. 그러므로 우리는 그에게 우리 자신의 공로로 얻을 수 없는 것을 또한 달라고 요구하는 것입니다.

하나님의 선하심이나 능력에 의하여 그의 은혜를 값없이 받는다고 해서 우리가 게으르게 아무것도 하지 않아서는 안 됩니다. 우리는 모든 일에 부지런히 최선을 다해야 합니다. 그리고 우리의 성공이 마치 자신의 지혜와 노력에 따라오는 결과이기나 한 것처럼 생각해서는 안 됩니다. 실상 우리는 아무것도 한 일이 없는 듯, 모든 좋은 것과 완전한 선물을 주신 분이신 하나님께 완전히 의지해야 합니다.

"오늘"에서 우리는 다만 "오늘"을 위해서만 기원하는 것입니다. 내일을 염려할 필요가 없습니다. 우리의 지혜로운 창조주께서는 이러한 목적으로 우리의 생을 뚜렷하게 하루하루 구분해 놓으셨습니다. 그렇기 때문에 우리는 매일 그의 영광을 위하여 헌신할 수 있는 또 다른 삶을 하나님께서 우리에게 주시는 신선한 선물로 바랄 수 있습니다. 그리하여 그날그날의 저녁을 생의 마지막 날로 여겨, 그것 너머에 있는 영원만을 보게 하려 하심입니다.

13. "우리가 우리에게 죄지은 자를 사하여 준 것 같이 우리 죄를 사하여 주시옵고." 하나님의 은혜가 우리에게 부어지는 것을 막을 수 있는 것은 죄밖에 다른 아무것도 없습니다. 그러므로 "우리의 죄"에 대하여 용서를 빈다는 것은 당연히 앞의 기도에 이어져야 합니다. 그러므로 하나님과 우리 사이를 막는 모든 장애물을 제거할 때에 우리는 사랑의 하나님을 더욱 신뢰하고, 모든 은혜를 받을 수 있을 것입니다.

"우리의 죄"에서 "죄"란 정확히 말하면 "빚"을 의미합니다. 그러므로 성서에는 죄에 대하여 종종 빚으로 기록되어 있고, 우리가 죄를 범할 때마다 하나님께 이미 진 빚 외에 새로 빚을 지는 것이라고 표현하고 있습니다. 그렇다면 하나님께서 우리에게 "내 빚을 갚아라." 하신다면 우리는 무어라고 대답할 것입니까? 우리는 이 빚을 갚을 아무런 방법이 없습니다. 우리는 우리의 전 재산을 탕진한 자들입니다. 그러므로 하나님이 우리에게 법을 준엄하게 적용하신다면 우리의 손과 발이 묶여 형리에게 넘겨질 수밖에 없는 운명입니다.

우리는 사실 벌써 죄의 쇠사슬에 손과 발이 묶인 자들입니다. 죄는 우리의 손과 발을 묶는 쇠사슬이며 놋쇠로 된 차꼬입니다. 이것은 동시에 세상과 우리의 육신과 마귀가 준 상처이며, 우리의 피와 영혼을 들이마셔 무덤의 방으로 이끌고 가는 질병입니다. 그러나 여기서 이 죄를 하나님과의 관계에서 고찰할 때, 이것은 막대하고 헤아릴 수 없는 부채입니다. 그러나 우리는 이 빚을 갚을 길이 없으므로 하나님 앞에 솔직히 용서해달라고 외칠 수밖에 없는 것입니다.

"용서"라는 말은 빚을 탕감해 준다는 뜻도 있고, 쇠사슬을 풀어 준다는 뜻도 있습니다. 그래서 우리가 빚을 탕감 받으면, 우리의 손발의 쇠사슬도 역시 풀립니다. 그리하여 우리가 그리스도 안에 있는 하나님의 은혜로 죄의 용서를 받으면, 예수를 믿음으로 거룩하게 된 자들과 함께 땅(천국)의 상속도 얻는 것입니다. 이렇게 될 때 죄는 그 힘을 상실합니다. 하나님의 은총을 입어 은혜 아래 있는 자, 곧 하나님의 자비를 받은 자에게 죄는 아무런 지배력을 가지지 못합니다. 그리스도 예수 안에 있는 사람에게는 정죄함이 없나니 그들은 죄와 죄책에서 자유하게 되었습니다. 그들에게 율법의 의가 완성되었으므로 그들은 이제 육을 따라 살지 않고 성령을 따라 살아갑니다.

14. "우리가 우리에게 죄지은 자를 사하여 준 것 같이." 이 말씀에서도 주님은 우리가 어떤 조건 아래서 또는 어느 만큼 하나님의 용서를 기대할 것인가를 보이셨습니다. 우리의 모든 잘못과 죄는 우리가 남의 잘못과 죄를 용서한다면 이렇게 용서한 것같이 우리의 잘못과 죄도 용서를 받습니다. 첫째, 우리가 남의 죄를 용서하면 하나님께서 우리의 죄를 용서하십니다. 이것은 대단히 중요한 점입니다. 예수님은 우리가 이 점을 간과할까 봐 이 말씀을 그의 기도문 본문에 삽입하였을 뿐 아

니라, 나중에 또다시 반복하셨습니다. 그래서 그는 "너희가 사람의 잘못을 용서하면 너희 하늘 아버지께서도 너희 잘못을 용서하시려니와 너희가 사람의 잘못을 용서하지 아니하면 너희 아버지께서도 너희 잘못을 용서하지 아니하시리라(마 6:14~15)."고 말씀하셨습니다. 둘째, 하나님은 우리가 다른 사람을 용서한 것과 같이 우리를 용서하십니다. 만일 우리 속에 악의나 불친절이나 노여움이 남아 있든지, 또는 남의 허물을 깨끗하고 완전하며 마음 깊이 용서해 주지 않는다면, 그만큼 우리의 잘못도 하나님께 용서받지 못할 것입니다. 그렇지만 하나님은 어느 정도의 자비를 우리에게 베푸실 것입니다. 그러나 우리의 모든 죄를 완전히 지워주시고 우리의 사악함을 용서하시지는 않을 것입니다.

만일 우리가 형제의 죄를 진심으로 용서해 주지 않을 때, 우리는 그분께 어떤 기도를 드려야 하겠습니까? 우리가 입으로는 "우리의 죄를 사하여 주시옵고"라고 외치지만, 실상 "주님은 우리의 죄를 용서하지 마옵소서. 우리는 당신의 은총을 원치 않습니다. 우리의 죄를 기억해 두시고, 당신의 진노가 우리에게 임하소서!"라는 기도가 될 것입니다. 그러나 당신은 이런 기도를 진지하게 드릴 수 있겠습니까? 하나님께서 이런 기도를 드리는 당신을 빠르게 지옥으로 보내지 않으실 수 있겠습니까? 하나님을 더 이상 시험하지 마십시오. 당신은 지금이라도 하나님의 은혜로 당신이 용서받고 싶은 대로 남의 잘못을 용서하십시오. 당신이 하나님께 긍휼히 여김을 받았고, 또 받고 싶은 대로 당신도 당신의 동료에게 긍휼을 베푸십시오.

15. "우리를 시험에 들게 하지 마시옵고 다만 악에서 구하시옵소서." 여기서 유혹, 시험은 모든 종류의 시련을 의미합니다. 이 말은

두 가지 의미를 지녔습니다. 하나는 단순한 시련을 의미하며, 다른 하나는 죄의 유혹을 의미합니다. 사도 야고보는 그의 편지에서 두 가지 의미를 다 썼습니다. "시험을 참는 자는 복이 있나니 이는 시련을 견디어 낸 자가 주께서 자기를 사랑하는 자들에게 약속하신 생명의 면류관을 얻을 것이기 때문이라(약 1:12)."는 첫째 의미로 쓴 것입니다. 이어서 야고보는 다른 의미로 다음과 같이 말했습니다. "사람이 시험을 받을 때에 내가 하나님께 시험을 받는다 하지 말지니 하나님은 악에게 시험을 받지도 아니하시고 친히 아무도 시험하지 아니하시느니라 오직 각 사람이 시험을 받는 것은 자기 욕심에 끌려 미혹됨이니(약 1:13~14)." 이 말씀의 의미는 하나님 안에서만 안전함이 있는데, 사람이 욕심에 끌려서 하나님에게서 떨어져 나간다는 말입니다. 마치 물고기가 미끼에 유혹되어 낚시 바늘에 꿰이듯이, 욕심으로 마귀의 꾐에 빠져 시험에 들게 되고, 검은 구름이 맑은 하늘을 가리듯 우리의 영혼을 덮는다는 뜻입니다. 이렇게 될 때 우리는 그 시험의 올무에서 벗어나기가 극히 어렵습니다. 그러므로 우리는 하나님께 "우리를 시험에 빠지지 않게 해" 달라고 구합니다. 왜냐하면 우리를 시험에 들게 하는 것은 하나님이 아니기 때문입니다. "악에서 구하시옵소서." 여기서는 "악에서"라기보다 "악한 자"를 의미합니다. 즉 불순종의 자녀들 속에서 큰 능력으로 일하고 있는, 세상을 다스리는 마귀와 그 왕을 말합니다. 그러나 믿음으로 하나님의 자녀가 된 자는 마귀의 손에서 구원받습니다. 마귀는 하나님의 자녀들과 싸웁니다. 그러나 하나님의 자녀들이 자기들의 영혼을 거스르지 않는 한, 마귀는 승리를 거두지 못할 것입니다. 마귀는 일시 그들(하나님의 자녀들)을 괴롭힐 것이지만 멸망시키지는 못할 것입니다. 왜냐하면 하나님이 그들의 편에 계시기 때문입니다. 하나님은 결코 패하지 않을 것이며, 마침내 밤낮으로 부르짖는 그의 택하신 백성을 위해 복수하실 것입니다. 주님! 우리가 시험을 받을 때 시험에 들지 않게 하시고, 우리에게 피할 길을 마련하시어 사악한 자가 건드리지 못하게 하옵소서.

16. 주기도문의 결론은 송영이라고 부릅니다. 송영은 엄숙한 감사이며 하나님의 속성과 활동을 간결하게 고백하는 것입니다. 이 부분의 첫 구절인 "나라가… 아버지의 것입니다."는 하나님이 통치하시는 전 영역을 의미합니다. 즉 모든 존재하는 것, 창조된 것을 다 말합니다. 하나님의 나라는 영원한 나라이며, 그의 통치는 세세무궁토록 변함없이 지속되는 것입니다. "권세"는 영원한 나라를 다스리는 권세로서, 하나님은 그가 다스리는 세계에서 무엇이나 하시고자 하는 일을 하실 권한을 가지고 계십니다. "영광"은 하나님이 그의 창조물에게 받으실 찬양입니다. 즉 그의 능력과 그의 나라의 위대함과 영원부터 영원까지 미칠 그의 놀라운 활동을 인하여 그가 받으실 찬양입니다. 영원무궁토록 영광을 돌리십시오. 아멘!

22

산상설교 VII
Upon our Lord's Sermon on the Mount VII

올더스게이트 불꽃(Aldersgate Flame) 돌판 안에는
1738년 5월 24일의 일기가 기록되어 있다.

금식할 때에 너희는 외식하는 자들과 같이 슬픈 기색을 보이지 말라 그들은 금식하는 것을 사람에게 보이려고 얼굴을 흉하게 하느니라 내가 진실로 너희에게 이르노니 그들은 자기 상을 이미 받았느니라 너는 금식할 때에 머리에 기름을 바르고 얼굴을 씻으라 이는 금식하는 자로 사람에게 보이지 않고 오직 은밀한 중에 계신 네 아버지께 보이게 하려 함이라 은밀한 중에 보시는 네 아버지께서 갚으시리라 (마 6:16~18)

1. 창세 때로부터 사탄은 하나님이 결합시킨 것을 갈라놓음으로써, 내면적 종교와 외면적 종교를 분리시키고, 이들이 서로 충돌하도록 하기 위해 전력을 다했습니다. 사탄의 이러한 흉계는 이를 알지 못하는 사람들 사이에서 커다란 성공을 거두었습니다.

그리하여 모든 시대를 통하여 하나님께 대한 열성을 가진 자들 중에서도 지식이 부족하여, "율법의 의"와 외적 의무 수행에만 열중하고, 내적 의, 즉 믿음으로 말미암아 하나님께로부터 오는 의에 대해서는 극히 무관심한 인사들이 많았습니다. 반면 많은 사람들은 반대의 극단으로 치우쳐, 모든 외적 의무를 무시할 뿐 아니라 율법을 비판하고 악평하여 율법의 정당한 실천 사항마저도 거부하였습니다.

2. 사탄의 바로 이러한 간계에 의하여 믿음과 행함은 서로 적대적인 관계나 되는 것처럼 여겨져 왔습니다. 그리하여 하나님께 대한 참

된 열심을 품은 많은 사람들 중에서도 얼마 동안 이 두 가지 중에서 어느 한 편만을 드는 함정에 빠졌습니다. 그 결과 어떤 사람은 믿음만을 강조하고 선행을 전적으로 도외시합니다. 그들은 선행이 칭의의 원인이 되지 않는다고 말할 뿐 아니라, 믿음의 필연적인 열매도 되지 못한다고까지 주장합니다. 마침내 그들은 선행이 예수 그리스도의 종교에 아무런 관련도 없다고 주장하는가 하면, 다른 한 편 어떤 사람은 이 위험한 과오를 피하려는 의도 아래 정 반대 방향으로 나아가 선행은 칭의의 원인이거나 적어도 칭의의 선행적인 조건이라고까지 주장하여, 마치 이것이 예수 그리스도 종교의 전부인 것처럼 말하기도 합니다.

3. 같은 방식으로 종교의 목적과 그 목적 달성을 위한 수단이 서로 모순적인 관계에 놓이기도 합니다. 어떤 선의를 가진 그리스도인들 중에는 교회에서 예배를 드리며, 성만찬에 참석하며, 설교를 들으며, 좋은 신앙 서적을 읽는 것 등이 종교의 전부인 것처럼 생각하는 것 같습니다. 그러는 동안에 이러한 모든 종교적 행사의 목적인 하나님 사랑과 이웃 사랑을 무시하는 자가 적지 않습니다. 그 반면에 다른 사람은 종교의 모든 의식 절차와 행사를 경멸하지는 않지만 무시함으로써, 그 수단을 불행하게 오용하여 그것을 통해 이룩될 수 있는 목적 달성조차 훼손하거나 뒤집어엎는 결과를 초래합니다.

4. 그러나 모든 은혜의 수단 중에 우리 주님이 말씀하신 금식보다 우리를 더 극단으로 몰아가는 것은 없다 할 것입니다. 그래서 어떤 사람은 이 금식을 성서와 이성의 가르침 이상으로 높이 평가하는가 하면, 반대로 다른 사람은 이를 과소평가하는 것을 봅니다. 전자는 금식을 종

교의 전부인 것처럼 말하여, 그것이 종교의 목적이거나 그 목적 달성에 불가결한 것처럼 말합니다. 반면에 후자는 금식은 무가치하고 무익한 수고이며, 종교 생활의 목적 달성에 아무런 효과도 없는 것이라고 말합니다. 그러나 이 양 극단론은 다 맞지 않습니다. 진리는 어느 한쪽에 있는 것이 아니라 그 두 입장의 중간에 있습니다. 금식은 종교의 전부도 아니며, 반면에 아주 무익한 것도 아닙니다. 금식은 종교의 목적은 아니지만, 목적 달성의 귀중한 수단입니다. 금식은 하나님이 우리에게 마련해 주신 수단인 만큼 우리가 이것을 잘 사용한다면 틀림없이 하나님의 축복을 받을 것입니다.

금식에 대한 명백한 견해를 밝히기 위하여 나는 이제 이를 네 가지로 나누어 생각해 보겠습니다. 첫째, 금식의 본성과 몇 가지 종류와 단계에 관한 것이며, 둘째, 금식의 이유와 목적이며, 셋째, 금식의 반대론에 대한 답변이고, 넷째, 금식의 방법을 말하고자 합니다.

I

1. 첫째, 나는 금식의 본성과 종류 그리고 그 단계를 알아보고자 합니다. 금식의 본성은 신·구약성서에 다 같이 음식을 먹지 않는 것이라는 단순한 뜻으로 사용되고 있습니다. 이 뜻은 가장 명백한 것인 만큼, 여기에 대하여 다윗이나 느헤미야나 그 후의 선지자들이나 우리 주님과 사도들의 말을 인용한다는 것 자체가 헛된 수고라고 할 것입니다. 금식은 정해진 기간 동안 음식을 취하지 않는 것이라는 점에 모든 사람이 동의할 것입니다.

2. 그러나 단순히 음식을 취하지 않는 것 외에, 예로부터 이와는 필연적 연관이 없는 다른 행동들이 통상적으로 여기에 첨가되었습니다. 즉 의복을 검소하게 하는 일, 상용하던 장식들을 제거하는 일, 상복을 입는 일, 재를 머리에 뿌리는 일, 베옷을 입는 일 등입니다. 그러나 신약성서에는 이러한 것들에 대하여 언급한 바가 별로 없으며, 예외로 진실된 회개자가 내적인 참회와 겸허의 표지로 이런 방법을 쓴 경우도 없지는 않았으나, 기독교가 순수한 상태로 지속되는 동안에는 이런 방법을 쓴 사람이 별로 없거나 강조하지 않았습니다. 이런 방법들보다 더 극렬한 방법들, 즉 자신의 몸을 치거나 상하게 하는 일 같은 것은 사도들이나 또는 사도 시대에는 볼 수 없었습니다. 이런 계율은 구약시대에 바알의 선지자들이나 그 숭배자들에게는 흔히 있는 일이었습니다. 이교도들의 신은 마귀에 지나지 않았기에 그들에게는 "큰 소리로 부르고… 피가 흐르기까지 칼과 창으로 그 몸을 상하게(왕상 18:28)" 하는 것이 마귀-신들이 그것을 용납하는 합당한 방법이었습니다. 그러나 이러한 방법으로써 인간의 생명을 멸하러 오시지 않고 구하러 오신 주님을 기쁘시게 할 수 없으며, 따라서 이것이 그의 제자들에게는 바람직한 방법이 될 수 없습니다.

3. 금식의 단계 혹은 기간에 대해서는 여러 날을 금식한 예가 있습니다. 모세와 엘리야와 우리 주님은 특별한 초자연적 능력을 받아, 중단 없이 40일 주야를 금식하였습니다. 그러나 성서에 더 자주 언급된 기간은 보통 아침부터 저녁까지 하루 동안입니다. 그리고 이 기간이 고대 그리스도인들 사이에 보통 지켜진 금식 기간이었습니다. 이 밖에도 (테르툴리아누스가 명명한 대로) "절반 금식"이란 것도 있었습니다. 이것은 연중

매주 수요일과 금요일 양일에만 오후 세 시까지, 즉 공중 예배에서 돌아올 때까지 하는 금식입니다.

4. 이와 비슷한 것으로 교회 내에서 절식(節食)이라고 하는 방식도 있었습니다. 이것은 금식이 불가능한 병약자나 신체가 허약한 사람이 쓰는 방법입니다. 이것은 그 글자의 뜻이 표시하는 바와 같이 소량의 식물을 섭취하는 것입니다. 나는 성서에서 이러한 방법을 말한 것을 발견하지는 못하였으나, 이러한 방법을 정죄할 이유는 없으며, 성서도 이를 정죄하지는 않았습니다. 필요에 따라 이러한 방법도 쓸 수 있을 것이며, 하나님께로부터 축복을 받을 것입니다.

5. 가장 낮은 단계의 금식은 그렇게 불릴 수 있다면 미식(美食)을 하지 않는 것입니다. 이러한 예는 성서에 몇 군데 나오는데, 다니엘과 그의 친구들에게서 볼 수 있습니다. 그들은 특별한 이유, 즉 왕이 그들에게 배정한 고기 음식과 포도주로 자기들을 더럽히지 않기 위하여 환관장에게 채식과 물만을 요청하였습니다(단 1:8). 이 예를 잘못 모방하여 금식이나 절식의 시기로 정해 놓은 기간에 육식과 포도주를 금하는 고대의 풍습이 생겼는지도 모릅니다. 그렇지 않으면 이런 음식은 누구나 다 즐기는 것인 만큼, 하나님 앞에 근엄하게 나가려 할 때에는 특히 즐거움을 주지 않는 음식을 먹는 것이 합당하리라는 가정 하에서 그렇게 하였는지도 모릅니다.

6. 유대교에서는 몇 가지 율법이 정한 금식이 있었습니다. 이것은 하나님이 친히 모든 이스라엘 백성에게 가장 엄격한 형벌 아래에서 지

키도록 제정하신 것입니다. "여호와께서 모세에게 일러 가라사대 칠월 십일은 속죄일이니… 너희는 스스로 괴롭게 하여… 너희 하나님 여호와 앞에 속죄할 속죄일이 됨이니라 이 날에 스스로 괴롭게 하지 아니하는 자는 그 백성 중에서 끊겨질 것이라(레 23:26~29)." 이 밖에도 후대에 가서 다른 금식일이 제정되었습니다. 선지자 스가랴는 7월뿐 아니라 4월, 5월, 10월에도 금식할 것을 언급하였습니다(슥 8:19).

초대교회에도 정해진 금식일이 있었습니다. 여기에는 해마다 정기적으로 하는 것과 매주 하는 것, 두 가지가 있었습니다. 해마다 하는 것은 부활절 전에 하는 것으로서, 어떤 사람은 48시간을 하고, 또 어떤 사람은 한 주간을 금식하였습니다. 많은 사람들은 두 주간을 금식했는데, 매일 저녁때까지 아무것도 먹지 않았습니다. 매주 하는 것은 매주 제4일 목요일과 제6일 토요일에 하는 것으로서, 그리스도인들이 사는 곳에서는 어디에서나 지켰습니다. 우리 교회(영국 교회)에서는 사순절 40일과 네 계절의 대재일(大齊日, 연중 계절마다 특정 주간에 수, 금, 토 사흘 동안 기도와 금식하는 일)과 그리스도 승천축일 전 3일간, 몇몇 엄숙한 절기들의 철야 혹은 전야제가 있고, 매주 성탄절 이외의 주일마다 금요일에 금식을 합니다.

그러나 이 외에도 하나님을 경외하는 모든 나라에서는 경우와 형편에 따라서 때때로 금식을 선언한 일이 있는 것을 봅니다. 예컨대, 모압 자손과 암몬 자손들이 여호사밧을 상대로 침략해 왔을 때, 여호사밧은 주님의 도우심을 구하기로 결의하고 온 유다에 금식을 선포하였습니다(대하 20:1~3). 이와 마찬가지로, 요시야의 아들 여호야김 제5년 9월에 바벨론 왕을 두려워하여 유다 왕이 여호와 앞에서 예루살렘의 모든 백성에게 금식을 선포했다고 기록되어 있습니다(렘 36:9).

이와 마찬가지로, 하나님 앞에서 겸손히 행하고 그와 가까이 동행하기로 원하는 사람들 중에는 은밀한 중에 계신 하늘의 아버지 앞에서 그들의 영혼을 괴롭힘으로써 참회의 뜻을 표하기 위하여 때때로 금식하였습니다. 여기서 언급된 이러한 종류의 것들이 금식에 대한 주요한 방향들입니다.

II

1. 둘째, 금식의 근거, 이유와 목적은 무엇인지를 제시하고자 합니다. 우선, 슬픔이나 두려움 같은 강렬한 감정의 지배 아래 있을 때는 흔히 거기에 사로잡혀서 식음을 잊는 일이 일쑤로 일어납니다. 이런 때에는 생존에 필요한 식음마저 잊게 되는 것은 물론, 당면한 문제에 몰두하기 때문에 미식이나 별식을 하는 것은 생각조차 할 수 없게 됩니다. 실례로 이스라엘의 첫 임금 사울 왕의 예를 보면, 그는 사무엘에게 "나는 심히 다급하니이다. 블레셋 사람은 나를 향하여 군대를 일으켰고 하나님은 나를 떠났다."고 말하고 "하루 밤낮 음식을 먹지 못하였다(삼상 28:15, 20)."고 한 것을 볼 수 있습니다. 또 하나, 사도 바울과 함께 항해하던 승객들은 "여러 날 동안… 거센 바람만이 심하게 불어 닥쳐서", "살아 돌아갈 희망을 모두 잃었을" 때 "오랫동안, 14일간이나 아무것도 먹지 못하였습니다(행 27:20, 33)." 다윗 왕도 "사울과 그 아들 요나단과 여호와의 백성과 이스라엘 족속이 칼에 죽음으로 말미암아 저녁때까지 슬퍼하여 울며 금식"하였습니다(삼하 1:12).

사람이 어떤 것에 마음을 깊이 몰입하면 대부분 어떠한 간섭도 받으려 하지 않으며 심지어 몸에 필요한 음식도 거절하게 됩니다. 음식은 그들이 전적으로 몰두하기를 원하는 것으로부터 생각이 멀어지게 하기 때문입니다. 앞에서 언급한 사울의 상황에서 사울이 땅에 온전히 엎드러져서 그 기력이 다하였을 때에도 그 신하들과 여인이 강권하기 전까지 "내가 먹지 아니하겠노라(삼상 28:20, 23)."고 거절한 것과 같습니다.

2. 위의 몇 가지 실례에서 보는 바와 같이, 여기에 금식의 자연스러운 근거가 있습니다. 즉 죄책감으로 인한 슬픔에 압도되어, 하나님의 진노에 대한 강한 의식 때문에 깊은 고통에 처하게 되며, 그것이 하나님의 명령인지 아닌지 생각할 여유도 없이, 또는 무슨 일정한 규정에 따름도 없이, 음식 취하는 것을 잊어버리며, 즐거움을 주는 음식뿐만 아니라 필요한 음식도 금하게 되는 것입니다. 사도 바울은 다메섹으로 가는 도중에 큰 환상을 보고 다메섹 성내로 인도되어 사흘 동안이나 보지도 못하고 식음을 전폐하였습니다(행 9:9). 참으로 폭풍이 높이 일어날 때, 세상에서 하나님 없이 오랫동안 살아온 자에게 무시무시한 두려움이 덮칠 때 그의 영혼은 음식물을 대하기조차 꺼리며, 그것은 그에게 즐겁지 않고 귀찮은 것이 될 것입니다. 그리하면서 "주여 구원하소서! 그렇지 않으면 내가 멸망할 것입니다."라고 끊임없이 부르짖는 그의 호소를 아무것도 막지 못할 것입니다.

우리 교회(영국 교회)의 설교문의 첫 부분에서 금식에 관하여 얼마나 강하게 표현하고 있습니까!

"사람들이 죄의 무거운 짐을 자신 속에서 느끼고, 그 죄값으로 인한 저주를 인식하면서 그들의 마음의 눈으로 지옥의 두려움을 보았을 때, 그들은 떨고 몸서리치며, 근심에 싸여 자신을 비난하면서, 전능하신 하나님께 비통함을 호소하고, 그의 자비와 용서를 빌 따름입니다. 이렇게 엄숙하게 회개하면서 그들은 한편으로는 슬픔과 근심으로 가득 차고, 다른 한편으로는 지옥의 형벌에 대한 공포감에서 구원받고자 하는 진지한 소원에 사로잡혀서, 식음을 잊을 뿐 아니라, 세상의 재물이나 향락은 싫어하게 됩니다. 그리하여 그들에게는 오직 눈물과 비탄과 애통함밖에는 다른 것이 없게 되며, 말과 몸의 행위로 인생의 피로함을 보여줍니다."

3. 금식의 또 하나의 근거와 이유는 이러합니다. 즉 하나님을 경외하는 사람들 중의 다수가 자기들이 하나님께서 허락하신 합법적인 물건들을 남용하거나 무절제하게 씀으로써 하나님께 범죄하였다고 생각하는 데서 하는 금식입니다. 이를테면 우리는 폭음과 폭식을 한다거나 육체적 쾌락에 탐닉하거나 하여, 우리의 건강을 해치기까지 하면서 하나님의 법도를 어긴 것을 통탄합니다. 이로 인하여 그들은 끊임없이 인간 영혼의 심각한 요구를 돌봄 없이, 동물적 욕구의 충족에만 급급하여, 인간의 고상한 정신적 감성을 화석화시켜, 말하자면 영혼의 술 취한 상태의 생활을 해온 것을 개탄합니다. 이러한 심경에서 그들은 이러한 생활을 가져오게 한 원인을 제거함으로써 그 결과에서 구제받고자 하는 의도 아래 모든 것의 과도한 사용에 제동을 가하는 것입니다. 요컨대, 그들은 그들에게 영원한 멸망을 가져다 줄 수 있는 이러한 모든 것을 전혀 끊거나 그렇지 않으면 이를 극히 삼가는 것입니다.

4. 그들은 또한 우리가 미식에 탐닉하는 것은 우리의 절제력을 감소시킬 뿐만 아니라, 어리석고 불순하고 악한 정욕을 유발한다는 것을

경험합니다. 점잖고 규칙적인 감각적 경험조차도 부단히 인간의 영혼을 관능적으로 만들어 멸망하는 짐승의 수준으로 끌어내리게 됩니다. 산해진미의 미식이 우리의 육체와 정신에 큰 영향을 주어 감각의 쾌락에 대한 탐욕을 촉진시킵니다. 이러한 이유 때문에 지혜로운 사람들은 그의 영혼을 삼가며 절제할 것입니다. 그것은 자연적으로 영혼을 타락하게 하여 더럽히는 모든 저급한 욕구에 탐닉하는 것을 배격합니다. 여기에 금식하는 또 하나의 이유와 근거가 있습니다. 즉 육욕과 감각적 즐거움을 주는 음식을 피하고, 어리석고 유해한 욕망들과 악하고 헛된 감정들의 자극을 물리치기 위하여 금식하는 것입니다.

5. 또 하나 빼놓을 수 없는 금식의 이유가 있습니다(이것을 너무 강조하는 것이 좋은지는 잘 모르겠지만). 이것은 일부 선량한 인사들이 주장해 온 것인데, 하나님이 주신 좋은 선물을 그릇 사용했다는 생각 아래, 때로 그것들을 전적으로 금함으로써 자신들을 스스로 벌하는 것을 말합니다. 이렇게 함으로써 자기들이 과거에 건강과 유익을 위해 썼어야 할 것을 도리어 범죄의 기회로 만들었던 어리석음과 감사치 못함에 대한 죄책으로 일종의 거룩한 복수를 자기에게 행하는 것입니다. 그들은 다윗 왕이 "내가 곡하고 금식함으로 내 영혼을 경계하였다(시 69:10)."고 한 것도, 또한 사도 바울이 고린도 교인들에게 "여러분이 하나님의 뜻을 따라 겪은 근심으로 말미암아… 얼마나 '벌'하게 하였는지 알게 되었습니다(고후 7:11)."라고 말한 것도 그러한 의미에서 헤아리고 있습니다.

6. 금식의 필요성에 대한 다섯 번째 더 중요한 이유는, 이것이 기도에 도움이 된다는 것입니다. 특히 우리가 많은 시간을 사적인 기도에

쓰고자 할 때 금식이 필요합니다. 하나님은 우리가 기도할 때 자신의 종들이 세상의 모든 번거로운 일을 제쳐놓고 때로 우리의 영혼을 묶어 하나님께 올려 드려서 3층천에 이르게 하여 하나님과 더불어 사귐을 가지는 것을 원하십니다. 이러한 기도를 드리려 할 때 금식은 우리에게 한 가지 이상의 덕, 즉 순결만이 아니라 자선 등 여러 가지 유익을 줍니다. (어떤 사람들은 성경이나 이성이나 경험에 근거하지 않은 채 금식을 통해서 이런 덕들이 고양되고 증가된다고 헛되이 생각했던 것입니다.) 여러 가지 유익이란 정신의 진지함, 양심의 간절함, 예민함 및 부드러움, 세상에 대하여 죽는 것, 결과적으로 하나님께 대한 사랑과 모든 거룩하고 천상적인 정감 등을 확증하고 증가시키는 수단으로 흔히 여겨져 왔습니다.

7. 이는 금식과 금식을 함으로써 하나님께서 전해 주시는 복들 사이에 어떤 자연적이고 필연적인 연관이 있다는 말은 아닙니다. 하나님은 자비를 베푸시기를 원하는 자에게 자비를 베푸신다는 말씀대로, 우리에게 유익하리라고 생각하시는 수단을 통하여 우리에게 좋은 것을 전해 주실 것입니다. 또한 하나님께서는 모든 세대를 통하여 금식의 수단으로 하나님의 진노를 돌이켜 우리에게 때때로 필요한 복을 받는 수단이 되게 정하셨습니다.

우리는 아합 왕의 경우를 통하여 이 금식이 하나님의 진노를 돌이키는 데에 얼마나 강력한 수단이 되었는지 알 수 있습니다. 성서를 보면, "예로부터 아합과 같이 스스로 팔려… 악을 행한 자가 없다(왕상 2:25)" 하였습니다. 마치 금전에 팔려온 노예처럼 그는 전적으로 자신을 '사악함을 행하는 데' 팔았습니다. 그러나 "아합이 그 옷을 찢고 굵은 베로 몸을 동이고 금식하고 굵은 베에 누우며 행보도 천천히" 하였을 때 "여호와의 말씀이 디셉 사람 엘리야에게 임하여 말씀하시기를 아합이 내 앞에서 겸비함을 인하여 내가 재앙을 저의 시대에 내리지 아니하고 그 아들의 시대에야 내리리라." 하였던 것입니다(왕상 21:27~29).

다니엘은 하나님의 진노를 돌이키시게 하기 위하여 "금식하며 베옷을 입고 재를 덮어쓰고 하나님께 기도하며 간구하기를 결심"하였습니다. 다니엘의 이러한 결심과 기도의 태도는 그의 기도, 특히 엄숙한 결론에 잘 나타납니다. "주여, 내가 구하옵나니 주는 주의 공의를 따라 주의 분노를 주의 성 예루살렘, 주의 거룩한 산에서 떠나게 하옵소서… 우리 하나님이여, 지금 주의 종의 기도와 간구를 들으시고 주를 위하여 주의 얼굴 빛을 주의 황폐한 성소에 비추시옵소서… 주여 들으소서. 주여 용서하소서. 주여 들으시고 행하소서… 주 자신을 위하여 하시옵소서(단 9:3, 16~19)." 하였습니다.

8. 금식과 기도로 하나님의 자비와 용서를 빈 것은 이스라엘 백성뿐 아니라 이방인에게서도 그 실례를 찾을 수 있습니다. 선지자 요나가 "사십일이 지나면 니느웨가 무너지리라(욘 3:4)"고 선포하였을 때, 니느웨 백성은 "금식을 선포하고 높고 낮은 자를 막론하고 굵은 베 옷을 입었습니다." 이 소문을 들은 왕도 "보좌에서 일어나 왕복을 벗고 굵은 베 옷을 입고 재에 앉아… 조서를 내려 니느웨에 선포하여… 사람이나 짐승이나 소 떼나 양 떼나 아무것도 입에 대지 말고 먹지도 말고 물도 마시지 말라." 하였습니다(짐승까지 먹지 말라 한 것은 짐승이 범죄하였거나 또 회개할 수 있다는 것이 아니라, 그들의 금식으로 사람들이 격려를 받게 함이며, 또한 인간의 범죄로 인하여 모든 생물이 함께 하나님의 진노를 입는다는 표시입니다). 이렇게 할 때 "하나님이 혹시 뜻을 돌이키시고 그 진노를 그치사 우리로

멸망치 않게 하실지 누가 알겠느냐?" 하였습니다.

그들의 회개와 여기에 따른 행동은 무익한 것이 아니어서 하나님은 크신 진노를 돌이키셨습니다. 하나님은 "그들의 행한 것 곧 그 악한 길에서 돌이켜 떠난 것을 감찰하시고(이것은 하나님이 선지자 요나에 의하여 그들의 마음에 일으키신 회개와 믿음의 결과입니다.) 뜻을 돌이키사 그들에게 내리리라고 말씀하신 재앙을 내리지 아니하셨습니다(욘 3:5~10)."

9. 금식은 하나님의 진노를 돌이키시게 하는 수단이 될 뿐만 아니라, 우리에게 필요한 하나님의 축복을 얻는 수단도 됩니다. 또 하나의 실례를 들면, 이스라엘의 여러 족속이 베냐민 족속에 의하여 패배를 당하였을 때 "온 이스라엘 백성이… 벧엘에 이르러 울며 거기서 여호와 앞에 앉고 그 날이 저물도록 금식하고… 여호와께 물었습니다." 여기에 대하여 하나님은 "올라가라. 내일은 내가 그를 네 손에 붙이리라(삿 20:26~28)," 하셨습니다. 사무엘 시대에 이스라엘 족속이 블레셋 사람에게 예속되어 있을 때, 사무엘은 이스라엘 족속을 미스바에 모아 "여호와 앞에서… 그 날에 금식하고" 죄를 고백하고 회개하여 하나님 앞에 부르짖었습니다. 하나님께서는 여기에 응답하시어 "블레셋 사람이 이스라엘과 싸우려고 가까이 오매… 여호와께서 블레셋 사람에게 큰 우레를 발하여 그들을 어지럽게 하시니 그들이 이스라엘 앞에 패"하였습니다(삼상 7:6, 9, 10). 에스라는 "아하와 강가에서 금식을 선포하고 우리 하나님 앞에서 스스로 겸비하여 우리와 우리 어린 것과 모든 소유를 위하여 평탄한 길을 그에게 간구"하였습니다(스 8:21). 느헤미야는 "앉아서 울고 수일 동안 슬퍼하며 하늘의 하나님 앞에 금식하며 기도하여" 말하기를, "주여, 구하오니 귀를 기울이사 종의 기도와 주의 이름을 경외하기를 기뻐하는 종

들의 기도를 들으시고, 오늘날 종으로 형통하여 이 사람 앞에서 은혜를 입게 하옵소서(느 1:4, 11)."라고 하였습니다. 그러자 하나님은 왕이 보는 앞에서 그에게 자비를 베푸셨던 것입니다.

10. 이와 마찬가지로 사도들도 무슨 중대한 사건을 처리하면서 하나님의 복을 기원할 때는 기도와 함께 금식을 한 것을 볼 수 있습니다. 사도행전 13장을 보면 이런 말이 있습니다. "안디옥 교회에 선지자들과 교사들이 있으니… 그들이 주를 섬겨 금식할 때" (그들은 무슨 지시를 받기 위함이었을 것인데) "성령이 이르시되 '내가 불러 시키는 일을 위하여 바나바와 사울을 따로 세우라' 하고 그들에게 말씀하셨다. 그래서 그들은 다시 금식하며 기도하고 두 사람에게 안수하여 보내니라(행 13:1~3)."

그 다음 장 사도행전 14장을 보면, 바울과 바나바는 루스드라와 이고니온을 거쳐 안디옥으로 돌아가서 제자들의 마음을 굳세게 해 주고, 각 교회에서 장로들을 뽑아 세운 다음 금식하고 기도한 후에 주님께 장로들을 보호해 주시기를 빌고 떠났습니다(행 14:21~23).

주님은 다른 방법으로는 얻을 수 없는 그의 수단, 즉 기도와 금식을 사용하여 축복을 얻어야 한다는 것을 제자들의 질문에 대한 답변에서 밝히셨습니다. 한번은 그의 제자들이 예수께 "왜 저희는 마귀를 쫓아낼 수 없었습니까?" 하고 물었을 때, 예수님은 "너희의 믿음이 작기 때문이다. 내가 분명히 너희에게 말한다. 너희에게 겨자씨 한 알만한 믿음이라도 있으면 이 산을 향하여 여기서 저리로 옮겨져라 해도 그대로 될 것이요, 너희가 못할 일이 없을 것이다."라고 말씀하신 후, "그러나 이런 종류의 마귀는 기도와 금식을 하지 않고서는 쫓아낼 수 없다."고 하심으로써 금식이 마귀를 굴복시킬 수 있는 믿음을 얻는 데 필요하고 지정된 수단임을 보이셨습니다(마 17:19).

11. 요컨대, 기도와 금식은 하나님이 지정하신 수단입니다. 왜냐하면 하나님의 백성이 모든 시대를 통하여 축복의 목적을 위한 수단으로 금식을 사용하도록 지시받은 것은 단지 이성이나 혹은 자연적 양심의 빛에 의한 것이 아니었기 때문입니다. 반대로 하나님은 때때로 분명하고 공개적인 그의 뜻의 계시들에 의해 그것들을 가르쳐 주셨습니다. 선지자 요엘의 경우가 매우 주목할 만한 기록입니다. "여호와의 말씀에 너희는 이제라도 금식하며 울며 애통하고 마음을 다하여 내게로 돌아오라 하셨나니… 주께서 혹시 마음과 뜻을 돌이키시고 그 뒤에 복을 끼치실는지 누가 알겠느냐? 너희는 시온에서 나팔을 불어 거룩한 금식일을 정하고 성회를 선포할지어다. 그 때에 여호와께서 자기 땅을 위하여 중심이 뜨거우시며 그 백성을 긍휼히 여기실 것이라. 여호와께서 이르시기를 내가 너희에게 곡식과 새 포도주와 기름을 주리니… 내가 다시는 너희로 열국 중에서 욕을 당하지 않게 하리라." 하셨습니다(욜 2:12, 14~15, 18~19).

금식은 현세적 축복만을 위하여 하나님이 지시하신 방법은 아닙니다. 하나님은 금식과 눈물과 애통으로 그를 찾는 자에게 이러한 약속을 하셨기 때문입니다. "내가 전에 너희에게 보낸 큰 군대 곧 메뚜기와 느치와 황충과 팥중이가 먹은 햇수대로 너희에게 갚아 주리니 너희는 먹되 풍족히 먹고… 너희 하나님 여호와의 이름을 찬송할 것이라… 그런즉 내가 이스라엘 가운데 있어 너희 하나님 여호와가 되고 다른 이가 없는 줄을 너희가 알 것이라(욜 2:25~27)." 하신 후에 계속하여 저 막중한 복음적 약속을 하셨습니다. "내가 내 영을 만민에게 부어 주리니 너희 자녀들이 장래 일을 말할 것이며 너희 늙은이는 꿈을 꾸며 너희 젊은이는 이상을 볼 것이며 그때 내가 또 내 영을 남종과 여종에게 부어 줄 것"이라 하였습니다(욜 2:28~29).

12. 어떤 이유에서든지 자극을 받아 옛 사람들이 이 의무를 열심히 지속적으로 수행하게 되었는데, 그러한 이유들은 오늘 우리에게도 여전히 충분한 자극제가 될 것입니다. 그러나 이 모든 것 위에 우리가 자주 금식하여야 할 특별한 이유는, 그것이 우리를 부르신 하나님의 명령이라는 것입니다. 그가 여기에는 드러내놓고 금식과 구제와 기도를 명령하신 것은 아닙니다. 다만 어떻게 하라는 방법을 지시하신 것은 명령과 같은 효력을 가진다고 볼 것인데, 그 "어떻게"라는 것은 그 행동을 이행함이 없이는 있을 수 없기 때문입니다. 따라서 "이렇게 구제하고, 기도하고, 금식하라."고 하였다면, 그것은 곧 그것들을 하라는 명령과 함께 그런 방법으로 하라는 말이 됩니다. 그렇게 하면 결단코 상을 잃지 않을 것이라는 말씀입니다.

또한 이것은 이 의무 수행에 대한 그 이상의 동기와 격려가 되는 바, 주님께서는 그 의무를 적절히 실행하는 일에 약속을 덧붙여 주셨습니다. "은밀한 중에 보시는 네 아버지께서 공개적으로 갚아주실 것이라(마 6:18)." 요컨대 위에서 말한 모든 것이 알기 쉬운 금식의 근거와 이유와 목적입니다. 이는 주님보다 자신이 더 지혜롭다고 믿는 사람들이 끊임없이 금식에 대하여 제기해 온 많은 반대들에도 불구하고, 우리가 인내하면서 금식을 실행하도록 격려합니다.

III

1. 이제 나는 금식에 대한 반대 의견 중에 가장 그럴듯한 몇 가지에 대하여 고려해 보고자 합니다. 첫째, 자주 주장되는 것으로서, "그리스도인이 금하여야 할 것은 죄이지 음식물은 아니다. 따라서 하나님이 우리에게 요구하시는 것은 바로 이것"이라는 것입니다. 물론 하나님은 우리에게 죄를 금할 것을 요구하시지만 금식도 요구하십니다. 그러므로 이것도 해야 하겠지만 저것도 폐기해서는 안 될 것입니다.

이제 반대자의 논증을 충분히 살펴본다면, 그 주장의 타당성 여부를 잘 알게 될 것입니다.

"만일 그리스도인들이 죄를 금하여야 한다면, 음식을 마땅히 금해야 할 필요는 없다. 그러나 그리스도인은 죄를 금해야 한다. 그러므로 음식을 금할 이유는 없다."

물론 그리스도인이 죄를 금해야 한다는 것은 마땅한 사실이지만, 그러나 이 사실로부터 꼭 음식을 금해야 한다는 근거를 찾을 수 없습니다. 이것도 하고 저것도 폐하지 말 것입니다. 그리스도인은 하나님의 은혜로 언제나 죄를 멀리해야 합니다. 그리고 음식도 때때로 삼가야 합니다. 이것들이 우리의 경험과 성서가 우리에게 분명하게 답해 주는 금식의 이유와 목적입니다.

2. 둘째 반대 주장은 이렇습니다. "우리가 금식보다도 자만심과 허영과 어리석고 해로운 사욕과 난폭한 성품과 분노와 불평을 금하는 것이 더 낫지 않느냐?" 물론 그렇습니다. 그러나 여기에서도 역시 "이것도 행하고 저것도 버리지 말지니라(마 23:23)."는 주님의 말씀을 기억해야

할 것입니다. 후자, 즉 금식은 전자, 즉 죄를 금하기 위해 필요한 것입니다. 금식은 큰 목적, 즉 우리가 죄에서 떠나기 위한 수단입니다. 우리는 이러한 목적으로 금식을 하는 것입니다. 즉 외적 수단과 함께 하나님께서 지정하신 다른 은혜의 수단을 통하여 우리 영혼에 전달되는 하나님의 은혜로 말미암아 우리는 하나님 보시기에 기쁘지 않은 모든 열정과 기질에서 벗어날 수 있습니다. 하나님이 위로부터 내리시는 능력에 의하여 하나를 금함으로써 또한 다른 것을 금할 수 있습니다. 이런 관점에서 반대자들이 계획한 논증은 그들이 입증하려고 했던 것과는 반대를 입증하고 맙니다. 반대자들의 논증은 금식의 당위성을 입증합니다. 우리가 악한 기질이나 욕망을 삼가야 한다면, 이같이 우리는 음식도 삼가야 합니다. 이 금식이라는 자기 부정의 작은 행위는 하나님이 우리에게 위대한 구원을 베푸시기 위하여 선택하신 길입니다.

3. "그러나 실제에 있어서는 그렇지 않다."고 반대자는 말합니다. 이것이 세 번째 반대 이론입니다. 그들은 말합니다. "우리는 많이 그리고 자주 금식하였다. 그러나 무슨 유익이 있었는가? 조금도 나아진 것이 없다. 우리는 그 속에서 아무런 축복도 받지 못했다. 아니, 오히려 금식은 도움보다는 방해가 되었다. 구체적으로 말한다면 금식은 우리의 분노나 불안감을 막아주기보다 도리어 높이 증대시키는 수단이 되어 다른 사람을 너그럽게 대하지도 못하고 나 자신의 자제력도 발휘하지 못했다." 이런 반대론자들의 주장은 사실일지 모릅니다. 금식과 기도의 결과, 그 이전보다 더 불안하게, 더 거룩하지 못하게 되는지도 모릅니다. 그러나 잘못은 수단인 금식 자체에 있는 것이 아니라, 이것을 잘못 쓰는 데 있습니다. 그것을 선용하십시오. 그릇되게 쓰지 말고 잘 쓰십시오. 하나님이 명

령하신 대로 쓰십시오. 그러면 하나님의 약속은 어김없이 성취될 것입니다. 그의 축복은 반드시 내릴 것이며, 금식할 때 남이 모르게 은밀한 중에 한다면 숨은 일도 보시는 아버지께서 드러나게 갚아주실 것입니다.

4. 반대자들은 또 말합니다. "그러나 하나님께서 그런 하찮은 것들을 중시하신다는 것은 단지 미신에 불과한 것이 아닌가?" 이것이 네 번째 반대입니다. 여기서 만일 반대자의 말대로라면, 역사상 많은 하나님의 사람들을 정죄하는 것이 됩니다. 그러나 그들이 과연 다 약하고 미신적인 인물들이었다고 말할 것입니까? 그대는 모세나 여호수아나 사무엘이나 다윗이나 여호사밧이나 에스라나 느헤미야나 그 밖의 여러 선지자들이나, 누구보다도 하나님의 아들 예수 그리스도를 그런 인물이라고 감히 말하겠습니까? 우리 주님과 그의 모든 종들은 한결같이 금식이 작은 일이 아니라고 생각하였습니다. 또한 가장 높은 자보다 더 높으신 분도 그렇게 생각하십니다. 물론 사도들은 그들이 성령과 지혜의 충만함을 입은 이후에도 같은 견해를 가졌습니다. 그들은 성령의 기름 부음을 받은 이후 모든 일에서 지도적 위치에 있을 때에 자기들이 의의 병기를 좌우의 손에 무장한 것처럼 금식도 병기처럼 생각했으며, 이것은 곧 하나님의 사역자가 되는 표지라고 증명하였던 것입니다(고후 6:4~5, 7). 그리고 그들은 예수님의 말씀대로 "신랑을 빼앗길 날이 왔을" 때 금식하였던 것입니다. 그뿐만 아니라, 그들은 하나님의 영광을 드러내는 데 중대한 사건인 추수할 일꾼을 파송하는 일에 엄숙한 금식과 기도 없이 하지 않았습니다.

5. 다섯째, 어떤 사람은 이렇게 말할 것입니다. "금식이 이렇듯 중

요하고 하나님의 축복이 따르는 것이라면, 이따금 할 것이 아니라 우리의 체력이 허락하는 한도 내에서 언제나 금식하는 것이 좋지 않은가?" 물론 좋은 일입니다. 될 수 있는 대로 소량의, 그리고 소박한 음식을 섭취하여 우리의 건강이 허락하는 한도 내에서 언제나 자기 부정의 생활을 하십시오. 그러면 하나님이 축복하심으로써 위에 말한 여러 가지 큰 목적에 이를 것입니다. 그것은 땅에 속한 정욕에서 벗어나 순결한 마음과 하늘에 속한 숭고한 정신을 얻을 것입니다. 그러나 이것은 성서에서 말한 금식은 아닙니다. 물론 이런 것은 몇 가지 목적을 달성할 수도 있을 것이지만, 그럼에도 불구하고 다른 것입니다. 이런 절제의 생활은 얼마든지 실천하십시오. 그렇다고 하나님의 명령과 함께 그의 심판을 돌이키고 그의 자녀들이 누릴 복을 받게 되는, 그런 지정된 수단으로서의 금식을 폐하지는 마십시오.

6. 그대는 할 수 있는 대로 기꺼이 금욕생활을 하십시오. 이렇게 하는 금욕은 기독교적 절제 생활과 다른 것이 아닙니다. 그러나 이러한 생활이 금식과 기도하는 엄숙한 시간을 지키는 일에 지장을 줄 필요는 없습니다. 가령 그대가 습관적으로 절제 생활을 한다고 해서 불의의 큰 슬픈 일을 당하거나, 큰 과오를 저질러 깊이 참회할 일이 생기거나, 또는 크게 두려워할 만한 일이 생기거나 낙담되는 일이 생길 때에 은밀히 금식에 들어가지 못할 이유는 없을 것입니다. 이러한 비상한 일을 당할 때, 그대는 금식할 수밖에 없게 되며, 맛있는 음식을 싫어하게 되고 심지어 몸에 필요한 양의 음식을 취하는 것조차 어렵게 될 것인데, 하나님이 그대를 "그 두려운 함정에서 건져 그대의 발을 반석 위에 두사 그 걸음을 견고하게 하실" 때까지 그러할 것입니다. 그대가 고뇌하면서 소원을 품

고 하나님의 복을 간구하며 격렬히 씨름하는 경우에도 같은 상황이 있을 수 있습니다. 그대는 그대 입술이 요구하는 바를 얻을 때까지 누가 음식을 금하라고 권하지 않아도 스스로 금식하게 될 것입니다.

7. 당신이 만일 니느웨 왕이 조서를 내려 "짐승이나 소 떼나 양 떼나 아무것도 입에 대지 말지니 곧 먹지도 말 것이요 물도 마시지 말 것이며… 힘써 여호와께 부르짖으라(욘 3:7~8)." 하였을 때 거기 있었다면, 당신이 계속 금식을 한다고 하면 그것이 니느웨 백성 전체의 참회에 동참하지 못할 이유가 되지 않을 것입니다. 당신도 그날에 그들과 함께 식음을 금하였을 것입니다.

이스라엘 사람들의 경우에도, 절제나 금식을 했다고 해서 제7월 10일에, 곧 대속죄일에 금식을 안 하지는 않았을 것입니다. "이 날에 스스로 괴롭게(금식) 하지 아니하는 자는 그 백성 중에서 끊어질 것이다(레 23:29)"라는 엄숙한 포고령을 두고, 이들 중 금식하지 않는 자는 없었던 것입니다.

마지막으로, 안디옥 교회 형제들의 예를 생각해 봅시다. 그들은 사울(바울)과 바나바를 파송하려 할 때 금식하고 기도하였습니다. 만일 당신이 그 당시에 거기에 참석했다고 하면, 당신이 평상시에 절제 생활을 한다고 해서 그것이 그들과 행동을 같이 하지 않을 충분한 이유가 되었으리라 상상할 수 있겠습니까? 당신이 만일 그렇게 했다면, 당신은 하나님의 교회에 혼란과 무질서를 초래한다 해서 교회 공동체에서 배제되고 결국 하나님의 교회에서 추방당하였을 것입니다.

IV

1. 마지막으로, 나는 주님께서 받으실 만한 금식이 되게 하기 위하여, 우리가 어떠한 방법으로 금식할 것인가를 제시해 보고자 합니다. 첫째, 우리는 우리의 눈을 주님께 홀로 고정하여 금식이 주님을 향한 것이 되도록 해야 합니다. 그리고 여기서 우리의 금식의 의도는 오직 다음과 같은 것들이 되어야 합니다. 하늘에 계신 우리 아버지를 영화롭게 하기 위하여, 그의 거룩한 율법을 많이 범한 것 때문에 우리 마음의 슬픔과 수치심을 표현하기 위하여, 그의 성결케 하시는 은혜가 더욱 나에게 내려지기를 바라는 심정과, 나의 염원이 위에 있는 것을 향하도록 하려는 마음과, 우리의 기도에 진지함과 간절함을 더하기 위하여, 하나님의 진노를 돌이키고 예수 그리스도 안에서 우리에게 주신 모든 위대하고 귀중한 약속들을 얻으려는 목적으로, 이러한 것들만을 위해 금식을 해야 한다는 것을 잊어서는 안 됩니다.

또한 우리의 금식과 기도가 세속적인 목적, 특히 인간의 칭찬을 얻기 위한 생각이 섞임으로써 하나님을 우롱하는 것, 주님께 가증한 것이 되어서는 안 될 것입니다. 예수님도 오늘 본문에서 특히 이런 종류의 금식을 경계하시어 "금식하는 것을 남에게 보이려고" 하지 말라고 하셨습니다. 하나님의 백성이라고 하는 사람들 중에도 이러한 불순한 동기 아래 슬픈 얼굴과 침울한 표정을 짓는 자들이 많이 있음을 봅니다. 그들은 자기들의 금식하는 것을 사람에게 보이려고 얼굴을 일부러 흉하게 할 뿐 아니라, 먼지와 재를 머리에 뿌리기도 합니다. 그들은 금식의 진의를 떠나 그릇된 목적을 가지고 금식하고 있는 것입니다. 그리하여 예수님은 이를 경계하여, "내가 진정으로 너희에게 말한다. 그들은 받을 것을 이미 다 받았다(마 6:16)." 하였습니다. 그 받을 것이라는 것은 인간의 칭찬입니다. 이와는 반대로, 예수님은 "금식할 때에는 얼굴을 씻고 머리에 기름을 바르라."고 하셨습니다. 그 이유는 금식은 사람에게 보이려 함이 아니요, "은밀한 데 계신 아버지께 보이려" 함이 목적이기 때문입니다. 이렇게 할 때 "은밀한 중에 보시는 아버지께서 공개적으로 갚아주실 것"입니다.

2. 둘째, 우리가 상급을 받기 원한다면 우리는 금식을 통해서 하나님께로부터 그 어떤 공로를 받으려고 상상하는 것도 조심해야 합니다. 이에 대해서는 여러 번 경고해도 지나치지 않습니다. 왜냐하면 우리의 마음에는 우리가 구원을 받을 때에 하나님의 은혜의 선물로 받아들이지 않고, 우리가 세운 공로의 대가로 구원을 받고자 하는, 즉 우리의 의를 세우고자 하는 욕망이 도사리고 있기 때문입니다. 금식이라는 것은 하나님 자신이 제정하신 은혜의 방법입니다. 우리는 금식을 통하여 공로에 의하지 않는 하나님의 자비를 기다리며, 또한 금식 안에서 하나님께서 우리의 가치와 상관없이 그의 복을 주겠다고 약속하신 것입니다.

3. 그러나 단순히 금식이라는 외면적 행동의 실천으로 우리가 하나님의 축복을 받을 수 있다고 생각해서는 안 됩니다. 주님은 말씀하셨습니다. "이것이 어찌 나의 기뻐하는 금식이 되겠으며 이것이 어찌 사람이 그 마음을 괴롭게 하는 날이 되겠느냐 그의 머리를 갈대 같이 숙이고 굵은 베와 재를 펴는 것을 어찌 금식이라 하겠으며 여호와께 열납될 날이라 하겠느냐(사 58:5)." 이러한 외부적 행동은 아무리 엄격하게 실행

된다 하여도 사람의 영혼을 괴롭게 하는 것이 아닙니까? 그래서 하나님은 "너희는 이런 것을 금식이라 하겠으며, 그가 받으시기에 합당한 날이라 하겠느냐?"고 하셨습니다. 그리하여 금식이 만일 외부적인 행동에만 그친다면 이것은 무익한 수고이며, 이런 금식은 우리의 육체에 괴로움만 줄 뿐, 영혼에는 아무런 유익이 되지 못할 것입니다.

4. 그리고 우리가 극히 경계할 것은, 우리의 육체를 지나치게 괴롭힘으로써 우리에게 맡기신 소명을 수행하는 데 지장이 있어서는 안 된다는 사실입니다. 우리는 건강을 하나님이 우리에게 주신 좋은 선물로 생각하여 보전하기에 힘써야 합니다. 그러므로 우리는 금식할 때에 주의하여 우리의 힘에 알맞게 해야 합니다. 우리는 자신을 죽여서 하나님에게 제물로 드리거나 우리 영혼을 돕기 위해 우리 육체를 파괴해서는 안 됩니다.

그러나 몸이 참으로 약한 때에는 이 엄숙한 절기들에서 다른 극단은 피할 수 있습니다. 그러한 극단에 대해 옛적에 하나님께서는 자기들의 금식을 받으시지 않는다고 하나님께 간한 자들을 정죄하였던 것입니다. 그들은 "우리가 금식하되 주께서 알아주지 아니하심은… 어찜이니이까?(사 58:3)" 하였습니다. 여기에 대하여 하나님은 "보라, 너희가 금식하는 날에 오락을 찾아 얻으며 일꾼들에게 무리한 일을 시키는도다."라고 책망하셨습니다. 그러므로 우리가 전적인 금식을 할 수 없다면, 적어도 미식만은 피해야 할 것입니다. 그리하면 우리가 하나님의 얼굴을 찾는 것이 헛되지 않을 것입니다.

5. 그러나 금식할 때에 우리의 몸이나 영혼을 괴롭게 하는 것에

대하여 주의해야 할 점이 있습니다. 공적으로나 사적으로나 금식하는 모든 절기가 우리의 상하고 통회하는 심령에 포함되어 있는 모든 거룩한 정서를 훈련하는 시기가 되어야 한다는 것입니다. 즉 우리는 이런 절기에 경건한 애통과 죄에 대한 슬픔을 품는 시기가 되어야 합니다. 그것은 마치 고린도 사람들이 가졌던 바와 같은 슬픔을 말하는데, 이에 대하여 사도 바울은 다음과 같이 말했습니다. "내가 지금 기뻐함은 너희로 근심하게 한 까닭이 아니요 도리어 너희가 근심(슬퍼)함으로 회개함에 이른 까닭이라 너희가 하나님의 뜻대로 근심하게 된 것은 우리에게서 아무 해도 받지 않게 하려 함이라(고후 7:9)." "하나님의 뜻대로 하는 근심(ἡ [γὰρ] κατὰ Θεὸν λύπη)"은 하나님의 성령의 귀중한 선물로서, 이것은 우리의 영혼을 그 슬픔이 흘러나오는 근원이신 하나님께로 들어 올려 주며 "후회할 것이 없는 구원에 이르게 합니다(고후 7:10)." 이러한 경건한 슬픔이 우리 안에 우리의 안팎이 동일한 회개가 있게 하며, 마음이 전적으로 변화됨으로써 하나님의 형상대로 새로워져서 의롭고 참으로 거룩한 존재가 되며, 우리의 삶이 동일한 변화를 일으켜 마침내 모든 행실에서 하나님이 거룩하게 하신 것과 같이 우리도 거룩한 사람이 됩니다. 이러한 슬픔이 우리 안에 역사하여 흠과 티가 없는 존재로 하나님 안에 발견되도록 동일한 주의를 품게 하며, 말보다는 삶을 통해 동일하게 스스로 정결하게 하며, 모든 악한 것은 모양이라도 버리도록 할 것입니다. 우리는 모든 죄악에 대하여 동일한 분노와 격렬한 혐오감을 품고, 우리 자신의 거짓된 마음에 대한 동일한 두려움을 품어야 할 것입니다. 그뿐 아니라 우리는 범사에 동일한 욕망이 거룩하고 받으실 만한 하나님의 뜻에 합치하는 것이 되고, 무엇이든지 그의 영광과 우리 주 예수 그리스도를 아는 지식 안에서 우리가 자라는 수단이 될 수 있는 것을 향한 동일한 열심이 있어야 할 것입니다. 또한 사탄과 그의 활동에 대하여, 그리고 육과 영의 모든 더러움에 대하여 징벌하는 동일한 보복이 있어야 할 것입니다(고후 7:9~11).

6. 금식과 함께 우리는 간절한 기도로 우리의 영혼 전체를 전심전력을 다해 하나님께 바치며, 우리의 모든 죄를 그 악한 것과 함께 고백하고, 그의 전능의 손 아래 겸비한 마음으로 우리의 모든 소원을 그 앞에 풀어놓음과 동시에, 우리의 잘못과 무능을 그에게 호소할 것입니다. 이 금식의 절기는 무엇보다 우리 자신과 우리 형제들을 위하여 우리의 기도를 넓히는 절기입니다. 그러므로 우리는 우리 자신만을 위해서뿐만 아니라, 우리 민족의 죄를 위해서도 크게 부르짖는 기회가 되게 하여야 하며, 하나님의 도성 즉 시온성을 건설하시어 그의 얼굴빛을 황폐한 이 도성에 비추시게 기도하여야 합니다. 이처럼 옛적에 하나님의 사람들도 항상 기도와 금식을 연합하였으며, 위에서 여러 번 언급한 바와 같이 사도들도 그리하였고, 우리 주님도 우리 앞에 놓인 산상설교에서 그렇게 하신 점을 관찰할 수 있습니다.

7. 마지막으로 덧붙여 말하고자 하는 것은, 우리의 금식이 주님께서 받으실 만한 것이 되게 하기 위해서는 여기에 자선이 따라야 한다는 것입니다. 우리는 금식과 함께 우리의 힘을 다해 이웃의 육과 영을 위한 자선을 해야 합니다. 이러한 제사를 하나님은 기뻐하십니다. 금식과 기도를 계속 드리는 고넬료에게 천사는 "네 기도와 구제가 상달되어 하나님께서 기억하시고 계신다(행 10:4)." 하였습니다. 하나님 자신도 분명히 우리에게 말씀하셨습니다. "나의 기뻐하는 금식은 흉악의 결박을 풀어

주며, 멍에의 줄을 끌러 주며, 압제 당하는 자를 자유하게 하며, 모든 멍에를 꺾는 것이 아니겠느냐? 또 주린 자에게 네 양식을 나누어 주며, 유리하는 빈민을 집에 들이며, 벗은 자를 보면 입히며, 또 네 골육을 피하여 스스로 숨지 아니하는 것이 아니겠느냐? 그리하면 네 빛이 새벽 같이 비칠 것이며, 네 치유가 급속할 것이며, 네 공의가 네 앞에 행하고 여호와의 영광이 네 뒤에 호위하리니, 네가 부를 때에는 나 여호와가 응답하겠고, 네가 부르짖을 때에는 말하기를 '내가 여기 있다' 하리라. 만일 네가 너희 중에서… 주린 자에게 네 심정을 동하며 괴로워하는 자의 심정을 만족하게 하면, 네 빛이 흑암 중에서 떠올라 네 어둠이 낮과 같이 될 것이며 여호와가 너를 항상 인도하여 메마른 곳에서도 네 영혼을 만족하게 하며 네 뼈를 견고하게 하리니, 너는 물 댄 동산 같겠고 물이 끊어지지 아니하는 샘 같을 것이라(사 58:6~11)." 하셨습니다.

존 웨슬리 표준설교집 Ⅰ
잠자는 자여, 일어나라 개정판

발행일 1999년 5월 24일 초판 1쇄
　　　 2024년 2월 20일 개정판 1쇄

지은이 존 웨슬리
옮긴이 마경일
발행인 이　철
편집인 김정수
발행처 도서출판kmc
　　　 서울특별시 종로구 세종대로 149 감리회관 16층
　　　 (재)기독교대한감리회 도서출판kmc
　　　 전화 02-399-2008 팩스 02-399-2085
　　　 www.kmcpress.co.kr
디자인·인쇄　코람데오
Copyright (C) 도서출판kmc, 2024, *Printed in Korea.*

ISBN　978-89-8430-910-4 94230
　　　 978-89-8430-909-8(세트)

• 값은 뒤표지에 있습니다.
• 파본은 구입처에서 교환해 드립니다.
• 이 책은 저작권법에 의하여 보호를 받는 저작물이므로 무단 전재와 복제를 금합니다.